आज़ाद

अग्नि की सन्तति

आज़ाद

अग्नि की सन्तति

अर्जुन पाण्डेय

युवा वाणी

vaniprakashan.com

पेपरबैक पहला संस्करण : 2026

वाणी प्रकाशन

4695, 21-ए, दरियागंज, नयी दिल्ली-110 002

फ़ोन : + 91 11 23273167, 23275710

शाखाएँ

अशोक राजपथ, पटना-800 004, बिहार

कॉफ़ी हाउस कैम्पस, महात्मा गांधी मार्ग, प्रयागराज-211 001, उत्तर प्रदेश

महात्मा गांधी अन्तरराष्ट्रीय हिन्दी विश्वविद्यालय, वर्धा-442 001, महाराष्ट्र

sales@vaniprakashan.in
vaniprakashan@gmail.com

Azad : Agni Ki Santati

by Arjun Pandey

ISBN : 978-93-7348-412-9
History

मूल्य : ₹ 425

आर. टेक ऑफ़सेट, दिल्ली-110 032 में मुद्रित

वाणी प्रकाशन का लोगो मक़बूल फ़िदा हुसैन की कूची से

Foreword

"A few youngsters form a deep friendship and plot to do something impossible together."

This by itself is sufficient for a novel. When the impossible aim is a conquered country's freedom, when the path to that aim is blocked by the conqueror's gun-wielding servants, when another set of older friends have also bonded together to reach the impossible aim by a different path, and when thick walls separate you from people you love, the novel becomes a thriller.

I congratulate Arjun on writing this thriller novel. Even those who think they know the Chandrashekhar Azad legend will remain gripped and in a state of suspense until they reach the end.

The Prayagraj park named after him features in this novel. When I want to utter the word Prayagraj, "Ilahabad" comes out of my mouth. Old habit. Like millions of others, I know Prayagraj largely because I accompanied the asthis of loved ones for immersion in the Triveni. It's a deep attachment.

If, like the novel's story teller, I had the good luck to be raised as a child and boy in Prayag, the story of Chandrashekhar Azad would have entered every cell in my body. Even without that good fortune, that story is part of me. I am incomplete without it. Arjun's novel makes the connection stronger still.

Chandrashekhar comes alive here. Some images will be printed on your mind.

Fearlessness. Wicked humor with intimate friends. A razor-sharp brain. Self-respect taller than the highest Himalayan peak. Denial of a chance to hug those you love deeply or touch the feet of those you respect deeply. Contempt for the bullets of death. Ensuring that your brother in the insurgency escapes. Embracing sacrificial death.

When we come to his end, our eyes will be wet with sadness and with pride.

I would like readers to ask themselves the following question. If today a few youngsters form a deep friendship and wish to achieve something essential, noble, and "impossible", what will that something be?

And how will they ensure that their "gang' remains loyal to one another and never forgets its ultimate aim?

I have a feeling that this book will set off questions of this kind.

Best wishes to this book's author and readers.

Rajmohan Gandhi
September 18, 2025

प्रस्तावना

"चार-पाँच युवा मिले, दोस्ती बनायी, और तय किया कि इकट्ठे एक असम्भव चीज़ हासिल करके ही रहेंगे।"

एक उपन्यास के लिए शायद यह प्लॉट या कहानी पर्याप्त है। लेकिन जब असम्भव लक्ष्य एक ग़ुलाम देश की आज़ादी है, जब लक्ष्य तक पहुँचने का रास्ता राजा के बन्दूक़धारी सिपाही बन्द कर देते हैं, जब एक दूसरी टीम, बुज़ुर्गों की, उस असम्भव मंज़िल तक पहुँचने का एक दूसरा रास्ता दिखा रही है, जब लोहे की दीवार तुम्हें अपनी माँ से मिलने से रोकती है, तब तुम्हारा उपन्यास थ्रिलर बन जाता है।

और जब यह प्लॉट नहीं बल्कि इतिहास है, तब उपन्यास का आकर्षण बढ़ता है। अर्जुन पाण्डेय को इस रोमांचक इतिहास-से जुड़े उपन्यास के लिए बधाई देता हूँ। जो लोग सोचते हैं कि उन्हें चन्द्रशेखर आज़ाद की कहानी की जानकारी है, शायद वे भी इस किताब के अन्त तक कुछ सस्पेंस में रहेंगे।

प्रयागराज के चन्द्रशेखर आज़ाद पार्क का ज़िक्र इस उपन्यास में है। जब मैं 'प्रयागराज' कहना चाहता हूँ, मेरे मुँह से 'इलाहाबाद' निकल आता है। पुरानी आदत! लाखों अन्य लोगों की तरह, प्रयागराज की मेरी मोटी पहचान उस शहर की है जहाँ अपनों की अस्थियों के साथ पहुँचा था। ऐसे लगाव में शायद क़ीमत है।

अगर उपन्यास के लेखक की तरह मेरा बचपन भी प्रयाग में बीता होता तो चन्द्रशेखर आज़ाद की कहानी मेरे हर एक रोम में समा गयी होती। वह सौभाग्य मुझे नहीं मिला। शायद एकाध मेरे रोम उस कहानी को जाने बग़ैर बड़े हो गये। लेकिन वह कहानी मेरा और हरेक भारतवासी का एक हिस्सा

है। उसके बिना मैं अधूरा हूँ। अर्जुन के उपन्यास ने इस रिश्ते को और भी अटूट बनाया है।

चन्द्रशेखर यहाँ ज़िन्दा उठ आते हैं। कुछ छवियाँ पाठक के ज़हन में छप जायेंगी।

इस इन्सान की निडरता। मित्रों से बातचीत में शब्दों का आज़ादी से उपयोग। ख़तरे के क्षण में हँसाने की आदत। धारदार दिमाग़। हिमालय की सबसे ऊँची चोटी से भी ऊँचा आत्मसम्मान। जिनसे आप ज़्यादा प्यार करते है, जिनका आप अटूट आदर करते हैं, उनसे गले लगाने का या उनके पाओं छूने का मौक़ा न मिलना। मौत की गोलियों का तिरस्कार। सहयोगी बच निकले उसकी चिन्ता और उसका प्रबन्ध। ख़ुद के बलिदानी अन्त का हार्दिक स्वागत।

अन्त के क़रीब पहुँचने पर पाठक को दुख और गर्व के आँसुओं का एहसास होगा।

एक सवाल : आज अगर कुछ युवा आपस में गहरी दोस्ती बनाते हैं और एक ज़रूरी, सुन्दर और 'असम्भव' मंजिल तक पहुँचना चाहते हैं, तो वह लक्ष्य क्या होगा?

दूसरा सवाल : कैसे सुनिश्चित किया जायेगा कि 'गिरोह' के सदस्य एक-दूसरे के प्रति वफादार रहें और अन्तिम लक्ष्य कभी न भूलें?

मुझे लगता है कि यह किताब पाठकों के मन में ऐसे कुछ प्रश्न भी पैदा करेगी।

पुस्तक के लेखक और पाठकों को मेरी शुभकामनाएँ।

राजमोहन गांधी

18 सितम्बर 2025

लेखकीय

चौथी कक्षा में था। उत्तर प्रदेश के सुल्तानपुर के एक विद्यालय में पढ़ना होता था। गणतन्त्र दिवस पर विद्यालय में कार्यक्रम था। फैंसी ड्रेस कॉम्पटीशन में मैं चन्द्रशेखर आज़ाद बना था। मुझे ध्यान है कि नीचे धोती और ऊपर जनेऊ पहने मैं सुबह विद्यालय पहुँचा था। हमारी क्लास टीचर ने जैसे ही अपने से आधे-क़द के मुझ जैसे बालक को देखा तो ज़रा ठिठकीं। उन्हें कुछ कमी महसूस हुई। तत्काल उन्होंने अपने पर्स में हाथ डाला और काजल निकाल कर मेरे चेहरे पर काजल से मूँछें बना दी। बिन मूँछों का कैसा आज़ाद!

चन्द्रशेखर आज़ाद से कुछ पुराना यह सम्बन्ध यह दिशा ले लेगा कभी नहीं सोचा था। बचपन की स्मृतियाँ शायद ऐसे ही प्रस्फुटित होती हैं। आज जब पुस्तक के रूप में यह यात्रा अपने अन्तिम चरण में है तो यह अनुभव सुखद एवं सन्तोषप्रद है। आरम्भ तटस्थ भाव से हुआ था परन्तु जैसे-जैसे गहरे में उतरना हुआ आत्मीयता बढ़ती चली गयी। यात्रा अपनी-सी लगने लगी। क्रान्ति के सिपाहियों के सुख-दुख से भी जुड़ाव बैठ गया।

इस पुस्तक की यात्रा प्रयागराज के चन्द्रशेखर आज़ाद पार्क से आरम्भ होती है, जहाँ कुछ छात्रों की सहज जिज्ञासाएँ एवं प्रश्न चन्द्रशेखर आज़ाद के साहस, संघर्ष और बलिदान की दुनिया की ओर ले जाते हैं। यहाँ आज़ाद को किसी प्रतिमा या मिथक के रूप में नहीं, बल्कि एक जीवन्त मनुष्य के रूप में समझने की कोशिश की गयी है–अपने सन्देहों, निर्णयों, मित्रताओं और कई बार गहरे एकान्त के साथ।

यह पुस्तक भारतीय क्रान्तिकारी आन्दोलन की दो पीढ़ियों के बीत्र बहती उस चेतना को भी सहज रूप में सामने लाने का प्रयास है, जो बिस्मिल

और अशफ़ाक़ से होते हुए भगत सिंह और आज़ाद तक पहुँची। काकोरी काण्ड के बाद छाया सन्नाटा, संगठन के पुनर्निर्माण की कठिनाइयाँ और एक नयी क्रान्तिकारी वैचारिकी का धीरे-धीरे आकार लेना—इन सबको यथासम्भव सरलता एवं मानवीयता के साथ सामने रखने की कोशिश की गयी है।

इस क्रम में भारतीय क्रान्ति के परिपक्व होने की इस गाथा से यह भी उभरता है कि क्रान्ति शोर नहीं, अनुशासन है; रोमांच नहीं, धैर्य है; और शहादत कोई क्षण नहीं, एक पूरा जीवन है।

वस्तुतः यह पुस्तक मात्र इतिहास और वर्तमान के बीच एक संवाद रचने की चेष्टा है। यह पुस्तक विशेष रूप से इसलिए भी आवश्यक महसूस हुई क्योंकि आज़ाद, भगत सिंह और उनके जैसे अनेक क्रान्तिकारी जब स्वतन्त्रता संग्राम में उतरे, तब वे स्वयं अत्यन्त युवा थे। ऐसे में उन्हें आज के युवाओं की दृष्टि से पुनः पढ़ना और समझना नितान्त आवश्यक प्रतीत हुआ।

भारतीय समाज अक्सर अपने नायकों की प्रतिमाओं पर पुष्प अर्पित कर देता है, किन्तु उनके विचारों और संघर्षों को समझने में चूक जाता है। यह कृति उसी धुँध को हटाने का प्रयास है। यह कृति स्थापित मिथकों को भी चुनौती देती है—विशेषतः उस धारणा को, जिसमें महात्मा गांधी और क्रान्तिकारियों को दो परस्पर विरोधी ध्रुवों के रूप में प्रस्तुत किया जाता रहा है। पुस्तक यह रेखांकित करती है कि वे विरोधी नहीं, बल्कि एक ही स्वतन्त्रता-संघर्ष की पूरक धाराएँ थे, जो एक-दूसरे से ऊर्जा ग्रहण करती थीं।

मैंने इस पुस्तक को किसी विद्वत् ग्रन्थ की तरह नहीं, बल्कि एक सहज संवाद की तरह लिखने का प्रयास किया है, ताकि इतिहास अपनी प्रमाणिकता के साथ जनसाधारण के लिए सुलभ बने। आज़ाद से जुड़ी जो सामग्री अलग-अलग रूपों में बिखरी हुई थी, उसे एक जगह समेटने की यह एक विनम्र कोशिश है। यदि इस प्रक्रिया में पाठक को उनके जीवन को थोड़ा और निकट से समझने का अवसर मिले और क्रान्तिकारी आन्दोलन की वह मूल भावना आज के समय से कुछ संवाद कर सके, तो मैं अपने प्रयास को सार्थक मानूँगा।

यह पुस्तक अगर आज आपके हाथ में है तो इसका श्रेय सबसे पहले मेरे पिताजी को जाना चाहिए जिन्होंने न सिर्फ़ पुस्तक का बीज रोपित किया अपितु

रोज़ वीडियो कॉल के माध्यम से प्रतिदिन काम की रिपोर्ट भी लेते रहे। माताजी के प्रति तो आभार शब्द भी छोटा ही रहेगा।

पितामह श्री लक्ष्मीकान्त पाण्डेय जिन्हें हम 'बाबा' कहते हैं को भी जितना आभार कहा जाये उतना कम। चाहे क्रिकेट खिलाना हो या किताब लिखवाना, चाहे दिल्ली चलना हो या कानपुर–वे हमेशा बरगद की भाँति साथ रहे। दादी आज हमारे बीच नहीं हैं पर यह पुस्तक वे देखतीं तो बड़ी प्रसन्न होतीं। मेरी दोनों छोटी बहनों–आभा और अदिति का भी आभार।

मेरे स्कूल सेंट जोसेफ़ कॉलेज के प्रधानाचार्य एवं समस्त शिक्षकों का आभार जिन्होंने आगे बढ़ने में हमेशा सहृदयता से सहायता की। यह पुस्तक उन्हें कुछ लौटाने का माध्यम भी है। स्कूल के मित्र दिव्यांश त्रिपाठी एवं पार्थ मिश्रा का भी विशेष आभार जो इस पुस्तक में पात्र भी हैं। खेल जगत के मित्र सौरभ, देव और विपुल के प्रति भी आभार व्यक्त करता हूँ।

श्री शान्तनु मिश्रा एवं श्री आरुष देव त्यागी का विशेष आभार जिनके नियमित मार्गदर्शन के बिना यह पुस्तक कुछ अधूरी रहती।

डॉ. राम मनोहर लोहिया राष्ट्रीय विधि विश्वविद्यालय में शिक्षा सोपान का नवीन अध्याय आरम्भ हुआ है। विश्वविद्यालय के कुलपति श्री प्रो. अमर पाल सिंह जी को उनके सतत मार्गदर्शन के लिए विशेष आभार। समाजशास्त्र के हमारे प्रोफ़ेसर श्री संजय सिंह जी को भी सादर धन्यवाद। विश्वविद्यालय के सभी आचार्यों के प्रति कृतज्ञ हूँ। उन सभी मित्रों का आभार जिनके कारण विश्वविद्यालय में जीवन सरल बना। विश्वविद्यालय में सीनियर श्री विनायक तिवारी एवं श्री आशीष चौहान का भी आभार जो हमेशा साथ रहे एवं कभी भी मदद करने से मना न किया।

आदरणीय श्री राजमोहन गांधी जी का हृदय की गहराइयों से आभार जिन्होंने न सिर्फ़ पाण्डुलिपि पढ़ी अपितु भूमिका लिखकर पुस्तक की गरिमा बढ़ाई। उनके शब्द धरोहर हैं। इतिहासकार प्रो. चमन लाल, प्रो. अपर्णा वैदिक एवं लेखक श्री प्रताप गोपेन्द्र के प्रति भी कृतज्ञता ज्ञापित करूँगा जिनके चन्द्रशेखर आज़ाद एवं क्रान्तिकारी आन्दोलन पर अपूर्व शोध एवं लेखन ने मार्गदर्शन किया एवं पथ सुगम बनाया। उन सभी क्रान्तिकारियों का आभार जिन्होंने संस्मरणों के माध्यम से क्रान्ति की उस यात्रा को संजोये रखा।

लल्लनटॉप के संस्थापक एवं एडिटर-इन-चीफ़ श्री सौरभ द्विवेदी जी का भी विशेष आभार।

अन्ततः वाणी प्रकाशन की सीईओ श्रीमती अदिति माहेश्वरी एवं समस्त वाणी प्रकाशन परिवार का विशेष आभार जिन्होंने मेरे शब्दों को मंच प्रदान किया।

आशा है कि पाठक इस कृति को स्नेहपूर्वक स्वीकार करेंगे और इसमें रह गयी किसी भी भूल-चूक को क्षमा करेंगे। यह यात्रा निरन्तर आगे बढ़ती रहे—इसी कामना के साथ अच्छी-बुरी, सभी प्रकार की प्रतिक्रियाओं का सदैव स्वागत है।

क्रान्ति की दुनिया में आपका स्वागत है।

आपका

अर्जुन

प्रयागराज,

24 दिसम्बर, 2025

अनुक्रम

Foreword	*5*
प्रस्तावना	*7*
लेखकीय	*9*
अध्याय 1. *पार्क और पिस्तौल*	15
अध्याय 2. *प्रोजेक्ट आज़ाद*	35
अध्याय 3. *परीक्षण*	76
अध्याय 4. *परिष्कार*	109
अध्याय 5. *पुनर्जागरण*	149
अध्याय 6. *परिवर्तन*	192
अध्याय 7. *पुनरावृत्ति*	248
अध्याय 8. *प्रणाम*	289
सन्दर्भ	*297*
सन्दर्भ ग्रन्थ सूची	*328*

अध्याय-1

पार्क और पिस्तौल

रात की चादर उतर चुकी थी। आकाश हल्का नीला होने लगा था। भुवन भास्कर अपनी रौशनी की नर्म उँगलियों से धरती की पलकों को सहला रहे थे। धीमी, शान्त और भरोसे से भरी एक और सुबह। सुबह की प्रिय नींद को माँ की फटकार पर त्यागकर मैं विद्यालय जाने के लिए उठा। ग्रीष्मावकाश से पूर्व अन्तिम दिन था। जाना भी आवश्यक था। सात बीस का स्कूल था, सवा सात तक मैं पहुँच जाता था।

प्रयागराज जिसे कालान्तर में इलाहाबाद के नाम से जाना जाता था के हृदय में स्थित चन्द्रशेखर आज़ाद पार्क उर्फ़ कम्पनी गार्डन की एक तरफ़ मेरा घर था तो उसकी दूसरी तरफ़ विद्यालय। आज़ाद पार्क के गेट नम्बर पाँच से मैं प्रवेश करता और टहलते हुए गेट नम्बर एक से बाहर निकल जाता। आज़ाद पार्क अपने भीतर इतिहास की गूँज और प्रकृति की अद्भुत सौम्यता समेटे हर सुबह जीवन्त हो उठता है।

हल्की ठण्डी हवा और उसमें घुली हरियाली की घुली भीनी-भीनी ख़ुशबू, सुबह के पहले उजाले में धीरे-धीरे जागते हुए चारों ओर फैले पुराने पेड़, पत्तों पर ठहरी मोती-सी चमकती ओस की बूँदें, अपनी सबसे सुन्दर मुस्कान में फूलों की क्यारियाँ हर आने-जाने वाले को एक अदृश्य स्वागत-सन्देश देती हैं।

बुज़ुर्गों की धीमी चाल, बच्चों की किलकारियाँ, और मॉर्निंग वॉकर्स के क़दमों की ताल—सब मिलकर एक मधुर लय में बन्ध जाते हैं। पेड़ों के बीच से छनकर आती धूप जैसे गालों पर हल्का-सा हाथ फेरती है—न ज़्यादा गर्म, न बहुत हल्की। निकट स्थित हनुमान मन्दिर की घण्टियों की आवाज़ जब आती है तो मानो जैसे पूरा बगीचा उस स्वर के साथ ध्यानमग्न हो जाता है।

जिस प्रकार आज़ाद पार्क के भीतर एक दुनिया है, उसी प्रकार बाहर भी। गाड़ियों के हॉर्न एवं चिड़ियों की चहचहाहट की मिश्रित ध्वनि के मध्य गेट नम्बर एक के सामने नीली यूनीफ़ॉर्म में सेंट जोसेफ कॉलेज की लाल इमारत में जाते हुए छात्र, उनको छोड़ने आये उनके माता-पिता, भार्गव बुक स्टोर पर पेन आदि ख़रीदते छात्र, बग़ल में ही समय से पहले आने के कारण बत-रस का आनन्द लेते छात्र जब तक 7:20 न हो जाये क्योंकि समय से एक मिनट भी पहले पहुँचना उनके आदर्शों के ख़िलाफ़ था। साथ ही साथ थे अपनी फल-सब्ज़ियों पर पानी छिड़कते एवं आगे के दिन के लिए तैयारी करते फल-सब्ज़ी विक्रेता, आज़ाद पार्क में पसीना बहाने के बाद चना, पोहा, ब्रेड मक्खन, छाछ आदि का नाश्ता करते हर उम्र के लोग एवं उनकी तमाम पसन्द-नापसन्द के बीच उनकी इच्छाओं को सन्तुष्ट करते खाद्य विक्रेता।

यह सब मेरे आसपास हमेशा की तरह हो रहा था परन्तु जैसे-जैसे हम वही उपक्रम रोज़ देखते हैं तो उससे अनभिज्ञ होते चले जाते हैं। इसीलिए यह सब हो अवश्य रहा था परन्तु मैं बहुत ध्यान न देते हुए स्कूल की ओर बढ़ता जा रहा था। आज़ाद पार्क एवं हमारे स्कूल के बीच अगर पुरातनता पर प्रतियोगिता हो तो जीत भले आज़ाद पार्क जाये, परन्तु बहुत अन्तर से नहीं। आज़ाद पार्क 1870 में बना तो वहीं समाज एवं हम छात्रों को समृद्ध करता यह शैक्षणिक संस्थान 1884 से अपनी सेवाएँ दे रहा है।

1882 में एक किराये के मकान से इस संस्थान को मूलत: कैथोलिक पैरिश के लिए शुरू किया गया। वर्तमान परिसर की नींव एक जनवरी 1884 को डॉ. फ्रांसिस पेश्ची द्वारा रखी गयी एवं बिशप एंजेलो पोली द्वारा इसका नाम सेंट जोसफ कॉलेजिएट रखा गया। 1887 में यह माध्यमिक विद्यालय बना एवं यूरोपियन हाई स्कूल के रूप में यह कैंब्रिज यूनिवर्सिटी से सम्बन्धित हो गया। 1907 में यह सीधा रोमन कैथोलिक डायसिस, प्रयागराज के तत्वाधान में आ गया। 1901 में यहाँ पढ़ने वाले छात्रों की संख्या ने एक सौ के अंक को छुआ और तबसे यह संख्या बढ़ती ही गयी। आज यहाँ 7000 से भी अधिक छात्र पढ़ रहे हैं। संख्या के साथ-साथ विद्यालय परिसर का भी विस्तार होता चला गया एवं छात्रों को हर तरह की सुविधाएँ उपलब्ध करायी जाने लगी।

1984 में जब कॉलेज ने 100 वर्ष पूरे किये तो तत्कालीन प्रधानमन्त्री श्रीमति इन्दिरा गांधी को मुख्य अतिथि के रूप में आमन्त्रित किया गया जिसे उन्होंने सहर्ष स्वीकारा परन्तु दुर्भाग्य से कार्यक्रम के एक सप्ताह पूर्व उनकी हत्या कर दी गयी। तब तत्कालीन प्रधानाचार्या द्वारा सभी कार्यक्रम रद्द कर दिये गये।

2002 में तत्कालीन राष्ट्रपति श्री एपीजे अब्दुल कलाम इस संस्थान में पधारे थे एवं छात्रों के संग भोजन भी उन्होंने किया था। भारतीय स्कूल प्रमाण पत्र परीक्षा परिषद (CISCE) से सम्बन्धित यह मात्र लड़कों का विद्यालय 140 वर्षों से सतत प्रयागराज में शिक्षा की लौ को अक्षुण रखने में अपना योगदान दे रहा है। प्रयागराज के विद्यालयों को उन विद्यार्थियों को शिक्षा देने का गौरव प्राप्त है जो आगे चलकर देश के प्रधानमन्त्री बने जैसे इन्दिरा गांधी ने सेंट जोसफ के बग़ल में ही स्थित सेंट मेरी में दो वर्ष अध्ययन किया वहीं बॉयज़ हाई स्कूल में वीपी सिंह ने। सेंट जोसफ ने देश को प्रधानमन्त्री तो नहीं दिये अपितु न्यायमूर्ति रघुनन्दन स्वरूप पाठक एवं न्यायमूर्ति वी. एन. खरे के रूप में दो मुख्य न्यायाधीश भारत को दिये, एक वायु सेना प्रमुख दिया एवं असंख्य छात्रों को देश एवं समाज की अपने-अपने अनुसार अपने-अपने क्षेत्रों में सेवा करने के क़ाबिल बनाया।

रोज़ की तरह सवा सात के आसपास मैंने स्कूल में प्रवेश किया। स्कूल के द्वार से कक्षा के द्वार तक का रास्ता मार्ग में मिलने वाले शिक्षकों को सुप्रभात कहते एवं मित्रों को दूर से ही हाथ हिलाते हुए पार किया। कक्षा में बैग रखा एवं असेंबली के लिए जा रही कक्षा की लाइन में लग गया।

"और भैये क्या हाल चाल?" मैंने दिव्यांश से प्रश्न किया। वो कुछ बोलता ही इससे पहले पास खड़े शिक्षक की ओर से शान्त रहने का आदेश आ गया। संकट को और अधिक न आमन्त्रित करते हुए हम असेंबली स्थल पर खड़े हो गये और शीघ्र ही माइक से प्रार्थना की मुद्रा में खड़े होने की मुनादी की गयी। "आउर फादर दोऊ आर्ट इन हेवन..." से असेम्बली शुरू हुई जिसके अगले क्रम में "ऑल इंडियंस आर माय ब्रदर्स एंड सिस्टर्स" की प्रतिज्ञा ली गयी। तत्पश्चात पूर्वनियोजित कार्यक्रम के तहत एक कक्षा द्वारा नीति विषयक प्रस्तुति दी गयी एवं प्रधानाचार्य फादर थॉमस द्वारा कुछ

सूचनाएँ। राष्ट्रगान से समापन हुआ। हमारे स्कूल में जब भी राष्ट्रगान होता तो एक अघोषित नियम के तहत राष्ट्रगान के सम्मान में आसपास की सड़कों एवं आज़ाद पार्क में जहाँ तक आवाज़ जाती वहाँ तक सब राष्ट्रगान की मुद्रा में खड़ें हो जाते–चाहे वो कुछ भी कर रहें हों।

असेंबली के समापन के बाद सभी अपनी कक्षाओं के क्रम के अनुसार अपनी-अपनी कक्षाओं में लौट गये। दिव्यांश और मैं अक्सर साथ बैठा करते। आज भी बैठे थे। दिव्यांश को हमने कभी बड़े बालों में नहीं देखा। मुंडन के एक महीने बाद जितने बाल होते हैं उतने ही हमने उसके सिर पर देखे। साफ़ रंग, गोल चहरा, अच्छा क़द और बचपन में गिरने की वजह से लगी माथे पर चोट की निशान मानो कि तीसरी आँख कभी खुली थी पर फ़िलहाल बन्द है। अल्हड़ एवं बेबाक मिज़ाज और न किसी चीज़ की कुछ ख़ास परवाह। महाभारत में विशेष रुचि एवं इतिहास और साहित्य के मसलों पर हाज़िर-जवाबी के लिए प्रख्यात। हम साथ क्रिकेट भी खेलते थे। वह बढ़िया लेग स्पिन गेंदबाज और निचले क्रम का बल्लेबाज तो मैं मिडल ऑर्डर बल्लेबाज और पार्ट-टाइम लेग स्पिन गेंदबाज। इन सब विवरणों के इतर इनका एक परिचय और है। ये कुरुवंश नरेश भी हैं। कुरुवंश हमारे चारसदस्यी समूह का नाम है। जब हम दसवीं में थे तब कक्षा में आराम से पीछे बैठकर रश्मिरथी का पाठ हम किया करते। फिर महाभारत के प्रसंगों पर चर्चा। इन्हीं सब से प्रभावित हो हमारे समूह का नामकरण कुरुवंश किया गया। इसके पीछे कोई विशेष कारण नहीं था, न आचरण महाभारत के कुरुवंश से प्रभावित था। बस अच्छा लगा तो रख दिया। नामकरण के पश्चात दिव्यांश का सर्वसम्मति से राजतिलक हुआ।

आगे की बेंच पर कुरुवंश के तीसरे सदस्य पीएम भाई बैठे थे। प्राइम मिनिस्टर नहीं पार्थ मिश्रा। कुरुवंश में इन सरलमना का यही सम्बोधन था। साँवला रंग औसत क़द, स्वस्थ शरीर, पढ़ाई की चिन्ता से मुक्त पर भविष्य की कल्पनाओं में रत।

चौथे सदस्य की जगह रिक्त थी क्योंकि वे अभी आये न थे। आने वाले अवश्य थे क्योंकि कुरुवंश के संविधान के अनुसार जिस दिन भी हम आते सब का साथ आना अनिवार्य था। सम्भवत: अपनी लेट-लतीफ़ी के कारण

सज़ा काट रहे हों। हम ऐसे ही बातचीत कर रहे थे कि हमारी क्लास टीचर ने कक्षा में प्रवेश किया। अभिवादन के लिए हम सभी खड़े हुए। एक-एक कर सभी के रोल नम्बर बोलते हुए उन्होंने आये हुए छात्रों की उपस्थिति दर्ज की। तभी प्रवेश हुआ चश्मे के पीछे आँखों में हल्का अपराधबोध लिए कुरुवंश के चौथे सदस्य आदित्य का। वो अपना नाम तो अदित्या बताता था पर हम उसे आदित्य ही बुलाते थे। मैम से डाँट खाने के बाद पार्थ के बग़ल में रिक्त स्थान की पूर्ति उन्होंने की। आदित्य को किताबों का शौक था, पढ़ाई में अच्छा था और कविता-शायरी की भी अच्छी समझ थी। दोस्तोवस्की से लेकर दुष्यन्त कुमार की रचनाओं पर चर्चा हमारे बीच होती रहती थी। "समय पर मत आना कभी।" दिव्यांश ने आदित्य की निन्दा करते हुए कहा।

"रोज़ कैसे देर कर देते हो?" मैंने भी जिज्ञासावश पूछ ही डाला।

आदित्य बोला, "बेटा,देर करता नहीं हूँ,देर हो जाती है।" इस दार्शनिक कथन पर हम मुस्कुरा दिये।

"मैम कब जाना है?" पहली बेंच पर बैठे राहुल ने मैम से प्रश्न किया। वह हमारी कक्षा का जासूस था। कक्षा की कोई भी पंचायत उससे छुप न पाती थी। शिक्षकों की ख़ुशामदी में माहिर था।

"थोड़ी देर में।" मैम ने उत्तर दिया एवं बोलते ही कक्षा से बाहर चली गयी।

उत्तर आने के पश्चात "अरे कहाँ जाने की बात हो रही है, क्लास नहीं है क्या आज?" जैसी खुसुरपुसुर कक्षा में शुरू हो गयी। यह सवाल उन कोनों से उठे जहाँ बैठने वाले लड़के कक्षा में बैठते अवश्य थे पर किस विषय की क्लास चल रही है इसके अलावा उन्हें कुछ मालूम नहीं होता था। उसी एक कोने के एक छात्र ने जब राहुल से मसले की जानकारी हेतु प्रश्न किया तो राहुल मुड़ते हुए अपनी ही अकड़ में बोला जो अकड़ एक टॉपर अक्सर बैकबेंचर को दिखता है,जो भारत का नेता अक्सर जनता को दिखाता है कि हम तुम पर एहसान कर रहे हैं,

"अरे! आज़ाद पार्क जाना है।"

"किसलिए?"

"मैडम चन्द्रशेखर आज़ाद के बारे में पढ़ायेंगी ना।"

"कौन चन्द्रशेखर? प्रधानमंत्री चन्द्रशेखर"

"हट बेवकूफ़! क्रान्तिकारी चन्द्रशेखर आज़ाद के बारे में। स्वतन्त्रता सेनानी आज़ाद के बारे में।

मेरी एकाएक नज़र पीछे गयी तो मैम दरवाज़े पर खड़ी थी। शायद हमारी बातचीत उनके कानों तक पहुँची हो। उनको देखते ही वार्ता अपने आप रुक गयी और उनकी ओर से पंक्तिबद्ध तरीक़े से विद्यालय के मुख्य द्वार पहुँचने का आदेश आया। दरअसल हमारे स्कूल में मानविकी विषय का एक ही सेक्शन था। अन्य सेक्शनों की तुलना में सबसे कम छात्र हमारी ही कक्षा 12-एफ में थे। हम इतिहास के विद्यार्थी थे इसलिए स्कूल की ओर से शहर की ऐतिहासिक विरासतों पर भ्रमण हेतु ले जाया जाता। स्वतन्त्रता सेनानी एवं मशहूर वकील पण्डित मोतीलाल नेहरू एवं उनके पुत्र पण्डित जवाहरलाल नेहरू के प्रसिद्ध आवास आनन्द भवन पिछले सप्ताह हम जा चुके थे। आज बारी थी आज़ाद पार्क के भीतर स्थित क्रान्तिकारी चन्द्रशेखर आज़ाद की मूर्ति की।

आज़ाद पार्क कुछ ही दूरी पर था इसलिए हम पैदल ही जाने वाले थे। हम द्वार पर खड़े हो आपस में बात करने लगे। तभी अनुशासन भंग न हो इसलिए हमारे पी.टी. टीचर–जिनसे सब भय खाते थे, जो मन करने पर गिराकर, घसीट कर भी मार सकते थे–पी. टी. टीचरों पर बने सारे मीम जिन पर सटीक बैठते थे–भी साथ चलने के लिए क्लास टीचर के साथ मुख्य द्वार पर पहुँचे।

कल की ही तरह कुछ दिशानिर्देश सुनने के बाद हमने चलना शुरू किया। स्कूल के गलियारे से निकल मुख्य सड़क पर हम आये एवं सड़क पार करते हुए गेट नम्बर एक से ही आज़ाद पार्क में प्रवेश किया। आज़ाद स्मारक गेट नम्बर तीन पर था इसलिए हमें कुछ दूर और चलना था। आपस में बात करते-करते वृक्षों की छाया में हम चलते रहे। शीघ्र ही हम पहुँच गये। जैसे-जैसे दिनकर अपना प्रताप दिखा रहे थे वैसे-वैसे पार्क में लोगों की संख्या कम हो रही थी। सात-साढ़े सात तक पार्क में बहुत भीड़ रहती है परन्तु हमारे पहुँचने पर आसपास की बेंचों पर बैठे कुछ वृद्धजन एवं टहल रहे कुछ युवा ही दिखे।

हमारे सामने अब थी ऊँचे चबूतरे पर स्थित चन्द्रशेखर आज़ाद की विराट प्रतिमा। वृक्षों की छाया में अपने भीतर क्रान्ति की आशाएँ समेटे कांस्य की

ढली मूर्ति के रूप में स्थापित राष्ट्रप्रेम, स्वाभिमान एवं वीरता की सजीव प्रेरणा। आज़ाद अपनी विशिष्ट मुद्रा में थे–एक हाथ पीछे, एक हाथ से मूँछों पर ताव देते हुए और अपराजेय आत्मबल एवं निर्भीकता को अभिव्यक्त करता उनका चेहरा। प्रतिमा के चारों ओर हरियाली मानो उनका अभय आशीर्वाद बन आच्छादित है और वहीं पक्षियों की चहचहाहट उनकी अमरता की घोषणा कर रही हो। आज़ाद की गले में फूलों की माला जैसे देश की श्रद्धांजलि हो, जो हर आगंतुक को अवगत कराती है कि इसी आज़ादी कि हवा के लिए उन्होंने अपने प्राणों का दीप जलाया था।

चबूतरे पर लिखे सन्देश,

"भारतीय स्वतन्त्रता संग्राम के अमर सेनानी चन्द्रशेखर आज़ाद जो विदेशी सत्ता के साथ शस्त्रसंग्राम करते हुए गोली से आहत होने के कारण 27 फ़रवरी 1931 को इसी स्थान पर वीरगति को प्राप्त हुए थे" को पढ़ हम गौरव एवं कृतज्ञता दोनों भावों से भर उठे थे।

पास में ही बनी शेड के नीचे की सीढ़ियों पर हमें बैठने को कहा गया। न जाने कितनी बार भागते-दौड़ते हम मूर्ति के सामने से गुज़रे थे परन्तु कभी ध्यान से आज़ाद की प्रतिमा को नहीं देखा था। वो आज होते या हम तब होते तो वे हमारे बड़े भैया जैसे ही होते। हम भी कहते कि हमारे एक बड़े भैया एक क्रान्तिकारी हैं। परन्तु वे आज नहीं हैं। उनकी जगह है यह प्रतिमा जिससे कुछ देर नज़रें मिलाने के बाद हम वहाँ बैठ गये जहाँ हमें कहा गया था। हमारी क्लास टीचर जो संयोग से हमें इतिहास भी पढ़ाती थी भ्रमण के पश्चात उस स्थान से सम्बन्धित ऐतिहासिक तथ्य एवं उसकी महत्ता पर प्रकाश डालती थी। उन्होंने बैठाया भी इसी कारणवश था।

चन्द्रशेखर आज़ाद की अद्वितीय गाथा कि साक्षी एवं उनके रक्त से सींची गयी भूमि से उन्होंने बोलना आरम्भ किया, "हर प्रतिमा के भीतर समाविष्ट होती है एक कहानी। कहानी आदर्शों पर अडिग रहने की। कहानी अन्याय न सहने की। कहानी स्वयं एवं समाज को परिष्कृत करने के दृढ़ निश्चय की। कहानी निर्भीक ललकार की, कहानी सर्वस्व बलिदान की। इसी प्रकार जिस मूर्ति के सानिध्य में हम-आप आज बैठे हैं, की भी एक कहानी है। कहानी एक बालक की जिसका जन्म मध्यप्रदेश की अलीराजपुर रियासत के छोटे से

गाँव भाभरा में एक अतिसामान्य परिवार में हुआ। यहीं से यह कहानी आरम्भ होती है जिसका भौतिक रूप से अवसान 1931 में इसी स्थान पर एक जामुन के पेड़ के पीछे हुआ। तत्पश्चात उनकी गौरवगाथा भारतीय इतिहास के दिव्य नक्षत्र मण्डल में सदैव के लिए अमिट रूप से अंकित हो गयी।

जिस स्थान पर आज आज़ाद की प्रतिमा विद्यमान है, वर्ष 1931 में वहाँ एक जामुन का वृक्ष हुआ करता था। यहीं, उसी वृक्ष का आश्रय लेकर चन्द्रशेखर आज़ाद ने अंग्रेज़ी हुकूमत से अपना अन्तिम और अद्वितीय संग्राम किया था। उस समय इस स्थल को 'अल्फ्रेड पार्क' कहा जाता था। लगभग बीस मिनट तक चली इस प्राणपण की मुठभेड़ में, उन्होंने दुश्मनों से घिरे होने पर भी आत्मसमर्पण नहीं किया और मातृभूमि की स्वतन्त्रता हेतु वीरगति को प्राप्त हो गये।"

तभी हमारी शिक्षिका सहसा रुकी एवं अपने में काग़ज़ खोलते हुए एक क़िस्सा सुनाना शुरू किया।

"आज़ाद के विश्वस्त साथी भगवानदास माहौर ने आज़ाद के साथ अपने संस्मरण में लिखा, *'एक बार किसी बात पर मैं अपना ही प्रेम गीत सुना रहा था. ह्रदय लगी प्रेम की बात ही निराली मनमथशर हो...आज़ाद बोले, क्या साला प्रेम-फ्रेम पिनपिनाता रहता है कल कहीं सड़क के किनारे पुलिस की गोली खाकर लुढ़कते नज़र आओगे। फनमथशर-कनमथशर! हमें क्या मतलब मनमथशर से! अरे कुछ बम फटककर पिस्तौल झटककर, ऐसा कुछ गा। देख मैं गाऊँ अपनी ही एक कविता जिसे ज़िन्दगी में कर जाने के लिए ही ज़िन्दा हूँ। और अपने गले को और भारी भरकम बनाते हुए स्वरों पर स्टीम-रोलर-सा चलाना शुरू किया–*

'दुश्मन की गोलियों का सामना हम करेंगे,
आज़ाद ही हैं आज़ाद ही रहेंगे।'

देख इसे कहते हैं कविता। क्या साला ह्रदय लगी, प्रेम की बात मनमथशर पिनपिनाता रहता है। ह्रदय में लगेगी थ्री नॉट थ्री की एक गोली,मनमथशर-फनमथशर नहीं।"[1]

काग़ज़ को मोड़ते हुए लम्बी साँस लेते हुए उन्होंने कहा, "27 फ़रवरी 1931 को उन्होंने इसे चरितार्थ कर के दिखाया।"

उन्होंने पुनः बोलना शुरू किया,

"फायरिंग की आवाज़ सुन स्थानीय लोगों की भीड़ वहाँ जमा हो गयी थी। जिस पेड़ के पीछे आज़ाद शहीद हुए थे उस पेड़ पर जनता ने कई जगह आज़ाद लिख दिया था। वहाँ की मिट्टी एवं जिन पत्तों पर आज़ाद का ख़ून था उसे भी कॉलेज में छात्र अपने साथ ले गये। ख़बर आग की तरह फैल गयी। पुलिस का कड़ा पहरा पूरे शहर में हो गया। शोक में हड़ताल घोषित की गयी। विशाल जुलूस निकाला गया एवं कमला नेहरू एवं पुरुषोत्तम टंडन की अध्यक्षता में शोकसभा हुई।

आज़ाद के प्रति जनता ने अपना समस्त प्रेम लुटाते हुए भावभीनी श्रद्धांजलि दी। जिस पेड़ के पीछे वे शहीद हुए वहाँ लोगों की भीड़ आने लगी। लोग वहाँ फूलमाला चढ़ाने तथा दीप प्रज्वलित करने लगे। इन्हीं सब से तंग आकर अंग्रेज़ों ने रातों-रात पेड़ जड़ से कटवा दिया।

उस वक़्त भारत में मूलतः आज़ादी की लड़ाई दो ध्रुवों पर लड़ी जा रही थी। एक ध्रुव महात्मा गांधी की अध्यक्षता में अहिंसक तरीक़ों से संघर्षरत था वहीं दूसरा वर्ग क्रान्ति के स्वप्न को साकार करने के लिए हिंसक मार्ग पर भी अपने पदचिन्ह छोड़ने से डरता न था। इसी एक क्रान्तिकारी संगठन हिन्दुस्तान सोशलिस्ट रिपब्लिकन एसोसिएशन के कमांडर-इन-चीफ़ थे चन्द्रशेखर आज़ाद। सर्वसम्मति से उन्हें चुना गया एवं किसी ने कभी उनके नेतृत्व पर सवाल खड़ा नहीं किया। बड़े भाई की तरह प्रेम एवं डाँट का समन्वय वे बनाकर चलते। दिलचस्प बात है कि चन्द्रशेखर ने स्वतन्त्रता संग्राम में अपने क़दम महात्मा गांधी एवं उनके असहयोग आन्दोलन से ही प्रभावित हो कर रखे। 1920 में वे अपने गाँव से संस्कृत अध्ययन हेतु काशी गये। पढ़ाई से उनका वैसा ही नाता था, जैसे रेत में पानी—न ठहरता, न असर करता। किताबें उनके सामने खुलती ज़रूर थीं, मगर उनके लिए मानो वो शब्द नहीं, अनजान परछाइयाँ हों—न भाव जगायें, न अर्थ दे जायें। भाव जगाने का काम किया महात्मा गांधी एवं उनके असहयोग आन्दोलन ने। महात्मा गांधी के असहयोग आन्दोलन ने भारतीयों को ऐसे अपने आगोश में लिया जैसे कोई तूफ़ान सूखे पत्तों को समेट ले। भारतीय जनमानस की चेतना की हर शिरा में बग़ावत की आग भर दी।

इसी असहयोग आन्दोलन की लहर जब देश में उठी, तो उसने भाभरा के एक पन्द्रह वर्षीय किशोर के अन्तर्मन में ऐसा तूफ़ान जगाया कि चन्द्रशेखर तिवारी, चन्द्रशेखर 'आज़ाद' बन गया।

वह आन्दोलन में कूदा नहीं, उसमें घुल गया मानो जैसे गंगा में समर्पित आचमन की अन्तिम बूँद। जेल की कालकोठरी उसके हौसले को क़ैद न कर सकी और जब सज़ा के तौर पर बारह बेंतों की सज़ा दी गयी, तो हर प्रहार पर उसके तन से पीड़ा नहीं, राष्ट्रभक्ति के शंखनाद फूटे।

"महात्मा गांधी की जय!" और "वंदे मातरम्!" के स्वर ऐसे गूँजे मानो उसकी देह नहीं, भारत माता की आत्मा बोल उठी हो–अडोल, अडिग और आज़ाद।

परन्तु 1922 में जब चौरी-चौरा में हुई हिंसा के पश्चात महात्मा गांधी ने असहयोग आन्दोलन वापिस ले लिया तब चन्द्रशेखर का युवा मन नाराज़ हो गया। बेंतों की सज़ा ने अंग्रेज़ों के प्रति पर्याप्त रोष उनमें भर दिया था। परन्तु आन्दोलन की वापसी ने उनके भीतर एक गहरी ख़ामोशी भर दी। बनारस उस वक़्त क्रान्तिकारी गतिविधियों का गढ़ बन गया था। असहयोग आन्दोलन पर विराम लगने के पश्चात क्षुब्ध क्रान्तिकारी मन अब अपनी वैचारिकी एवं संगठन के विस्तार में और दृढ़ता से लग गया। चन्द्रशेखर क्रान्तिकारी से पहले विशुद्ध असहयोगी थे। यहाँ तक कि आन्दोलन वापिस लिए जाने के बाद तक वे जनता से असहयोग एवं कांग्रेस के स्वयंसेवक बनने की माँग करते रहे। परन्तु धीरे-धीरे अहिंसा के मार्ग से उनका मन उठता गया। 1922 में बनारस का संस्कृत विद्यालय छोड़ काशी विद्यापीठ के छात्र हो गये। वहीं 1923 में वे मन्मथनाथ गुप्त एवं प्रणवेश चैटर्जी के माध्यम से क्रान्तिकारी दल जिसका नाम अनुशीलन दल था, के सम्पर्क में आये एवं उसके सदस्य बन गये। मन्मथनाथ गुप्त अपने संस्मरण में बताते हैं कि आज़ाद का जोश सर्वत्र दिखने लगा जिससे प्रभावित हो रामप्रसाद बिस्मिल ने उनका नाम 'पारा' रख दिया एवं धीरे-धीरे काशी के सभी महत्त्वपूर्ण क्रान्तिकारियों के सम्पर्क में वे आ गये। उनकी आवाज़ को दल के रूप में एक मंच मिला एवं अधिक से अधिक काम उन्हें सौंपे जाने लगे। तभी 1924 में त्रैलोक्यनाथ चक्रवर्ती के प्रयासों से बनारस एवं इलाहाबाद के क्रान्तिकारी दल एक हो गये एवं उदय हुआ

हिन्दुस्तान रिपब्लिकन एसोसिएशन का। दल प्रचार, भर्ती, क्रन्तिकारी साहित्य का अध्ययन, धन एवं हथियार संग्रह और सैन्य एवं वैज्ञानिक प्रशिक्षण के लिए विदेशों में सम्बन्ध विकसित करने में जुट गया। हिन्दुस्तान रिपब्लिकन एसोसिएशन के गठन से उत्तर प्रदेश में क्रान्तिकारी गतिविधियों में तीव्रता आ गयी। ऐसे में धन की भी आवश्यकता बढ़ने लगी। इसी क्रम में धन एकत्रित करने हेतु दल ने 'एक्शन' आरम्भ किये। जिस कार्य को अंग्रेज़ डकैती कहते वह कार्य दल की शब्दावली में 'एक्शन' कहा जाता। दल की शब्दावली भी बड़ी रोचक थी। डकैती को एक्शन कहा जाता। एक्शन में भाग लेने वाले सदस्यों को 'ज्ञानी'। जिसने अभी तक एक्शन में भाग नहीं लिया था उसे 'भक्त' कहा जाता। जिसे एक्शन के सभी आयामों का ज्ञान था एवं एक्शन आयोजित करने में सक्षम था उसे 'अवधूत' कहा जाता। एक्शन के सेनापति को परमहंस की उपाधि से सम्मानित किया जाता एवं जो पुलिस के चंगुल से बच निकलता उसे जीवनमुक्त की संज्ञा देकर उसकी स्वच्छन्दता को सलाम किया जाता।[2]

दल के खागा एवं पूरामुफ्ती में किये गये प्रारम्भिक एक्शन विफल रहे। बमरौली, बिचपुरी, द्वारकापुर आदि स्थानों पर भी एक्शन किये गये। भगत सिंह भी तब तक दल से जुड़ चुके थे एवं बमरौली एक्शन में भाग भी लिया था। इन सभी एक्शनों से यथेष्ट धन एकत्रित नहीं हो पाया था। इसलिए अब बारी थी ऐसे ऐक्शन की जिसने हिन्दुस्तान रिपब्लिकन एसोसिएशन को हमेशा के लिए परिवर्तित कर दिया। इस एक्शन हेतु 11 लोग रामप्रसाद बिस्मिल की अध्यक्षता में शाहजहाँपुर पहुँचे एवं उन्हीं के घर पर 8 डाउन सहारनपुर-लखनऊ पैसेंजर ट्रेन से अंग्रेज़ी ख़ज़ाना लूटने का निर्णय लिया। लखनऊ से 16 किलोमीटर की दूरी पर स्थित काकोरी में इसी ट्रेन की दूसरी श्रेणी में 3 क्रान्तिकारी चढ़े जिन्होंने ज़ंजीर खींचकर निश्चित जगह पर ट्रेन रोकी वहीं अन्य सात क्रान्तिकारियों तीसरी श्रेणी में सवार हुए एवं सुरक्षाकर्मी और ड्राइवर को काबू करते हुए ट्रेन के दोनों ओर की सुरक्षा सुनिश्चित करते हुए तिजोरी को अपने कब्ज़े में लिया। तिजोरी नीचे उतारी गयी एवं अशफ़ाक़ उल्ला ख़ान ने अपने हथौड़े से तिजोरी तोड़ दी एवं धन निकालकर रख लिया गया। इसी सब के बीच अहमद अली नामक व्यक्ति जो अपनी नवविवाहित पत्नी को

देखने उतरे थे कि गोली लगने से मृत्यु हो गयी। एक्शन के पश्चात सब सदस्य अपने नियत स्थानों पर पहुँच गये परन्तु चन्द्रशेखर ने रात निकटवर्ती पार्क में ही बैठे-बैठे गुज़ार दी।

अशफ़ाक़ उल्ला ख़ान ने इस एक्शन के बारे में असहमति दर्ज़ कराते हुए कहा था कि इससे हम सरकार को तो अवश्य चुनौती दे देंगे परन्तु यहीं से हमारे दल का अन्त प्रारम्भ हो जायेगा क्योंकि दल अभी उतना संगठित एवं दृढ़ नहीं है। इसलिए सरकार से सीधा मोर्चा लेना ठीक न होगा।[3] जिसका डर था वही हुआ। यह पूरा एक्शन अंग्रेज़ी सत्ता पर वज्राघात था जिसने उनके अहंकार को गहरी चोट पहुँचायी थी। यद्यपि प्रारम्भ में सब कुछ शान्त प्रतीत हुआ, परन्तु यह तूफ़ान से पहले की निस्तब्धता थी। डेढ़ महीने के पश्चात एक ही क्षण, एक ही प्रहर प्रातः चार बजे, जैसे समूचे उत्तर प्रदेश पर न्याय के नाम पर वज्र गिरा हो। चारों दिशाओं में एक साथ छापे पड़े और चालीस क्रान्तिकारियों को धर लिया गया। काकोरी काण्ड के अधिकांश रणबाँकुरे इस जाल में आ फँसे किन्तु मुकुन्दीलाल, राजेन्द्रनाथ लाहिड़ी, अशफ़ाक़ उल्ला ख़ान, शचीन्द्रनाथ बक्शी और चन्द्रशेखर आज़ाद अभी भी 'जीवनमुक्त' थे

परन्तु नियति की तेज़ लहरों ने शीघ्र ही इन पाँच में से चार को भी अपनी गिरफ़्त में ले लिया। केवल आज़ाद ही थे, जो आज़ादी के नाम को जीते हुए अब भी सत्ता की पकड़ से दूर रहे। इसके पश्चात आरम्भ हुआ वह न्याय का रंगमंच, जिसमें निर्णय पहले से लिखे प्रतीत होते थे। जुलाई 1927 में मुक़दमे का अन्त हुआ जिसमें बीस क्रान्तिकारियों को सज़ाएँ सुनाई गयीं। रामप्रसाद बिस्मिल, राजेन्द्रनाथ लाहिड़ी, अशफ़ाक़ उल्ला ख़ान एवं रोशनसिंह को फाँसी की सज़ा सुना दी गयी।

काशी की पावन धरा से सितम्बर 1925 में चन्द्रशेखर आज़ाद ऐसे ओझल हुए जैसे सूर्य अस्त होते ही क्षितिज के पार लुप्त हो जाये। काकोरी काण्ड की गर्जनाओं के बाद जब अंगारे बिखर गये थे, तब एक लौ ऐसी थी जो अब भी बुझने से इनकार कर रही थी। वह थे आज़ाद, जो उन चन्द विरले नामों में से थे जिन पर पुलिस की काली छाया अब तक नहीं पड़ी थी।

काकोरी काण्ड के बाद हिन्दुस्तान रिपब्लिकन एसोसिएशन जैसे दिशाहीन जहाज-सा डोलने लगा जिसमें कुछ नाविक फाँसी के फंदे चूम चुके थे, तो

कुछ काल कोठरी की अँधेरी रातों में क़ैद हो गये थे। परन्तु चन्द्रशेखर आज़ाद, इस जलते हुए तूफ़ान के बीच, चुपचाप उस राख में से चिंगारियाँ समेट रहे थे, जो क्रान्ति की मशाल को फिर से प्रज्वलित कर सके।

बुन्देलखण्ड की बीहड़ों को उन्होंने अपनी तपोभूमि बनाया। आज़ाद बुन्देलखण्ड में भेस बदलकर रहने लगे, कभी जनेऊ और धोती धारण कर कथावाचक बनते, तो कभी धोती-कुर्ता पहने धनी बनिया, तो कभी मैले वस्त्र लपेटे घरेलु नौकर, तो कभी पुलिस की ख़ाकी वर्दी में उन पर नज़र रखने वालों को ही चकमा देते। उनका रूप हर क्षण बदलता रहा, पर उनकी ध्येयनिष्ठा अडिग रही, जो थी बिखरे हुए साथियों को एक सूत्र में पिरोने का महायज्ञ। बुन्देलखण्ड की धरती, जो कभी आलस्य की चुप्पियों से ढकी थी, अब उनके चरणों से स्पंदित होने लगी। वे ध्वस्त इमारतों के खण्डहरों से स्वप्न चुनते, टूटे मनों में फिर से विश्वास बोते और बिखरे स्वरों को संगठित कर शंखनाद की तैयारी करते।

जैसे सूखे पत्तों में फिर से हरियाली लौटने लगे, वैसे ही वे प्रदेश भर के प्रमुख केन्द्रों का भ्रमण करते हुए बिखरे तारों को एक सूत्र में पिरोने लगे। इस पुनर्निर्माण की अग्नि में नये क्रान्तिकारी भी आहुत होने लगे।

कानपुर एक प्रमुख केन्द्र के रूप में उभरा जहाँ गणेश शंकर विद्यार्थी की प्रताप प्रेस के माध्यम से पुनर्मिलन हुआ चन्द्रशेखर आज़ाद एवं भगत सिंह का। बमरौली एक्शन में वे साथ भाग ले चुके थे।

कानपुर अब क्रान्ति की प्रयोगशाला बन गया था, जहाँ विचारों की भट्टी में तपकर एक नये केन्द्रीय क्रान्तिकारी संगठन की कल्पना जन्मी। "काकोरी के फाँसीघाटों से उठती चुप्पियाँ अब दिशा माँगती थीं। वे एक ऐसा ढाँचा चाहती थीं जो बिखरे हुए ग़ुस्से को, अनगिनत बलिदानों को, एक केंद्र में बाँध सके।

और फिर, 9 सितंबर 1928 की दोपहर। दिल्ली की धूप से झुलसी, फिरोज़ शाह कोटला की उन वीरान दीवारों के पीछे। वहीं कुछ युवा उठे और उन्होंने एक व्यवस्था रची।

हिन्दुस्तान सोशलिस्ट रिपब्लिकन एसोसिएशन। यह सिर्फ़ संगठन नहीं था, यह एक घोषणा थी कि अब लड़ाई सिर्फ़ बंदूक से नहीं होगी, बल्कि वैचारिक बम भी फटेंगे। अब आज़ादी महज़ एक सपना नहीं, एक योजना होगी।

चंद्रशेखर आज़ाद, उस योजना की रीढ़ बने। भगत सिंह उसका मस्तिष्क बने जिनकी सोच ने हजारों दिलों को विचारधारा से बाँध दिया। यह संगठन बंदूकें उठाने के लिए नहीं, उनका मतलब समझाने के लिए बना था। यह गुस्से से नहीं, उद्देश्य से पैदा हुआ था। यह रक्त का सौदा नहीं था, यह न्याय की कल्पना थी। और इसी कल्पना ने ब्रिटिश साम्राज्य की नींव में पहली दरार डाली।"

वे रुकीं। लम्बी साँस लेते अपने पैरों के सहारे रखे झोले से पानी की बोतल निकाल कुछ जल उन्होंने ग्रहण किया। हम बस उन्हें टकटकी लगाये सुन रहे थे। मानो आँखें किसी दृश्य को नहीं, किसी युग को देख रही थीं, कान किसी आवाज़ को नहीं, किसी उद्घोष को सुन रहे थे और मन किसी कहानी को नहीं, किसी क्रान्ति को जी रहा था। उस वक़्त उनकी भाव-भंगिमा एवं मौन मानो वीरता की अनुपम वाणी का अन्तिम श्लोक। परन्तु अन्तिम कहाँ? उन्होंने पुनः बोलना शुरू किया :

सन् 1928 से 1930 का कालखण्ड भारतीय क्रान्तिकारी आन्दोलन का वह तपता चरण था, जब हर विचार, हर क़दम और हर स्वर एक उद्देश्य की ओर अग्रसर था—पूर्ण स्वराज्य। यह वो समय था जब देश की धड़कनें एक लय में थीं और वह लय थी विद्रोह की। अंग्रेज़ी सत्ता द्वारा स्थापित साइमन कमीशन, जिसमें एक भी भारतीय प्रतिनिधि सम्मिलित नहीं था, ने इस ज्वाला को और भड़का दिया। 'साइमन गो बैक' के नारों के साथ देश भर में साइमन कमीशन का विरोध हुआ।

30 अक्टूबर 1928 को लाहौर में जब यह विरोध चरम पर पहुँचा, पुलिस अफ़सर स्कॉट के आदेश पर बर्बर लाठीचार्ज हुआ। लाला लाजपत राय इस निर्ममता का निशाना बने। उनके घायल शरीर ने एक महीना संघर्ष किया, परन्तु अन्ततः उनका देहावसान हो गया। यह घटना जनता के लिए केवल एक नेता की मृत्यु नहीं थी। यह अपमान की पराकाष्ठा थी।

हिन्दुस्तान सोशलिस्ट रिपब्लिकन एसोसिएशन चन्द्रशेखर आज़ाद के नेतृत्व में इस अन्याय के उत्तरदायी को दण्डित करने की योजना पर कार्यरत हुई। 17 दिसम्बर को लाला लाजपत राय की मृत्यु के ठीक एक माह बाद, लाहौर में योजनानुसार स्कॉट को लक्ष्य बनाया गया। लेकिन परिस्थितियों के

फेर में सॉन्डर्स गोली का शिकार बना। भगत सिंह, राजगुरु और आज़ाद–तीनों ने तेज़ी से घटनास्थल छोड़ा। पीछा करते हुए एक सिपाही चानन सिंह मारा गया।

अगली सुबह लाहौर में 'बलराज' द्वारा हस्ताक्षरित "सॉन्डर्स मारा गया" के पोस्टर लगे मिले। यह प्रतिशोध का सार्वजनिक घोषणा-पत्र था। इससे समूचे देश में हलचल मच गयी। अंग्रेज़ी शासन सकते में आ गया, लेकिन असली शिकार तक नहीं पहुँच पाया।

इसके बाद अप्रैल 1929 में, भगत सिंह और बटुकेश्वर दत्त दिल्ली की केन्द्रीय असेंबली में प्रवेश करते हैं। उन्होंने बम फेंके, जो जान लेने के लिए नहीं, चेतना जगाने के लिए थे। "इन्क़लाब ज़िन्दाबाद" के स्वर गूँजे, पर्चे हवा में उड़े और दोनों ने बिना प्रतिरोध गिरफ़्तारी दी। वे ठहरे, जैसे कोई ऋषि यज्ञ पूर्ण होने के बाद शान्ति से अग्नि को नमन करता है। इस घटना से पूर्व दल में ख़ूब बहस हुई थी। आज़ाद का मत था कि भगत सिंह को न भेजा जाये और बम फेंककर भाग निकला जाये। पर भगत सिंह का कहना था कि क्रान्तिकारियों को आत्मसमर्पण करना चाहिए और गिरफ़्तारी एवं कोर्ट को सक्रिय प्रचार हेतु मंच की तरह प्रयोग करना चाहिए ताकि अपने विचारों को जनता के हृदय तक पहुँचाया जा सके। अन्ततोगत्वा हुआ भी यही।

इस घटना के बाद उन्हें निर्वासन की सज़ा मिली। लेकिन जल्द ही उन्हें सॉन्डर्स हत्याकाण्ड से जोड़ा गया, और लाहौर षड्यन्त्र केस के अन्तर्गत उन पर मुक़दमा चला। इस मुक़दमे ने देश को झकझोर दिया। भगत सिंह, राजगुरु, सुखदेव अब जनआन्दोलन के प्रतीक बन चुके थे। इस मुक़दमे में इन तीनों को फाँसी की सज़ा सुनाई गयी।

जहाँ वर्ष 1928 एवं 1929 दल के लिए उत्कर्ष के वर्ष थे वहीं 1930-31 गहरे संघर्ष के। संगठन लगातार दबाव में था। गिरफ़्तारियाँ एवं भीतर के विघटन ने इसे कमज़ोर किया। चन्द्रशेखर आज़ाद अन्तिम सम्बल की तरह संगठन को थामे रहे। भगत सिंह एवं अन्य साथियों को छुड़ाने की योजना बनायी गयी परन्तु क्रियान्वयन न किया जा सका। दल में सबसे अधिक स्नेह आज़ाद का किसी पर था तो वह भगत सिंह पर था। भगत सिंह उनके प्रियतम सहयोगी थे उनका जाना व्यक्तिगत और वैचारिक दोनों स्तरों पर गहरा आघात

था। पर नियति का खेल देखिए कि चन्द्रशेखर आज़ाद ने भगत सिंह को पहले नहीं जाने दिया। आज़ाद ने भगत सिंह की फाँसी से एक माह पूर्व 27 फ़रवरी 1931 को अपने प्राण विसर्जित कर दिये। भगत सिंह, सुखदेव एवं राजगुरु को फाँसी की सज़ा अगले महीने 23 मार्च को हुई। दो धाराओं का संगम जो प्रथम बार बमरौली एक्शन में मिली पुनः भगत सिंह की फाँसी के उपरान्त हुआ। संयोग देखिए की आज़ाद वहाँ भी अंग्रेज़ ही रहे।

"कमाल!" "अद्‌भुत!" सबके मुख से शब्द भले ये न निकले हो परन्तु भाव सभी के भीतर यही थे। रोंगटे यूँ खड़े हो रहे थे मानो शरीर ने इतिहास को पहचान लिया हो। परन्तु उपसंहार अभी शायद शेष था। सम्भवतः इस अनुपम गाथा को सम्यक् रूप से आत्मसात करने हेतु उन्होंने हमें कुछ समय का अवकाश प्रदान किया हो। स्वर उनके कण्ठ से पुनः प्रस्फुटित होने लगे :

"यह कोई साधारण कहानी नहीं थी। यह उन दीवानों की कहानी थी जो मौत से आँख मिलाकर मुस्कुराये और कहते रहे–'सरफ़रोशी की तमन्ना अब हमारे दिल में है।' आज जब तुमने उन क्रान्तिकारियों की ज़िन्दगियों की झलक देखी, तो शायद तुम्हारे भीतर कुछ हिला होगा–कुछ जागा होगा। हम उस दौर में हैं जिसमें न क्रान्तिकारी हैं न उनके साथी। अगर हमारे साथ कुछ है तो वे कुछ मूल्य जिनके लिए उन्होंने प्राण विसर्जित कर दिये जिन्हें बचाये रखने की ज़िम्मेदारी हमारी है। क्योंकि क्रान्तिकारी होना सिर्फ़ बम और बन्दूक की बात नहीं...

यह सत्य बोलने का साहस है,
अन्याय के आगे झुकने से इनकार है,
और सच्चाई के रास्ते पर अकेले चलने की तैयारी है।

क्रान्तिकारी होना ऐसे राष्ट्र के निर्माण हेतु प्रयत्नशील होना है जहाँ असमानता न हो, ग़रीबी न हो। ऐसा भारत जहाँ हर व्यक्ति अपनी अन्तर्निहित हर सम्भावना को पहचान सके और उन वृहद सम्भावनाओं को हासिल कर सके। ऐसा भारत जहाँ हर व्यक्ति की एक सशक्त आवाज़ हो और उसको यह एहसास हो कि वह राष्ट्र निर्माण में अपनी महती भूमिका निभा रहा है। जहाँ विज्ञान से लेकर आत्मज्ञान की गौरवशाली परम्परा को उसी दृढ़ता के साथ साधा जाये। ऐसा भारत जिसे महात्मा गांधी, चन्द्रशेखर आज़ाद, भगत सिंह,

नेताजी बोस, सरदार पटेल ऊपर से देखें तो गर्व के साथ कहें सारे जहाँ से अच्छा हिन्दुस्तान हमारा।

क्रान्तिकारी होना एक ऐसे समाज का निर्माण करना है जो भविष्योन्मुख हो। जो अपने इतिहास एवं सांस्कृतिक विरासत से सीखता तो ज़रूर हो पर रूढ़ियों से ग्रसित नहीं होता।

भगत सिंह ने कहा था–"बहरों को सुनाने के लिए धमाका आवश्यक है!"

आज हमें फिर से जगाना है–लेकिन बम से नहीं, विचारों से।

आज ज़रूरत है विचार-क्रान्ति की।

कल देश को आज़ादी चाहिए थी। आज देश को उत्तरदायित्व चाहिए। आज तुम्हारे हाथों में बन्दूक नहीं...

लेकिन तुम्हारे हाथों में भविष्य की कमान है। इसलिए यह आवश्यक है कि पढ़ो, लिखो, समझो और आगे बढ़ते रहो। आज के लिए इतना ही।

क्षणभर के लिए सन्नाटा छा गया। न हम कुछ बोले न हमारी शिक्षिका। हम सभी गहरी सोच में डूबे ही थे कि सर की आवाज़ आयी, "लाइन बनाओ जल्दी। वापिस चलना है।" हमारे बिना कुछ कहे स्वीकृति उन तक पहुँच गयी एवं हम पंक्तिबद्ध होने लगे।

जैसे-जैसे आगे बढ़ रहे थे वीर रस की गाथा से उपजे गर्व की अनुभूति विलीन हो रही थी। आत्ममंथन के क्रम में आत्मग्लानि का भाव उदित हो रहा था।

"क्रान्तिकारियों के बारे में हम कितना कम जानते हैं?" आदित्य ने प्रश्न किया।

हम चार पंक्ति में साथ पीछे चल रहे थे। सभी ने सर हिलाते हुए 'हूँ' में उत्तर दिया। तभी उसने आगे कहा, "लोक धारणाओं में प्रचलित चंद किंवदन्तियों के इतर हमें शायद ही कुछ मार्के का। वे किंवदन्तियाँ भी प्रामाणिक हैं कि नहीं ये भी नहीं मालूम।"

सभी ने पुनः सर हिलाते हुए 'हूँ' में उत्तर दिया। दिव्यांश ने 'हूँ' का क्रम तोड़ते हुए कहा, "क्या हूँ-हूँ! मैम ने तो सारांश ही बताया होगा। सीमित समय में सब कुछ तो बताया नहीं जा सकता। सोचो अगर सारांश ऐसा है तो पूरा जीवन कितना रोचक होगा।"

"सही बात है।" मैंने हूँ कि जगह उत्तर दिया। तभी पार्थ बीच में बोला, "अब रोज़ आज़ाद पार्क एवं उनकी मूर्ति के सामने से गुज़रो और उनके बारे में भी न जानो फिर तो व्यर्थ है।"

"बिल्कुल! आख़िर वे हमारी ही उम्र के थे जब आज़ादी की लड़ाई में कूदे। आज़ाद तो हमसे भी छोटे थे। हमसे कुछ ही वर्ष बड़े हुए होंगे कि शहीद हो गये। क्या हम किसी छोटे अन्याय के ख़िलाफ़ भी आवाज़ उठा सकते हैं? नहीं। अंग्रेज़ों से क्या लड़ते।" मैंने कुछ बातें जोड़ी।

"हम्म, उचित बात है। चलो, क्लास में बैठ के बात करते हैं। कुछ सोचेंगे।" दिव्यांश ने सड़क पर हो रही वार्ता पर विराम लगाते हुए एवं वार्ता कक्षा पहुँचने तक स्थगित करते हुए कहा।

मुख्य द्वार से हमने प्रवेश किया कि आसपास खड़े शिक्षक एवं विद्यार्थी कौतूहल से हमें देखने लगे। किला जीतकर तो नहीं आये थे पर सम्भवत: कहाँ गये थे इसकी जानकारी अन्य कक्षाओं को नहीं होगी इसलिए अचरज से देख रहे थे। गर्मी इतनी तो थी ही कि एक घण्टा बैठने से हमारी शर्ट पसीने से भीगा दे। यह बात और है कि कहानी में तल्लीन होने के कारण पता नहीं चला पर अब चल रहा है। पंक्ति सड़क पर ही टूट चुकी थी। जब हमने कक्षा में प्रवेश किया तब द्वार खुला था एवं लाइट और पँखे चलाये जा चुके थे। कक्षा के सुस्त पँखों को कोसते हुए हम अपने स्थान पर बैठे।

"मैम ने आज़ाद का जन्मदिन किस तारीख़ को बताया था?" पार्थ ने प्रश्न किया।

"26 जुलाई, 1906।" मैंने उत्तर दिया।

"अरे भाई तो आज 19 मई है। क्यों ना गर्मी की छुट्टियों में आज़ाद पर अध्ययन करें एवं जो सीखें-समझें वह उनके जन्मदिन पर होने वाले कार्यक्रम में बतायें।" पार्थ ने प्रश्न पूछने का आशय स्पष्ट करते हुए कहा।

"बढ़िया सुझाव है। कुछ विशेष तो रहेगा नहीं गर्मी की छुट्टियों में। किया जा सकता है। कुछ नया भी जानेंगे।" आदित्य ने कहा।

दिव्यांश ने कहा, "एक बार मैम से भी पूछ लेते हैं। आख़िर प्रेरणास्रोत तो वे ही हैं।"

सभी सहमत थे। तभी लंच की घन्टी बज जाती है। अपने-अपने टिफ़िन निकाल हम मैदान में भोजन हेतु चल देते हैं। लंच में अन्य मित्र भी मिल जाते हैं तो ऐसे विषयों पर बात होने लगती है जो अक्सर निरर्थक ही होते हैं। पर ठीक है। पच्चीस मिनिट के भोजन अवकाश में किसी तरह बातों के बीच भोजन निपटाते हुए हम कक्षा की ओर लौटे। आख़िर माताजी की डाँट से भी तो बचना था। तय किया कि स्टाफ रूम में जाते-जाते मैम को भी सुझाव की जानकारी दे दें। हम बाहर पहुँचे ही की उसी वक़्त में उस कक्षा की ओर बढ़ रही थी जहाँ अब उन्हें पढ़ाने जाना था। हमने एक मिनट का समय माँगते हुए सुझाव उनके समक्ष रख दिया। मुस्कुराते हुए उन्होंने कहा, "डू ईट। आयी विल सी द नीडफुल।" हम सभी ख़ुश होते हुए कक्षा पहुँचे। क्लास शुरू हो चुकी थी। देरी की वजह बताते हुए माफ़ी के साथ हम बैठे। उस कक्षा में तो बात करने का अधिक समय नहीं लगा परन्तु अगली क्लास हिन्दी की थी और गुरुजी आये नहीं थे। आज चूँकि शनिवार था इसलिए दिन का अन्तिम पीरियड भी वही था। हम सुझाव पर कुछ ठोस चर्चा हेतु लालायित थे। जैसे ही कक्षा से मैम ने विदा ली आदित्य आगे से पीछे की ओर पलटा,

"हाँ तो कैसे करना है?"

मैंने सोच लिया था। "देखो, हम चार लोग हैं, तो आज़ाद के जीवन को चार हिस्सों में बाँट लेते हैं। सब एक-एक पर अध्ययन करते हैं। बीच-बीच में चर्चा करते रहेंगे। अन्त में शोध को स्कूल की मासिक पत्रिका में प्रकाशित करवा देंगे। क्यों?"

"हाँ ये सही रहेगा।" आदित्य ने कहा।

"तो फिर देरी किस बात की। एक बार विस्तृत चर्चा हम फ़ोन पर कर लेंगे। फ़िलहाल बँटवारा कर लेते हैं। उनके जीवन को मूलतः चार खण्डों में विभक्त किया जा सकता है–पहला जन्म एवं बाल्यकाल, दूसरा गांधीवादी से क्रान्तिकारी, तीसरा क्रान्तिकारी गतिविधियों के सेनापति रूप में और चौथा बलिदान।" मैंने अपने सुझाव के अगले चरण को सामने रखते हुए कहा।

"हाँ सही है। मुझे बाल्यकाल दे दो।" पार्थ ने कहा।

"मुझे क्रान्तिकारी गतिविधियों वाला भाग दे दो।" आदित्य ने कहा।

दिव्यांश मृत्यु खण्ड पर सहमत था एवं मेरे हिस्से आया गांधीवादी से क्रान्तिकारी वाला खण्ड। हमारे मन में अब कोई संशय नहीं था। यह कोई विद्यालयी परियोजना कम श्रद्धांजलि अधिक थी जिससे हमारे ही तीन लाभ अन्ततः होते। पहला न जानने का भार उतरता, दूसरा श्रद्धांजलि स्वरूप कुछ अच्छा भी हम अर्पित कर पाते। तीसरा जो ज्ञान अर्जित होता और समझ विकसित होती वह तो जीवन भर काम आती। अपने-अपने खण्ड लेने के बाद कुछ स्रोत एवं अन्य विषय आधारित चर्चा करने के पश्चात हर 10 दिनों पर अपने हिस्से के शोध के साथ मिलने के प्रण के साथ छुट्टी होते ही एक नयी ऊर्जा एवं उमंग के साथ हम अपने-अपने निवास स्थान की ओर चल दिये।

अध्याय-2

प्रोजेक्ट आज़ाद

जिज्ञासा के बीज के अंकुरित होने का वक़्त आ चुका था। 10 दिन पश्चात 29 मई को मेरे घर पर शाम को हम मिले। "भूखे पेट भजन न होय गोपाला" इसलिए पहले चाय नाश्ता आवश्यक समझा गया।

"आज तो आरसीबी का मैच है।" दिव्यांश द क्रिकेटर ने कहा। वह बता रहा था या पूछ रहा था यह हमें स्वयं तय करना था।

"हाँ, है तो।" पार्थ ने आश्वस्ति दी। वह खेलता तो नहीं था पर क्रिकेट का उस श्रेणी का प्रशंसक था जो आयीपीएल की पूर्व संध्या को अख़बार में छपे आयीपीएल के कार्यक्रम को काट कर अलग करता एवं सभी टीमों के खिलाड़ियों की सूची के साथ एक जगह सुरक्षित रख लेता। अख़बार का स्थान फ़ोन ने अवश्य ले लिया पर आज भी पूरे आयीपीएल के दौरान कभी-भी आज का, कल का परसों का मैच बताने में वह सक्षम रहता। उत्तर भले न याद हों, पर यह अवश्य याद रहता। 'करंट अफेयर्स' भले न मालूम हों पर ऑरेंज एवं पर्पल कैप किसके सिर पर विराजमान है यह अवश्य ज्ञात रहता।

"लग रहा है इस बार आरसीबी जीत जायेगी।" अठारह वर्षों से ट्रॉफी की आस लगाये बैठी टीम के प्रशंसक आदित्य ने कहा। वह चाह रहा था कि हम तुरन्त हाँ कह दें ताकि ट्रॉफी की आशा को वह और पुख्ता कर ले।

चेन्नई बाहर हो चुकी थी इसलिए मैंने भी कह दिया, "हाँ क्या पता अठारहवें साल में अठारह नम्बरी ट्रॉफी उठा ले।"

"हाँ, वर्ना दुख के मारे एक बार फिर प्रेमानन्द जी के पास जाना पड़ जायेगा।" "हा हा हा हा हा हा हा हा हा हा हा।" हम सब ठहाका लगा कर ज़ोर से हँस पड़ें। हँसा आदित्य भी पर जल्द ही टेस्ट क्रिकेट से विराट

कोहली के सेवा-निवृत्त होने के दुख से उबर रहे आदित्य को यह अधिक रास न आया।

"जीत जायेंगे बेटा तब देखना।" उसने कहा।

"अरे! हर साल तो यही कहते हो। ई साला कप नामदे।" मैं भी आनन्द लेने से पीछे न रहा।

वह कुछ उत्तर देता कि चाय एवं सैंडविच लेकर माताजी कक्ष में उपस्थित हुई। मैंने उनके हाथ से ट्रे ली और बाक़ी तीनों ने उनके पैर छुए। आशीर्वाद उन्होंने दिये। वे अपनी कुर्सी पर बैठ ही रहे थे कि प्रश्न हुआ,"छुट्टी हो गयी है तो गपबाजी ही होगी कि कुछ काम भी होगा? पता चला कि आज़ाद पर कुछ कर रहे हो तुम लोग।" मैंने उन्हें जानकारी दी थी। "करो-करो, कोर्स का तो वैसे ही नहीं पढ़ते, यही सही।" हम जी-जी कर रहे थे और वे बात पूरी करते ही चली गयीं।

चाय नाश्ता कर जिस काम के लिए एकत्रित हुए थे उसके लिए बैठे। आज़ाद के बाल्यकाल पर पार्थ को प्रकाश डाल इस मुहीम को गति देनी थी। शंखनाद तो उसी दिन हो चुका था।

"क्यों कुछ पढ़ कर आये हों कि नहीं?" दिव्यांश ने अतिआवश्यक प्रश्न किया।"

"अपनी तरह समझे हो क्या?" उसने त्वरित गतिशीलता से उत्तर रूपी बाण से प्रहार किया। हम सभी हँस पड़े।

"डी-एस्कलेट।" ऑपरेशन सिंदूर के बाद सीखे गये नये शब्द को प्रयोग में लाते हुए मैंने मुख्य विषय पर लौटने को कहा। "हम्म तो शुरू करो फिर।"

सभी ने हाँ कहते हुए सहमति दर्ज करायी। सभी के हाथ में एक कॉपी एवं पेन थी जिसमें आवश्यक चीज़ हमें नोट करनी थी जिसे बाद में प्रकाशन हेतु दिया जा सके।

"पीएम भाई, शुरू करिये।" आदित्य ने आरम्भ करने को कहा।

"हाँ तो सुनो।" पीएम भाई ने बोलना शुरू किया।

चन्द्रशेखर आज़ाद के एक विश्वस्त साथी थे। नाम था विश्वनाथ वैशम्पायन। बांदा के रहने वाले एवं शिक्षा के दिनों से ही क्रान्तिकारी आन्दोलन से जुड़े वैशम्पायन ने बताया कि...

"किसको बताया, तुमको?" पार्थ बोल ही रहा था कि दिव्यांश ने बीच में टोकते हुए कहा। "अरे भाई, बीच में मत रोका कर! मुझे नहीं, अपने संस्मरण में बताया। अब मत बोलना बीच में।"

"ओके सर, आप बोलिए।" दिव्यांश ने पुनः शुरू करने को कहा।

"हाँ, तो आज़ाद उन्हें बच्चन बुलाते थे। उन्होंने बताया कि एक दिन आज़ाद ने अत्यन्त करुण स्वर में कहा,"अच्छा बच्चन, जब कभी तुम गिरफ़्तारी के बाद रिहा होना, तो कुछ देर मेरे घर अवश्य जाना।[4]

1939 में अपनी रिहाई के पश्चात वैशम्पायन आज़ाद के घर भाभरा अवश्य गये। भाभरा में आज़ाद के घर सिर्फ़ उनकी माताजी ही थी। पिताजी का देहान्त कुछ माह पूर्व 1938 में हो गया था। आज़ाद के पिता का नाम पण्डित सीताराम तिवारी था। आज़ाद के पूर्वज कानपुर के भौती, प्रतापपुर के निवासी थे। वे कश्यप गोत्र के दमा के तिवारी थे। कई स्रोत बताते हैं कि आज़ाद के पितामह का नाम मैकूलाल तिवारी था। परन्तु दोनों के सम्बन्ध को स्पष्ट स्थापित करता प्रामाणिक साक्ष्य हमारे पास नहीं है।[5] आज़ाद के पिता पण्डित सीताराम तिवारी ने तीन विवाह किये थे। पहली पत्नी उन्नाव ज़िला के मौरावां की थी। उनसे एक पुत्र हुआ जो बाल्यावस्था में ही मृत्यु को प्राप्त हो गया। उन्होंने अपनी पहली पत्नी एवं पुत्र के रहते हुए ही दूसरा विवाह किया। इसकी भी कहानी बड़ी दिलचस्प है। आज़ाद के परिवार को क़रीब से जानने वाले मनोहर लाल त्रिवेदी बताते हैं :

"एक बार तिवारी जी अपनी पत्नी को लेने ससुराल गये तो किसी कार्यवश उनके साले ने उनकी पत्नी को उस समय भेजने से इनकार कर दिया और कहा कि थोड़े दिन बाद भेज देंगे। श्री तिवारी कुछ क्रोधी, हठी और वचन के पाबन्द स्वभाव के थे। नाराज़ हो कर तिवारी जी अकेले लौट आये और फिर अपना विवाह मौजा सिकन्दरपुर, ज़िला उन्नाव में त्रिवेदी वंश में कर लिया। परन्तु उनकी यह पत्नी थोड़े दिनों बाद ही स्वर्ग सिधार गयी।"[6]

तिवारी जी ने तीसरा विवाह उन्नाव जिले के चन्द्रमन खेड़ा में पांडे भट्टाचार्य की कन्या जगरानी देवी से किया। सीताराम तिवारी एवं जगरानी देवी के दो पुत्र हुए, पहला सुखदेव एवं दूसरा चन्द्रशेखर। आज़ाद के पिता का बाल्यकाल उनके ननिहाल बदरका में बीता। सुखदेव का जन्म वहीं हुआ।

1899 में जब अकाल पड़ा तो आर्थिक कारणों से वे अलीराजपुर से भाभरा आ गये। अलीराजपुर मध्य प्रदेश के मालवा क्षेत्र में स्थित है। गुजरात एवं महाराष्ट्र सीमा से सटा अलीराजपुर तब भोपावर एजेंसी के अन्तर्गत आता था। अलीराजपुर एजेंसी के भारत में विलय के उपरान्त यह झाबुआ जिले का भाग बन गया। 2008 में झाबुआ जिले का बँटवारा हुआ एवं अलीराजपुर और झाबुआ दो नये जिले बने तो आज़ाद का गाँव भाभरा अलीराजपुर की पाँच तहसीलों में से एक तहसील बना। 2011 में भाभरा का नाम चन्द्रशेखर आज़ाद नगर कर दिया गया। इतना कह कर पार्थ ने एक गहरी साँस ली।

"का गुरु? थक गये क्या?", दिव्यांश ने खिखियाते हुए चुटकी ली।

पीएम भाई ने ऐसे तरेर के देखा, मानो वहीं भस्म कर देंगे। कुछ बोले बिना उसने पानी का एक घूँट पिया और आगे बताना शुरू किया,

"जब तिवारी जी भाभरा आये तब भाभरा एक अलसाया-सा, बीहड़-सा एक गाँव था, जहाँ बसावट के नाम एक अस्पताल, एक विद्यालय व तीस घर थे। तत्कालीन राजा सर प्रताप सिंह से भूमि मिलने पर उन्होंने जब अपना घर बनाया तो घरों की संख्या 31 हो गयी और 1901 की जनगणना में भाभरा की आबादी 659 गिनी गयी।[7] पण्डित तिवारी अधिक पढ़े लिखे नहीं थे। एक झोपड़ी में वे रहते एवं जीवन यापन हेतु कभी बाग़ में रखवाली करते तो कभी पशुपालन। उनके एक रिश्तेदार हज़ारीलाल पहले से वहाँ रहते थे। एक बार उनसे कुछ आदिवासी उद्दण्डों ने उनके साथ कुछ हिंसाकर कुछ धन एवं कपड़े लूट लिए। तब बाग़ की रखवाली का काम उन्होंने त्याग दिया। पशुपालन कर जीवन-यापन करते एवं धीरे-धीरे वे छोटे-बड़े 40 मवेशियों के स्वामी हो गये। परन्तु 1912 में जब वर्षा कम हुई तो सभी का देहान्त हो गया और मात्र 3 गाय शेष रही। तत्पश्चात एक बगीचे में वे चौकीदार हो गये जिसमें पाँच रुपया वेतन वे पाते जो बाद में बढ़कर आठ हो गया। विश्वनाथ वैशम्पायन पण्डित सीताराम तिवारी का एक क़िस्सा बताते हैं :

"उन्हें भूखे पेट दिन काट देना स्वीकार था परन्तु कभी किसी से वह उधार नहीं लेते थे। एक बार घर में नमक समाप्त हो गया था। घर की स्त्रियों की आदत होती है कि किसी वस्तु के समाप्त हो जाने पर उस समय काम के लायक वस्तु वे पड़ोसियों से ले आती हैं और बाद में वापस कर देती हैं।

जगरानी देवी भी पड़ोसी से नमक ले आयी। तिवारी जी झोपड़ी के बाहर ही बैठे थे। उन्होंने ग्रहणी को जाते देखा था।

इस कारण उनके लौटने पर पूछ बैठे, "कटोरी में क्या है?"

"पड़ोसन से नमक उधर लायी हूँ। घर में नहीं था। बाज़ार से लाने पर लौटा दूँगी।"

"नहीं, नमक अभी लौटा दो। एक दिन बिना नमक के रसोई बनने में कोई हर्ज़ नहीं है। इसके आगे दलीलें देने का साहस जगरानी देवी को नहीं हुआ। वह उल्टे पाँव जाकर नमक लौटा आयी और उस दिन बिना नमक के भोजन बना और खाया भी गया।"8

पण्डित सीताराम तिवारी के धार्मिक एवं सामाजिक आयाम पर प्रकाश डालते हुए विश्वनाथ एक और क़िस्सा बताते हैं,

"पण्डित तिवारी कट्टर सनातनी थे और छुआछूत अत्यधिक मानते थे। आज़ाद के बड़े भाई के विषय में उन्हें यह मालूम हो गया था कि वह बीड़ी पीने लगा है। इस अपराध का सुखदेव को यह दण्ड दिया कि उन्हें चौकी में भोजन नहीं दिया जाता था और उनकी थाली में साथ बैठकर कोई नहीं खाता था।"9

इन्हीं पण्डित सीताराम तिवारी की पत्नी जगरानी देवी ने सावन सुदी दूज सोमवार को 26 जुलाई दोपहर 2:00 बजे चन्द्रशेखर तिवारी को जन्म दिया। जिस प्रकार आज़ाद की कहानी है, आज़ाद की माँ की भी कहानी है। आज़ाद की संघर्ष की कहानी है तो उनकी माँ के भी संघर्ष की कहानी है। अगर आज़ाद के घर से चले जाने की कहानी है तो माँ कि ख़ुशियों की भी चले जाने की कहानी है। जितना बलिदान आज़ाद का था उससे कहीं अधिक आज़ाद की माँ का। आज़ाद बहुत कम अवस्था में घर से दूर चले गये थे। बीच में घर लौटे पर बेहद सीमित समय के लिए। जगरानी देवी के लिए यह विरह अधिक दुरूह था क्योंकि आज़ाद के सामने कुछ आदर्श थे, भारत माता थी, जिनके लिए प्राण विसर्जित किये जा सकते थे। परन्तु माँ के समक्ष क्या था? वे न तो इतनी शिक्षित थी कि समझ सकती न जानकारी बटोरने के इतने साधन उनके पास थे। समझती भी कैसे? जिस माँ की सभी संताने काल को ग्रास हो चुकी हो वह यह कष्ट कैसे सहन करे?

आज़ाद के पास कुछ उच्चतम था जिससे अभाव भरा जा सकता था। परन्तु माँ के पास क्या था? था तो वह अभाव जिसे अपने पुत्र के बालों को सहलाकर ही भरा जा सकता था। था तो दुर्बल शरीर जो टूटी झोपड़ी में किसी तरह दिन काट रहा था। था तो बिना दाँत का मुँह जिसमें कभी खाना गया कभी नहीं। आज़ाद के हिस्से आया शहीद हो अमरत्व। माँ के हिस्से क्या आया? माँ के हिस्से आया सिर्फ़ अरण्य रोदन जिससे ऐसा सरदर्द पैदा हो गया कि एक आँख ही उन्हें निकलवा देनी पड़ी। आया तो शहीद की माँ का तमगा जिसे कभी ठीक तरह से वह समझ ही न पायी। आज़ाद के पास पिस्तौल थी जिससे उन्हें अनन्य प्रेम था। माँ के पास ऐसी कौन-सी पिस्तौल थी? थी तो सिर्फ़ एक दीवार जिस पर चन्द्रशेखर का धनुष लटका रहता था जिसे निहारते हुए अपने वे पुत्र को याद किया करतीं।

आज़ाद के अनुरोध को स्वीकार करते हुए विश्वनाथ ने जब भाभरा में आज़ाद के घर गये तो उनकी माँ ही वहाँ उपस्थित थी । माँ से वार्ता का विवरण देते हुए अपने संस्मरण में लिखा,

"माँ पास सरक आयीं। धीरे-धीरे पूछने लगीं", सच बताओ, भैया, चन्द्रशेखर मर गया?"

मैं इधर-उधर देखने लगा। कैसे बताता श्री चन्द्रशेखर इस संसार में नहीं है। मेरे साथियों में से एक ने कहा, "माँ, वे अब ज़िन्दा नहीं हैं। इसका तो तुम्हें भी पता लग गया होगा।"

"हाँ बेटा एक बार गाँव के लोगों ने एक फ़ोटो दिखाया और कहा था कि वह लड़ाई में मारा गया, पर बेटा हमारी तो समझ में नहीं आया कि उसने ऐसा कौन-सा काम किया था जिससे उसे लड़ाई लड़नी पड़े और फ़ोटो छपकर बिके। मेरा तो सब कुछ होकर भी कुछ नहीं रहा। मैं निपूती ही बनी रही। ज़िन्दा हूँ, इसी से पेट का भाड़ा चुकाने के लिए कुछ ना कुछ करना पड़ता है। मैं तो उस दिन की बाट जोह रही हूँ जब भगवान मेरी सुन ले।"[10]

आज़ाद तो अपने कामों में व्यस्त हो जाते थे परन्तु माँ को उस वीरान भाभरा में विछोह का सन्ताप अदृश्य चीटियों के काटने की भाँति कचोटता रहता जो अभिव्यक्त होता अश्रुओं के रूप में। आज़ाद की माँ ने हाथ की मध्यमा एवं अनामिका अँगुलियाँ बाँध ली थी। मालूम है किस लिए? मानता

स्वरूप उन्होंने अँगुलियाँ बाँध रखी थी ताकि वर्षों से लापता उनका बेटा वापस आ जाये।[11]

1906 में जन्में आज़ाद 1920 में घर छोड़ काशी चले गये थे। 1931 में वे पृथ्वी भी छोड़ कर चले गये। इस बीच वे मात्र दो बार घर लौटे। एक बार 1922 में 10-15 दिनों के लिए। एक बार 1928 में। क्रान्तिकारी दल में वे अपने घर-परिवार के बारे में पर्याप्त गोपनीयता रखते। एक बार सरदार भगत सिंह ने मज़ाक़ करते हुए कहा था–"अरे पण्डित जी, इतना तो बता ही दीजिए कि आपका घर कहाँ है और घर पर कौन-कौन है, ताकि भविष्य (यानी आज़ाद की मृत्यु के उपरान्त) में हमसे बन सके, तो उनकी यथाशक्ति सहायता कर सकें और देशवासियों को एक शहीद का ठीक से परिचय दे सकें।" आज़ाद की आँखें बदल गयी और क्रोधित हो वे बोले–"क्यों? क्या मतलब? तुम्हें मेरे घर से काम है या मुझसे। पार्टी में मैं काम करता हूँ या मेरे घर के लोग? मेरा घर कहाँ है, मेरे घर पर कौन-कौन है, इस प्रकार के प्रश्न ही क्यों करते हो।"

बेचारे भगत सिंह सहमकर रह गये। आज़ाद रुके नहीं और बोले– "देखो रणजीत (भगत सिंह का दल का नाम) इस बार तो पूछा, अब फिर कभी न पूछना। न घरवालों को तुम्हारी सहायता से मतलब है और न मुझे अपना जीवन-चरित्र ही लिखना है...यदि तुम्हीं ऐसी बात करोगे तो फिर गोपनीयता कैसे रहेगी?"[12]

कई बार परिस्थितयों से वे इतने विवश हो जाते की माता-पिता के प्रति व्यवहार तनिक कठोर हो जाता। एक बार एक श्रीप्रकाश जी ने कुछ रुपये इसलिए आज़ाद को दिये थे कि वे उन्हें अपने घर भेज दें और अपनी माता के परितोष के लिए उन्हें तीर्थयात्रा करा दें। आज़ाद ने वह पैसे भी दल में लगा दिये। आज़ाद का कहना था कि, "मज़हब और तीर्थयात्रा जैसी फालतू बातों से हम क्रान्तिकारियों को क्या वास्ता!"[13]

मनोहर लाल त्रिवेदी ऐसा ही एक और क़िस्सा बताते हैं कि गणेश शंकर विद्यार्थी द्वारा माता-पिता हेतु 250 रुपये भेजे जाने की बात उन तक पहुँची तब,

"वे बहुत क्रोधित हो गये। उनके पलंग के पास ताला लगी हुई एक अलमारी थी। उन्होंने उस ताले को ज़ोर से पकड़कर तोड़ डाला। यह कहते

हुए कि क्या मैं अपने माता-पिता के लिए किसी से भीख माँगता हूँ? उन्होंने अलमारी खोल दी। उसमें कुछ थैलियों में नोट, कुछ में रुपये तथा दूसरा सामान भी रखा हुआ था। श्री आज़ाद ने कहा, यह रुपया मैं अपनी जान पर खेलकर लाया हूँ। अगर मैं उन्हें दे दूँ तो कोई मेरा क्या करेगा? लेकिन मैं ऐसा नहीं कर सकता। यह केवल मातृभूमि की सेवा के लिए ही है। मेरे ही माता-पिता नहीं हैं, सभी क्रान्तिकारियों के हैं। फिर आज़ाद ने मुझसे कहा कि आप मेरे माता-पिता का ध्यान रखना। मैं अगर उन्हें कष्ट में देखूँगा या सुनूँगा तो पिस्तौल की दो गोलियाँ उनकी सेवा के लिए बहुत हैं। मैं उनकी यही सेवा कर सकूँगा।"[4]

गणेश शंकर विद्यार्थी कानपुर में कार्यरत राष्ट्रवादी पत्रकार एवं स्वतन्त्रता सेनानी थे। इसी क्रम में गणेश शंकर विद्यार्थी से उन्होंने कहा, *"विद्यार्थी जी, इस गुलाम देश में लाखों परिवार ऐसे हैं जिन्हें एक समय भी रोटी नसीब नहीं होती, मेरे माता-पिता तो दिन में एक बार भोजन पा ही जाते हैं। वे भूखे रह सकते हैं, पर पैसे के लिए पार्टी के सदस्यों को भूखों नहीं मरने दूँगा। उनकी आवश्यकताओं को पूरा करना मेरा सर्वप्रथम कर्तव्य है। मेरे माता-पिता भूखों मर भी गये तो उससे देश का कोई नुकसान नहीं होगा, ऐसे कितने ही लोग इस देश में मरते-जीते रहते हैं।"*

दल की केन्द्रीय समिति के सदस्य रहे सद्गुरु दयाल अवस्थी ने भी एक ऐसा ही एक क़िस्सा सुनाया है :

"माताजी का उल्लेख करते समय आज़ाद का गला भर आता था। मैंने आग्रह के साथ विनय किया था कि उनको कुछ सहायता भेजी जाये। पण्डित जी ने इनकार कर दिया था और कहा था वह बड़ी हठीली हैं। किसी से सहायता नहीं लेंगी और उसका बेटा कोई कमाई नहीं करता, यह उस पर एक गोली भी ख़र्च नहीं कर सकता। मैंने अपनी प्रार्थना नहीं छोड़ी, निरन्तर करता रहा। अन्त में पण्डित जी मान गये थे। माताजी का पता-ठिकाना देकर कप्तान श्री रामसिंह के हाथ उनकी सेवा में कुछ धन भेजा गया था।"[5]

1922 में जब आज़ाद घर लौटे तो क्रान्तिकारी नहीं हुए थे परन्तु 1928 में वे क्रान्तिकारी आन्दोलन के मज़बूत स्तम्भ के रूप में पहुँचे। काकोरी काण्ड के बाद वे अज्ञातवास में चले गये थे एवं बुन्देलखण्ड में रहते हुए

संगठन को पुनर्जीवित कर रहे थे। झाँसी में वे सदाशिवराव मलकापुरकर के आवास पर ठहरे थे। सदाशिव आज़ाद के साथी थे जिन्हें भुसावल बम काण्ड में कालापानी की सज़ा हुई थी। जेल से रिहाई के उपरान्त वे आज़ाद की माँ के पास पहुँचे एवं उनकी अपनी ही माँ की तरह ख़ूब सेवा की। माँ ने भी उन्हें पुत्रवत ही स्नेह दिया। वे उन्हें बचवा कहती। न सिर्फ़ सेवा अपितु माता जी का दाह संस्कार भी उन्होंने ही किया। आज़ाद के साथ मातृभूमि एवं उनके जाने के बाद उनकी माँ की सेवा का अनोखा गौरव उन्हें प्राप्त है।

एक दिन ऐसे ही बात करते हुए आज़ाद ने उनसे कहा, "चलो सदु, अपना घर मैं तुम्हें दिखा लाऊँ..."[16] सदु यानी सदाशिवराव की ख़ुशी का ठिकाना ही नहीं रहा। इसका एक कारण यह भी था कि अपने निजी जीवन को अत्यन्त गोपनीय रखने वाले आज़ाद उन्हें ऐसे गम्भीर वक़्त में अगर अपने घर ले जा रहे हैं तो अवश्य ही उन पर उन्हें अटूट भरोसा होगा एवं अपने सबसे विश्वस्त साथियों में उनकी गिनती करते होंगे। इसी दास्ताँ के बारे में सदाशिवराव लिखते हैं :

"भोपाल पहुँच कर हमने उज्जैन के टिकट लिए। फिर उज्जैन और नागदा से टिकट ख़रीदकर दोहद पहुँचे। इस शंका से कि कहीं पुलिस को पता न लग जाये, हम अपने निर्दिष्ट स्थान का टिकट न लेकर जगह-जगह, जहाँ गाड़ी बदलनी पड़ती थी, टिकट ख़रीद लेते थे। रेलगाड़ी के दोहद स्टेशन के प्लेटफ़ॉर्म पर खड़ी होने से पहले ही साथी आज़ाद ने प्लेटफ़ॉर्म पर खड़े एक व्यक्ति (श्री मनोहरलाल त्रिवेदी) की ओर इशारा करके मुझे बतला दिया कि वे हमें लेने आये हैं। आज़ाद गाड़ी से उतरकर शीघ्र ही स्टेशन के बाहर चले गये। थोड़ी देर बाद आज़ाद आये और उन्होंने मनोहरलाल जी के पैर छूए। मनोहरलाल जी का गला भर आया। उन्होंने आज़ाद के माता-पिता का कुशल समाचार दिया। मोटर बस में बैठकर हम लोग अलीराजपुर रियासत के ग्राम भाभरा में ही रहते थे। आज़ाद ने उनके पास स्वयं जाने को कहा, परन्तु मनोहर लाल जी ने मना करते हुए कहा, "मैंने उन्हें इत्तिला कर दी है। दादा आते ही होंगे।"

थोड़ी ही देर में दरवाज़े में से मुझे दिखाई दिया कि एक ऋषिकल्प वृद्ध पुरुष जिनके सिर और दाढ़ी के केश सफ़ेद हो गये हैं, जल्दी-जल्दी पैर बढ़ाये

चले आ रहे हैं। उनके रंग, आकृति और शरीर के गठन से ही मैं समझ गया कि ये आज़ाद के पिता हैं। साथी आज़ाद ने आगे बढ़ कर पिताजी के चरण छुए। पिता ने अपने इकलौते पुत्र को छाती से लगा लिया। स्पष्ट ही दिख रहा था कि पिताजी अपने आपको संयत रखने का बहुत प्रयत्न कर रहे थे, परन्तु अश्रुधारा उनकी आँखों से बह ही निकली और अन्ततः वे सिसक-सिसककर रोने लगे। दादा की सिसकियाँ बढ़ते देख प्रेम-विह्वल आज़ाद ने दो बार 'दादा-दादा' कहा। अर्थ स्पष्ट था–'दादा मुँह से आवाज़ नहीं निकलनी चाहिए क्योंकि लोगों को यह महसूस नहीं होना चाहिए कि मैं यहाँ आया हूँ, नहीं तो मेरे आने की ख़बर पुलिस तक पहुँच सकती है।' बेचारे वृद्ध पिता ने, 'दादा-दादा' इन्हीं दो शब्दों से ही अपने पुत्र की संकटापन्न स्थिति को भली-भाँति समझ लिया और वे पुनः अपने आप को संयत करने का प्रयत्न करने लगे। श्री मनोहर लाल की भी आँख से अश्रुधारा बह रही थी। उन्होंने दादा का हाथ पकड़कर कहा कि अन्दर कमरे में चलो, चाची (आज़ाद की माताजी) आती होंगी। इस प्रकार भय और आशंका के वातावरण में दस वर्षों से बिछड़े पिता-पुत्र का मिलन हुआ।

थोड़ी देर बाद वृद्ध माता भी आयी और सीधे कमरे में चली गयीं। आज़ाद ने माता के चरण छुए और पकड़कर बैठे गये। माँ पुत्र का सिर गोद में ले बिल्कुल हृदय से चिपकाकर चुपचाप रोती रही। उसके मुँह से शब्द नहीं निकला। वह अपने बच्चे की परिस्थिति को भली-भाँति समझती थी और उसने इस बात का पूरा-पूरा ध्यान रखा कि अंग्रेज़ सरकार के भेड़ियों को उसके बच्चे की गन्ध न आ जाये। बेचारी मुँह खोलकर रो भी न सकी।

इन दिनों मेरा कार्यक्रम यही था कि सुबह-शाम आज़ाद के साथ भाभरा ग्राम की निकटवर्ती पहाड़ियों पर चक्कर लगाना, गले तक ठूँसकर कर भोजन करना और दिन हो या रात, ख़ूब सोना। मेरे सोने से आज़ाद भी तंग आ गये। उन्होंने कहा भी–"सदु, कितना सोते हो तुम। दिन रात एक कर रहे हो। तुम्हें हो क्या गया है। इतना तो तुम कभी नहीं सोते थे।" मगर मैं करता क्या। अम्माजी तो ख़ूब खिला देती थी, वे नाराज़ हो जाती थी। अधिक खिलाने में ही उनको सुख मिलता था (मरते दम तक उनकी यही आदत रही)। उनके आनन्द को देखकर अपने पेट पर अत्याचार करना कुछ बड़ी बात न लगती थी। मगर

इतना खा जाने के बाद सिवा सोने के और हो भी क्या सकता था। जब आज़ाद ने मेरे अधिक सोने पर आपत्ति की तो मैंने कुछ कम खाने की चेष्टा की। इस पर अम्माजी नाराज़।"

अपने भाभरा प्रवास का एक और क़िस्सा बताते हुए सदाशिवराव लिखते हैं :

"घर जाकर हम बैठे और कपड़े उतारे, हाथ-पाँव धोकर भीतर कमरे में पहुँचे जहाँ अम्मा ने थालियाँ परोस रखी थी। मैंने थाली ज़रा पीछे हटा ली ताकि मुझे दरवाज़े में से बाहर की ओर दिखाई देता रहे। मुझे सहसा याद आया कि कोट जिसमें पिस्तौल रखी है, बाहर ही टँगा है। शीघ्र उठा और खूँटी से उतारकर मैंने अपने पास रख लिया, जहाँ मैं खाना खाने बैठा था। अभी तक हम लोगों ने भोजन शुरू नहीं किया था। विधि-विधान और चौके के कट्टर पाबन्द ब्राह्मण दादा को यह बात बुरी लगी कि मैंने उठकर कोट छू लिया और तिस पर भी उसे पास लाकर रख लिया। वे पूछने लगे, क्या बात है? मैं उत्तर देने ही वाला था कि मनीबैग कहीं गिर तो नहीं गया, परन्तु आज़ाद बीच में ही बोल उठे। "दादा" इन दो अक्षरों का जो आशय था उसे समझने में उन्हें देर न लगी। वे चुप हो गये। अम्मा ने दादा से कहा–'तुम्हें भी परोस दूँ, खा लो। नहीं तो बैठ ही जाओ, खड़े क्यों हो?' फिर आज़ाद की ओर देख कर कहा, 'बच्चा खाओ तुम।' परन्तु दादा कमरे से निकलकर खड़े हो गये। मैंने अँधेरे में ही देखा कि एक सिपाही फाटक के बाहर बीच सड़क पर खड़ा है। मैंने आज़ाद को इशारा किया। आज़ाद ने भी उसे ग़ौर से देखा। मैंने खाना शुरू कर दिया था। आज़ाद ने कहा कि तुम खाओ और स्वयं उठ खड़े हुए। अम्मा ने डाँटा कि थाली परोसी हुई है, बैठकर खाओ। क्या है आख़िर बाहर, मैं देखती हूँ। दादा ने बाहर जाकर सिपाही से पूछताछ की तो उसने बताया कि उसने बताया कि वह तो पड़ोसी के इन्तज़ार में है। पड़ोसी के बाहर आने पर वे दोनों चले गये। थोड़ी देर बाद हम लोगों ने जंगल में रात बिताने का निश्चय किया और चल दिये।"[7]

जो चन्द्रशेखर 1920 में भाभरा से 1000 किलोमीटर दूर काशी गये वे कोई अतिशिक्षित एवं परिष्कृत युवा नहीं थे। चौथी कक्षा तक वे भाभरा में पढ़े थे। आज़ाद की माँ अक्सर अपने पुत्र के बारे में बातें किया करती थी। आज़ाद

के बारे में जब वे ज़िक्र करते तो उनका गला भर आता और वे फूट-फूटकर रोने लगती। एक बार ऐसी ही वार्ता में माताजी ने कहा, *"बेटा चन्द्रशेखर जब पैदा हुआ तो कमज़ोर-सा था। हमारे यहाँ गाय-भैंस तो थी, पर वे दूध बहुत थोड़ा देती थी। इसलिए दूध हम घी के लिए जमा देते थे। ज़्यादा दूध हमारे यहाँ होता ही न था। पर बच्चा साबूदाना खा-खाकर ही ख़ूब मोटा-ताज़ा बन गया। पास-पड़ोस की स्त्रियाँ कहने लगी, 'बच्चा तो बहुत सुन्दर लगता है, कहीं नज़र न लग जाये। इसलिए चन्द्रशेखर को काजल लगाकर उसके माथे पर दिठौना लगा दिया करती थी। बच्चा ख़ूब तंदरुस्त हो गया था। हाय! क्या मैंने उसे इतनी फ़िक्र से इसलिए पाला-पोसा था कि वह किसी दिन गोली से मारा जाये। चन्द्रशेखर अपने पिताजी से ज़्यादा नहीं बोलता था। जो कुछ उसे लेना होता, मुझसे ही माँग लेता था और मैं भी उसके पिताजी के पैसों की चोरी करके उसे दे दिया करती थी। हमारे बच्चे को बर्फ़ी अच्छी लगती थी। जब वह भाभरा आया था तब हमने बर्फ़ी बनाकर उसको दी थी। उसके बाद बच्चे को फिर नहीं देखा। वही आख़िरी मिलन था।"*[8]

आज़ाद के बचपन की झलक हमें संस्मरणों में ही मिलती ही। हरदोई में जन्मे क्रान्तिकारी श्री शिववर्मा ने आज़ाद के बचपन का विवरण देते हुए लिखा, "बचपन से ही पढ़ने-लिखने के बजाये तीर-कमान या बन्दूक चलाने में आज़ाद की अधिक रुचि थी। वे प्राय: स्कूल का बहाना लेकर घर से निकल जाते और रास्ते में अपने दोस्तों के साथ थानेदार-डाकू का खेल खेलते रहते थे या फिर तीर कमान चलाने का अभ्यास करते। भाभरा के किसानों एवं आदिवासियों का जीवन उन्होंने निकट से देखा था।"

आज़ाद उस निष्ठा से भले न पढ़ते हों जैसा आम भारतीय जनमानस अपेक्षा करता है परन्तु वे बचपन से उतने ही न्यायप्रिय थे जितना भारतीय जनमानस नहीं होता। आज़ाद के बचपन को क़रीब से देखने वाले मनोहर लाल त्रिवेदी ने आज़ाद के बचपन का एक क़िस्सा सुनाते हुए लिखा :

"जब सुखदेव की उम्र तेरह-चौदह वर्ष थी और आज़ाद की सात-आठ वर्ष थी तब मैं उन्हें पढ़ाया करता था। एक बार मैं पढ़ा रहा था तो जानबूझकर मैंने एक शब्द ग़लत बोल दिया। इस पर आज़ाद ने वह बेंत जिसे मैं उनको पढ़ाने में डराने और धमकाने को अपने पास रखे रहता था, उठाया और मुझे

दो बेंत मार दिये। यह देख तिवारी जी दौड़े और उन्होंने आज़ाद को इसके लिए पीटने चाहा लेकिन मैंने उन्हें रोक दिया। पूछने पर आज़ाद का उत्तर था–'हमारी ग़लती पर मुझे और भाई को ये मारते हैं, तो इनकी ग़लती पर मैंने उन्हें मार दिया।'"[9]

आज़ाद के इस कारनामे को सुनते ही हम 'नो कमेंट्स' की स्थिति में चले गये।

भाभरा में चन्द्रशेखर विद्यालय के लिए निकलते पर मार्ग में दोस्तों के साथ जंगल में कभी थानेदार-डाकू का खेल खेलते तो कभी तीर-कमान चलाना सीखते। भाभरा में चन्द्रशेखर का दिन कुछ ऐसे ही कटता।

"चन्द्रशेखर भी बंक मारते थे।" आदित्य ने हँसते हुए कहा।

"हाँ तुम्हें तो नयी प्रेरणा मिल गयी होगी।" दिव्यांश ने व्यंग्य रूपी बाण चलाया।

"अरे यार! तुम लोग भटक बहुत जाते हो। सुनो पहले।" विषयान्तर से व्यथित पार्थ ने कहा। फिर वह बोला,

"मनोहर लाल त्रिवेदी चन्द्रशेखर को पुत्रवत ही प्रेम करते थे। इसलिए उनका स्थानान्तरण जब खट्टाली गाँव में हो गया तो वे चन्द्रशेखर को साथ ले गये एवं अपने पास ही उनकी पढ़ाई की व्यवस्था की। एक वर्ष बाद चन्द्रशेखर भाभरा आये तो उनका यज्ञोपवीत संस्कार सम्पन्न हुआ। चन्द्रशेखर के माता-पिता दोनों चाहते थे कि चन्द्रशेखर संस्कृत पढ़े एवं वेदाध्ययन कर पण्डित बने। परन्तु चन्द्रशेखर की विशेष रुचि विद्यार्जन में नहीं थी इसलिए त्रिवेदी जी ने उनकी नौकरी अलीराजपुर तहसील में लगवा दी। अलीराजपुर के तत्कालीन तहसीलदार सीताराम अग्निहोत्री चन्द्रशेखर एवं उनके परिवार से परिचित एवं उनकी निष्ठा व सत्यवादिता से प्रभावित भी थे। ऐसे में सरलता से चन्द्रशेखर की नौकरी लग गयी। अपनी नौकरी के दिनों का विवरण देते हुए विश्वनाथ को आज़ाद ने बताया था :

'बच्चन! वहाँ जो काम था सो तो था ही, मुझे सबसे बड़ा दुख था इस बात का कि जो भी अफ़सर आता उसे झुककर मुजरा करना पड़ता था, जो मुझे अच्छा नहीं लगता था। एक-दो बार मैंने यह कष्टप्रद कर्तव्य किसी तरह निभाया, परन्तु बाद में मैं ऐसे मौक़ों पर खिसक जाता था। साथी कहते थे कि

शेखर तुम्हारी यह बात अच्छी नहीं, किसी दिन नौकरी से हाथ धो बैठोगे। तो मैं निःसंकोच कहता, 'भाई यहाँ किसको नौकरी चाहिए? कल जाती है तो आज छूट जाये, इस जेलखाने से तो छुट्टी मिलेगी।'[20]

नियति का खेल देखिये कि पढ़ाई में लेश मात्र भी रुचि न रखने वाला बुन्देलखण्ड के जंगलों में घूमता-खेलता बालक काशी पहुँच जाता है। वह भी बिना किसी को बताये। मोहनलाल त्रिवेदी बताते हैं कि, "अलीराजपुर में आज़ाद मेरे साथ मेरे ही घर में रहते थे। एक वर्ष बाद मैं कार्यवश छुट्टी लेकर देश चला गया। मेरे वापिस आने के एक महीने पहले ही एक सौदाग़र के साथ जो बनारस से मोती बेचने अलीराजपुर आया हुआ था, आज़ाद बिना कुछ चार्ज-वार्ज दिये ही चले गये, क्योंकि वे तहसीलदार साहब के कृपापात्र थे, इसलिए उन पर विशेष कार्यवाही का मौक़ा नहीं आया। आज़ाद की आयु उस समय लगभग 15 वर्ष की थी। इस प्रकार उनके चले जाने के दो वर्ष बाद उनका पत्र मेरे पास आया कि वे बनारस में पढ़ रहे हैं और मैं फ़िक्र न करूँ।"[21]

चन्द्रशेखर 1920 में ऐसे वक़्त पर काशी पहुँचे जब एक व्यक्ति ने भारत की राजनैतिक चेतना को इस स्तर तक जाग्रत कर दिया कि इसकी गूँज बनारस में सुनी एवं महसूस भी की जा सकती थी। उस व्यक्ति की वाणी ने जनमानस में ऐसा प्राण फूँका था कि बनारस की हवाओं में भी विद्रोह की गूँज तैरने लगी थी। हर ग़ली जैसे परिवर्तन का मन्त्र जप रही थी, हर घाट पर मानो स्वराज की पदचाप सुनाई देती थी और काशी, उस समय, केवल तीर्थ नहीं, एक जाज्वल्यमान चेतना की जीवन्त भूमि बन चुकी थी।

नौ जनवरी 1915 को दक्षिण अफ़्रीका से एक व्यक्ति मुम्बई में उतरता है। दक्षिण अफ़्रीका से वह अपने साथ मात्र अपनी पत्नी को नहीं लाया था, अपितु अपने साथ अपनी स्मृतियों की पुस्तक में ट्रेन से फेंके जाने का कटु अध्याय भी लाया था, 1894 से दक्षिण अफ़्रीका में भारतीयों के हक़ के लिए चल रहे मुसलसल हक़ की दास्ताँ एवं उससे परिणित नवनीत अर्थात् सत्याग्रह भी लाया था जिसे अब वह भारतीयों को समर्पित करना चाहता था।

1869 में जन्मा मोहनदास करमचंद गांधी इंग्लैंड से क़ानून की पढ़ाई पढ़ बैरिस्टर बन भारत लौटता है परन्तु अपेक्षित सफलता न मिलने पर दादा

अब्दुल्लाह के प्रस्ताव पर क़ानूनी सलाहकार के रूप में अपनी सेवाएँ देने दक्षिण अफ्रीका पहुँचता है। वहाँ भारतीयों के दंश को वह अपना दंश बना लेता है एवं शुरू कर देता है उनके लिए संघर्ष। ऐसा संघर्ष जिसमें अपने अधिकारों के लिए के लिए मुखरता से लड़ा जाता है परन्तु इस लड़ाई में अपने प्रतिद्वन्दी के प्रति ज़रा भी द्वेष न होता था। 1894 से 1914 तक चले इस संघर्ष में अल्पकाल के लिए गांधी भारत अवश्य लौटे परन्तु जब 1914 में सदैव के लिए अलविदा कहा तब बैरिस्टर गांधी महात्मा गांधी हो चुका था। जाने से पूर्व अपने प्रतिद्वन्द्वी रहे अंग्रेज़ सैन्य अधिकारी जनरल स्मट्स को स्वनिर्मित चप्पलें दी तो बाद में स्मट्स ने कहा कि वे गांधी की चप्पलों में अपने पैर रखने योग्य स्वयं को नहीं समझते थे। गांधी के भारत लौटने पर अपने मित्र को उन्होंने लिखा, "सन्त ने हमारे तट छोड़ दिये, आशा करता हूँ हमेशा के लिए।"[22]

ऐसा द्वैत मात्र गांधी ही निर्मित कर सकते थे कि उनका विपक्षी उनको सन्त के रूप में स्वीकार भी करता था परन्तु उनके पुनः लौटने कि आशा भी न करता था। इसी छवि के साथ भारत में भी दक्षिण अफ्रीका में अपने कार्य के लिए चर्चाओं का केन्द्र रह चुके गांधी साधारण धोती-कुर्ते में मुम्बई पहुँचे।

पृथ्वी पर 45 वर्ष बिता 12 वर्षों बाद वतन वापसी पर गांधी का शान से स्वागत हुआ। सम्मान में कई सभाएँ हुई जिनमें भारतीय राजनैतिक परिदृश्य के हर प्रतिनिधि ने भाग लिया–नर्म दल के गोपाल कृष्ण गोखले से लेकर गर्म दल के बाल गंगाधर तिलक तक। मुम्बई के फिरोजशाह मेहता से लेकर गुजरात के मोहम्मद अली जिन्ना तक।

गोपालकृष्ण गोखले को गांधी ने अपने राजनैतिक गुरु के रूप में स्वीकार किया। महाराष्ट्र के एक चितपावन ब्राह्मण परिवार से आने वाले गोखले भारतीय राष्ट्रीय कांग्रेस के उस गुट का प्रतिनिधित्व करते थे जिनका यक़ीन संवैधानिक मार्गों से भारतीयों के अधिकारों को सुनिश्चित करने में था। गांधी ने दक्षिण अफ्रीका में अपने प्रवास के दौरान ही गोखले से सम्बन्ध स्थापित कर लिए थे एवं विभिन्न प्रश्नों पर उनकी राय लेते रहते थे। गोखले भी गांधी के समर्थक थे एवं उनकी हर सम्भव सहायता करते। दक्षिण अफ्रीका में भारतीयों की स्थिति को समझने हेतु गोखले, गांधी के आमन्त्रण पर 1912

में दक्षिण अफ्रीका गये एवं इसी क्रम में गांधी से उनके समबन्ध और मधुर हो गये। गांधी के भारत लौटने पर गोखले ने गांधी को सलाह दी कि वे पहले भारत को समझने हेतु एक वर्ष भारत भ्रमण करें एवं किसी विषय पर अपनी राय न व्यक्त करें। गांधी से भी लौटने पर जब पत्रकारों ने उनके योजनाओं के बारे में पूछा तो उन्होनें कहा कि वे गोखले की सलाह का अनुसरण करेंगे एवं एक विद्यार्थी की भाँति स्थिति समझेंगे।[23] अपने विवेक एवं विचारों को भारतीय पटल पर रखने से पूर्व आवश्यकता थी भारतीय जनमानस के विवेक एवं विचारों को जानने एवं समझने की। इसलिए गांधी ने भ्रमण तो अवश्य किया परन्तु स्वयं को शान्त न रख सके। एक वर्ष के इस कालखण्ड में उन्होंने लगभग चालीस वक्तव्य दिये परन्तु सत्याग्रह, अहिंसा, स्वराज जैसे विषयों पर अत्यधिक प्रकाश न डाला। इसी बीच गांधी को आवश्यकता महसूस हुई एक ऐसे स्थान की जहाँ से वे अपने कार्यों को संचालित कर सकें। इसलिए अहमदाबाद के कोचराब में गांधी ने स्थापना की सत्याग्रह आश्रम की। शीघ्र ही आश्रम के सदस्यों की संख्या तीस हो गयी। गांधी द्वारा तैयार किये गये आश्रम के संविधान के अनुसार आश्रम के निवासियों का उद्देश्य जीवनपर्यंत मातृभूमि की सेवा सीखनी थी एवं सत्य, अहिंसा, ब्रह्मचर्य, अस्तेय, अपरिग्रह आदि व्रतों का पालन करना था। जनवरी 1916 में गांधी गुजरात में ही रहे। फ़रवरी में जब गुजरात से निकले तो पहुँचे उस शहर जिसका चन्द्रशेखर के जीवन में अत्यन्त महत्त्वपूर्ण स्थान है। शिव की मुस्कान–बनारस। जहाँ चन्द्रशेखर का स्वतन्त्रता संग्राम में पर्दापण बनारस में हुआ एवं सत्याग्रही से क्रान्तिकारी में परिवर्तन भी बनारस में ही हुआ वहीं गांधी की वैचारिकता का भारत में मुखरता से प्रथम प्राकट्य भी हमें बनारस में ही देखने को मिला।

1 फ़रवरी 1916 को महामना मदन मोहन मालवीय एवं ऐनी बेसेंट के तत्त्वाधान में निर्मित बनारस हिन्दू विश्वविद्यालय के स्थापना समारोह में गांधी पहुँचे। हाँ, वही बनारस हिन्दू विश्वविद्यालय जो आज भी बनारस की शिक्षा एवं ज्ञान की प्राचीन धारा को गति दे रहा है। इस कार्यक्रम के मुख्य अतिथि थे तत्कालीन वायसराय लॉर्ड हार्डिंग। स्वर्णाभूषणों से सुसज्जित रियासतों के राजा-महाराजा एवं कई विशिष्ट जन भी उपस्थित थे। गांधी को 6 फ़रवरी को ऐनी बेसेंट के पश्चात अपना वक्तव्य देना था। सबका मत था कि गांधी

दक्षिण अफ्रीका के अपने अनुभव के बारे में बोलेंगे। परन्तु गांधी के इरादे कुछ दूसरे थे। अत्यन्त साधारण काठियावाड़ी वेशभूषा पहने गांधी खड़े हुए एवं निःसंकोच बोले :

मित्रों, श्रीमती बेसेंट की अद्वितीय वाक्पटुता के प्रभाव में, जो अभी-अभी यहाँ बैठी हैं, कृपया यह न मानें कि हमारा विश्वविद्यालय एक तैयार उत्पाद बन गया है तथा जो युवा इस विश्वविद्यालय में आने वाले हैं, जो अभी तक अस्तित्व में नहीं आया है, वे भी एक महान साम्राज्य के तैयार नागरिक बनकर यहाँ से लौटे हैं। ऐसी कोई धारणा न रखें तथा यदि आप, विद्यार्थी जगत, जिसके लिए आज शाम मेरी टिप्पणियाँ सम्बोधित की जानी हैं, एक क्षण के लिए विचार करें कि आध्यात्मिक जीवन, जिसके लिए यह देश विख्यात है तथा जिसके लिए इस देश का कोई प्रतिद्वन्द्वी नहीं है, होठों के माध्यम से सम्प्रेषित किया जा सकता है, कृपया मेरा विश्वास करें, आप ग़लत हैं। आप केवल होठों के माध्यम से वह सन्देश कभी नहीं दे पायेंगे, जो मुझे आशा है कि भारत एक दिन दुनिया को देगा। मैं स्वयं भाषणों तथा व्याख्यानों से तंग आ चुका हूँ। मैं पिछले दो दिनों में यहाँ दिये गये व्याख्यानों को इस श्रेणी से बाहर रखता हूँ, क्योंकि वे आवश्यक हैं। लेकिन मैं आपको यह सुझाव देने का साहस करता हूँ कि अब भाषण देने में हमारे संसाधन लगभग समाप्त हो चुके हैं; यह पर्याप्त नहीं है कि मात्र हमारे कानों को तृप्ति मिले, हमारी आँखों को तृप्ति मिले, बल्कि यह भी आवश्यक है कि हमारे दिलों को छुआ जाये और हमारे हाथ-पैरों को हिलाया जाये।"

अंग्रेज़ी भाषा को गांधी ब्रितानी हुकूमत की आधारशिला मानते थे। इसी आधारशिला पर प्रहार करते हुए गांधी बोले :

"मैं कहना चाहता था कि यह हमारे लिए बहुत ही अपमानजनक और शर्म की बात है कि आज शाम मुझे इस महान कॉलेज की छत्रछाया में, इस पवित्र शहर में, अपने देशवासियों को एक ऐसी भाषा में सम्बोधित करने के लिए मजबूर होना पड़ रहा है जो मेरे लिए विदेशी है। मुझे उम्मीद है कि यह विश्वविद्यालय यह सुनिश्चित करेगा कि यहाँ आने वाले युवा अपनी स्थानीय भाषाओं के माध्यम से अपनी शिक्षा प्राप्त करें। हमारी भाषाएँ हमारा प्रतिबिम्ब हैं और यदि आप मुझसे कहते हैं कि हमारी भाषाएँ सर्वोत्तम विचार व्यक्त करने

के लिए बहुत ख़राब हैं, तो जितना जल्दी हमारा अस्तित्व मिट जाये उतना ही हमारे लिए बेहतर होगा। क्या कोई ऐसा व्यक्ति है जो सपना देखता है कि अंग्रेज़ी कभी भारत की राष्ट्रीय भाषा बन सकती है? राष्ट्र पर यह बाधा क्यों? हमें केवल अंग्रेज़ी शिक्षा ही मिलती है। निश्चित रूप से हमें इसके लिए कुछ करके दिखाना चाहिए। लेकिन मान लीजिए कि पिछले पचास सालों में हम अपनी स्थानीय भाषाओं के माध्यम से शिक्षा प्राप्त कर रहे होते, तो आज हमारे पास क्या होता? आज हमारे पास एक स्वतन्त्र भारत होता, हमारे पास हमारे शिक्षित लोग होते, जो अपनी ही भूमि पर विदेशी न होते, बल्कि राष्ट्र के हृदय की बात करते; वे सबसे ग़रीब लोगों के बीच काम करते और इन पचास सालों में उन्होंने जो कुछ भी हासिल किया होता, वह राष्ट्र के लिए एक विरासत होती। आज हमारी पत्नियाँ भी हमारे सर्वोत्तम विचारों में भागीदार नहीं हैं।"

गांधी के भाषणों में अगर अंग्रेज़ी साम्राज्य का विरोध होता था तो भारतीयों हेतु सुधार-सन्देश भी :

"कांग्रेस ने स्वशासन के बारे में एक प्रस्ताव पारित किया है और मुझे इस बात में कोई सन्देह नहीं है कि अखिल भारतीय कांग्रेस कमेटी और मुस्लिम लीग अपना कर्तव्य निभायेंगे और कुछ ठोस सुझाव लेकर आगे आयेंगे। लेकिन मैं, एक व्यक्ति के रूप में, स्पष्ट रूप से स्वीकार करता हूँ कि मुझे इस बात में उतनी दिलचस्पी नहीं है कि वे क्या बना पायेंगे, जितनी मुझे इस बात में दिलचस्पी है कि छात्र जगत क्या बना पायेगा या आम जनता क्या बना पायेगी। कोई भी काग़ज़ी योगदान हमें कभी स्वशासन नहीं दिला सकता। कितने भी भाषण हमें स्वशासन के योग्य नहीं बना सकते। केवल हमारा आचरण ही हमें इसके योग्य बना सकता है। और हम ख़ुद पर शासन करने की कोशिश कैसे कर रहे हैं?

मैं आज शाम को खुलकर सोचना चाहता हूँ। मैं भाषण नहीं देना चाहता और अगर आप मुझे आज शाम बिना किसी संकोच के बोलते हुए पायें, तो कृपया विचार करें कि आप सिर्फ़ एक ऐसे व्यक्ति के विचार साझा कर रहे हैं जो खुलकर सोचने की अनुमति देता है और अगर आपको लगता है कि मैं शिष्टाचार द्वारा निर्धारित सीमाओं का उल्लंघन कर रहा हूँ, तो मुझे इस स्वतन्त्रता के लिए क्षमा करें। मैं कल शाम विश्वनाथ मन्दिर गया था और

जब मैं उन गलियों से गुज़र रहा था, तो ये विचार मेरे मन को छू गये। अगर कोई अजनबी ऊपर से इस महान मन्दिर पर गिरे और उसे यह सोचना पड़े कि हम हिन्दू क्या हैं, तो क्या वह हमारी निन्दा करने में उचित नहीं होगा? क्या यह महान मन्दिर हमारे अपने चरित्र का प्रतिबिम्ब नहीं है? मैं एक हिन्दू के रूप में भावनापूर्वक बोल रहा हूँ। क्या यह सही है कि हमारे पवित्र मन्दिर की गलियाँ इतनी गन्दी होनी चाहिए जितनी कि वे हैं? आसपास के घर भी वैसे ही बने हुए हैं। गलियाँ टेढ़ी-मेढ़ी और संकरी हैं। अगर हमारे मन्दिर भी विशालता और स्वच्छता के आदर्श नहीं हैं, तो हमारी स्वशासन क्या हो सकती है? क्या अंग्रेज़ों के भारत से चले जाने के बाद हमारे मन्दिर पवित्रता, स्वच्छता और शान्ति के निवास बन जायेंगे?

स्वच्छता के बुनियादी नियमों को नहीं जानते। हम गाड़ी के फ़र्श पर कहीं भी थूक देते हैं, भले ही हम यह सोचते हों कि इसे अक्सर सोने की जगह के रूप में इस्तेमाल किया जाता है। हम इस बात की परवाह नहीं करते कि हम इसका इस्तेमाल कैसे करते हैं; इसका नतीजा यह होता है कि डिब्बे में अवर्णनीय गन्दगी होती है। तथाकथित बेहतर श्रेणी के यात्री अपने कम भाग्यशाली भाइयों को डराते हैं। उनमें मैंने छात्र जगत को भी देखा है; कभी-कभी उनका व्यवहार भी कुछ बेहतर नहीं होता।"

गांधी इतना बोले ही थे कि नाराज़ होकर अलवर के महाराजा ने मंच को अलविदा कह दिये। जाते-जाते बनारस के कमिशनर से बोले, "यह आदमी ज़रूर पागल होगा।" गांधी रुके नहीं परन्तु और तीव्रता से उन राजा-महाराजाओं की ओर मुड़े जिनके स्वर्णाभूषण उन्हें खटक रहे थे :

"अब मैं आपको एक और दृश्य से परिचित कराता हूँ। महामहिम महाराजा जिन्होंने कल हमारे विचार-विमर्श की अध्यक्षता की थी, उन्होंने भारत की ग़रीबी के बारे में बात की। अन्य वक्ताओं ने इस पर बहुत ज़ोर दिया। मैं अमीरी से सजे-धजे कुलीन लोगों की तुलना लाखों ग़रीबों से करता हूँ। और मुझे इन कुलीन लोगों से यह कहने का मन करता है, "जब तक आप अपने-आप से इन आभूषणों को उतारकर भारत में अपने देशवासियों के लिए इसे ट्रस्ट में नहीं रखते, तब तक भारत का उद्धार नहीं हो सकता।

सर, जब भी मैं भारत के किसी भी महान शहर में किसी भव्य महल के निर्माण के बारे में सुनता हूँ, चाहे वह ब्रिटिश भारत में हो या हमारे महान राजाओं द्वारा शासित भारत में, मैं तुरन्त ईर्ष्यालु हो जाता हूँ और कहता हूँ, "ओह, यह तो किसानों से आया पैसा है।" पचहत्तर प्रतिशत से अधिक आबादी किसान है और श्री हिगिनबोथम ने कल रात अपनी ही सुमधुर भाषा में हमें बताया कि वे ही वे लोग हैं जो एक के स्थान पर दो घास के पत्ते उगाते हैं। लेकिन हमारे बारे में स्वशासन की भावना बहुत अधिक नहीं हो सकती, यदि हम उनसे उनके श्रम के लगभग पूरे परिणाम को छीन लें या दूसरों को छीनने दें। हमारा उद्धार केवल किसान के माध्यम से ही हो सकता है। न तो वकील, न ही डॉक्टर, न ही अमीर ज़मींदार इसे सुरक्षित कर सकते हैं।"

गांधी का ध्यान अब उस व्यक्ति पर गया जो ब्रिटिश शासन का भारत में प्रमुख प्रतिनिधि था। अर्थात् वायसराय लॉर्ड हार्डिंग। गांधी बोले :

"जब वायसराय बनारस की सड़कों से गुज़र रहे थे, तब हम सभी को कई बार चिन्ता हुई। कई जगहों पर जासूस तैनात थे। हम भयभीत थे। हमने अपने-आप से पूछा, "यह अविश्वास क्यों?" क्या यह बेहतर नहीं है कि लॉर्ड हार्डिंग जीवित मृत्यु जीने से अच्छा मर ही जायें? लेकिन एक शक्तिशाली सम्राट का प्रतिनिधि ऐसा नहीं कर सकता। उसे हम पर इन जासूसों को थोपना आवश्यक लग सकता है?

अगर मुझे भारत के उद्धार के लिए यह आवश्यक लगे कि अंग्रेज़ों को वापस चले जाना चाहिए, उन्हें बाहर निकाल दिया जाना चाहिए, तो मैं यह घोषणा करने में संकोच नहीं करूँगा कि उन्हें जाना होगा और मुझे उम्मीद है कि मैं उस विश्वास की रक्षा के लिए मरने के लिए तैयार रहूँगा। मेरी राय में, वह एक सम्मानजनक मौत होगी। बम फेंकने वाला गुप्त षड्यन्त्र रचता है, खुले में आने से डरता है और पकड़े जाने पर ग़लत दिशा में जोश की सजा भुगतता है। मुझे बताया गया है, "यदि हमने ऐसा न किया होता, यदि कुछ लोगों ने बम न फेंके होते, तो हमें विभाजन आन्दोलन के सन्दर्भ में जो कुछ मिला है, वह कभी नहीं मिल पाता।"

"कृपया इसे बन्द करिये। बन्द करिये।" गांधी इतना बोले ही थे कि ऐनी बेसेंट ने गांधी को रोकते हुए कहा।

"बोलते रहिए, बोलते रहिए" के नारे उपस्थित भीड़ द्वारा लगाये गये।

गांधी तब सभा की अध्यक्षता कर रहे दरभंगा के राजा से बोले, "मैं आपके आदेश की प्रतीक्षा कर रहा हूँ। यदि आप समझते हैं कि मैं जिस तरह से बोल रहा हूँ, उससे मैं देश और साम्राज्य की सेवा नहीं कर रहा हूँ, तो मैं निश्चित रूप से रुक जाऊँगा।" दरभंगा के राजा ने कहा कि आप अपना उद्देश्य समझाइए।

गांधी ने पुनः आरम्भ किया एवं अपना तीव्रतम प्रहार करते हुए बोले, *"अगर हमें स्वराज प्राप्त करना है, तो हमें इसे लेना ही होगा। हमें स्वराज कभी नहीं दिया जायेगा। ब्रिटिश साम्राज्य और ब्रिटिश राष्ट्र का इतिहास देखिए; वह स्वतन्त्रता-प्रेमी होने के बावजूद उन लोगों को स्वतन्त्रता देने में कभी आगे नहीं रहा, जो इसे स्वयं नहीं लेंगे। आप चाहें तो बोअर युद्ध से सबक सीखिए। जो लोग कुछ साल पहले तक उस साम्राज्य के दुश्मन थे, वे अब उसके मित्र बन गये हैं।"*[24]

'स्वराज हमें लेना ही होगा' की हुंकार जैसे ही गांधी ने भरी की ऐनी बेसेंट उन्हें पुनः रोकने लगी एवं दरभंगा के महाराज इतने नाराज़ हो गये कि सभा वहीं समाप्त कर मंच छोड़ कर चल दिये।

गांधी जब ऐसे कार्यक्रम में राजा-महाराजाओं की विलासिता का विरोध करते हुए बेबाक़ी से बोले, वायसराय के लिए तैनात अनावश्यक सुरक्षा पर प्रश्नचिह्न उठाया, स्वराज लेने की माँग की जिसका उद्घाटन स्वयं वायसराय ने किया एवं राजा-महाराजा मंचासीन थे तब यह प्रतिकार आम भारतीय के साहस का प्रतीक बन गया। अब गांधी रुकने वाले न थे।

1916 में कांग्रेस का वार्षिक अधिवेशन लखनऊ में हुआ। यह अधिवेशन दो बड़ी राजनैतिक धाराओं-भारतीय राष्ट्रीय कांग्रेस एवं मुस्लिम लीग के ऐतिहासिक मिलन का साक्षी भी बना। कांग्रेस की ओर से बाल गंगाधर तिलक वहीं मुस्लिम लीग की ओर से मोहम्मद अली जिन्ना ने इस समझौते का नेतृत्व किया। कराची में जन्मे जिन्ना ने इंग्लैंड से क़ानून की पढ़ाई की एवं बैरिस्टर बन बम्बई में वकालत करने लगे। 1904 में कांग्रेस के सदस्य बने एवं 1913 में मुस्लिम लीग से जुड़े। कालान्तर में जो जिन्ना पाकिस्तान के जनक बने वे अपने आरम्भिक काल में हिन्दू-मुस्लिम एकता के समर्थक थे एवं 1909 में

मुसलामानों के लिए आये पृथक निर्वाचन मण्डल का विरोध कर यह बताया कि वे मुसलमानों के लिए किसी भी विशेष अधिकार के पक्षधर नहीं हैं। 1906 में स्थापित मुस्लिम लीग ने अपने आरम्भिक काल में ब्रितानी हुकूमत का समर्थन किया परन्तु शीघ्र ही मोहभंग हुआ एवं मुस्लिम लीग ने पारस्परिक हितों की रक्षा हेतु कांग्रेस से हाथ मिला राष्ट्रवादी रुख अख्तियार किया। इससे कांग्रेस के राष्ट्रीय आन्दोलन को भी नयी शक्ति मिली।

1916 के लखनऊ अधिवेशन में गांधी ने भी भाग लिया। वहाँ उनको मिले चम्पारण के किसान राज कुमार शुक्ला। राज कुमार शुक्ला ने गांधी को चम्पारण के किसानों की त्रासद स्थिति समझायी एवं चम्पारण चलने का निवेदन किया।

गांधीजी ने प्रारम्भ में वहाँ जाने में असमर्थता जतायी, परन्तु शुक्ला जी की दृढ़ता डिगी नहीं। वे उनके पीछे-पीछे लखनऊ से कानपुर, कानपुर से अहमदाबाद तक पहुँच गये। अन्ततः उनकी तपस्वी ज़िद और किसानों की करुण पुकार सुन गांधी ने चम्पारण जाने का निश्चय किया।

चम्पारण के किसानों के शोषण की कहानी उन्नीसवीं शताब्दी से शुरू होती है जब तीन कठिया नीति के तहत किसानों को अपनी भूमि के 3/20 हिस्से पर नील की खेती करने के लिए बाध्य किया गया। आज्ञा के उल्लंघन पर उन्हें भारी कर देने पड़ते जिसे चुकाने में वे अक्षम होते तो उनकी भूमि अधिग्रहित कर ली जाती। इसी समस्या के सन्दर्भ में गांधी चम्पारण पहुँचे। गांधी के चम्पारण पहुँचते ही ज़िलाधिकारी ने गांधी को तत्काल पहली ट्रेन से शहर छोड़कर चले जाने का आदेश दिया। गांधी के मना करने पर उन्हें मजिस्ट्रेट के सामने पेश होने को कहा गया। मजिस्ट्रेट के सामने गांधी के विद्रोही स्वरों ने पूरे देश की नज़रें चम्पारण में गांधी की ओर मोड़ दी :

"मैंने आदेश की अवहेलना किसी वैध सत्ता के अनादर में नहीं की, अपितु हमारे अस्तित्व के उच्चतर सिद्धान्त-अन्तरात्मा की आवाज़-के प्रति आज्ञाकारिता में की।"[25]

गांधी ने यह दिखा दिया कि किस प्रकार अत्यन्त सरल शब्दों में भी उतनी ही शक्ति होती है जितनी किसी बन्दूक की गोली में। गांधी को क़ैद नहीं किया गया। तत्पश्चात गांधी गाँव-गाँव जाकर पीड़ितों की पीड़ा सुनने लगे। देखते ही

देखते उन्होंने 7000 से भी अधिक बयान एकत्रित कर लिए जिसे उन्होंने राँची जाकर उपराज्यपाल के समक्ष रखा। साक्ष्यों के आलोक में बिहार सरकार ने जाँच हेतु कमिटी गठित की जिसके एक सदस्य गांधी भी बने।

गांधी का भारत में प्रथम सत्याग्रह तब सफल हुआ जब कमिटी की रिपोर्ट को क्रियान्वित करते हुए तीन कठिया नीति को समाप्त कर दिया गया।

1917 की ठण्ड में गांधी गुजरात सभा के अध्यक्ष बने एवं पहली राजनैतिक गुजरात सभा गोधरा में आयोजित की। तिलक एवं जिन्ना भी इस सभा में उपस्थित थे। तिलक इस सभा में 45 मिनट देर से पहुँचे। गांधी मज़ाक़ में बोले कि अगर हम व्यथित न हों तो इसी प्रकार स्वराज भी देर से आये। इस सभा के आरम्भ में गांधी ने एक अप्रत्याशित कार्य किया। तब भारत में हर राजनैतिक सभा में ब्रितानी राजा के प्रति निष्ठा के प्रस्ताव को पारित करना होता था। गांधी ने इस प्रस्ताव को ही फाड़ दिया। इसके उपरान्त गांधी ने हर वर्ग को साथ लेकर चलने की बात की क्योंकि उनके अनुसार स्वतन्त्रता आन्दोलन इस लिए कमज़ोर है क्योंकि इसमें महिलाएँ न के बराबर हैं वहीं दूसरी ओर शिक्षित वर्ग भी मज़दूर-किसान वर्ग से दूर है। जाति-धर्म एवं वर्गों में बँटे देश को एक सूत्र में बाँधने के काम में गांधी तल्लीन हो चुके थे। गांधी सर्वहारा वर्ग को यह एहसास दिलाना चाहते थे कि वे उनके अधिकारों की रक्षा के लिए प्रतिबद्ध हैं एवं नेताओं को भी यह सन्देश देना चाहते थे कि यह किसान-मज़दूर ही हैं जिनके पसीने से यह देश बनता है।[26]

इसलिए गांधी आने वाले वर्ष में खेड़ा एवं अहमदाबाद में किसानों एवं मज़दूरों के साथ उनके अधिकारों के लिए संघर्ष करते हुए नज़र आये। इनके माध्यम से सत्याग्रह का जीवन्त उदहारण भी देश के सामने रखा। सब सुखी हों, सब निरामय हों, सब अपने श्रेष्ठतम स्तर तक पहुँचे यही गांधी दर्शन का लक्ष्य है। इसी को महात्मा गांधी सर्वोदय कहते थे। इस सर्वोदय को हासिल करने की सतत साधना को सत्याग्रह और साधक को सत्याग्रही कहा गया है। सत्याग्रह अधर्म के ख़िलाफ़ धर्मनिष्ठ अहिंसात्मक विरोध हैं। ध्यान रखियेगा! धार्मिक नहीं धर्मनिष्ठ। सत्याग्रही मानता है कि सब में ईश्वर बसता है। वह मानता है कि मनुष्य में ईश्वरत्व है। यह ईश्वरत्व कुसंस्कार, कुसंग, कुचाल के कारण दब जाता है। इसी मूर्छित देवत्व को जागृत करने का प्रयत्न सत्याग्रह

है। इसीलिए उसकी लड़ाई अपराध से है अपराधी से नहीं। अपराधी में भी ईश्वरत्व है। इसलिए उत्पीड़न, अत्याचार के विरुद्ध सत्याग्रही ऐसे अस्त्र का प्रयोग करता है जो प्रतिपक्षी में एक नैतिक संघर्ष पैदा कर देता है और उसकी राक्षसी प्रवृत्ति को कमज़ोर करते हुए ईश्वरत्व को जागृत करता है। संक्षेप में सत्याग्रह व्यक्ति और समाज की मूर्छित आत्मा को जागृत करने का युद्ध विज्ञान है। यह समष्टि रूप से सामाजिक कल्याण, वैश्विक कल्याण की साधना है। महात्मा गांधी के सत्याग्रह-दर्शन में अहिंसा का विशेष स्थान है। जहाँ अहिंसा है वहाँ अभय है। इसलिए सत्याग्रह की पहली शर्त भय को सर्वथा नष्ट करना है। सत्याग्रही का कोई अस्त्र गुप्त नहीं है। वो कष्टों से भागता नहीं है। वो आततायियों एवं अत्याचार का विरोध करता है। उस पर जो आपदा आये उससे वो हँसते हुए लड़ता है।

इसी दर्शन को अब गांधी राष्ट्रीय पटल पर रखना चाहते थे। अवसर उन्हें मिला जब ब्रितानी सरकार जस्टिस रॉलेट कमेटी की सिफ़ारिशों को स्वीकार करते हुए दो बिल लायी जिसने नागरिक स्वतन्त्रताओं पर करारा प्रहार किया। इन बिलों के विरोध में गांधी एक राष्ट्रव्यापी आन्दोलन की तैयारी कर रहे थे। एक दक्षिण अफ्रीकी मित्र को उन्होंने लिखा, "इन रॉलेट बिलों ने मुझे बहुत क्रोधित किया है। ऐसा प्रतीत होता है कि मुझे अपने जीवन की महानतम लड़ाई लड़नी होगी।"[27]

जल्द ही अपने आश्रम में साथियों के साथ बैठक के पश्चात उन्होंने वायसराय को बिल वापिस लेने की माँग करते हुए पत्र लिखा। मिलने भी गये। गांधी अपने प्रतिपक्षी को भूल चुकाने का एक अवसर अवश्य देते। सरकार न मानी। ऐसे में गांधी पूरे देश में भ्रमण कर रॉलेट बिलों के विरोध में देश को जागरुक करते। मद्रास में मार्च में गांधी ने घोषणा की 6 अप्रैल को राष्ट्रव्यापी हड़ताल की। महात्मा गांधी ने जनता से अनुरोध किया कि वे उस दिन उपवास रखें, रॉलेट बिल विरोधी सभाओं में भाग लें जिससे सरकार बिल वापिस लेने पर बाध्य हो।

कांग्रेस से गांधी को विशेष समर्थन न मिला, परन्तु देश से अवश्य मिला। दिल्ली में तो 30 मार्च को ही हड़ताल का आयोजन कर दिया गया। काले क़ानूनों के विरोध में हज़ारों भारतीयों की रैली निकली। पुरानी दिल्ली में

आन्दोलनकारियों एवं पुलिस में झड़प हो गयी जिसके बाद पुलिस ने अपना बर्बर रूप दिखाया। आँसू गैस एवं रबर की गोलियों से शुरू हुआ दमन असली गोलियों तक गया जिसने 8 लोगों की जान ले ली।

6 अप्रैल को देशवासियों ने यह स्पष्ट कर दिया कि जो हमारे लिए लड़ेगा उसको हमारा पूर्ण समर्थन रहेगा। मद्रास में एक लाख, कलकत्ता में दो लाख, मुम्बई जहाँ गांधी स्वयं उपस्थित थे वहाँ डेढ़ लाख लोग जाति-धर्म के सभी भेदों को भूल भारतीयता के रंग में रंगते हुए एकत्रित हुए। देश के विभिन्न हिस्सों में गांधी के कहे को माना गया। अपनी आत्मकथा में गांधी ने लिखा, "उस दिन पूरे भारत ने–एक छोर से दूसरे छोर तक, शहरों और गाँवों–ने पूर्ण हड़ताल का पालन किया। यह एक अत्यन्त अद्‌भुत दृश्य था।"[28]

संयोग से हड़ताल के तीन दिन बाद राम नवमी थी। अमूमन राम नवमी तो केवल हिन्दू मनाते थे। लेकिन इस बार अमृतसर में इस त्योहार में मुसलामानों ने बढ़ चढ़कर हिस्सा लिया और दो नारे जो लगाये जा रहे थे वो थे, 'महात्मा गांधी की जय' और 'हिन्दू-मुस्लिम की जय'। [29]

अमृतसर की यह एकता ब्रिटिश शासन से देखी न गयी। मार्शल लॉ लगा प्रशासन ने भारतीयों को दबाने का हरसम्भव प्रयास किया। फिर आया वह दिन जब ब्रितानी हुकूमत के दमन एवं क्रूर शासन की इन्तिहा हो गयी। दो कांग्रेस नेता-सैफुद्दीन किचलु एवं डॉ. सत्यपाल की गिरफ़्तारी के विरोध में हज़ारों की संख्या में एकत्रित हुए। जनरल डायर एवं उसके पुलिस वालों ने बाग़ के एकमात्र द्वार को घेर लिया। भीड़ को जाने का आदेश नहीं दिया। अपने सिपाहियों को दिया। अन्धाधुन्ध गोलियाँ चली और हुआ एक ऐसा नरसंहार जिसने आसमान को सिसकियों की स्याही से काला कर दिया। 1650 राउन्ड गोलियाँ चली, सरकारी आँकड़ों के अनुसार 379 लोगों का देहान्त हुआ। हर गोली एक नाम लेती गयी।

हर शव एक परिवार के भविष्य की राख बनता गया। ज़मीन पर फैले थे सैकड़ों निष्प्राण शरीर, जैसे किसी ने इंसानियत को मुँह के बल गिरा दिया हो।

प्रदर्शनकारी हथियारबन्द नहीं थे, न उनके भीतर नफ़रत थी, थे तो कुछ सवाल एवं प्रतिकार की ज्वाला। पुलिस की गोलियों ने सीने को चीरकर प्रतिकार की ज्वाला को बुझाने का प्रयास किया। किन्तु यह इतना सरल कहाँ था?

इसी बीच मुस्लिम समुदाय भी ख़िलाफ़त के प्रश्न पर ब्रिटिश सरकार से क्रुद्ध था। ओटोमन साम्राज्य के सुल्तान को मुस्लिम समुदाय अपना ख़लीफ़ा अर्थात धर्मगुरु मानता था। ख़लीफ़ा ही मुसलमानों के दो पवित्र स्थल मक्का और मदीना के रक्षक माने जाते थे। प्रथम विश्व युद्ध के पश्चात जब ओटोमन साम्राज्य को विभाजित कर तुर्की को अलग कर दिया एवं ख़लीफ़ा को सत्ता से हटा दिया तो मुस्लिम समुदाय ने इसे अपना अपमान माना। ख़लीफ़ा की गरिमा को बनाये रखने के लिए अली बन्धुओं एवं मौलाना अब्दुल बरी जैसे नेताओं ने आन्दोलन प्रारम्भ किया। मुस्लिम समुदाय को राष्ट्रीय आन्दोलन में साथ लाने के लिए गांधी ने ख़िलाफ़त आन्दोलन को अपना समर्थन दिया। उनका स्पष्ठ मत था कि एक राष्ट्रीय आन्दोलन को सही मायनों में राष्ट्रीय बनाने के लिए यह आवश्यक है कि उसमें हर समुदाय को शामिल किया जाये। मौलाना अब्दुल बरी भी राष्ट्रीय आन्दोलन में शामिल होने के लिए तत्पर थे। गांधी से अपनी मुलाक़ात में उन्होंने उनसे कहा, “इस्लाम अगर सिर्फ़ लेता ही रहेगा एवं कुछ देगा नहीं तो वह टुकड़ों में टूट जायेगा।” मौलाना ने अपने समर्थकों से यह तक कहा कि चूँकि गाय हिन्दुओं के लिए पूज्य हैं इसलिए कोई भी हिंसा वे गायों के साथ न करें।

अंग्रेज़ी सरकार ने अपने राज को कायम रखने के लिए बाँटो और राज करो की नीति अपनाते हुए हिन्दू एवं मुसलमानों में वैमनस्य पैदा करने का काम किया। इसलिए अंग्रेज़ी सरकार पर प्रहार करने के लिए यह आवश्यक था कि यह दोनों समुदाय साथ आयें। ख़िलाफ़त आन्दोलन गांधी को हिन्दू-मुस्लिम एकता को मज़बूत करने के लिए उचित अवसर मालूम पड़ा। इसलिए गांधी बोले, “यदि बाईस करोड़ हिन्दू बुद्धिमानी से ख़िलाफ़त के मुद्दे पर मुसलमानों की ओर से निवेदन करें, तो मेरा विश्वास है कि वे हमेशा के लिए आठ करोड़ मुसलमानों का विश्वास और समर्थन जीत लेंगे।”[30] यह एकता शीघ्र ही ब्रिटिश सरकार को चुभने लगी। मुम्बई में ख़िलाफ़त दिवस में गांधी के भाग लेने के पश्चात मुम्बई के गवर्नर ने अपने साथी को लिखा, “यह देखकर मन व्याकुल हो उठता है कि सारे मुसलमान धीरे-धीरे हमें छोड़कर ब्राह्मणों के साथ साझेदारी की राह पकड़ते जा रहे हैं।”[31]

जब गांधी ने देखा कि ब्रिटेन ने ख़िलाफ़त पर उनकी एक न सुनी और जलियाँवाला बाग़ की ख़ून से सनी धरती पर इन्साफ की बजाये हंटर कमिशन ने छल का फाहा रख दिया है और ब्रिटिश संसद के उच्च सदन ने जनरल डायर की अमानवीयता को कर्तव्य कहकर उसकी पीठ थपथपा दी तब उनके धैर्य का सागर छलक उठा। उन्हें समझ आ गया था कि यह शासन तर्क से नहीं, केवल आत्मबलिदान और जनजागरण से झुकेगा। अब प्रश्न नहीं उठाये जाने थे, बल्कि प्रतीकों को तोड़ा जाना था। सत्य को अब चुप नहीं रहना था उसे सड़कों पर उतरना था, चरखे में घूमना था और जेल की कोठरी में गूँजना था।

अन्ततः गांधी जी ने यह ऐलान किया कि एक अगस्त से पूरे देश में असहयोग आन्दोलन की व्यापक शुरुआत की जायेगी।

एक अगस्त को गांधी ने युद्ध काल में अपनी सेवाओं के लिए ब्रिटिश सरकार द्वारा दिये गये युद्ध पदक लौटाते हुए वायसराय को लिखा कि उनके मन में अब ब्रिटिश सरकार के लिए कोई सम्मान शेष नहीं है। गांधी जी की इस निर्णायक पहल के बाद पदक वापसी की कई मिसालें सामने आयीं। उपवास रखे गये, जनसभाएँ आयोजित हुईं और ब्रिटिश सरकार के विरोध में जुलूस निकालते हुए असहयोग आन्दोलन का उद्घोष प्रारम्भ हुआ। आन्दोलन को नयी ऊर्जा तब मिली जब कांग्रेस ने सितम्बर में कलकत्ता में हुए अपने विशेष सत्र में आन्दोलन को स्वीकृति प्रदान की। 5 सितम्बर को गांधी के असहयोग का सात सूत्रीय कार्यक्रम दिया :

1. उपाधियों एवं और मानद पदों का त्याग,

2. सरकारी कार्यक्रमों में भाग लेने से इनकार,

3. सरकारी स्कूलों और कॉलेजों से बच्चों को धीरे-धीरे निकालना और उनके स्थान पर राष्ट्रीय स्कूलों एवं कॉलेजों की स्थापना,

4. वकीलों और वादियों द्वारा ब्रिटिश न्यायालयों का क्रमिक बहिष्कार तथा उनके स्थान पर निजी पंचायती अदालतों की स्थापना,

5. भारतीयों द्वारा ब्रिटिश सरकार की नयी मेसोपोटामिया सरकार में सैनिक, श्रमिक या लिपिक के रूप में सेवा करने से इनकार,

6. विधान परिषदों का बहिष्कार और

7. विदेशी वस्तुओं का बहिष्कार।

गांधी के इस प्रस्ताव का मोतीलाल नेहरू ने समर्थन किया। जवाहरलाल नेहरू, वल्लभभाई पटेल, राजेन्द्र प्रसाद आदि नेता भी गांधी के पक्ष में थे। गांधी को विरोध भी देखना पड़ा। मदन मोहन मालवीय, मोहम्मद अली जिन्ना, एनी बेसेंट, लाला लाजपत राय, बिपन चन्द्र पाल, चितरन्जन दास आदि नेताओं ने गांधी का पुरज़ोर विरोध किया परन्तु वे सफल न हुए। 1855 बनाम 873 मतों के साथ गांधी का प्रस्ताव पास हुआ।

कांग्रेस के नागपुर में हुए वार्षिक अधिवेशन में गांधी एक क़दम आगे बढ़ते हुए पुलिसकर्मियों एवं सैनिकों से भी इस संघर्ष में अपनी सेवाएँ देने का आह्वान किया। लाला लाजपत राय, चितरंजन दास एवं बिपन चन्द्र पाल जिन्होंने असहयोग की नीति का समर्थन कलकत्ता में नहीं किया था अब नागपुर में गांधी के साथ थे। गांधी ने कांग्रेस के भीतर भी कुछ महत्त्वपूर्ण एवं मूलभूत परिवर्तन किये। कांग्रेस में अब तक मात्र वकीलों, पत्रकारों एवं विद्वानों का प्रभुत्व था परन्तु गांधी द्वारा तैयार किये गये नये संविधान ने कांग्रेस को सही मायनों में जनता द्वारा, जनता के लिए, जनता का दल बनाया। इन सुधारों के फलस्वरूप शीघ्र ही कांग्रेस के सदस्यों की संख्या बीस लाख पार कर गयी।

असहयोग की नीति सिर्फ़ इसलिए नहीं गांधी ने अपनायी क्योंकि उनका विश्वास अहिंसा में था। इसके राजनैतिक मायने भी थे। उनका यक़ीन था कि अंग्रेज़ भारत में हैं क्योंकि हम उन्हें रखते हैं, हम उनका सहयोग करते हैं, उनकी सेवा करते हैं, उनकी बनायी व्यवस्था में सम्मिलित होते हैं, उनके कहे को मानते हैं इसलिए चन्द अंग्रेज़ तीस करोड़ भारतीयों पर राज करने में सफल होते हैं। जिस दिन पूरा भारत एक स्वर असहयोग कर दे उस दिन ब्रितानी साम्राज्य अपनी शक्ति खो बैठेगा। कितनों को वे जेल में डालेंगे? कितनों को गोलियों से शान्त कर देंगे? एक वक़्त अवश्य आयेगा जब उनकी अपनी ही आत्मा उनके कर्मों के विरोध में खड़ी होगी। जैसा महात्मा गांधी ने स्वयं 1909 में प्रकाशित अपनी पुस्तिका हिन्द स्वराज में लिखा, *"अंग्रेज़ों ने भारत को नहीं*

छीना; हमने ही उन्हें सौंप दिया है। वे अपनी शक्ति के कारण नहीं, बल्कि इसलिए भारत में हैं क्योंकि हम उन्हें बनाये रखते हैं।"

इसी हिन्द स्वराज में आगे गांधी ने लिखा, *"यदि मनुष्य यह समझ ले कि अन्यायपूर्ण क़ानूनों का पालन करना अमानवीय है, तो किसी भी व्यक्ति का अत्याचार उसे कभी गुलाम नहीं बना सकता। यही स्वराज या होमरूल की कुंजी है।"*

गांधी के यही विचार असहयोग आन्दोलन में परिणित हुए। गांधी के असहयोग के जयघोष पर नामी वकीलों ने अपनी वक़ालत त्याग दी चाहे वे उत्तर प्रदेश के मोतीलाल नेहरू हों, गुजरात के वल्लभभाई पटेल हों, मद्रास के चक्रवर्ती राजगोपालाचारी हों या फिर बिहार के राजेन्द्र प्रसाद। इन्हीं से प्रेरणा लेते हुए असंख्य वकीलों ने अंग्रेज़ी अदालती व्यवस्था को लात मार दी जिसमें न्याय नहीं मात्र निर्णय सुनाये जाते थे। विख्यात लेखकों ने भी अपनी नौकरी त्यागकर इस ज्वाला में आहुति दी। उपन्यास सम्राट धनपत राय उर्फ़ प्रेमचंद ने आर्थिक तंगी के बावजूद गोरखपुर में महात्मा गांधी के भाषणों से प्रभावित होकर अपनी नौकरी छोड़ दी। उर्दू के प्रसिद्ध शायर रघुपति सहाय उर्फ़ फ़िराक़ गोरखपुरी ने सिविल सेवा की अपनी नौकरी त्याग दी। नौकरी छोड़ने के पश्चात एक ग़ज़ल में फ़िराक़ ने लिखा,

बहसें छिड़ी हुई हैं हयात-ओ-ममात की
सौ बात बन गयी है 'फ़िराक़' एक बात की।

असहयोग गति लेता जा रहा था। दो तिहाई मतदाताओं ने राज के काउंसिल चुनावों का बहिष्कार किया। स्थानीय निकायों के सदस्यों ने इस्तीफ़ा दिया। उत्तर भारत के किसानों ने कर देने से मना कर दिया क्योंकि 'गांधी महाराज ने उन्हें ऐसा करने को कहा है', हिमालय के किसानों ने जंगल क़ानून तोड़े एवं अंग्रेज़ों के किसी भी हुक्म को मानने से इन्कार कर दिया।[32]

विदेशी कपड़ों की होली कार्यक्रम का मुख्य आकर्षण बना। घर-घर जा कर हर घर से विदेशी कपड़े लिए जाते एवं एक तय स्थान पर विदेशी कपड़ों की होली जलायी जाती। फलस्वरूप विदेशी कपड़ों के आयात की क़ीमत में 45 करोड़ की गिरावट आयी। स्वदेशी एवं खादी का प्रचार हुआ। मदुरइ

की एक सभा में जब खादी के महँगे होने पर गांधी से सवाल किया गया तो उनका उत्तर था कि इस समस्या का हल कम वस्त्र पहनने में है। स्वयं से ही आरम्भ करते हुए उसी दिन से उन्होंने कुर्ते-धोती को त्याग दिया और एक लंगोट धारण की। गांधी ने चरखे को शक्तिशाली प्रतीक बनाया जिससे अत्यन्त साधारण व्यक्ति चाहे वह कोई बुनकर ही क्यों न हो, को यह विश्वास हुआ कि चरखा कातने से वह स्वतन्त्रा संग्राम में योगदान दे रहा है। चरखे ने अन्तिम पायदान पर खड़े व्यक्ति के आत्म-निर्भर होने का मार्ग प्रशस्त किया एवं राष्ट्रीय आन्दोलन से भी उसे जोड़ने का काम किया। शराब की दुकानों का भी विरोध हुआ जिसके कारण वित्तीय वर्ष 1921-22 में पंजाब में उत्पाद शुल्क 33 लाख गिरा, बिहार एवं ओडिशा में दस लाख, मुम्बई में 6 लाख।

1921 में देश सरकारी आँकड़ों के हिसाब से 396 हड़तालें देखी जिसमें 6 लाख मज़दूर शामिल थे। इन हड़तालों से सामूहिक रूप से 70 लाख कार्यदिवसों का नुक़सान हुआ। आन्दोलन को बढ़ता देख सरकार ने दमन आरम्भ किया एवं 30000 से भी अधिक लोगों को जेल में डाला। पंजाब में धारा 144 लागू कर सभाओं को होने से रोका गया, प्रिंटिंग प्रेसों को ज़ब्त किया गया, लाठी चार्ज एवं गिरफ़्तारियाँ भी देखी गयी। मद्रास में भी ऐसे ही दृश्य देखने को मिले। जनसभाओं को प्रतिबन्धित कर दिया गया, छोटी-सी भी सभा होती तो गिरफ़्तार कर लिया जाता। विद्यार्थियों एवं मज़दूरों पर गोलियाँ भी चलायी गयी।

युवा वर्ग असहयोग आन्दोलन प्राण बनकर उभरा। आन्दोलन के पहले महीने में ही 90000 छात्रों ने सरकारी स्कूल एवं कॉलेज छोड़े एवं राष्ट्रीय स्कूल एवं कॉलेज में दाख़िला लिया। 800 से भी अधिक राष्ट्रीय स्कूल एवं कॉलेज शुरू किये गये। आन्दोलन से विकसित हुई राष्ट्रीयता की भावना से प्रेरित होकर सुभाष चन्द्र बोस ने भारतीय सिविल सर्विस की अपनी नौकरी त्याग दी एवं भारतीय राष्ट्रीय आन्दोलन में शामिल हो गये। पटना में गांधी के भाषणों से प्रभावित होकर 19 वर्षीय जयप्रकाश नारायण ने भी अपनी किताबें जल में प्रवाहित कर दी एवं अंग्रेज़ी शिक्षा व्यवस्था से दूर आ बिहार विद्यापीठ में शामिल हो गये।

असहयोग का यही दौर था जब चन्द्रशेखर 1920 के मध्य में संस्कृति अध्ययन हेतु काशी पहुँचे और असहयोग की आँधी से अनभिज्ञ न रह सके। काशी में भाटवाली गली में वे रहने लगे एवं दशाश्वमेध घाट पर स्थित कान्यकुब्ज पाठशाला में दाख़िला ले लिया। [33]

तब संस्कृत अध्ययन की इच्छा रखने वाले ब्राह्मण बालकों के लिए बनारस में रहना एवं पढ़ना अत्यन्त सुलभ था। राजा-महाराजाओं द्वारा दिये गये दान से ये पाठशालाएँ चलती।[34] इन्हीं सुविधाओं का लाभ उठाते हुए चन्द्रशेखर भी अध्ययन करने लगे। असहयोग आन्दोलन के उस दौर में चन्द्रशेखर अपने आसपास के वातावरण को ठहरकर उसी तरह समझने की कोशिश कर रहे होंगे जैसे छोटे शहर का लड़का दिल्ली-बम्बई जैसे शहरों में पहली बार जाने पर समझने का प्रयत्न करता है, जिसमें जिज्ञासा भी होती है और तनिक संकोच भी। स्वयं को केन्द्र में रख आसपास की भाग-दौड़ को देख अवश्य ही वह बालक सोचता होगा कि आख़िर यह चल क्या रहा है? और अन्ततः थोड़ी जिज्ञासा और कुछ परिस्थितयों के फेर के कारण ही चन्द्रशेखर असहयोग की धारा की ओर मुड़े होंगे।

गांधीजी के आह्वान पर कांग्रेस के स्थानीय नेता आन्दोलन को और विस्तार देने के काम में लग गये। इसी क्रम में संस्कृत विद्यार्थियों को आन्दोलन से जोड़ने के लिए फ़रवरी 1921 में 'असहयोग संस्कृत छात्र समिति' का गठन हुआ। समिति का कार्यालय ज्ञानवापी के निकट पुतलीवाला शिवाला बना। चन्द्रशेखर भी सदस्य बने। इसके माध्यम से चन्द्रशेखर क्षेत्रीय कांग्रेस नेताओं के सम्पर्क में भी आ गये और समान विचारधारा के छात्रों से भी जुड़ने का अवसर उन्हें प्राप्त हुआ। स्कूल के नाम पर जंगलों में खेलने वाला चन्द्रशेखर अब बनारस में होने वाली सभाओं में भाग लेता, साथियों द्वारा दी गयी किताबें पढ़ता एवं बनारस और देश की गतिविधियों पर पर नज़र रखता। 8 फ़रवरी 1921 को गांधी काशी विद्यापीठ के स्थापना समारोह में भाग लेने हेतु काशी पहुँचे। काशी की जनता ने महात्मा गांधी का स्वागत कैसे किया यह महात्मा गांधी के सचिव महादेव देसाई की डायरी के एक हिस्से से पता चलता है,

"भटनी में दर्शन न मिलने पर लोगों ने पटरी पर खड़े होकर रोका। मैं उतरकर पैरों में पड़ा। तो भी वे हटने को तैयार नहीं थे। अन्त में मैं क्रोध में भर गया और कहा, आप लोगों को शर्म नहीं आती, तो वे बोले, 'भगवान के दर्शन करने आये हैं, इसमें शर्म की क्या बात।'[35]

काशी में एक लाख लोगों की सभा हुई जिसमें महात्मा गांधी के इतर कस्तूरबा गांधी,मोतीलाल नेहरू, मौलाना अबुल कलाम आज़ाद एवं जवाहरलाल नेहरू भी उपस्थित थे। निश्चित ही सभा में चन्द्रशेखर भी पहुँचे होंगे।

स्थानीय नेता लगातार मेहनत कर रहे थे। छात्रों का पूर्ण समर्थन उन्हें था। महात्मा गांधी के आने एवं काशी विद्यापीठ की स्थापना ने सभी में और जोश भर दिया। छात्रों ने स्कूल-कॉलेज एवं उनमें होने वाली परीक्षाओं के बहिष्कार को और तीव्र कर दिया। अत्यन्त संयत तरीक़े से छात्रों ने आन्दोलन में भाग लिया एवं असहयोग के सन्देश को प्रचारित करने में अपना सर्वस्व लगा दिया।

आदित्य ने हस्तक्षेप करते हुए कहा, "कितना मुश्किल होगा ना। सब बेहद युवा ही रहे होंगे। बनारस में पढ़ने वाले अधिकांश छात्र अत्यन्त सामान्य पृष्ठभूमि से होंगे। जिस 'सुरक्षित भविष्य' की बात आज की जाती है उसकी बात तब उन छात्रों से की जाती तो अधिकतर छात्रों का उत्तर नकारात्मक होता। उनका कहाँ कोई ठौर-ठिकाना था। चन्द्रशेखर ख़ुद भाभरा जैसे गाँव से थे।"

हस्तक्षेप आवश्यक था। दिव्यांश बात बढ़ाते हुए बोला, "बिल्कुल मुश्किल होगा! शिक्षा का अर्थ सही मायनों में विद्रोह के बीज बोना ही है। जो शिक्षा विद्रोह एवं तार्किकता को जन्म न दे, वह व्यर्थ है। विद्रोह द्वारा ही प्रगति का आविर्भाव होता है। विद्रोह सही दिशा में है कि नहीं यह विवेक द्वारा तय होता है जिसका प्रमुख स्तम्भ तार्किकता है। सरकारी स्कूल एवं कॉलेज ठीक उसका उल्टा कर रहे थे। शैक्षिक संस्थानों का कार्य सरकार की चाटुकारिता एवं छात्रों में सरकार के प्रति लगाव की भावना पोषित करना नहीं है। इसीलिए इस समस्या को साधते हुए गांधी ने सरकारी संस्थानों के बहिष्कार कि घोषणा की एवं वैकल्पिक संस्थानों का भी सृजन किया।

आदित्य व दिव्यांश की इस टिप्पणी से मालूम चला कि वे न सिर्फ़ सुन रहे थे, अपितु समझ भी रहे थे। तत्क्षण पार्थ ने एक प्रश्न किया जो शुरू में हमें तनिक अप्रासंगिक लगा, "क्यों? तुम लोगों का पहली बार अख़बार में नाम कब और किसलिए छपा था?"

"क्यों?" मैंने प्रतिप्रश्न किया।

"अरे! बता तो भाई।"

दिव्यांश को मेरा प्रश्न अनावश्यक लगा। "जब पूछ रहा है तो बता दे ना। मेरा पिछले महीने छपा था। एक मैच में पाँच विकेट लिए थे।"

"मैच तो हार ही गये थे।" मैंने चिढ़ाने के लिए कहा। मैं भी वह मैच खेला था लेकिन दूसरी टीम से, जो विजयी हुई थी।

"भूल मत किसने आउट किया था।" दिव्यांश ने जवाबी कार्रवाई का अवसर न छोड़ते हुए कहा।

"किसने किया था? मैं तो भूल गया।" हँसते हुए मैंने कहा। याद तो था ही कि उसी ने आउट किया था।

"अपनी पराजय मनुष्य भूल ही जाता है।" दिव्यांश ने ऐसे कहा जैसे ये उसका आत्म-घोषित जीवन सूत्र हो।

"पराजय तो तुम्हारी थी, जनाब। मैं तो विजेता टीम में था," मैंने हँसते हुए बात वहीं काट दी, "वैसे मेरा नाम भी उसी मैच में छपा था—चालीस रन, दो विकेट।

अब तक शान्त बैठा आदित्य मंद स्वर में बोला, "मेरा तो कभी नहीं छपा..."

"जेल जाओ छप जायेगा।" पार्थ हल्की मुस्कुराहट के साथ बोला।

आदित्य को जैसे बिजली का झटका लग गया हो, एकदम चौंकते हुए बोला, "क्यों भई? अपराधी दिखता हूँ क्या?"

पार्थ ने ज्ञान की मुद्रा में, मुस्कान को दबाते हुए उत्तर दिया,

"चन्द्रशेखर का पहली बार नाम अख़बार में जेल जाने पर ही छपा था।[36] पन्द्रह वर्ष की उम्र में। यह उस वक़्त की बात है जब वेल्स के राजकुमार के आगमन पर देश में जगह-जगह विरोध प्रदर्शन देखे जाने लगे। तत्कालीन

ज़िला कांग्रेस कमेटी के मंत्री डॉ. सम्पूर्णानन्द जो आज़ादी के पश्चात उत्तर प्रदेश के मुख्यमन्त्री भी बने, के नेतृत्व में तय हुआ कि कुछ यहाँ भी आयोजित किया जाये, ताकि 'काशी की लाज' रखी जा सके। विरोध के लिए ज़मीन तैयार करने के लिए स्वयंसेवकों की भर्ती हुई। इस काम में उनका सहयोग किया 'असहयोग संस्कृत छात्र समिति' के छात्रों ने। इन छात्रों के बारे में डॉ. सम्पूर्णानन्द जी ने अपनी पुस्तक में लिखा, "बड़े साहसी, परिश्रमी, संयमी और अनुशासन मानने वाले कार्यकर्ता थे। दिखावटीपन छू नहीं गया था। सात-आठ दिन में कई सौ स्वयंसेवक बन गये।"[37] डॉ. सम्पूर्णानन्द का कार्यक्रम आरम्भ हुआ शहर में कांग्रेस दफ़्तर एवं कोतवाली समेत कई स्थानों पर नोटिस छापने से। नोटिस में स्वयंसेवकों की भर्ती का ऐलान एवं जनता से भर्ती होने का आह्वान था। कोतवाली के सामने के नोटिस बोर्ड पर नोटिस चिपकाने का काम आया चन्द्रशेखर आज़ाद के ज़िम्मे। पुलिस के बारम्बार नोटिस हटाये जाने के बावजूद वह अपने नियत स्थान पर पहुँच जाता। चन्द्रशेखर ने किस प्रकार इस 'नोटिस-काण्ड' को अन्ज़ाम दिया उसके बारे में काशी कांग्रेस के एक और बड़े नेता एवं चन्द्रशेखर के रिश्तेदार लगने वाले पण्डित शिवविनायक मिश्र ने लिखा,

"एक बार सम्पूर्णानन्द जी ने उसको कांग्रेस का नोटिस कोतवाली के पास चिपकाने को दिया। वहाँ पर पुलिस का सख़्त पहरा था। आज़ाद अपनी पीठ में नोटिस उलट कर चिपका कर ले गया और नोटिस की पीठ पर लेई लगा कर, सिपाही से जा कर बात करने लगा। पीछे उसके तार का खम्बा था। उसी में सट के खड़ा हो गया और सिपाही से बात करता रहा। पीठ को घुमा कर उसने खम्बे में नोटिस चिपका दिया। सिपाही जब दूसरी ओर जाने लगा तो आज़ाद भी चलता बना। थोड़ी देर में राह चलने वाले नोटिस पढ़ने लगे। भीड़ को देख कर सिपाही उधर से घूम कर आया तो देखा कि कोई नोटिस चिपका हुआ है। बहुत परेशान हुआ। आज़ाद बहुत चतुर था। उसी समय से हम लोगों ने समझ लिया कि यह होनहार बालक है।"[38]

तदोपरान्त यह तय हुआ कि विरोध हेतु हर दिन एक दल एक नेता के नेतृत्व में निकलेगा। अगर वह गिरफ़्तार हो गया तब दूसरा। परन्तु दूसरे के

गिरफ़्तार होने पर तीसरा नहीं निकलेगा। यह योजना तैयार करने के बाद सम्पूर्णानन्द जी ने ज़िलाधिकारी को पत्र लिखा एवं खुली चुनौती दी कि अगर वे चाहें तो उन्हें कल सुबह गिरफ़्तार कर लें। हुआ भी यही। अगले दिन, दिसम्बर की सर्दियों में 24 तारीख़ की सुबह जब ठण्ड सूरज को धुन्ध की सलाखों में कैद कर देती है, डॉ. सम्पूर्णानन्द को गिरफ़्तार कर लिया गया।[39] इसके उपरान्त एक नहीं, दो नहीं, सात दल निकले। तीन दलों को दल चौक एवं चार को कोतवाली में पकड़ा गया। पकड़े जाने वाले प्रदर्शनकारियों के बारे में 'आज' अख़बार ने लिखा, "सभी दल बड़े आनन्द से 'गांधी जी की जय' का घोष करते हुए, माला पहने, प्रसन्नतापूर्वक जेल तीर्थ की यात्रा कर रहे थे।" उस दिन पुलिस ने बहुत कहर बरपाया। प्रदर्शनकारियों पर तो लाठियों और बेंतो का प्रयोग हुआ ही साथ ही साथ राह चलने वालों को भी 'प्रसाद' दिया गया।

78 असहयोगियों को आईपीसी धारा 143 के तहत गिरफ़्तार किया गया। कोतवाली से 47 असहयोगियों को गिरफ़्तार किया गया एवं चौक से 32 को। कोतवाली की इसी 47 असहयोगियों की सूची में बयालीसवाँ नाम था चन्द्रशेखर का। यही सूची जब 'आज' अख़बार में प्रकाशित हुई तब चन्द्रशेखर का नाम प्रथम बार अख़बार में छपा। 28 दिसम्बर को 24 एवं 25 दिसम्बर को काशी के कई स्थानों से गिरफ़्तार किये गये कुल 115 असहयोगियों को मजिस्ट्रेट जज के सामने पेश किया गया।[40] पेशी का विवरण देते हुए 'आज' अख़बार ने लिखा,

"अभियुक्तों से अपनी बात कहने को कहा गया तो वे बोले कि वे बेईमान अदालत में कुछ न बोलेंगे। किसी ने कहा हम तो सुनने आये हैं, कहने नहीं। जिस शौक से यहाँ लाये हो उसी शौक से जो चाहे करो। मजिस्ट्रेट ने इन लोगों पर जुर्म साबित पाया और 50-50 रुपये जुर्माने की सज़ा दी। यह सुन कर अभियुक्तों ने कहा कि हम एक धेला भी न देंगे। किसी ने कहा कि ख़ूब गोली चलाओ, फाँसी हो पर कौड़ी भी न मिलेगी"।[41]

अभियुक्त मातादीन ने जज के सामने कहा, *"ऐसे आदमी को जिसे 6 साल की सज़ा करनी चाहिए कुछ भी नहीं कहा जाता है और मैं क़ैद किया जाता हूँ। धन्य हैं महात्मा गांधी, जो मुझे शान्ति रखने की शिक्षा दे रहे हैं।*

उनके नाम की जय में मुझे सन्तोष और शान्ति मिल रही है, वरना मेरा दिल आज टूट जाता।"[42]

115 अभियुक्तों में 17 नाबालिग थे जिन्हें जज ने अलग करवा दिया। वह उन्हें अवश्य बेंतों की सज़ा देना चाहते थे पर कलेक्टर साहब के मना करने पर ऐसा न कर पाये। एक नाबालिग को उन्होंने अवश्य 20 बेंतों की सज़ा दी क्योंकि वह फ़कीर था। सभी नाबालिग अभियुक्तों, जिसमें चन्द्रशेखर भी शामिल थे, को सेंट्रल जेल ले जाया गया और फ़कीर रामप्रसाद गदाई को बाँधकर बेंत मारते हुए दिखाया गया। इस मुक़दमे में चन्द्रशेखर एवं अन्य नाबालिग अभियुक्तों को एक दिन की सादी क़ैद की सज़ा दी गयी जिसे पूरा करने के बाद उन्हें छोड़ दिया। अगले महीने पुनः उन्हें पुलिस ने धरना देते हुए पकड़ा पर बाद में बिना किसी कार्यवाही के छोड़ दिया गया। इसी घटना का विवरण देते हुए चन्द्रशेखर एवं उनके साथियों ने 'आज' के सम्पादक को उनका ध्यान आकृष्ट कराने हेतु पत्र भेजा जिसे चन्द्रशेखर ने लिखा जो अब चन्द्रशेखर आज़ाद हो चुके थे।

"स्वयंसेवकों पर बेंत

श्रीयुत सम्पादक आज–

महाशय हम लोग 4 आदमी आज रविवार तारीख़ 22 जनवरी को सवा छह बजे संध्या समय चमरौटिया (इलाक़ा कोतवाली) शराब की दुकान पर पिकेटिंग करने लगे। अपने भाइयों को समझा ही रहे थे कि एक लट्ठधारी पुलिसवाला आया। श्री विश्वनाथ शर्मा, 'आज़ाद' और श्री ज्ञानचन्द जी से कहा कि चलिए। कई बातें पूछी जा रही थी कि एक साहब, जिनको भाई 'आज़ाद' समझा रहे थे, ने कहा कि 'सिपाही साहब ये हमें रोकते हैं।' इसे भाई ज्ञानचन्द्र जी सड़क पर एक दुकान पर लाकर समझाने लगे। इतने में दो दरोगा कई लट्ठबन्ध सिपाहियों के साथ आये और श्री ज्ञानचन्द्र व श्री गोकुलदास को बेंत मारकर धक्के देते हुए हटाया। इतने में ही श्री विश्वनाथ शर्मा तथा आज़ाद को तीन सिपाही दुकान पर से पकड़ लाये। श्री विश्वनाथ जी ने पूछा कि 'क्यों बुलाया' तो दरोगा ने कहा, बदमाश सूअरों अभी चले जाओ और धक्के देते हुए हटाया। काशीपुरा की चौमुहानी तक धक्के दे कर ले आये।

रास्ते में सैकड़ों गालियाँ मिली, पर हम लोग बराबर शराब न पीने और पुलिस फ़ौज की नौकरी छोड़ने तथा स्वयंसेवक बनने के लिए कहते रहे। दरोगा बेंत लपलपाते पचासों गालियाँ देते हुए चले गये। भाई ज्ञानचन्द्र जी उन्हें बराबर आशीर्वाद ही देते रहे।

काशी

22 जनवरी[43]

पार्थ तनिक रुका, दो घूँट जल ग्रहण करने के पश्चात बोला, "यहाँ दो उल्लेखनीय बातें मालूम पड़ती हैं। पहला कि यह पत्र चन्द्रशेखर द्वारा लिखित उपलब्ध दो पत्रों में से एक है।"

"वाह। और दूसरी बात?" इस तथ्य को जानकर प्रसन्नता एवं अगली बात जानने की उत्सुकता में मैंने पूछा।

"मैं बताता हूँ।" हीरो की तरह एंट्री करते हुए आदित्य बोला।

"बताओ भाई।" हमने भी सोचा कि उसको भी अवसर दे ही दिया जाये।

"हो सकता है कि यह वह बात न हो परन्तु उतनी ही आवश्यक है। यह काबिल-ए-गौर है कि चन्द्रशेखर मात्र देशभक्ति के जोश में बहती गंगा में हाथ नहीं धो रहे थे। अगर यह सिर्फ़ उफनती भावना होती, तो पहला ही कारावास और अपने सामने एक नाबालिग पर बरसती बेंतें उसे तोड़ देतीं। भाभरा में पुलिस की प्रताड़ना कहाँ उसने देखी होगी। यहाँ कोई आम बालक होता 'कहाँ फँस गये, यार!' कहते हुए घर लौट जाता। सुरक्षा का जो बोध घर में होता है वह बाहर नहीं होता। अपने घर से हज़ार किलोमीटर दूर होने के बावजूद वो रुका रहा और उसी तीव्रता से आन्दोलन में अपने हिस्से की हवन सामग्री डालता रहा।"

पार्थ ने सहमति जताते हुए कहा, "हाँ। यही बात थी। स्पष्टत: यह कोई क्षणिक आवेग नहीं था, बल्कि विचारों की तपश्चर्या थी जिसे गांधी के आदर्शों और उस दौर के वातावरण ने आकार दिया। पर यह भी स्पष्ट है कि मात्र बाहरी प्रेरणा से यह साधना सम्भव न थी। वह लौ तभी जल सकती थी जब बाती भीतर से मज़बूत हो। पीछे हटना तो दूर इसके बाद उन्होंने ऐसा कुछ हासिल किया कि बनारस में आज़ाद वीर विजेता के रूप में उभरे।

12 फ़रवरी 1922 को पुलिस ने आज़ाद एवं उनके साथियों को क्वींस कॉलेज की परीक्षा के बहिष्कार का विज्ञापन बाँटने के आरोप में गिरफ़्तार कर लिया। 23 फ़रवरी को जॉइन्ट मजिस्ट्रेट खरेघाट ने उन अभियुक्तों को सज़ा सुनाई। 'पण्डित रामदेव को तीन माह की कड़ी सज़ा, श्री आज़ाद को 12 बेंत, सात को अदालत उठने तक।'[44]

'आज' अख़बार ने अदालत की गतिविधियों का विवरण देते हुए लिखा, "दोनों अभियुक्त हुकुम सुनकर बड़े प्रसन्न हुए। श्री आज़ाद ने उत्साहपूर्वक हँसकर मजिस्ट्रेट से कहा कि और जितने बेंत चाहिए लगवाइये।"

तत्पश्चात आज़ाद एवं पण्डित रामदेव को शिवपुर जेल भेज दिया गया। 26 फ़रवरी को 'आज' में एक और ख़बर छपी जो बताता है कि आज़ाद किस रसायन के बने थे।

"दूसरे दिन 24 फ़रवरी को उन्हें नौका पर बिठाकर कलेक्टर साहब के बँगले पर ले गये। कलेक्टर साहब ने साहनुभूति दिखलाते हुए कहा कि तुम बच्चे हो, इस काम को छोड़ दो और माफ़ी माँग लो, तुम्हें छोड़ दिया जायेगा। माफ़ी न माँगोगे तो बेंत लगेंगे। श्री आज़ाद ने उत्तर दिया कि मैं कांग्रेस की आज्ञा मानता हूँ और किसी सज़ा से नहीं डरता। कलेक्टर साहब ने कहा कि तब अदालत तुम्हारे साथ रियायत नहीं कर सकती। श्री आज़ाद ने कहा कि मैं रियायत नहीं चाहता जो चाहो करो। इस पर जेल में वापस लाकर फिर बाल कोठरी में बन्द कर दिया।"

फिर आया वह 25 फ़रवरी का दिन जब क्रूर ब्रितानी शासन ने फ़ौलादी इरादों से टकराना चाहा। अंग्रेज़ सोच रहे थे कि बेंत उसे तोड़ेंगे, पर वह तो अपनी पीठ को तख़्त-ए-मुबारक बना चुका था।

पहला बेंत पड़ा–

चीख़? नहीं!

"महात्मा गांधी की जय!"

आवाज़ नहीं, आग थी।

दूसरा बेंत–चमड़ी में दरारें, मगर छाती और तनी!

"वन्दे मातरम्!"

मानो हर वार पर वह सत्ता को दर्पण दिखा रहा हो।

बेंत पड़ते रहे, शरीर तड़पता रहा–लेकिन आत्मा?

अडिग, अविचल, अजेय।

जिन नन्हीं आँखों में अंग्रेज़ ख़ौफ़ देखने को लालायित थे, उन्हें उसमें भय तो न दिखा, पर जो दिखा वो था इस दमनकारी शासन के विरुद्ध एक उभरती हुई आँधी, जो आने वाले वर्षों में हुकूमत की जड़ें हिलाने वाली थी। उसकी आँखों में न आँसू थे, न डर, बस एक ज़िद थी–

"मैं आज़ाद हूँ, आज़ाद रहूँगा!"

यह दृश्य कोई साधारण दण्ड का नहीं, **सत्याग्रह की अग्निपरीक्षा** का था–और चन्द्रशेखर उसमें से अग्निकाय बनकर निकले। चन्द्रशेखर आज़ाद ने यह दिखा दिया कि बेंत सत्ता का अस्त्र हो सकता है, पर तानाशाही सत्ता के ख़िलाफ़ बगावत का सबसे बड़ा सुर उसके हर दमन पर एक मधुर, निडर मुस्कान है।

"अच्छा मालूम है..." पार्थ कुछ और जोड़ना चाहता था..."आज़ाद को बेंत क्यों पड़े?"

"क्यों?"

"1864 में एक कानून आया था। व्हिप्पिंग एक्ट नाम से। इस कानून ने भारतीय दण्ड संहिता, 1860 में वर्णित सज़ाओं के अतिरिक्त बेंतों की सज़ा जोड़ने का भी काम किया। इस कानून के सेक्शन पाँच ने कहा कि यदि कोई किशोर अपराधी ऐसा अपराध करता है, जिसकी सज़ा भारतीय दण्ड संहिता में मृत्युदण्ड नहीं है, तो उसे बेंत की सज़ा दी जा सकती है। सेक्शन दस ने यह भी कहा कि किशोरों को हल्के बेंत से अधिकतम 30 कोड़े, वयस्कों को अधिकतम 150 कोड़े दिये जा सकते हैं। आज़ाद को बेंत इसी कानून की वजह से पड़े। 1909 में इस क़ानून को निरस्त कर दिया गया।"

सज़ा के बाद उन्हें तीन आने दिये गये, किन्तु चन्द्रशेखर ने वह सिक्के जेलर के चेहरे पर फेंके और बिना कुछ कहे आगे बढ़ गये। जेल से निकलकर वे पैदल ही गौरीशंकर शास्त्री के निवास पहुँचे, जहाँ उनका स्नेहपूर्वक उपचार किया गया।

इसी प्रकरण पर प्रसिद्ध किंवंदति के अनुसार चन्द्रशेखर ने अपना नाम पूछने पर बताया,

"आज़ाद।"

"बाप का नाम?"

"स्वाधीन।"

"पता?"

"जेलखाना।"

परन्तु इसको प्रमाणित करने वाला कोई प्रामाणिक साक्ष्य हमें नहीं मिला है। जैसा कि चन्द्रशेखर पर अत्यन्त शोधपरक पुस्तक लिखने वाले प्रताप गोपेन्द्र जी का मत है कि 'आज अख़बार में अदालत की गतिविधियाँ प्रकाशित होती थी, परन्तु उक्त प्रसंग के सम्बन्ध में वहाँ कुछ भी नहीं। इसके उलट ऐसा प्रतीत होता है कि नाबालिग होने के बावजूद चन्द्रशेखर को अपना नाम व पता नहीं बताने के लिए सज़ा मिली क्योंकि सरकारी दस्तावेज़ों में इस सज़ा के ब्रीफ़ में न नाम है न पता। नाम व पता न बताना स्वयं अपराध की श्रेणी में आता है।' सम्भवतः मजिस्ट्रेट ने चन्द्रशेखर से नाराज़ होने के और कारण भी ढूँढ़ लिए हों और यह सज़ा उन्हें दी हो।45

"क्या बात है! पन्द्रह की उम्र में वो अंग्रेज़ों से लड़ते हुए सज़ा पा रहे थे और हम लोग तो पन्द्रह में खलियरों की तरह रील देखते-देखते दिन बिता देते थे।" दिव्यांश ने आत्मस्वीकृति के क्रम में कहा। "सही बात है। पर चन्द्रशेखर का एक फ़ायदा भी तो था। हम लोगों की तरह दसवीं की परीक्षा में माथा-पच्ची उन्हें नहीं करनी पड़ी। वर्ना घर वाले खट्ट से बैठा देते घर में, 'कहीं जाना-वाना नहीं है, चल पढ़ाई कर।' आदित्य ने हँसते हुए कहा।

"उनका सही था, एग्जाम ही बॉयकॉट ही कर दिये। समस्या ही ख़त्म। यहाँ तो जैसे ही कुछ दूसरा करने निकलो तो ये टेस्ट तो वो टेस्ट, ये एग्जाम तो वो एग्जाम। ऐसा लगता है कि एग्जाम हमारे लिए नहीं हम ही एग्जाम के लिए हो गये हैं।" मैंने भी पीछे न रहते हुए कहा।

"वही ना, यहाँ शिक्षा से जुड़ी कोई भी नीति आती है तो सबसे ऊपर यही लिखते हैं–'क्रिटिकल थिंकिंग।' क्या लाइन होती है वो...हाँ, 'टू फॉस्टर क्रिटिकल थिंकिंग।' मार रटा-रटा के क्रिटिकल थिंकिंग के नाम पर इतना ही हुआ है कि बच्चा ही क्रिटिकल स्थिति में पहुँच जाता है। किताबें पढ़ने, खेल-कूद की इच्छा पैदा करना तो दूर बची-कुची इच्छा की भी हत्या कर देते हैं।" आदित्य ने अपने अन्दर की पूरी भड़ास निकालते हुए कहा।

"पढ़कर कोई राजा थोड़े ही हुआ है।" अपने वन-लाइनर्स के लिए प्रसिद्ध दिव्यांश ने मौका देखते ही एक और वन-लाइनर दे मारा। अक्सर वही वन-

लाइनर वह बेझिझक बार-बार मारता पर हमसे उम्मीद करता कि हम उसी तरह प्रतिक्रिया दें जैसे पहली बार सुन रहें हों।

मुझे शिक्षा के महत्त्व को ऐसे सिरे-से ख़ारिज करने वाले बयान बिल्कुल नहीं पसन्द थे। वही समझाते हुए कहा, "कुछ नहीं। बहुत हुए हैं। उल्टा अनपढ़ होने की वजह से छोड़ना ही पड़ा है। अपना और जनता का नुकसान जो होता है वो अलग। यही समस्या है। शिक्षा व्यवस्था में व्याप्त कमियों का परिणाम यह होता है कि मूल समस्या से हम भटक जाते हैं और ऐसी ही बातें कर के ठीकरा शिक्षा पर फोड़ देते हैं। स्कूल में जो दी जाये वही शिक्षा थोड़ी है। अक्षरज्ञान एवं ज्ञान में अन्तर है। शिक्षा तो जीवन के हर आयाम में आवश्यक भी है और लाभकारी भी। और आज भी, किसी ग़रीब के पास अपना जीवन बदलने का सर्वोत्तम साधन शिक्षा ही है। खेल तो सिर्फ़ अमीरों के होते जा रहे हैं।"

पार्थ सुन रहा था पर उसकी भाव-भंगिमा से हम समझने में असमर्थ थे कि वह क्या सोच रहा है। काफ़ी देर से कुछ कहना चाह रहा था। आख़िर बोला, "भाई ऐसा है, तुम लोग तो आराम से सुन रहे थे, मैं बोल रहा था। अब गया हूँ थक। वैसे भी, मेरा हिस्सा हो गया। अर्जुन भाई, अब आपके सहारे वतन साथियों..."

थोड़ा ठहरकर आचार्य रजनीश की उन पंक्तियों को प्रयोग में लाते हुए कहा जिनसे वो अपने प्रवचनों का समापन किया करते थे : "मेरी बातों को इतने प्रेम और शान्ति से सुना, उसके लिए बहुत-बहुत अनुगृहीत हूँ। और अन्त में सबके भीतर बैठे परमात्मा को प्रणाम करता हूँ। मेरा प्रणाम स्वीकार करें।"

हमने मुस्कुराते हुए प्रणाम स्वीकार किये। लगे हाथ एक और चीज़ स्वीकार की। दिव्यांश का प्रस्ताव था कि बाहर टहल कर आते हैं, कुछ खा-पी भी लेंगे और वहीं से घर।

खिड़की से पर्दा हटाकर बाहर रौशनी का मुआयना करते हुए पार्थ बोला, "हाँ, चलो यार। अँधेरा भी हो गया है।"

हम सभी द्वार तक पहुँचे। बाक़ी तीनों ने अपने-अपने जूते पहने। उससे पहले मोज़े पहने। मैंने चप्पलों में ही जाना तय किया और हम निकल गये।

अध्याय-3

परीक्षण

कौन कहता है इतिहास बोरिंग होता है। हम तो यहाँ पढ़ भी रहे थे, समझ भी रहे थे और हँसी-मज़ाक भी चलता रहता था।

हममें से कोई भी इतना भोला नहीं था कि इस योजना के उड़ान भरने की उम्मीद लगाये बैठता। काहे की उम्मीद?

हमारे यहाँ योजनाएँ बनती हैं, घोषणाएँ होती हैं, और फिर शुरू होता है हमारा राष्ट्रीय खेल– "बहाना जम्प"। कभी कहा जाता है "अभी प्रक्रिया चल रही है", कभी "मूड नहीं है", कभी "वक़्त नहीं है।"

ये सब वैसा ही था जैसे स्कूल, कॉलेज या अस्पताल का फीता काटना– नेता जी कैंची लेकर आते हैं, लाल फीता देखकर आँखें चमकती हैं, कैमरे चमकते हैं, और जनता सोचती है, "वाह, विकास हो गया।"

फिर क्या होता है? वही जो हर बार होता है–फीता तो कटता है, लेकिन भविष्य की उम्मीदों के साथ। इमारतें बनती नहीं और जो बन भी जायें तो अन्दर ऐसा सन्नाटा कि लगता है हॉस्पिटल नहीं, प्रेतशाला है। और अगर संयोग से काम शुरू हो भी जाये, तो इतनी धीमी रफ़्तार से कि लगता है मज़दूर नहीं, ध्यानयोगी हैं–हर ईंट रखने से पहले ध्यान साधते हैं, ब्रह्मांड से ऊर्जा लेते हैं, फिर सोचते हैं, "आज नहीं, कल रखेंगे।"

बस, ऐसे ही 'योजना' शब्द हमारे देश में एक मज़ाक नहीं, एक पुरातात्त्विक अवशेष बन चुका है–सुनने में अच्छा लगता है, हक़ीक़त में दिखता नहीं।

पर हमारा काम अब शुरू तो हो गया था। एक चरण तो पूरा हो गया था। पूरा होगा ही होगा इसकी पुष्टि तो अभी भी नहीं की जा सकती थी पर अगला

चरण भी निकल जायेगा यह मैं कह सकता था क्योंकि इस बार बारी मेरी थी और ठीक-ठीक तैयारी मैंने कर ली थी। बस कुरुवंश के अन्य सेनानियों की देर थी। आयें तो सुनाऊँ। इन्तज़ार में यह ख़याल आया कि यही शहर तो था जो तब इलाहबाद कहलाता था और क्रान्तिकारियों की बैठकें यहाँ हुआ करती थी। आज क्रान्तिकारियों की बैठकें तो क्या ही होंगी पर उन पर चर्चा करने वालों की तो बैठक हो रही थी। दिलचस्प। कितना इन्तज़ार कोई करे! मैं उठ कर अन्दर चला गया। फ़ोन अन्दर ही छोड़ आया था। फ़ोन मिलाया। पूछूँ ज़रा कि आ भी रहे हैं या गच्चा देने का प्रोग्राम है। दिव्यांश को फ़ोन मिलाया। पार्थ ने उठाया। मतलब साथ ही थे। "अरे! कहाँ हो?"

"बस नीचे हैं आ गये।"

'आओ-आओ' कहते हुए मैंने फ़ोन रख दिया और ड्रॉइंग रूम की तरफ़ बढ़ा। तभी घंटी बजी। दरवाज़ा खोलने पर पाया की तीनों आ चुके हैं।"आइये-आइये स्वागत है" कहते हुए अन्दर बैठाया। पाँच-दस मिनट वही टाइमपास हुआ और जब अहसास हुआ कि ज़्यादा वक़्त ज़ाया हो रहा है तो मुझसे "शुरू करो भाई, इन्तज़ार किसका कर रहे हो?" कहा गया। मैंने कहा कि 'भई देर पहले तुम लोग किये अब हँसी-ठिठोली तुम लोग कर रहे और शुरू मैं नहीं कर रहा!' पर किसी को सुनाई नहीं दिया। काहे की मन में बोला था न।

रौशनी में नहाया ड्रॉइंग रूम ख़ामोश था, बाहर धूप दीवार पर सरक रही थी, पंखा अपनी ढलती आवाज़ में घूम रहा था और कमरे में किताबों, चाय और पसीने की मिली-जुली ख़ुशबू तैर रही थी। चाय के कप आधे खाली थे, बिस्कुट की प्लेट बीच में रखी हुई थी, लेकिन ध्यान को अब किताबों की ओर ले जाना था। मैंने चाय की आख़िरी चुस्की ली और बोला, "चलो फिर, कॉपी-पेन निकाल लो...और सुनो।" मैंने कहा बाक़ी तीनों ने नज़रें उसकी तरफ़ घुमाई–थोड़ी चौंक कर, थोड़ी मुस्कुराकर। सबको पता था, अब असली और काम की बात शुरू होने वाली है।

"जिस प्रकार चन्द्रशेखर आज़ाद के जीवन में असहयोग आन्दोलन के आविर्भाव का महत्त्व है उसी प्रकार आन्दोलन के तिरोभाव का भी। जिस दिन चन्द्रशेखर आज़ाद एवं उनके साथियों को परीक्षा का बहिष्कार करने

के आरोप में गिरफ़्तार किया गया था उसी दिन महात्मा गांधी एवं कांग्रेस वर्किंग कमेटी ने बारडोली में चौरी-चौरा में हुई हिंसा के सम्बन्ध में असहयोग आन्दोलन के अगले चरण सविनय अवज्ञा को स्थगित कर दिया। उत्तर प्रदेश में गोरखपुर के पास स्थित चौरी-चौरा में 4 फ़रवरी को दो-तीन हज़ार की भीड़ एक शराब की दुकान पर धरना देने हेतु एकत्रित हुई थी। पुलिस की इसी भीड़ से मुठभेड़ हो गयी। भीड़ विच्छिन्न करने के लिए पुलिस ने गोलीबारी आरम्भ कर दी। पुलिस की इन गोलियों ने तीन प्रदर्शनकारियों की जान ले ली। पुलिस की इन गोलियों ने भीड़ को भड़का दिया। भीड़ ने पलटवार किया जिससे पुलिस वालों को थाने में शरण लेने पर विवश होना पड़ा और उस थाने को आग के हवाले कर दिया। 23 पुलिसकर्मियों ने अपनी जान गँवाई। चौरी-चौरा में हुई हिंसा से गांधी बहुत आहत हुए। इसी क्रम में उन्होंने पाया कि देश अभी उनके अहिंसात्मक संघर्ष के लिए तैयार नहीं है और इसीलिए उन्होंने असहयोग आन्दोलन के प्रस्तावित अगले पड़ाव को स्थगित कर दिया। यहाँ पर एक बात बहुत ध्यान देने वाली है। लोक में प्रचलित धारणा के अनुसार माना जाता है कि गांधी ने चौरी-चौरा के बाद पूरे असहयोग आन्दोलन को ही रोक दिया। परन्तु ऐसा नहीं था। दरअसल गांधी ने घोषणा की थी कि अगर 'लोगों की तरफ़ से पर्याप्त उत्तर मिले' और उनके कार्यक्रम का निष्ठा से पालन हो तो स्वराज एक वर्ष में हमें मिल जायेगा। गांधी का प्रयास इस देश के लिए एक नया प्रयास था। ऐसे में जनता को आकर्षित करने के लिए एवं यह अहसास दिलाने के लिए कि इस मार्ग से भी स्वराज प्राप्त किया जा सकता है गांधी ने यह घोषणा की। 'एक वर्ष में स्वराज' के कुछ 'टर्म्स एन्ड कंडीशंस' भी थे जैसे कि सत्य, अहिंसा, स्वदेशी, हिन्दू-मुस्लिम एकता, अस्पृश्यता का विरोध आदि। जनता की ओर से गांधी को इतना समर्थन मिला कि 1857 की बगावत के पश्चात सबसे बड़ा विद्रोह खड़ा करने में वे समर्थ रहे। पर एक साल से अधिक हो गया था, परन्तु स्वराज अभी दूर था।

असहयोग आन्दोलन में प्रस्तावित गतिविधियों को दो भागों में विभक्त किया जा सकता है। एक सकारात्मक और दूसरा नकारात्मक। सकारत्मक कार्यक्रम में राष्ट्रीय विद्यालय और कॉलेज स्थापित करना, स्वदेशी एवं

स्वदेशी उद्योगों को बढ़ावा देना और मध्यस्थता द्वारा पंचायतों के स्तर पर विवादों का निस्तारण शामिल था। नकारत्मक पहलुओं में स्कूल, न्यायालय और विधान परिषद जैसी ब्रिटिश संस्थाओं के साथ-साथ विदेशी वस्तुओं का बहिष्कार शामिल था। असहयोग का अगला चरण था सविनय अवज्ञा। सविनय अवज्ञा एक स्तर आगे जाकर 'नो टैक्स' की बात करता है। असहयोग के दौरान ऐसी घटनाएँ सामने आयीं जहाँ किसानों ने कर देने से मना कर दिया, परन्तु राष्ट्रव्यापी स्तर पर इसे लागू नहीं किया गया था। गांधी लम्बे समय से सामूहिक सविनय अवज्ञा पर गौर कर रहे थे, परन्तु हड़बड़ी में कुछ करने की जगह वे जनता को पूर्ण रूप से तैयार करने के पक्षधर थे। अन्ततः गांधी ने यह तय किया कि उनके ग्रह राज्य गुजरात के सूरत ज़िले के बारडोली तालुका में सविनय अवज्ञा आरम्भ किया जायेगा और अगर परीक्षण सफ़ल होता है तो इसे और विस्तार दिया जायेगा। इसी बीच चौरी चौरा में हिंसा हो जाती है। 11-12 फ़रवरी को बारडोली में कांग्रेस वर्किंग कमिटी की बैठक होती है और वे मात्र सविनय अवज्ञा के उस कार्यक्रम को अस्थायी रूप से स्थगित करते हैं जो बारडोली में आयोजित होना था एवं अन्य स्थानों पर विचाराधीन था। अनन्तर गांधी ने रचनात्मक कार्यक्रम की ओर आन्दोलन को मोड़ते हुए बारडोली से नये दिशा-निर्देश जारी किये और कांग्रेस दलों को ऐसी किसी भी गतिविधि में भाग लेने से मना किया जो आक्रमक हो एवं जेल जाने का कारण बन सके। 24-25 फ़रवरी को जब दिल्ली में अखिल भारतीय कांग्रेस कमेटी की बैठक हुई तो उसने यह कहते हुए कांग्रेस वर्किंग कमेटी के निर्णय को स्पष्ट किया,

"अखिल भारतीय कांग्रेस कमेटी यह स्पष्ट करना चाहती है कि कार्यसमिति के प्रस्तावों का यह अर्थ नहीं है कि मूल कांग्रेस कार्यक्रम–असहयोग आन्दोलन या जनसामूहिक सविनय अवज्ञा को त्याग दिया गया है या स्थायी रूप से समाप्त कर दिया गया है।" अखिल भारतीय कांग्रेस कमेटी ने बारडोली के प्रस्ताव को अपनी स्वीकृति दी, परन्तु वैयक्तिक असहयोग की अनुमति दी। 'वैयक्तिक असहयोग' को कमेटी ने 'ऐसा असहयोग जो एक व्यक्ति या कुछ व्यक्तियों के समूह द्वारा किसी आदेश या क़ानून के विरोध में किया जाये' के रूप में परिभाषित किया। गांधीजी ने स्वयं मार्च 1922 के

आरम्भ में स्पष्ट किया था कि "असहयोग की गतिविधियाँ निलम्बित नहीं की गयी थीं।" जब गांधीजी ने एक ऐसा पोस्टर देखा जिस पर लिखा था कि असहयोग आन्दोलन वापिस ले लिया गया है तब गांधीजी ने लिखा, "मैं केवल यह निष्कर्ष निकाल सकता हूँ," कि वह पोस्टर "सरकार द्वारा या सरकार की ओर से जारी किया गया था...। बारडोली प्रस्तावों में हड़तालों को विशेष रूप से बनाये रखा गया था। असहयोग की गतिविधियाँ निलम्बित नहीं की गयी थीं। आक्रामक सविनय अवज्ञा और उससे जुड़ी आक्रामक गतिविधियाँ निलम्बित की गयी थीं।"[46]

"पर गांधी ने क्यों बढ़ते आन्दोलन को अचानक से मोड़ दिया? क्यों सिर्फ़ एक जगह हिंसा के चलते पूरे आन्दोलन को ही बढ़ने नहीं दिया? दिव्यांश ने अचानक से पूछा।

मैंने उत्तर में कहा, "जैसी प्रतिक्रिया तुम्हारी है वैसी ही अन्य नेताओं एवं जनता की भी थी। गांधी के इस कदम से सभी अत्यन्त क्रुद्ध हुए। देशबन्धु चितरंजन दास, मोतीलाल नेहरू, सुभाष चन्द्र बोस एवं जवाहरलाल नेहरू - सभी ने अपनी नाराज़गी दर्ज कराई। परन्तु गांधी के अपने कारण थे। पहले तो ये कि ऐसा नहीं था कि चौरी-चौरा हिंसा का पहला वाक़या था। 17 नवम्बर को वेल्स के राजकुमार के आगमन पर बम्बई में भीषण हिंसा हुई। मद्रास में भी हिंसा हुई। माहौल उग्र होता जा रहा था। जैसा कि जवाहरलाल नेहरू ने इस प्रसंग पर लिखा 'वास्तव में, फ़रवरी 1922 में नागरिक अवज्ञा निलम्बित करने का कारण केवल चौरी-चौरा नहीं था, यद्यपि अधिकांश लोग ऐसा ही समझते थे। वह तो केवल आख़िरी तिनका था।'[47]

दूसरा, गांधी का मानना था कि अंग्रेज़ बस बर्बर दमन का कारण ढूँढ़ रहे हैं और चौरी-चौरा ने उनको बहाना दे दिया है। इसलिए इससे पूर्व जलियाँवाला बाग जैसे और नरसंहार न हो इसलिए आन्दोलन को उस मार्ग पर जाने से ही रोक दिया जहाँ से हिंसा सम्भव हो। ब्रिटिश शासक बहुत ही क्रूर साम्राज्यवादी थे। उन पर थोड़ा भी बलपूर्वक प्रहार करो और वे प्रतिपक्षी को पूरा कुचल देते। 1857 के विद्रोह के विफल होने का एक कारण यह भी

था। जैसा कि सीमान्त गांधी कहे जाने वाले ख़ान अब्दुल ग़फ़्फ़ार ख़ान ने एक बार कहा था, "ब्रिटिश सरकार ने हिंसात्मक आन्दोलनों को पलक झपकते ही दबा दिया। यदि कोई अंग्रेज़ मारा जाता, तो केवल दोषी को ही नहीं, बल्कि पूरे गाँव और आस-पास के क्षेत्र को इसकी सज़ा भुगतनी पड़ती।"

यह भी हमें समझना होगा कि ऐसे आन्दोलन में भाग लेना जनता के लिए भी एक नवीन अनुभव था। गांधी का भी इतने बड़े स्तर पर यह पहला प्रयास था। अभी भी एक बड़ा वर्ग था जो आन्दोलन से अछूता था। जनता एवं गांधी को भी अभी और परिष्कृत होना था।

नेहरू भी गांधी के इस क़दम से खफ़ा अवश्य हुए थे, परन्तु आगे चल कर गांधी के फैसले का विश्लेषण करते हुए अपनी आत्मकथा में उन्होंने लिखा, "उस समय हमारा आन्दोलन, अपनी स्पष्ट शक्ति और व्यापक उत्साह के बावजूद, बिखर रहा था। समस्त संगठन और अनुशासन लुप्त हो रहा था; हमारे लगभग सभी अच्छे कार्यकर्ता जेल में थे, और आमजन अभी तक इस योग्य प्रशिक्षण नहीं पा सके थे कि वे स्वयं आगे बढ़कर नेतृत्व कर सकें। कोई भी अनजान व्यक्ति जो चाहे, कांग्रेस समिति की बागडोर सँभाल सकता था और वास्तव में, कई अवांछनीय लोग, जिनमें गुप्तचर एजेंट भी शामिल थे, आगे आ गये थे और उन्होंने कुछ स्थानीय कांग्रेस और ख़िलाफ़त संगठनों तक पर नियन्त्रण कर लिया था। उन्हें रोकने का कोई उपाय नहीं था।"[48]

प्रख्यात इतिहासकार बिपन चन्द्र ने भी आन्दोलनों के डायनमिक्स पर एक बड़ी सही बात कही है,

"गांधीजी के आलोचक अक्सर यह समझने में असफल रहते हैं कि जन आन्दोलन एक निश्चित ऊँचाई पर पहुँचने के बाद स्वाभाविक रूप से मन्द पड़ने लगते हैं; कि जनता में दमन सहने, कष्ट झेलने और बलिदान देने की क्षमता सीमित होती है; कि ऐसा समय आता है जब संघर्ष के अगले चरण के लिए सशक्त होने, विश्राम करने और ऊर्जा पुनः अर्जित करने के लिए थोड़ा विराम आवश्यक होता है; और इसलिए, पीछे हटना या न भिड़ने की अवस्था में जाना एक जन-आधारित राजनीतिक रणनीति का स्वाभाविक हिस्सा होता

है। पीछे हटना विश्वासघात नहीं होता; यह स्वयं रणनीति का एक अनिवार्य भाग होता है।

बेशक, यह बात हमेशा बहस का विषय बनी रह सकती है कि क्या पीछे हटने का समय सही था या नहीं। लेकिन सम्भवतः गांधीजी के पास यह मानने के पर्याप्त कारण थे कि उन्होंने जो समय चुना वह उचित था। यह आन्दोलन एक वर्ष से अधिक समय तक चला था, सरकार किसी भी बातचीत के मूड में नहीं थी, और चौरी चौरा की घटना ने सम्मानपूर्वक पीछे हटने का एक अवसर प्रदान किया–इससे पहले कि आन्दोलन की आन्तरिक कमज़ोरियाँ इतनी स्पष्ट हो जातीं कि या तो आत्मसमर्पण करना पड़ता या पीछे हटना एक पराजय की तरह प्रतीत होता।"[49]

निश्चित ही, हमें गांधी को केवल एक आन्दोलनकारी के रूप में नहीं, बल्कि एक नेता की संवेदनशील मनोभूमि में भी समझना होगा। जब जनता ने उन पर अपना अडिग विश्वास जताया और उन्हें अपना मार्गदर्शक स्वीकार किया, तो वह विश्वास गांधी के लिए उत्तरदायित्व भी बना। ऐसे में वे देशवासियों को मृत्यु के मुख में नहीं छोड़ सकते थे। किसी की शहादत से उपजे अपराधबोध से भी उन्हीं को जूझना था। शहीदों के परिजनों की आँखों में वे कैसे देख पाते? उनके प्रश्नों का उत्तर उनके पास क्या होता?

असहयोग आन्दोलन भले ही अपने ध्येय को न पा सका, परन्तु आन्दोलन ने न सिर्फ़ देश में राजनैतिक,सामाजिक एवं आर्थिक चेतना को जाग्रत किया अपितु स्थानीय आन्दोलनों को भी शक्ति प्रदान की। बम्बई के तत्कालीन गवर्नर लार्ड लॉयड ने आन्दोलन के बारे में कहा था, *"उसने (गांधी ने) हमें डरा ही दिया था। उसके आन्दोलन ने हमारी जेलें भर दी थीं। आप लोगों को हमेशा के लिए गिरफ़्तार करते नहीं रह सकते, ख़ासकर जब उनकी संख्या 32 करोड़ हो। और अगर उन्होंने अगला क़दम उठाकर कर देना भी बन्द कर दिया होता, तो भगवान ही जानता है हम कहाँ होते।"*[50]

ब्रिटिश सरकार जो इससे पूर्व गांधी को गिरफ़्तार करने में हिचकिचा रही थी, ने शीघ्र ही दस मार्च को गांधी को गिरफ़्तार कर लिया एवं 6 वर्ष की

सज़ा दी। गांधी को भले ही क़ैद कर लिया गया हो, परन्तु चन्द्रशेखर अभी भी आज़ाद थे। आन्दोलन के स्वरूप में परिवर्तन आने के बावजूद चन्द्रशेखर गांधी जी के कार्यक्रम उसी विश्वास के साथ दृढ़ता से काम करते रहे। तभी काशी में तीसरी और अन्तिम बार पुलिस द्वारा गिरफ़्तार किये गये। 30 मई, 1922 को बनारस से कुछ दूर स्थित बड़ागाँव में चन्द्रशेखर को सी.एल.ऐ. एक्ट की धारा 17(2) के तहत सरकार के विरुद्ध भाषण देने एवं नोटिस बाँटने के आरोप में गिरफ़्तार कर लिया गया। बड़ागाँव में हनुमान मन्दिर पर चन्द्रशेखर ने अपने भाषण में 'सरकार से असहयोग करो, कांग्रेस के स्वयंसेवक बनो, मैं भी स्वयंसेवक हूँ' की बात कही और 'पुलिस और पलटन से भी साथ देने' की माँग की।

इससे पूर्व आज़ाद जितनी बार भी अदालत में पेश किये गये थे उनमें जिरह का अवसर उन्हें नहीं दिया गया था। परन्तु इस बार जब उन्हें पेश किया गया तब अदालत में वे बोले :

"कांग्रेस का कार्य करना मैं अपना कर्तव्य समझता हूँ। अपने खाने के लिए मैं करघा चलाकर कमा लेता हूँ। मैं इस अदालत को स्वीकार नहीं करता। अत: बयान पर हस्ताक्षर भी नहीं करता। मैं कोई सफ़ाई भी नहीं देना चाहता।"

डिप्टी मजिस्ट्रेट छैलबिहारी ने चन्द्रशेखर आज़ाद को दोषी मानते हुए बीस रुपये का अर्थदण्ड और अर्थदण्ड न देने पर तीन महीने क़ैद की सज़ा सुनाई।[51]

अंग्रेज़ी में एक शब्द होता है–Precocious–अर्थात वह बच्चा जो सामान्य से कम आयु में अपने से बड़ों की योग्यताएँ हासिल कर ले। चन्द्रशेखर आज़ाद यह कर चुके थे इसलिए काशी में ख़ूब प्रसिद्ध भी हो चुके थे। चन्द्रशेखर के इसी साहस, सहनशीलता एवं त्याग का सार्वजनिक सम्मान कांग्रेस कमेटी द्वारा 1 सितम्बर 1922 को ज्ञानवापी के पीछे के मैदान में किया गया। क्रान्तिकारी एवं बनारस में चन्द्रशेखर के साथी रहे मन्मथनाथ गुप्त इस सम्मान सभा के बारे में लिखते हैं,

"ज्ञानवापी में उनको अभिनन्दित करने के लिए एक विराट सभा की गयी। मैं स्वयं उस सभा में मौजूद था। प्रमुख स्थानीय कांग्रेस नेताओं ने ज्वलंत शब्दों में उनके साहस के लिए उनका अभिनन्दन किया और नौकरशाही की निन्दा की। इस सभा में चन्द्रशेखर का अभिनन्दन एक वीर और त्राता के रूप में किया गया। काशी के इतिहास में यह एक महान दिवस था। सारा काशी नगर इस छोटे से लड़के को अभिनन्दित करने के लिए वहाँ एकत्रित हुआ था, क्योंकि इस छोटे से लड़के ने विराट ब्रिटिश नौकरशाही की अवज्ञा की थी और उसका मज़ाक उड़ाया था। जब नेताओं की स्पीचें समाप्त हो गयीं, तब चन्द्रशेखर को मंच पर खड़ा किया गया। वे मालाओं से इतने लदे हुए थे कि चेचक का दागयुक्त उनका छोटा-सा चेहरा मुश्किल से दिखायी पड़ता था। केवल उनकी दो छोटी-छोटी आँखें शेर की तरह जल रही थीं, उनके चेहरे पर एक मधुर हास्य थी।"[62]

तो, क्या समझे?" पार्थ ने पूछा जैसे शब्दों के भीतर कोई चाल छुपा रहा हो। उसकी आँखों में एक विचित्र चमक थी, वह क़िस्म जो तब झलकती है जब कोई अपने ही रचे प्रश्न का उत्तर दूसरों के मुँह से सुनना चाहता है, सिर्फ़ यह जानने के लिए कि कौन कितना दूर देख सकता है।

आदित्य ने उसे देखा–ठहरकर, बिना पलक झपकाए। फिर एक नपे-तुले स्वर में कहा, "यही कि कम उम्र में कुछ अच्छा काम करो तो जनता उससे कहीं अधिक प्रेम बरसाती है।"

पार्थ ने व्यंग युद्ध का द्वार खोलते हुए चेहरे पर एक टेढ़ी लकीर, जैसे किसी अनकहे रहस्य की सरहद हो, के साथ कहा "दिमाग़ तो है तुममें।"

आदित्य ने बिना पलक झपकाए उत्तर दिया, "अपनी तरह समझे हो क्या?"

मैं हँस पड़ा–जैसे कोई दर्शक, जो जानता है कि मंच अब पूरी तरह जीवित हो चुका है। और फिर, बिना कोई विराम लिए, मैं अपने अगले बिन्दु की ओर बढ़ गया।

"इन सभी गतिविधियों के उठे शोर और बिखरी धूल के बीच, संस्कृत एवं संस्कृत अध्ययन धीरे-धीरे दृश्यपटल से ओझल होता चला गया। चन्द्रशेखर

काशी आये अवश्य थे संस्कृत की तपश्चर्या के लिए, पर नियति को मनुष्य के इरादों से कोई मोह नहीं होता। वह जिसे बुलाती है, वहाँ उसका मार्ग भी मोड़ देती है और उसकी पीठ पर वह भार भी रख देती है, जिसे उठाने की शक्ति फिर उसी क्षण सौंप दी जाती है।

असहयोगी होने के पश्चात आज़ाद ज्ञानवापी के पास पुतली वाले शिवाले में रहने लगे थे। सितम्बर 1922 में काशी विद्यापीठ के संस्थापक एवं 'आज' अख़बार के प्रमुख शिव प्रसाद गुप्त के कहने पर आज़ाद संस्कृत विद्यालय छोड़ कर काशी विद्यापीठ में आ गये। शिव प्रसाद गुप्त उन्हें अपने साथ अपने घर पर रखना चाहते थे लेकिन आज़ाद नहीं माने। काशी विद्यापीठ आने पर पुतली वाले शिवाले की जगह बैजनाथ लॉज के कमरा नम्बर 15 में आज़ाद रहने लगे।

उनके अब तक के संस्कृत ज्ञान पर उनके मध्य प्रदेश के रहने वाले साथी भगवान दास माहौर ने लिखा,

"'अ इ उण् ऋलृक्' के रटने और 'डिच्च पिन्न डिन्न' करके शब्द सिद्धि की व्यर्थ माथापच्ची करने के लिए तो वे पैदा ही नहीं हुए थे। अतएव काशी में उन्होंने 'स्त्री प्रत्यय' न साधकर क्रान्तिकारियों का सम्पर्क ही साधा था। मेरी जानकारी में तो संस्कृत के नाम पर उन्हें 'शिवमहिम्नस्तोत्र' के सवा दो, ढाई या पौने तीन श्लोक ही याद थे–किसी हालत में तीन से अधिक नहीं–सो भी इस प्रकार कि किसी का पहला चरण तो किसी का दूसरा; किसी का तीसरा तो किसी का चौथा। कुल मिलाकर इन श्लोकों में पूरा श्लोक एक भी नहीं था। परन्तु इन ढाई-पौने तीन टूटे-फूटे श्लोकों से वे गाँव वालों की श्रद्धा-भक्ति प्राप्त करने के लिए अपने 'ध्यान' और 'भजनपूजन' का सारा काम चला लेते थे। हाँ, नीति का एक श्लोक उन्हें और भी याद था और उसको वे मौका मिलने पर सुनाये बिना न मानते थे। वह था–

उष्ट्राणां विवाहेषु , गीतं गायन्ति गर्दभाः ।
परस्परं प्रशंसन्ति अहोरूपंअहोध्वनिः ।।

यह उनको ठीक ऐसा ही याद था और इसका अर्थ भी वे ठीक जानते थे। बस, इतना ही था उनका संस्कृत का ज्ञान।"[63]

काशी विद्यापीठ में आज़ाद के अनुभव पर मन्मथनाथ गुप्त ने लिखा,

"वे गांधी विद्यालय (काशी विद्यापीठ) में भर्ती हो गये। मैं भी वहाँ छात्र था। उन दिनों विद्यालय वाराणसी के भदैनी में एक तीन मंज़िला वाली इमारत में चालू था। वीर बालक के रूप में उन्हें सब जानते थे। छात्र और शिक्षक के रूप में उन्हें सब सराहते थे। पर एक नीची श्रेणी में उन्हें भर्ती होना पड़ा। जब मैं बरामदे में इधर-उधर जाता था तो देखता था कि वे ऐसे छात्रों में नम्रता से बैठे हैं जिनको उम्र और लम्बाई उनसे आधी थी। मुझे यह बात नहीं रूची और स्पष्ट है उन्हें भी नहीं रूची।"[64]

"याद है कि भूल गये? कैसे नौवीं में बच गये थे वर्ना हमें भी अपने से छोटों के साथ बैठना पड़ता।" नास्टैल्जिया हिट कराते हुए पार्थ बोला।

"ये कैसे भूल सकते हैं भैये। वो भी अलग ही दौर था। हम चारों एक-दूसरे से यही पूछते थे–'फेल तो नहीं हो रहे?'" दिव्यांश ने उस क्षण कहा जब मुस्कुराहट हँसी में परिवर्तित हो रही थी।

"कोरोना की वज़ह से स्कूल वालों ने सख़्ती नहीं की वर्ना तो मैथ्स में साल भर के सारे पेपरों के मार्क्स मिला के भी तैंतीस नहीं बन रहे थे।" सोफ़े पर पीठ टिकाते हुए आदित्य बोला।

मैं भी पीछे न रहा और कहा," हम वो लोग हैं जिन्होंने दो चीज़ें एक साथ face कीं–online class और offline exam। यानी cartoon देख के UPSC देना।"

दिव्यांश, जो अब तक हँसी रोक रहा था, बोला, "मैंने हिन्दी के निबन्ध में लिख दिया था–'कोरोना काल ने हमें सिखाया कि शिक्षा कितनी ज़रूरी है।' पर मैंने ख़ुद उस पूरे साल एक लाइन भी नहीं पढ़ी थी।"

पार्थ ने हँसते हुए सर झटका और अपना भी एक कारनामा बताते हुए बोला,"Science में मैंने nervous system के जवाब में लिखा था– *'मेरा भी यही हाल है।'"*

चारों की हँसी कमरे की छत से टकरा गयी।

हँसी के अन्तिम पड़ाव पर आदित्य ने कहा,"जब भी कोई पूछता है–*'बेटा lockdown में क्या सीखा?'*

तो मैं कहता हूँ–*'जगह पे बैठे-बैठे, बिना दिमाग़ चलाये, दुनिया में कैसे जिया जाता है।'*

'हाहा:हाह:' के साथ मैं विषय पर लौटा। ऐसी वार्ताओं में हर क़िस्सा असल में उस खालीपन को भरने की कोशिश होती है जिसे हम ख़ुद भी ठीक से नहीं समझते-इसलिए ये सिलसिला घंटों तक थमता नहीं।

"किशोर आज़ाद के जीवन में 1923 का वर्ष अत्यन्त महत्त्वपूर्ण था। बनारस एवं पूरे संयुक्त प्रान्त में क्रान्तिकारी गतिविधियाँ चल अवश्य रही थी परन्तु नेपथ्य में। असहयोग आन्दोलन मन्द पड़ने पर क्रान्तिकारी आन्दोलन ने एक बार पुनः गति पकड़ी। बनारस में क्रान्तिकारियों का इतिहास पुराना भी है और दिलचस्प भी। बंगाल से भी इसका विशेष सम्बन्ध था।"

"बंगाल से कैसे?" पार्थ ने प्रश्न किया।

"दरअसल बीसवीं शताब्दी के आरम्भ में बंगाल में अनुशीलन समिति नामक क्रान्तिकारी दल का गठन हुआ। वाराणसी में जन्मे शचीन्द्रनाथ सान्याल जब कलकत्ता गये तो अनुशीलन समिति से जुड़ गये। पिता की मृत्यु के पश्चात सान्याल बनारस लौटे तो अनुशीलन समिति की एक इकाई बनारस में भी स्थापित की। हालाँकि, जब अनुशीलन समिति को ब्रिटिश सरकार द्वारा प्रतिबन्धित कर दिया गया तब सान्याल ने दल का नाम बदल कर 'युवक सम्मेलन' रख दिया। 1913 में सान्याल पुनः कलकत्ता गये एवं ढाका अनुशीलन समिति के प्रमुख प्रतुल चन्द्र गांगुली से मिले। गांगुली के माध्यम से सान्याल रास बिहारी बोस के सम्पर्क में आये जिनके हाथों में उत्तर भारत में अनुशीलन की कमान थी। सान्याल बनारस को अपना केन्द्र बनाते हुए उत्तर प्रदेश में बोस के साथ काम करने लगे। परन्तु शीघ्र ही उग्र क्रान्तिकारी गतिविधियों के लिए सरकार द्वारा सान्याल को अण्डमान के कालापानी जेल में भेज दिया गया। कालापानी से लौटने पर कुछ वक़्त सान्याल ने जमशेदपुर में एक मज़दूर यूनियन के साथ काम किया। 1921 में त्यागपत्र दे कर इलाहबाद आ गये। इस बार उनका विचार अनुशीलन के साथ न काम करके उत्तर प्रदेश एवं पंजाब में एक स्वतन्त्र दल बनाने का था। इलाहबाद में सान्याल ने स्थानीय कांग्रेस नेताओं से मुलाकात की एवं उत्तर प्रदेश भ्रमण करते हुए एक-एक को जोड़ते हुए दल को विस्तार देने लगे। धीरे-धीरे 1922 तक 8 ज़िलों में केन्द्र सान्याल ने स्थापित कर दिये। यहीं से उनका मिलन होता है विष्णुशरण

दुबलिश के माध्यम से महावीर त्यागी से, और महावीर उन्हें शाहजहाँपुर के तेजस्वी रामप्रसाद बिस्मिल से मिलवाते हैं। धीरे-धीरे उनका तन्त्र इतना व्यापक हो जाता है कि एक फतेहगढ़ के युवक के माध्यम से उनका सम्पर्क लाहौर में उभरते हुए युवा, भगत सिंह से भी हो जाता है।

इसी बीच अनुशीलन समिति भी उत्तर भारत में दल का विस्तार करने हेतु इच्छुक थी। इसीलिए अनुशीलन ने सतीश सिन्हा को पहले बनारस भेजा एवं जनवरी 1923 में बनारस में केन्द्र स्थापित किया। रफ़्ता-रफ़्ता बनारस में अनुशीलन से भी युवा जुड़ने लगे। बंगाल में जन्मे स्वामी सत्यानन्द पुरी का गदौलिआ स्थित कल्याण आश्रम एक महत्त्वपूर्ण केन्द्र के रूप में उभरा। वे ख़ुद क्रान्तिकारी थे जिन्होंने अपने जीवन के उत्तरार्ध में नेताजी सुभाष चन्द्र बोस के साथ पूर्व एशिया में काम किया। ढाका अनुशीलन ने 1923 के मध्य में जोगेश चन्द्र चटर्जी को बनारस अनुशीलन का दायित्व सौंपते हुए उन्हें बनारस भेजा। जोगेश चन्द्र चटर्जी ने 1903 में जन्मे पातालेश्वर निवासी शचीन्द्रनाथ बख़्शी एवं उपेन्द्र धर जैसे अनुशीलन के सदस्यों की सहायता लेते हुए नये युवाओं को साथ लाने का काम आरम्भ किया। उपेन्द्र धर दशाश्वमेध घाट पर गांधी आश्रम नमक एक दुकान का संचालन करते थे। यही दल का महत्त्वपूर्ण बैठक स्थल बना। गांधी आश्रम के बगल में ही होमियोपैथी की दुकान थी जिसका संचालन लाहिड़ी परिवार करता था। यहीं चटर्जी की मित्रता राजेन्द्रनाथ लाहिड़ी से हुई। राजेन्द्रनाथ लाहिड़ी तब बनारस हिन्दू विश्वविद्यालय में चतुर्थ वर्ष के विद्यार्थी थे। काशी विद्यापीठ के कई छात्र अनुशीलन से जुड़े। मन्मथनाथ गुप्त एवं उनके मित्र जबलपुर से आये प्रणवेश चटर्जी भी इसी दौर में दल से जुड़े। दोनों काशी विद्यापीठ में पढ़ते थे। मन्मथनाथ अपने भाई मनमोहन गुप्त के माध्यम से जुड़े। दो स्कूली छात्र सुदर्शन गांगुली एवं जितेन्द्र भट्टाचार्जी भी दल से जुड़े।

जोगेश चन्द्र चटर्जी के नेतृत्व में नये सदस्यों को विचारात्मक प्रशिक्षण दिया जाने लगा। उन्हें देश और समाज के प्रति समर्पण हेतु प्रेरित किया जाता, साहित्य पढ़ने को दिया जाता, विभिन्न विषयों पर चर्चाएँ और बहसें होतीं। इस प्रक्रिया में एक-एक कर नये सदस्य जुड़ते गये। सम्भावित युवाओं की खोज

की जाती, उनकी रुचियाँ और विचार परखे जाते, फिर उन्हें राष्ट्रवादी साहित्य के माध्यम से जोड़ने की प्रक्रिया शुरू होती। बंकिम चन्द्र चटर्जी के उपन्यास *आनन्दमठ* से यह सिलसिला आरम्भ होता और एक-एक क़दम बढ़ाते हुए जो योग्यता दिखाते, उन्हें आहिस्ता-आहिस्ता क्रान्तिकारी साहित्य में दीक्षित किया जाता।[55]

जेल में अपनी वीरता दिखा शहर में विख्यात हुए चन्द्रशेखर भी क्रान्तिकारी दल के लिए एक सम्भावित सदस्य बन गये। मन्मथनाथ ने आज़ाद को सर्वप्रथम उनकी सम्मान सभा में ही देखा था। वे और प्रणवेश उसी काशी विद्यापीठ में पढ़ते थे जहाँ चन्द्रशेखर भी पढ़ने लगे थे। प्रणवेश ने चन्द्रशेखर से दोस्ती की एवं उन्हें कुछ पुस्तकें भी दी। चन्द्रशेखर ने हालाँकि अधिक वक़्त काशी विद्यापीठ में नहीं बिताया। जल्द ही उन्होंने काशी विद्यापीठ छोड़ दिया एवं पुनः संस्कृत के छात्र हो गये थे।[56] आज़ाद किसी जल्दी में नहीं थे। असहयोग आन्दोलन के बाद व्याकुल न हुए कि अचानक से क्रान्तिकारी दल में आ गये। उन्होंने स्वयं को समय दिया। ठहरे। समझे। उन दिनों वे व्यायाम करते, "कारमाइकल लाइब्रेरी में अख़बार पढ़ा करते एवं राजनैतिक सभाओं में जाकर व्याख्यान सुनते। वे जल्द ही इतना जान गये की जिससे वे अपना रास्ता तय कर सकते थे।" प्रणवेश से भी वे मिलते रहे। प्रायः उनकी मुलाक़ात मसान घाटों पर जलती लाशों के बीच हुआ करती थी। मन्मथनाथ गुप्त बताते हैं, "प्रणवेश और आज़ाद की भेंट अजीब स्थानों में होती थी - जैसे मसान घाट। आज़ाद में दिलचस्पी बढ़ रही थी, पर कई बार मिलने पर और कुछ पुस्तकें पढ़ने के बाद प्रणवेश को लगा कि आज़ाद के मन में कुछ प्रतिरोध है। यह प्रतिरोध हिंसा या अहिंसा के विषय में नहीं, बल्कि कोई और ही बात थी।"[57]

प्रणवेश को जब अवसर उचित लगा तब उन्होंने मन्मथनाथ को आज़ाद से बात करने को कहा। प्रणवेश आज़ाद को बता चुके थे कि वे क्रान्तिकारी दूत हैं। आज़ाद ने पहले तो विश्वास ही नहीं किया। अब प्रणवेश ने मन्मथनाथ से 'भाग्य आज़माने' को कहा। बकौल मन्मथनाथ,

"उनके और मेरे बीच भेंट की एक योजना बनी और प्रणवेश ने यह कहा कि मैं किसी बहाने से चला जाऊँगा और तुम बातचीत करना। मणिकर्णिका घाट पर यानी उसकी सीढ़ियों पर हम मिले। वहाँ गंगा के किनारे लाशें बराबर जलती दिखायी दे रही थीं। थोड़ी ही देर में मुझे यह मालूम हुआ कि मेरा और उनका मन एक ही स्वर में बन्ध गया है और हमें अधिक बातचीत करने की ज़रूरत नहीं रही। किसी प्रकार का औपचारिक समारोह या दस्तख़त आदि नहीं हुए। वे हम लोगों के सदस्य हो गये और उसी दिन से उनका जोश सर्वत्र दिखायी पड़ने लगा।"[58]

बेंतों की सज़ा से ब्रिटिश हुकूमत के लिए उपजा क्रोध, असहयोग की दिशा का बदल जाना, क्रान्तिकारी साथियों से परिचय एवं एक नया मार्ग दिखायी पड़ना--इन सब का परिणाम हुआ कि असहयोग आन्दोलन से जाग्रत हुई चेतना अब अपने गंतव्य तक पहुँच गयी। चन्द्रशेखर का क्रान्तिकारी दल की ओर जाना बौद्धिक कम एवं स्वाभाविक अधिक था। जैसा कि गुप्त ने लिखा कि आज़ाद पूर्ण रूप से कर्मवीर थे एवं खड़े रहना पसन्द नहीं करते थे।

चन्द्रशेखर अपने जीवन के ऐसे पड़ाव पर थे जहाँ एक साधारण बालक अपने भविष्य निर्माण में लग जाता है। आज का बालक होता तो जेईई या नीट की कोचिंग में भर्ती हो गया होता। पर चन्द्रशेखर भर्ती हुए क्रान्तिकारी दल में। इस निर्णय का श्रेय लेने की प्रतिस्पर्धा में उनके प्रारब्ध या उनकी महानता में से कोई भी जीते पर यह बात समझना आवश्यक है कि महानता सदैव बड़े निर्णयों में नहीं होती। अक्सर वह किसी ऐसे अकिंचन के चुपचाप लिए गये छोटे से निर्णय में मौन एवं ध्यानमग्न विद्यमान रहती है जिसे लेश मात्र भी यह भान नहीं होता कि यह फ़ैसला उसे कहाँ लाकर खड़ा कर देगा। वे अपने लिए कुछ नहीं चाहते थे, इसलिए उन्हें कुछ खोने का डर भी नहीं था। यही कारण था की आज़ाद स्वच्छन्दता से अनुशीलन में जुड़ सके। उनके स्वभाव ने भी इस निर्णय में सहायता की। उनका साहस कोई सीखा हुआ गुण नहीं था, न ही किसी उद्‌देश्य का बोझ। यह उनके भीतर जैसे आजन्म अनायास ही था। वे डर को ठीक वैसे देखते थे जैसे कोई साधारण आदमी दीवार को देखता

है–वह वहाँ है, पर उससे रुकने की कोई ज़रूरत नहीं। जोख़िम उनके लिए अलग से कोई चीज़ नहीं थी, वह बस जीवन का हिस्सा थी।

जिस दौर में भाभरा के जंगलों में तीर-कमान चलाने वाला चन्द्रशेखर अब बन्दूक चलाने की ओर बढ़ रहा था तब उत्तर भारत में सुसंगठित एवं एकनिष्ठ क्रान्तिकारी दल की आवश्यकता महसूस की जाने लगी। बंगाल में भी एक संयुक्त प्रयास की जगह कई क्रान्तिकारी दल काम करते थे। शचीन्द्रनाथ सान्याल के शब्दों में कहें तो, "किसी भी दल ने दूसरे दल में मिलकर अपनी स्वतन्त्रता देना स्वीकार न किया।"[59]

उत्तर प्रदेश में भी प्रमुखतः दो दल स्वतन्त्र रूप से कार्य कर रहे थे। एक अनुशीलन दूसरा सान्याल का क्रान्तिकारी दल। सान्याल उस वक़्त इलाहबाद से कार्यभार सँभाल रहे थे। क्रान्तिकारी आन्दोलन को संगठित स्वरूप देने के लिए बनारस से जोगेश चन्द्र चटर्जी सान्याल से इलाहबाद मिलने पहुँचे। सान्याल ने अनुशीलन से आन्तरिक मतभेदों के कारण साथ कार्य करने में असमर्थता जतायी। सान्याल का कहना था कि अनुशीलन सिर्फ़ पूर्व बंगालियों का एक गुट है जो हर जगह अपना ही प्रभुत्व स्थापित करना चाहता है। सान्याल ने चटर्जी से ये तक कह दिया कि वे अनुशीलन से अपने सम्बन्ध तर्क कर लें एवं उनके साथ काम करने लगें। एक वक़्त अनुशीलन के सदस्य रहे एवं बनारस में उसका केन्द्र स्थापित करने वाले सान्याल के बदले रवैये का कारण था कि अण्डमान से लौटने पर सान्याल के अनुसार ढाका अनुशीलन के सदस्य उन्हें पूरी बातें नहीं बताते थे और सान्याल को उनके बौद्धिक सामर्थ्य पर भी विश्वास न था। चटर्जी, जिन्हें स्वयं ढाका अनुशीलन ने बनारस भेजा था, का सान्याल के प्रस्ताव को ठुकरा देना स्वाभाविक था।[60] एकता का अगला प्रयास बनारस में मदन मोहन मालवीय द्वारा आयोजित हिन्दू महासभा के अधिवेशन में हुआ जब ढाका अनुशीलन के वरिष्ठ सदस्य रमेश चौधरी एवं शचीन्द्रनाथ सान्याल के बीच पुनः वार्ता हुई। यहाँ भी किसी सहमति पर नहीं पहुँचा जा सका। कलकत्ता में हुई अगले दौर की वार्ता भी विफल रही जो सान्याल एवं अनुशीलन के प्रमुख सदस्यों में से एक प्रतुल चन्द्र गांगुली के बीच हुई। एका के प्रयास अन्ततः दिल्ली में हुए कांग्रेस के विशेष अधिवेशन

के बाद 1924 में पूर्वी बंगाल के तीपेरा ज़िले में सफल हुए। इन दो दलों के मिलन में त्रैलोक्यनाथ चक्रवर्ती ने अग्रणी भूमिका निभाई। त्रैलोक्यनाथ अनुशीलन के वरिष्ठ सदस्य होने के साथ-साथ कलकत्ता के राष्ट्रीय स्कूल में अध्यापक भी थे। त्रैलोक्यनाथ ने सान्याल को यह विश्वास दिलाया कि आगे से उन्हें शिकायत का कोई अवसर नहीं मिलेगा एवं दल के नियन्त्रजण से जुड़ी कोई भी बात उनसे न छिपाई जायेगी। इसीलिए एकता का यह प्रयास सफल हो सका। दोनों दलों के विलय से जन्म हुआ एक नये क्रान्तिकारी संगठन का। नाम पड़ा–हिन्दुस्तान रिपब्लिकन एसोसिएशन।

दल का ध्येय, रूपरेखा, संगठन की संरचना एवं कार्यक्रम सान्याल ने ही तैयार किया।

"सुसंगठित एवं सशस्त्र क्रान्ति के द्वारा नियुक्त भारतीय प्रजातन्त्र संघ की स्थापना करना इस दल का ध्येय होगा। सार्वजनिक मताधिकार की नींव पर इस प्रजातन्त्र संघ का संगठन होगा। इस प्रजातन्त्र संघ में उन सब व्यवस्थाओं का अन्त कर दिया जायेगा जिनसे किसी एक मनुष्य द्वारा दूसरे का शोषण हो सकने का अवसर मिल सकता है।"

सान्याल ने दल के पाँच विभाग बनाये : प्रचार कार्य, लोक संग्रह, अर्थ संग्रह एवं आतंकवाद, अस्त्रशस्त्र का संग्रह एवं उन्हें सुरक्षित रखने की व्यवस्था करना और अन्तिम विदेशों से सम्बन्ध स्थापित करना। इन समस्त कार्यों के संचालन एवं पर्यवेक्षण के लिए केन्द्रीय समिति स्थापित की एवं उसको अखण्ड अधिकार प्रदान किये। प्रजातन्त्र एवं समाजवाद के आदर्शों पर बने इस दल को सान्याल न सिर्फ़ सशस्त्र क्रान्ति के लिए संगठित एवं व्यापक बनाना चाहते थे, अपितु दल को बौद्धिक रूप से भी बलवान बनाना चाहते थे। इसीलिए उन्होंने साहित्य अध्ययन एवं सृजन दोनों पर विशेष ज़ोर दिया। अध्ययन हेतु पुस्तकों की एक सूची भी सान्याल ने बनायी। सान्याल चाहते थे कि आने वाले सदस्य फ्रेंच, रूसी एवं 1911 की चीनी क्रान्ति एवं इटली के स्वतन्त्रता संग्राम के बारे में अवश्य पढ़ें। ख़ुदीराम बोस एवं कनाईलाल जैसे भारतीय क्रान्तिकारियों की जीवनी एवं 1857 के विद्रोह पर भी पुस्तकें दी जाती। सान्याल की सूची में स्वामी विवेकानन्द के भाषणों का भी अग्रिम स्थान

था। ऋग्वेद के श्लोक 'आ नो भद्राः क्रतवो यन्तु विश्वतः' अर्थात् हमें सर्वत्र सभी ओर से कल्याणकारी विचार मिले से सीख लेते हुए मिस्र के मुस्तफ़ा कमाल पाशा एवं जगलुल साद पाशा के साथ-साथ एशिया, यूरोप एवं प्राचीन सभ्यताओं का इतिहास पढ़ने को भी प्रेरित किया जाता।

सान्याल का यकीन रास बिहारी बोस की उनको कही बात में था, 'हमें अन्त में सारे संसार का प्रश्न हल करना होगा, हमारे भाग्य में यही लिखा है। संसार में नवीन युग की, सत्य और शान्ति की स्थापना का दायित्व भारत के ही सिर पर है। भारत की स्वाधीनता इसी उद्देश्य का साधन है, यह स्वयं उद्देश्य नहीं है। पूर्ण स्वाधीनता भारत को चाहिए ही, क्योंकि उसकी स्वाधीनता पर सारे संसार का पुनरुद्धार निर्भर है। यह स्वयं एक साध्य नहीं, प्रत्युत एक उद्देश्य का साधन है, और वह उद्देश्य है साम्राज्यवाद और सैनिक आधिपत्य का विनाश और सब लोगों के रहने के लिए एक नवीन संसार की सृष्टि।'

भारत की स्वतन्त्रता के पश्चात विश्व कल्याण की ओर अग्रसर होने के लिए स्वयं उन्मुक्त एवं विचारवान होना आवश्यक था। सान्याल क्रान्तिकारियों की मात्र उग्र एवं हिंसक होने की लोक-छवि भी परवर्तित करना चाहते थे एवं यह स्थापित करना चाहते थे कि ये युवा तर्कसंगत एवं सुशिक्षित भी हैं और बौद्धिक मत भी प्रतिपादित करने का सामर्थ्य रखते हैं।

साहित्य सृजन के पथ पर सान्याल ने स्वयं बढ़ते हुए विजय कुमार नाम से 'क्रान्तिकारी' शीर्षक से एक घोषणापत्र लिखा जिसे उत्तर भारत में अतिशय उत्साह के साथ बाँटा गया। शासन भी पेशावर से रंगून तक इस पर्चे के पहुँचने से अचम्भित हुआ। 'नये सितारे के जन्म के लिए कोलाहल आवश्यक होता है' कि घोषणा करते हुए यह पर्चा आरम्भ हुआ और आक्रान्ताओं को उनकी नश्वरता की ओर इशारा करते हुए, 'महान साम्राज्य ढह जायेंगे, और नये राष्ट्र उदित होंगे जो अपनी अनोखी भव्यता और गौरव से मानवता को चकित कर देंगे' यह बताया कि उनका यह दल 'भारत के महान ऋषियों के गौरवशाली अतीत और आधुनिक युग में बोल्शेविक रूस के पदचिह्नों पर चलता है।' सान्याल ने इस पर्चे में दल के सामाजिक, आर्थिक एवं आध्यात्मिक निश्चयों को स्पष्ट किया एवं अपने मार्ग के बारे में कहा,

"भारतीय क्रान्तिकारी न तो आतंकवादी हैं और न ही अराजकतावादी। वे देश में अराजकता फैलाना कभी अपना उद्‌देश्य नहीं बनाते, अतः उन्हें अराजकतावादी कहना सर्वथा अनुचित है। आतंक फैलाना उनका उद्‌देश्य नहीं है, इसलिए वे आतंकवादी भी नहीं कहे जा सकते। वे यह नहीं मानते कि केवल आतंकवाद से स्वतन्त्रता प्राप्त की जा सकती है और न ही वे केवल आतंक के लिए आतंक को अपनाते हैं, यद्यपि कभी-कभी वे इसका उपयोग प्रतिशोध के एक अत्यन्त प्रभावी साधन के रूप में कर सकते हैं।

वर्तमान सरकार का अस्तित्व केवल इसलिए है क्योंकि विदेशी शक्तियाँ भारतीय जनता को आतंकित करने में सफल रही हैं।

भारतीय लोग अपने अंग्रेज़ स्वामियों से प्रेम नहीं करते, वे उन्हें यहाँ नहीं देखना चाहते; लेकिन वे उनकी सहायता केवल इसलिए करते हैं क्योंकि वे उनसे अत्यन्त भयभीत हैं, और यही भय उन्हें क्रान्तिकारियों की सहायता करने से रोकता है—यह नहीं कि वे क्रान्तिकारियों से प्रेम नहीं करते।

सरकारी आतंक का उत्तर प्रतिआतंक से ही दिया जाना चाहिए। समाज के हर वर्ग में एक गहरी असहायता की भावना व्याप्त है, और आतंक एक प्रभावी माध्यम है उस उचित आत्मबल को पुनः जागृत करने का, जिसके बिना प्रगति कठिन है। इसके अतिरिक्त, अंग्रेज़ शासकों और उनके भाड़े के अनुचरों को यह छूट नहीं दी जा सकती कि वे जो चाहें, बिना किसी रोक-टोक के करते रहें। उनके मार्ग में हर सम्भव कठिनाई और प्रतिरोध उत्पन्न किया जाना आवश्यक है।"

सान्याल की स्वयं की पुस्तक 'बन्दी जीवन' युवाओं एवं क्रान्तिकारियों की मध्य पहले से ही अत्यन्त पठनीय थी। अब उनके इस घोषणापत्र ने भी युवाओं में वह भाव जाग्रत किये जिसके लिए वह लिखा गया था, 'युवा भारतीयों! अपने भ्रम को त्यागो, हक़ीक़तों का साहसपूर्वक सामना करो, और संघर्ष, कठिनाइयों तथा बलिदानों से मुँह मत मोड़ो।'

सान्याल का यह पर्चा बनारस से ही विभिन्न स्थानों तक पहुँचा। असहयोग आन्दोलन के दौरान पर्चे बाँटने और चिपकाने के अभ्यास के कारण चन्द्रशेखर इस काम में माहिर हो चुके थे। इसीलिए "आज़ाद ने पर्चे बाँटने में सबसे

अधिक सफलता प्राप्त की थी। काशी विद्यापीठ के एक अधिकारी ने जब दफ़्तर खोला तो दफ़्तर के हर रजिस्टर से वह पर्चा निकला। इसका रहस्य यही था कि आज़ाद ने दफ़्तर के एक चपरासी को अपना मुरीद बना लिया था, जिसकी यह करामात थी।"[61]

सान्याल एवं उनके साथियों के प्रयासों का फल यह हुआ कि नये सदस्य दल से जुड़ते गये एवं युक्त प्रान्त के 23 ज़िलों में हिन्दुस्तान रिपब्लिक एसोसिएशन के केन्द्र स्थापित हो गये।[62] रोशन सिंह, रामप्रसाद बिस्मिल और अशफ़ाक़ उल्ला खान के रूप में अद्भुत त्रयी दल को शाहजहाँपुर में मिली और इसी कारण से शाहजहाँपुर दल के प्रमुख केन्द्र के रूप में उभरा। शाहजहाँपुर जनपद के नबादा गाँव में एक राजपूत परिवार में जन्मे रोशन सिंह को 1921–22 के असहयोग आन्दोलन के दौरान बरेली गोलीकाण्ड में दोषी ठहराया गया था। बरेली केन्द्रीय कारागार से रिहा होने के बाद हिन्दुस्तान रिपब्लिकन एसोसिएशन के सदस्य बन गये। 'हसरत' छद्मनाम से शेर-ओ-शायरी लिखने वाले अशफाक उल्ला खान ने भी शाहजहाँपुर से ही अपनी जीवन लीला आरम्भ की। आगे चल कर खान की मुलाकात वहीं के रहने वाले पण्डित रामप्रसाद 'बिस्मिल' से हुई। 1897 में जन्मे बिस्मिल भी लिखने का शऊर रखते थे और 'राम','अज्ञात' एवं 'बिस्मिल' छद्मनामों से हिन्दी एवं उर्दू दोनों में लिखा करते थे।

आदित्य ने तत्काल वीर-रस से भरपूर्ण स्वर में एक हाथ ऊपर उठाते हुए गाना आरम्भ किया,

"सरफ़रोशी की तमन्ना अब हमारे दिल में है,
देखना है ज़ोर कितना बाज़ु-ए-क़ातिल में है।"

"वाह-वाह! तुम तो 15 अगस्त को निकलने वाली प्रभात फेरी की याद दिला दिये।" प्रतिक्रिया में कहते हुए मैंने कहा। थोड़ा रुक कर फिर कहा, "वैसे यह पंक्तियाँ बिस्मिल अज़ीमाबादी की हैं पर अदालतों और अन्य स्थानों पर गा कर रामप्रसाद बिस्मिल ने ही इसको लोकप्रिय बनाया।

"चलो, ये भी सही है। लो फिर बिस्मिल के कुछ और अशआर :

"इलाही ख़ैर वो हरदम नई बेदाद करते हैं
हमें तोहमत लगाते हैं जो हम फरियाद करते हैं

ये कह कहकर बसर की उम्र हमने क़ैदे उल्फत में
वो अब आज़ाद करते हैं वो अब आज़ाद करते हैं

सितम ऐसा नहीं देखा जफ़ा ऐसी नहीं देखी
वो चुप रहने को कहते हैं जो हम फरियाद करते हैं।"

पहले ही मतले से बजने को बेताब तालियों के साथ सभी के कंठ से साथ स्वर फूटे–"वाह! क्या बात है!"

उसी रवानगी से आदित्य बोला, "लो, इसी बात पर एक और सुनो :

"लबे-दम भी न खोली ज़ालिमों ने हथकड़ी मेरी,
तमन्ना थी कि करता मैं लिपटकर प्यार फाँसी से।

खुली है मुझको लेने के लिए आग़ोशे आज़ादी,
ख़ुशी है, हो गया महबूब का दीदार फाँसी से।

कभी ओ बेख़बर तहरीक़े-आज़ादी भी रुकती है?
बढ़ा करती है उसकी तेज़ी-ए-रफ़्तार फाँसी से।

यहाँ तक सरफ़रोशाने-वतन बढ़ जायेंगे क़ातिल,
कि लटकाने पड़ेंगे नित मुझे दो-चार फाँसी से।"

"कमाल जनाब कमाल। लगे हाथ अश्फ़ाक का भी कुछ सुना दो।" दिव्यांश ने माँग रखते हुए कहा। हमने भी हाँ में हाँ मिला दी।

"क्यों नहीं।" आदित्य ने माँग स्वीकृत करते हुए कहा और फिर अश्फ़ाक का एक शे'र सुनाया:

शहीदाने वतन का ख़ून इक दिन रंग लायेगा
चमन में फूट निकलेगा यह बरगे अर्गवाँ होकर।

"जिओ शेर, कहीं तो तुम्हारा यह कविता-शायरी पढ़ना काम आया।" पार्थ ने अपने अन्दाज़ में कहा। आदित्य ने उसको ऐसे घूरते हुए सिर हिलाया मानो मन-ही-मन कह रहा है कि हाँ, जैसे तू पृथ्वी पर रहकर बड़ा काम आ रहा है ना!

इतिहास के खँडहरों में झाँकना बाज़ दफ़ा बोझिल हो जाता है। हम शुक्रगुज़ार ही होंगे कि यदा-कदा ऐसा सुयोग अपने आप ही बन जाया करता था कि तनिक विश्राम के साथ आनन्द भी हमें प्राप्त हो जाता था। दल के अन्य सदस्यों और केन्द्रों पर प्रकाश डालते हुए मैंने धीरे-धीरे गाड़ी पुनः शुरू की,

"बनारस में जोगेश चन्द्र चटर्जी, शचीन्द्रनाथ बख़्शी, राजेन्द्रनाथ लाहिड़ी, मन्मथनाथ गुप्ता, चन्द्रशेखर आज़ाद आदि काम कर ही रहे थे। मेरठ में विष्णुशरण दुबलिश मोर्चा सँभाले हुए थे। दुबलिश मेरठ के एक अनाथालय के प्रमुख भी रह चुके थे और 1921 में असहयोग में जेल भी गये थे। आगे चल कर दुबलिश स्वतन्त्र भारत में कांग्रेस से सरधना, उत्तर प्रदेश से सांसद भी बने। इलाहबाद यूनिट शचीन्द्रनाथ सान्याल के भाई जितेन्द्रनाथ सान्याल सँभाल रहे थे। शचीन्द्रनाथ सान्याल भी अधिकतर इलाहबाद में ही रहते थे। इटावा में ज्योति शंकर दीक्षित की अगुआयी में काम हो रहा था। ज्योति शंकर दीक्षित आगे पहले कांग्रेस से जुड़े फिर हिन्दू महासभा के प्रदेश महासचिव बन गये।

दल ने यह तय किया कि जोगेश चन्द्र चटर्जी कानपुर पहुँचें। बनारस में पुलिस की नज़र चटर्जी पर पड़ गयी थी इसलिए वे राजेन्द्रनाथ लाहिड़ी को बनारस का प्रभार सौंप कानपुर चले गये। चटर्जी के कानपुर पहुँचने से वहाँ का केन्द्र भी सक्रिय हो गया और व्यवस्थित रूप से काम होने लगा। कानपुर में पटकापुर मेस के मालिक एवं वहाँ के एंग्लो-बंगाली स्कूल में अध्यापक सुरेश भट्टाचार्य वहाँ पहले से काम कर रहे थे। सुरेश भट्टाचार्य ने चटर्जी को कानपुर के राष्ट्रीय विद्यालय में अध्यापक वीरभद्र तिवारी से मिलवाया। भट्टाचार्य ने ही तिवारी को दल में जोड़ा था। एंग्लो-बंगाली स्कूल एवं राष्ट्रीय विद्यालय के छात्र इन गतिविधियों में गहन रुचि लेने लगे। यहीं से अजॉय कुमार घोष, बिजॉय कुमार सिन्हा एवं बटुकेश्वर दत्त जो तब कक्षा नौवीं के छात्र थे, दल में शामिल हुए।[63] कानपुर में इन क्रान्तिकारियों को लाहौर के

एक और सोलह वर्षीय लड़के की संगत प्राप्त हुई। लाहौर में राष्ट्रीय कॉलेज में इतिहास के प्रोफ़ेसर एवं दल के पंजाब में मुखिया जयचन्द्र विद्यालंकार ने इस लड़के के जज़्बे को देखते हुए क्रान्ति के मैदान में दीक्षित किया था। जब लड़के के घरवाले शादी का दबाव बनाने लगे तो सान्याल के लाहौर पहुँचने पर विद्यालंकार ने यह समस्या उनके सामने रखी। सान्याल ने उस लड़के की परीक्षा लेते हुए पूछा, "क्या तुम घर-बार छोड़ने को तैयार हो?" जब लड़के की ओर से सकारात्मक उत्तर मिला तब सान्याल ने एक चिट्ठी दी। उस लड़के ने अपना घर छोड़ दिया और कानपुर आ गया।[64]

"कौन लड़का था भाई?" दिव्यांश ने एकाएक प्रश्न किया।

मैं भी सरलता से कौतूहल तोड़ना नहीं चाहता था, "क्या यार, अभी तक नहीं समझे।"

"अरे बताओ ना यार।" सभी का धैर्य जवाब दे रहा था।

धीरे-धीरे मैंने कहा, "भ...ग...त–भगत सिंह।"

सभी की आँखों में यह नाम सुनकर अलग ही चमक आ गयी।

भगत सिंह की धीरे-धीरे कानपुर के अन्य सदस्यों से दोस्ती हो गयी। देश के राजनैतिक वातावरण, विश्वभर में हुई क्रान्तियों, भारत में क्रान्ति के सबसे उचित प्रारूप पर वे घण्टों चर्चा करते। बटुकेश्वर दत्त से भी उनकी दोस्ती यहीं हुई। भगत सिंह के विकास में कानपुर आने का अपना विशेष महत्त्व है। क्रान्तिकारी दल में सक्रिय सहभागिता के कारण उनकी वैचारिकता परिमार्जित हुई एवं मार्ग में यक़ीन और दृढ़ हुआ। भगत सिंह का दल में नाम बलवंत सिंह रखा गया। भगत सिंह को कानपुर में गणेश शंकर विद्यार्थी के साथ जोड़ दिया गया। एच.आर.ए. से जुड़े गणेश शंकर 'प्रताप' प्रेस के संस्थापक एवं सम्पादक थे। इलाहबाद में जन्मे विद्यार्थी कानपुर में अपनी प्रेस के माध्यम से राष्ट्रवादी मूल्यों का प्रचार करते। भगत सिंह प्रताप प्रेस के ही एक कमरे में रहने लगे एवं पत्रकारिता भी वहीं सीखते। पत्रकारिता सीखने के लिए उन्हें दस रुपये की छात्रवृति भी गणेश शंकर विद्यार्थी द्वारा दी जाती।

"सभी सदस्यों को पहला कार्य सम्भावित साथियों की पहचान करना और फिर उन्हें लगातार पुस्तकों और तर्कों के माध्यम से इस तरह प्रभावित करना था कि वे अन्ततः हमारे साथ जुड़ने के लिए तैयार हो जायें।"[65] चन्द्रशेखर आज़ाद

ने भी दल में नये सदस्यों को जोड़ा। आज़ाद ने पहले स्वामी गोविन्दप्रकाश को जोड़ा। मूलतः महाराष्ट्र के रहने वाले स्वामी गोविन्दप्रकाश का असली नाम रामकृष्ण खत्री था। वे संन्यास लेकर आध्यात्मिक पथ की ओर अग्रसर थे पर चन्द्रशेखर उन्हें यहाँ ले आये। आज़ाद ने एक लोहार से भी सम्बन्ध स्थापित किये जिसके माध्यम से कुछ धन की भी व्यवस्था हो जाती और दल के हथियार भी उसके कारखाने में निःशुल्क मरम्मत हो जाती। एक बन्दूक भी उसने तैयार करके आज़ाद को दी थी पर वह किसी काम न आ सकी। योगेन्द्र शुक्ल को भी दल में जोड़ने वाले भी आज़ाद ही थे। मुज़फ़्फ़रपुर के रहने वाले योगेन्द्र शुक्ल को एच.आर.ए. के क्रान्तिकारियों के साथ-साथ भारत छोड़ो आन्दोलन के दौरान जयप्रकाश नारायण को हज़ारीबाग़ जेल से छुड़ाने का भी गौरव प्राप्त है।[66] स्वयं संन्यासी होने के कारण स्वामी गोविन्दप्रकाश का कई मठाधीशों और महन्तों से परिचय था। उनका सुझाव था कि क्यों न अपने ही किसी आदमी को महन्त बनवाया जाये और फिर मठ की सम्पत्ति पार्टी के काम में लायी जाये। गोविन्दप्रकाश का यह भी कहना था कि उत्तराधिकारी बनाने के लिए महन्त को प्रभावित करने का सामर्थ्य भी वे रखते हैं। बनारस के पास गाज़ीपुर में एक महन्त हुआ करते थे। उन्हीं को निशाना बनाया गया। पता चला कि वो भी चेला ढूँढ़ रहे हैं। इधर क्रान्तिकारी भी 'गुरु' ढूँढ़ रहे थे। उत्तराधिकारी बनने का काम सौंपा गया चन्द्रशेखर आज़ाद को। गोविन्दप्रकाश ने आवश्यक व्यवस्थायें कर दी और यथाशीघ्र 'गुरु-शिष्य' का मिलन करा दिया। चन्द्रशेखर का मन नहीं था पर संस्कृत अध्ययन का अनुभव रखने वाले आज़ाद को दल ने विविध दलीलें दे कर राज़ी कर ही लिया।

आज़ाद गाज़ीपुर के उस अखाड़े में पहुँचे तो फिर पढ़ाई-लिखाई का वही फेर शुरू हो गया जो उनको बिल्कुल पसन्द नहीं आता था। पहले तो आज़ाद को उदासी सम्प्रदाय की भाषा गुरमुखी सीखनी पड़ी और फिर जपजी साहिब भी याद करना पड़ा। जपजी साहिब पवित्र ग्रन्थ 'गुरु ग्रन्थ साहिब' का एक भाग है। हिन्दू धर्म के 13 अखाड़ों में तीन उदासीन अखाड़े हैं। गुरु नानक जी के पुत्र श्री चन्द द्वारा उदासी सम्प्रदाय की स्थापना की गयी थी। इसे हिन्दू एवं सिख धर्मों के बीच सेतु के रूप में भी देखा जाता है। यह सिलसिला कुछ दिन तो चला पर जब आज़ाद से रहा न गया तब उन्होंने रामकृष्ण खत्री को

पत्र में लिखा,"मेरी तबीयत बिल्कुल ठीक नहीं लगती, जल्दी आओ और साथ में मन्मथ को लाकर मुझे यहाँ से मुक्ति दिलाओ।" आज़ाद के ऐसे पत्र ने सभी को चिंतित कर दिया। दरअसल आज़ाद को कहा गया था कि 'महन्त बीमार रहता है और साल दो-साल में ही मर जायेगा और चेला महन्त बनकर समस्त सम्पत्ति का अधिकार पा लेगा।' पर यहाँ उल्टा होने लगा–महन्त सही होने लगे और आज़ाद की तबीयत ख़राब होने लगी। खत्री और मन्मथ जब पहुँचे तो आज़ाद उनको बोले, "यह साला अभी नहीं मरने का, डण्ड पेलता है और ख़ूब दूध पीटा है। गुरुमुखी पढ़ते-पढ़ते तो मेरी आँखें फूटी जा रही हैं। मैं तो यहाँ नहीं रहूँगा।"[67]

"ये तो मोये-मोये हो गया।" दिव्यांश ने हँसते हुए कहा। हमारी हँसी भी उसकी हँसी के साथ मिल गयी।

"बनारस में दल की बैठकों का जो कारवाँ तीन-चार सदस्यों से शुरू हुआ था वह भी बढ़ने लगा था। बहस-मुबाहिसा के अतिरिक्त छोटे हथियार भी दिखाये जाते और कई बार बन्दूक चलाना भी सिखाया जाता। व्यावहारिक अनुभव तो उन्हें गोलियों की कमी के कारण न मिल पाता पर थ्योरी अवश्य समझाई जाती। मन्मथनाथ बताते हैं कि कैसे इन्हीं सब के दौरान गोली उन्हें दो बार बख़्शते हुए बगल से निकली। मन्मथनाथ के घर सब बैठे थे। चन्द्रशेखर माउज़र पिस्तौल लोड और अनलोड करना सीख रहे थे। आज़ाद सीख रहे थे और मन्मथनाथ कुछ पढ़ने लगे। नयी बन्दूक थी। जोश में आज़ाद मन्मथनाथ की ओर बन्दूक तानते हुए बोले,"सावधान रहो, मैं तुम्हें गोली मारने वाला हूँ।" आज़ाद को लगा खाली बन्दूक है इसलिए इससे पहले मन्मथनाथ कुछ बोलते आज़ाद ने ट्रिगर दबा दिया और धाँय–एक गोली जो रह गयी थी, निकल आयी। सौभाग्य से गोली मन्मथनाथ की खोपड़ी से दो इंच की दूरी से निकल गयी और दीवार में धँस गयी। आज़ाद को लगा उन्होंने वाकई गोली मार दी है। मन्मथ के बार-बार बताने पर भी आज़ाद अपनी ग़लती के अहसास से रोने लगे।

आज़ाद के कमरे पर हुआ ऐसा ही एक और क़िस्सा मन्मथनाथ बताते हैं,

"होल्ड-अप में उपयोग होने वाले रिवॉल्वर, पिस्तौलें और राइफ़लें तेल लगाकर खुले में कमरे में रखी गयी थीं। रामप्रसाद उन हथियारों की स्प्रिंग

की जाँच कर रहे थे। कमरे में केवल मैं अन्दर था, और आज़ाद बाहर पहरे पर खड़े थे। अचानक एक रिवॉल्वर ग़लती से चल गया। चूँकि उसकी नली मेरी ओर थी, रामप्रसाद को लगा कि मुझे गोली लग गयी है। उन्होंने तुरन्त रिवॉल्वर एक ओर रखा और मेरी ओर दौड़े। मैंने कहा कि मैं ठीक हूँ। मगर वे मानने को तैयार नहीं थे। उन्होंने कहा कि जब किसी को गोली लगती है, तो पहले-पहल उसे पता नहीं चलता। तभी उनकी नज़र मेरी पीठ के पीछे दीवार में बने एक छेद पर पड़ी, तब जाकर उन्हें विश्वास हुआ कि मुझे गोली नहीं लगी है। इसके तुरन्त बाद हम सबने वहाँ से सारे हथियार और गोलाबारूद उठाया और एक सुरक्षित ठिकाने की ओर रवाना हो गये।"[68]

"अच्छा ये बताओ", मैंने प्रश्न किया, "संगठन चलाने के लिए सबसे आवश्यक क्या होता है?"

"पईसा भाई पईसा। जो मर्ज़ी कह लो लेकिन सिद्धान्तों की सभा हो या सपनों की संसद-बिना बजट सब भाषण बेमानी हैं।" पार्थ ने यथार्थवादी होने का पूरा प्रदर्शन करते हुए कहा।

मैं बोला, "हाँ एकदम सही। अब यह तरीक़ा तो विफल हो गया। चन्द्रशेखर कुछ दिन बाद अपने आप ही बनारस लौट आये थे। खत्री और मन्मथनाथ तो, 'चलो, बात करके बताते हैं' जैसा टालने वाला सन्देश दे कर लौट आये थे। काम फैल रहा था इसलिए धन की आवश्यकता भी बढ़ती जा रही थी। बनारस के शिवप्रसाद गुप्त कुछ सहायता करते रहते थे, परन्तु वह काफ़ी नहीं था। दल की दान पेटियाँ तो सदैव खुलीं थी और बलपूर्वक दान का भी प्रावधान दल में था लेकिन यह भी आवश्यकताओं को पूरा करने में अक्षम था। चन्द्रशेखर भी इस दौर में सभी प्रमुख क्रान्तिकारियों से परिचित हो गये थे। सब उनकी क्षमताओं से प्रभावित भी थे। दल में एक महत्त्वपूर्ण स्थान चन्द्रशेखर आज़ाद बना चुके थे। उनके इस वक़्त के बारे में विश्वनाथ वैशम्पायन लिखते हैं,

"चन्द्रशेखर आज़ाद स्वभाव से जोशीले थे और दल के कार्यों को करने में बड़ी उत्सुकता दिखाते थे, इसी गुण से दल के सदस्यों में वे प्रिय हो गये थे। रामप्रसाद बिस्मिल ने उनका नाम 'क्विक सिल्वर' यानी पारा रखा था। दल के कुछ लोग इनके जोशीलेपन से प्रसन्न तो थे परन्तु चाहते थे कि आज़ाद

कुछ कम जोशीले होते तो अच्छा होता। वे मन्मथ जी के अधिक निकट होने के कारण उनके घर आया-जाया करते थे। दल के काम की जब भी चर्चा होती तो आज़ाद को एक ही रट होती, "कोई एक्शन हो।" एक्शन माने डकैती या हत्या। क्रान्तिकारियों में रिवाल्वर या पिस्तौल को 'चीज़' कहा जाता था। आज़ाद के इसी जोश के कारण पार्टी द्वारा जहाँ कहीं एक्शन आयोजित होता उसमें आज़ाद को अवश्य भेजा जाता। पार्टी द्वारा ऐसा करने के दो कारण थे। एक तो यह कि वे तगड़े थे और दूसरे इनके विषय में यह विश्वास था कि वे पकड़े जाने पर भी पुलिस को भेद नहीं देंगे। ऐसी अनेक डकैतियों में आज़ाद के साथ मन्मथ भी गये थे। इन डकैतियों का नेतृत्व रामप्रसाद बिस्मिल करते थे।"[69]

एक्शन सुनते ही सभी का ध्यान दल की उस शब्दावली पर गया जो मैम ने भी आज़ाद पार्क में हमें बताई थी। वह पुनः जानने की उत्सुकता में आदित्य ने कहा, "यह शब्दावली तो दल का अद्भुत आविष्कार थी। एक्शन के बाद आगे क्या था यार, भूल गया।"

मैंने कहा, "देखो गुरु, डकैती को 'एक्शन' कहा जाता था। जो सदस्य एक्शन में शामिल होते, उन्हें 'ज्ञानी' की पदवी मिलती। जिसने अब तक किसी एक्शन में भाग नहीं लिया होता, वह 'भक्त' कहलाता। जो व्यक्ति एक्शन की जटिलताओं को भलीभाँति समझता और उसे आयोजित करने में दक्ष होता, वह 'अवधूत' माना जाता। एक्शन का नेतृत्व करने वाले को 'परमहंस' की उपाधि से सम्मानित किया जाता और जो पुलिस की गिरफ़्त से बार-बार बच निकलता, उसे, उसकी, स्वतन्त्रता को साष्टांग दण्डवत प्रणाम करते हुए 'जीवन्मुक्त' के रूप में स्वीकार किया जाता।

फिर क्या, परमहंस जोगेश चन्द्र चटर्जी के नेतृत्व में हिन्दुस्तान रिपब्लिकन एसोसिएशन ने 'भक्तों' को 'ज्ञानी' बनने का अवसर देते हुए प्रथम एक्शन खागा में करने का निर्णय किया। भक्त ज्ञानी न बन सके क्योंकि यह प्रयास विफल रहा। एक्शन का सूत्रधार छत्रपाल सिंह जब वहाँ पहुँचने पर एक्शन के मुख्य स्थान का सही पता नहीं बता पाये तो सभी वापस लौट आये। छत्रपाल सिंह को वीरभद्र तिवारी ने क्रान्तिकारी बताते हुए मिलवाया पर बाद में पता

चला की वह असल में एक अपराधी है जिसका राजनीति से कोई सरोकार नहीं है।[70]

अगला एक्शन इलाहबाद के पुरामुफ़्ती में ही 9 अगस्त 1924 को हुआ पर यह भी विफल रहा। जिस घर में एक्शन किया जाना था उन्होंने धन ज़मीन में गाड़ रखा था। एक चाँदी की हँसुली ही इस एक्शन का एकमात्र हासिल थी। नुकसान अलग हो गया। पड़ोसी गाँव के एक आदमी की गोली लगने से मौत हो गयी। सभी इससे बहुत आहत हुए। चटर्जी ने यह तय किया कि उत्तर प्रदेश में ऐसा कुछ अब नहीं किया जायेगा।[71]

धन की बढ़ती माँग को देखते हुए जोगेश चन्द्र चटर्जी ने निश्चय किया कि वे बंगाल में कुमिल्ला जाकर कुछ धन ले आयें। कुमिल्ला आज बांग्लादेश के चटगाँव प्रभाग के अन्तर्गत आता है। सान्याल भी 1924 में पुलिस की उन पर बढ़ती नज़र को देखते हुए जोगेश चन्द्र चटर्जी को कार्यभार सौंप कलकत्ता चले गये थे। धन संचय का चटर्जी का प्रयास सफल रहा। वे बंगाल से बनारस आ गये और बनारस में राजेन्द्र लाहिड़ी की धन की सारी आवश्यकताएँ पूरी की। इसके पश्चात उन्होंने अपने कार्यक्षेत्र के विभिन्न स्थानों का भ्रमण किया और जहाँ-जहाँ भी धन की आवश्यकता महसूस हुई, उन्होंने उसे तत्परता से उपलब्ध कराया। साथ ही, उन्होंने यह भी तय किया कि दल का एक प्रादेशिक सम्मेलन भी आयोजित किया जाये। सितम्बर 1924 में दल के मुख़्यालय कानपुर में पीलीकोठी धर्मशाला में यह सम्मेलन आयोजित किया गया जिसमें सुरेश भट्टाचार्य, राजेन्द्र लाहिड़ी, वीरभद्र, रामप्रसाद बिस्मिल जैसे सदस्यों ने भाग लिया। दल में अब तक के कार्यों की समीक्षा भी हुई और भविष्य के कार्यक्रमों की भी योजना बनी। यह भी तय हुआ कि अब तक लखनऊ में कार्यरत शचीन्द्रनाथ बख़्शी को झाँसी भेजा जाये और वहाँ उनकी सेवाएँ ली जायें। बख़्शी को झाँसी में स्थापित करने के बाद चटर्जी पोंडिचेरी के लिए रवाना हुए। वहाँ से मद्रास गये और मद्रास से कलकत्ता जाने वाली ट्रेन में बैठे। मद्रास से ही सी.आयी.डी. चटर्जी का पीछा करने लगी। कलकत्ता तक पीछा करने का क्रम चलता रहा जहाँ चटर्जी को गिरफ़्तार कर लिया गया।[72] चटर्जी की गिरफ़्तारी के पश्चात रामप्रसाद बिस्मिल दल के डी फैक्टो मुखिया बन गये।

अभी तक चन्द्रशेखर 'भक्त' ही थे क्योंकि प्रथम दो एक्शन में आज़ाद ने भाग नहीं लिया था। भगत सिंह अवश्य 'ज्ञानी' हो गये थे क्योंकि पुरामुफ्ती एक्शन में भगत सिंह ने भाग लिया था। चन्द्रशेखर को 'भक्त' से 'ज्ञानी' बनने का अवसर तब मिला जब 1925 के दिसम्बर महीने में संयुक्त प्रान्त के पीलीभीत ज़िले के बमरौली में अगला एक्शन आयोजित किया गया। 'दल की नीति के अनुसार धनी ज़मींदारों, महाजनों और उद्योगपतियों को ही एक्शन का निशाना बनाना था।'[73] ऐसे ही एक महाजन बलदेव प्रसाद के निवास पर एक्शन के लिए दल निकला। 'वह (बलदेव प्रसाद) अपने घर की छत पर पड़ी मढ़ैया में अपने दो पुत्रों के साथ सो रहा था। ज़्यादातर गाँव वाले अभी सोये नहीं थे। तभी उसकी नींद गोली गोली चलने की आवाज़ से खुल गयी। छत की मुंडेर से उसने देखा कि क्रान्तिकारी उसके आँगन में पड़ी सीढ़ी लगाकर छत पर चढ़ने ही वाले थे। उसने एक डण्डे से उन्हें रोकने का प्रयास किया, लेकिन उसे गर्दन में गोली मार दी गयी। गोली माँस को चीरकर निकल गयी।'[74]

जब वह भागने लगा तब एक और गोली उसके कूल्हे में मारी गयी। शोर सुन गाँववाले इकट्ठा हो गये और छत पर क्रान्तिकारियों को पत्थर मारने लगे। एक मोहनलाल पहलवान ने भिड़ने की चुनौती दी। उसके भी पेट में गोली मार दी गयी जिससे उसकी तत्काल मौत हो गयी। चन्दिका प्रसाद, जगन्नाथ, कन्हाई, जवाहिर और चन्दन को भी गोली लगने से चोटें आयीं। बलदेव उपलों के ढेर के पीछे छुप गया और उसके अनुसार ज़मीन में गड़े नकद 1600 रुपये जबरन निकाले गये और 2400 के गहनें औरतों से उतरवाये गये। बिस्मिल, अश्फाक और रोशन सिंह के अलावा बनारस से आये क्रान्तिकारियों ने भाग लिया जिनमें चन्द्रशेखर के साथ मन्मथनाथ भी शामिल थे। कुल 12-13 क्रान्तिकारियों में भगत सिंह भी थे जो एक्शन के बाद हिंसा से नाराज़ हो कर बोले, "आइन्दा मुझे किसी डकैती में साथ ले कर न आना, मैं किसी हिंसा को बर्दाश्त नहीं कर सकता, जिसमें हमें किसी इन्सान की जान लेने पर मजबूर होना पड़े।"[75]

मार्च 1925 में होली से एक दिन पहले आगरा के बिचपुरी गाँव में एक और एक्शन हुआ। इसमें एक ग़लती क्रान्तिकारियों से ये हुई कि एक दर्जन

पेशेवर डकैतों को भी साथ ले लिया। दुर्भाग्य से इस एक्शन में भी श्याम लाल नामक व्यक्ति की गोली मार कर हत्या कर दी गयी। सरकारी दस्तावेज़ों के अनुसार जिस घर में एक्शन हुआ उसके सदस्यों को क्रान्तिकारियों द्वारा क्रूर यातनाएँ भी दो गयी। बिहारी की आँख के नीचे चाकू घुसाया गया और तोती नामक युवक की जाँघों के बीच तेल में भीगा कपड़ा रखकर जलाया गया। आज़ाद ने भी एक बच्चे के गले पर चाकू रख कर उसकी माँ को धन-दौलत कहाँ है, बताने पर मजबूर किया। परन्तु इस एक्शन में सोने-चाँदी के कुछ गहनों के अलावा कुछ विशेष प्राप्त न हुआ।[76]

पाँचवीं डकैती प्रतापगढ़ में 24 मई 1925 को शिवरतन वैश्य के घर डाली गयी। इस डकैती में भी कुछ हाथ न लगा, एक पिस्तौल का नुकसान हो गया वो अलग। इसके बावजूद इसमें भी रामशरण की गोली लगने से मौत हो गयी और चार अन्य लोग भी गोलियों से घायल हुए। मन्मथनाथ इस प्रकरण के बारे में बताते हैं,

"इस एक्शन में हम केवल आठ आदमी थे। पास ही पण्डित जी (बिस्मिल) मकान के दरवाज़े पर खड़े थे। गाँववाले किसी तरह दबक-दबक कर बगल के रास्ते से आये और एकाएक उन्होंने पण्डित जी और उनकी राइफ़ल पर लाठियाँ बरसानी शुरू कर दी। पण्डित जी गिर चुके थे और शायद गाँववाले उनके हाथ-पैर तोड़ देते यदि इस अवसर पर श्री शचीन्द्रनाथ बख़्शी बड़ी बहादुरी के साथ आगे न निकल आते और अपनी ऑटोमैटिक रिवॉल्वर से भीड़ का सामना न करते। हमें हुक्म था कि स्त्रियों पर हाथ न डालें, किन्तु दो स्त्रियाँ जिनमें से एक की उम्र 30 या 32 के करीब थी और एक इससे हमउम्र औरत बहुत लड़ाकू साबित हुई और हम हमला करने लगीं। वे दोनों एकाएक हम पर टूट पड़ीं। वे हमारे रिवॉल्वर को पकड़े थीं और साथ ही हमको मार भी रही थीं। हम बिल्कुल असहाय थे। मैंने पूरी ताकत लगा कर अपनी रिवॉल्वर छीन ली, किन्तु आज़ाद का रिवॉल्वर छिन चुका था। वे उन दिनों इतने तगड़े नहीं थे जितने बाद के दिनों में हो गये थे। आज़ाद क्रोध से पागल हो गये, लेकिन आदेश मिलने पर हम चल दिये। राजेन्द्र लाहिड़ी के पास वह रकम थी जो मिली थी। गाँववाले हम पर ईंटों और चैलों की बरसात

कर रहे थे। रास्ते में किसी चीज़ से ठोकर खा कर लाहिड़ी धन के साथ एक गड्ढे में गिर गये। कप्तान के हुक्म पर गठरी वहीं छोड़कर हम आगे बढ़े।"[77]

"यार, इन सब डकैतियों और उनमें हुई हिंसा का क्रान्तिकारियों की छवि पर बड़ा नकारात्मक असर पड़ा होगा न?" पार्थ ने चिंतित स्वर में पूछा।

"हाँ नेगेटिव असर तो पड़ा। जब किसी भी कारणवश दूसरे का नुकसान होता है, तो उसका नाराज़ होना स्वाभाविक है। और फिर, गाँव के आम लोगों के लिए क्रान्तिकारियों के उद्देश्यों को समझ पाना अपने आप में एक कठिन बात थी। इन सभी एक्शन्स में हुई लूट और हिंसा के दुष्परिणाम भी क्रान्तिकारियों को झेलने ही पड़े। जैसा कि इतिहासकार अपर्णा वैदिक बताती हैं कि...डकैतियों ने जनता को क्रान्तिकारियों के विरुद्ध कर दिया और ग्रामीण क्षेत्रों में उन्हें साधारण अपराधियों के रूप में देखा जाने लगा। पीड़ित ग्रामीणों ने अदालतों में खुलकर क्रान्तिकारियों की निन्दा की।"[78] दल के सदस्य जयदेव कपूर ने भी बताया कि कैसे कोर्ट में, "कई युवक और बुज़ुर्ग गाँवों और शहरों से आकर क्रान्तिकारियों का हाथ पकड़ लेते और उन्हें डकैतियों में शामिल व्यक्ति के रूप में पहचानते, बिना यह जाने कि वे क्रान्तिकारी वास्तव में किस उद्देश्य के लिए संघर्ष कर रहे हैं।"[79]

क्रान्तिकारियों का सामना कुछ ऐसे लोगों से भी हुआ जिन्हें देश के ख़ातिर अपना नुकसान मंज़ूर था। प्रतापगढ़ के द्वारकापुर में हुई डकैती और हत्या के बाद भी गाँव वालों ने गवाही देने से मना कर दिया। स्थानीय पुलिस भी गवाही देने सामने नहीं आयी। 'एक और बार जब क्रान्तिकारियों ने गड़ोदिया स्टोर को लूटा तब उसके मालिक को पता चलने पर कि आज़ाद ने यह काम किया है–यह चिट्ठी लिखी कि ऐसे अपनी जान जोख़िम में डालने की आवश्यकता नहीं है और जब धन की ज़रूरत हो ख़ुशी-ख़ुशी उन्हें कह दें।'[80]

इन एक्शन्स का एक और पक्ष भी है। मन्मथनाथ गुप्त के भाई और स्वयं क्रान्तिकारी दल के सदस्य रहे मनमोहन गुप्त अपनी किताब 'भारत के शहीद' में पृथक मत प्रकट करते हुए लिखते हैं,

"रामप्रसाद के चरित्र का यदि विश्लेषण किया जाये तो शुरू से अन्त तक वह बराबर डकैतियों में लिप्त रहने के अतिरिक्त और किसी काम को किये ही नहीं ऐसा दिखता है। उन्हीं के कारण कई होनहार नवयुवकों को अकारण

ही डकैती के अपराध में फाँसी तथा लम्बी-लम्बी सजायें भुगतनी पड़ीं। यदि विश्लेषण किया जाये तो यह और स्पष्ट होगा कि भारतीय क्रान्तिकारी आन्दोलन के इतिहास में, थोड़ी सी अवधि में जितनी डकैतियाँ रामप्रसाद ने करायीं उतनी कभी भी नहीं हुई थीं। फलतः श्री अशफ़ाक उल्लाह, श्री राजेन्द्र लाहिड़ी को फाँसी और श्री मन्थनाथ गुप्त, श्री शचीन्द्र नाथ सान्याल आदि जैसे उच्चकोटि के चिन्तक तथा श्री विष्णुशरण दुबलिश, श्री सुरेशचन्द्र भट्टाचार्य आदि जैसे कितने ही क्रान्तिकारी कार्यकर्ताओं के कार्य करने की क्षमता से देश वंचित रहा।"[81]

"मतलब उनके मतों में भी एकरूपता नहीं थी।" आदित्य ने कहा।

"निश्चय ही, मतों में भिन्नता ही तो मनुष्य की चेतना का प्रमाण है। जहाँ एकरूपता होती है, वहाँ या तो भय होता है, या जड़ता। विचारों का वैविध्य ही आत्मा की स्वतन्त्रता का प्रतिबिम्ब है।" मैं कह कर रुका कि तभी "*टिर्री-टिर्री...टिर्र टिर्र...ढीं-ढीं-ढीं ढीं-ढीं-ढीं!*" आदित्य का मोबाइल फुल वॉल्यूम पर चीख़ पड़ा।

आदित्य का मज़ा लेने के लिए दिव्यांश अपनी अवधी में मोबाइल की ओर इशारा करते हुए बोला,

"ई त लउकत है कि मोबाइल नाहीं, गधा बियाह में डफली बजाय रहा हो!"

आदित्य जल्दी-जल्दी जेब से मोबाइल निकालता है, स्क्रीन देखता है– "माँ कॉलिंग।"

उसका चेहरा वैसा हो गया जैसे गणित का पेपर सामने आ गया हो।

"अबे चुप करऽ! माई का फोन बा!"–आदित्य फुसफुसाया। खरबूजे को देखकर खरबूजा रंग बदलता है और आदमी भी आदमी को देख कर भाषा।

पार्थ भी मौके का फ़ायदा उठाते हुए बोला,"तौहार माई त रिंग से पहिले ही ग़ुस्सा भेज देत हईं, अब त फोन ख़ुदै ग़ुस्सैल लागत ह!"

आदित्य फ़ोन उठाता है मोबाइल कान में दबाता हुआ कुछ क्षण माताजी को सुनता है और फिर कहता है, "हाँ,अर्जुन के घर पर ही हूँ, सब हैं, आ गया बस।"

आदित्य उठ खड़ा हुआ, एक हाथ में मोबाइल, दूसरा पसीना पोंछता हुआ। बायें पाँव में चप्पल, दायाँ अभी तक नंगा। वैसे भागा जैसे रेलवे स्टेशन

पर टिकट कटा हो, लेकिन एन वक़्त पर ट्रेन प्लेटफ़ॉर्म बदल दे। वो मोबाइल काट जेब में रखते हुए तेज़ी से जाने लगा।

"माफ़ी गाइस, जाना पड़ेगा।" वह जाते-जाते बोला।

हम भी मजबूरी समझ रहे थे इसलिए कुछ न बोले और उसे जाने दिया। वह दरवाज़ा पार कर के निकल गया तब दिव्यांश हल्के से हँसता हुआ बोला, "अबे इ त 'माँ कॉलिंग' नाहीं, 'माँ कूटिंग' है!"

इस बार तीन ही लोग हँसे, काहे की तीन ही बचे थे। तीनों लोग एक दूसरे को मुँह ताकने लगे–

"अब तो चर्चा का होई?" पार्थ पूछिस।

"ई त एकदम से टूट गवा माहौल", कमर सीधी करते हुए मैं बोला।

दिव्यांश ने अंगड़ाई ली, "हँय! अबे हमका त भूख लागे लाग बा।"

पार्थ बोला, "कउनो ना...अब घर चल।"

"सही कहत अहा हो, अब कल देखा जाई।" दिव्यांश ने उत्तर दिया।

कल फिर मिलने के वादे के साथ महफ़िल बेशक उखड़ गयी थी, लेकिन जाते-जाते अपनेपन की वो जुबान छोड़ गयी थी, जो किसी और से नहीं, बस अपने गाँव, अपनी बोली, अपनी मिट्टी से मिलती है। अब दुनिया जहाँ की भाषा बोलते हैं, अपनी हम नहीं बोलेंगे तो कौन बोलेगा? आख़िर अपनी भाषा की कब्र पर किसी विदेशी भाषा का उदय हो यह भी तो सही नहीं। कुछ अपना बनाये होते तो छोड़ने का अधिकार भी रखते। पर भाषा तो पुरखों से विरासत में प्राप्त हुई है। विरासत में प्राप्त किसी चीज़ का तिरस्कार भला कैसे कर सकते हैं? उसे संजोना तो आख़िर हमारा कर्तव्य है।

अध्याय-4

परिष्कार

जितना बड़ा शहर हो या जितना छोटा गाँव, क्रिकेट खेलने वाले इसलिए मिल जायेंगे क्योंकि हर मैच की सुबह में कुछ विशेष होता है। एक अलिखित वचन छिपा होता है। वह सुबह जब मैदान में क़दम रखते ही आपकी पहली दृष्टि मैदान के बीचों-बीच बनी एक बाइस गज की पट्‌टी पर अनायास ही टिक जाती है।

भले ही पाँच मैचों से बल्ला ख़ामोश हो फिर भी हर खिलाड़ी मैच की सुबह उसी अतिशय उत्साह और प्रगाढ़ आस्था से उठता है, मानो विफलता ने कभी दस्तक ही न दी हो। यह किसी तकनीकी अभ्यास का परिणाम नहीं, बल्कि उस गहरे विश्वास का प्रतीक है जो केवल सुबहें देती हैं : अन्धकार चाहे जितना भी गहरा हो, उसके नीचे सूर्य की दस्तक हमेशा ज़िन्दा रहती है।

सुबह एक सन्तुलन सिखाती है। वह आश्वस्त करती है कि, "यदि तू लगातार गिर रहा है, तो यह अन्तिम गिरावट नहीं है। और यदि तू लगातार उड़ रहा है, तो यह शाश्वत उड़ान नहीं है।" सूर्योदय का सौन्दर्य इसी में है कि वह कभी स्थायी नहीं होता। वह रोज़ आता है, पर रोज़ ढलता भी है। इसीलिए जो कल तक शतक का नायक था, वह आज भी नये सफ़र का विद्यार्थी है।

इस बाइस गज की पट्‌टी पर हर सुबह एक नवीन वेद रचा जाता है जिसमें अध्याय बदलते हैं, किरदार बदलते हैं, पर प्रश्न वहीं रहते हैं : क्या तू तैयार है फिर से आरम्भ करने को, जैसे तूने कभी हारा ही नहीं था? और क्या तू झुकने को तैयार है, जैसे तूने कभी जीता ही नहीं था? अनगिनत पदचिन्हों की गूँज और असंख्य स्वप्नों की थरथराहट को अपने भीतर सँजोये, वह बाइस

गज की पिच हर सुबह एक अनकहा सत्य स्मरण कराती हैं–'तू वही है जो खेलेगा। न वह जो जीता था, न वह जो हारा था।'

यही क्रिकेट की सुबह है। और शायद, यही जीवन की सबसे बड़ी पिच। सुबह ईश्वर प्रदत्त सबसे बड़ा वरदान है। सबसे वृहद, विशाल एवं व्यापक अवसर है सुबह। फिर वह सुबह लन्दन के लॉर्ड्स की हो या लखीमपुर के ऐसे मैदान की जहाँ घास सिर्फ़ पिच पर मौजूद होती है मायने नहीं रखती।

ऐसी ही एक सुबह, उन्हीं विविध आशाओं के साथ हम भी आये थे प्रयागराज के गवर्नमेंट प्रेस मैदान। रात में सोने से पहले रीलों का डेली कोटा निबटाने के बाद सोने ही जा रहा था कि दिव्यांश का फ़ोन आया। सुस्त आवाज़ में मैंने पूछा, "हाँ भाई, क्या हुआ?"

"कल मैच है।" उधर से आवाज़ आयी।

"कल कौनसा मैच है?"

"अरे! वो बजरंगी लाल का एक मैच बचा है न।"

"ओह्ह। कितने बजे कहाँ है?"

"7 बजे, प्रेस।"

"चलो, ठीक है लेकिन कल फिर मिलेंगे कैसे?"

"वहीं बुला लो दोनों को। मैच के बाद तो नहीं हो पायेगा।"

"ठीक-ठीक, बात करता हूँ दोनों से।" कहकर मैंने फ़ोन काट दिया।

तुरन्त कुरुवंश में सन्देश गया और योजना में परिवर्तन की सूचना दी गयी। पहले-पहल तो दोनों आनाकानी किये कि हम क्या करेंगे वहाँ इतनी देर, "सूरज भी अपने शेड्यूल से बाहर निकलने को तैयार नहीं और तुम हमें खींच रहे हो मैदान में?" पर फिर जब समझ आया कि आज किस विषय पर बात होनी है तब मान गये। बोले तनिक देर से ही आयेंगे, लेकिन आयेंगे ज़रूर।

इलाहबाद के टूर्नामेंटों की दो बड़ी विशेषतायें हैं। अव्वल तो इनके विचित्र नाम ही हमें अचरज में डाल दिया करते थे। इतना भरा-पूरा नाम होता है पर शायद ही कोई जानता हो कि कौन थे ये लोग, कैसे रहे होंगे, जिनकी याद में हम ये टूर्नामेंट खेलते हैं। दूसरी विशेषता इनका कालखण्ड। जहाँ ICC के टूर्नामेंट चार साल में होते हैं, इलाहाबाद के टूर्नामेंट चार साल *तक* होते हैं।

अंडर-16 का टूर्नामेंट शुरू हुआ था तो लड़के स्कूल में थे, अब कॉलेज में प्रोजेक्ट बना रहे हैं, कुछ तो क्रिकेट की ही कोचिंग करा रहे हैं, लेकिन टूर्नामेंट अब भी शेष है।

स्कूल जाने वाली सुबह और खेलने जाने वाली सुबह में यही अन्तर होता था कि खेलने जाने के लिए किसी और को उठाने का श्रम नहीं करना पड़ता था। अपने से ही उठ जाते थे, तैयार होते थे और श्वेत वस्त्र धारण कर पहुँच जाते थे मैदान। खिलाड़ियों को अक्सर पहले बुलाया जाता और अम्पायर आराम से आते। उस बीच के समय में चार-पाँच के गुटों में खिलाड़ी पिच का मुआयना करते, विभिन्न मैचों के क़िस्से-कहानी बताते हुए मैदान के टहलते हुए चक्कर लगाते। अम्पायर के आने से पहले जो माहौल मनोरम और नीरव होता उसमें अम्पायर के आने के बाद एक क़िस्म की जल्दी आ जाती। कौन खेलेगा, कौन पानी पिलायेगा की भी चर्चाएँ ज़ोर पकड़ लेती। प्रदर्शन का दबाव भी धीरे-धीरे आने लगता। गुरुजन कप्तान को प्लेइंग 11 लिखवाते और कप्तान उस पर्ची को थामे टॉस के लिए जाता। जाते-जाते कोई न कोई सिक्का उछालने की तरकीब अवश्य बता देता जो हमेशा असफल होती। अम्पायर कुछ दिशा-निर्देश देते और फिर सिक्का उछलता। दोनों टीमों के खिलाड़ी इतने अधीर हो जाते कि दूर से ही उन्हीं के पास आ रहे कप्तान से इशारों-इशारों में टॉस का नतीज़ा पूछने लगते। पहले तो कप्तान भी ध्यान न देता पर जब देखता कि सभी खड़े होकर पूछने लगे हैं तो इशारे से बताता। उसी में, अगर टॉस जीते हों, तो कोई अवश्य कहता 'मना किया था ये मत लेना' और हारे हों तो कप्तान को ही बदल देने की माँग उठाता।

यही सब उस दिन भी हुआ। टॉस जीते बल्लेबाज़ी ली। पहले बल्लेबाज़ी का अपना फ़ायदा तो रहता है पर उत्तर भारत में गर्मियों में यह अभिशाप की तरह होता है। फिर एकदम तपती दोपहरी में फील्डिंग करनी पड़ती। पर सबको सब कुछ कहाँ मिलता है। मैं मध्यक्रम का बल्लेबाज़ था तो अगर शुरुआती दो-तीन विकेट जल्दी न गिरें तो आराम की गुंजाइश थी। दिव्यांश तो गेंदबाज़ था, इसलिए उसके पास गुंजाइश नहीं, पूरा अवसर था। 40 ओवर के हमारे मैच अक्सर धीमी गति से अत्यन्त परम्परागत रूप से आरम्भ होते थे। शुरुआती एक-दो वाइड फेंकने के बाद गेंदबाज़ ऑफ़ स्टम्प को टारगेट

करते हुए गुड लेंथ पर फेंकने में प्रयासरत रहता, बल्लेबाज़ गेंदों को सम्मान देता–छोड़ता, रोकता और प्यार से बल्ले से मिलाता और कोच साहब द्वारा दी गयी सलाह के अनुसार हवा में खेलने की हिमाकत भी न करता। क्षेत्ररक्षकों में भी जोश दिखता–कम ऑन–कम ऑन और जायेगा-जायेगा तालियों के साथ सुनाई देते। बल्लेबाज़ी खेमा भी पिच पर डटे अपने जवानों को प्रोत्साहित करने के लिए कुछ-कुछ बीच में बोलता रहता। मैच चल अवश्य रहा था पर हमारा ध्यान दूसरी ही ओर था। आज बात होनी थी एक दूसरे ही 'मैच' की। वह जो इतिहास की पिच पर खेला गया था, जिसने क्रान्तिकारी आन्दोलन की दशा और दिशा दोनों बदल दी। पार्थ और आदित्य भी आ गये थे। उनको आता देख हम थोड़ा कोने में खिसक आये और उनके लिए भी जगह बना दी।

"जाओ यार छक्के-चौके मार के आओ।" आदित्य ने मुझसे कहा। उसके लिए इतना ही क्रिकेट था।

"बारी तो आने दो।" मैंने कहा।

शोर अभी भी पिच पर था–"रन ले, रन ले!", "ओए छोड़ दी यार!" पर हम धीरे-धीरे वहाँ पहुँचने लगे जहाँ से कल छोड़ा था।

"प्रतापगढ़ के बाद भी कोई एक्शन हुआ था क्या?" पार्थ ने पूछा।

"हाँ, रायबरेली के सराय महेश गाँव में जुलाई 1925 में एक एक्शन होना था। इस बार सब क्रान्तिकारी पुलिस की वेशभूषा में पहुँचे थे। बिस्मिल पुलिस कप्तान बने थे। पर यह सफल नहीं हो पाया और क्रान्तिकारी लौट आये। ऐसे ही अन्य एक्शन भी किये गये। मन्मथनाथ बताते हैं कि उन्होंने ग्रामीण क्षेत्रों में हुए 13 एक्शनों में भाग लिया।"[82] मैंने बताया।

"फिर क्या हुआ?" इस बार आदित्य ने पूछा।

"गाँवों में हुई लूट एवं हिंसा से सभी क्रान्तिकारी व्यथित थे। अपने ही देशवासियों को और कष्ट वे नहीं देना चाहते थे इसलिए गाँवों में किसी भी प्रकार के एक्शन नहीं करने का निर्णय लिया। यह निर्णय मात्र नैतिक आधार पर नहीं लिया गया था। इसके पीछे एक अन्य कारण भी था जो मन्मथनाथ गुप्त बताते हैं, "मुझे लगता है कि पार्टी ने इतना स्पष्ट और दृढ़ निर्णय नहीं लिया होता, यदि हम लगातार पराजयों की एक श्रृंखला से न गुज़रे होते। यह कोई नैतिक प्रश्न नहीं था, बल्कि केवल उपयुक्तता का प्रश्न था। लेकिन,

चूँकि पार्टी को लगा कि रामप्रसाद आगे भी उसी तरह मुखबिरों द्वारा गुमराह होते रहेंगे और वही ग़लतियाँ दोहराते रहेंगे, इसलिए पार्टी ने ऐसा निर्णय लिया।"[83]

दूसरी ओर धन का दबाव बढ़ता जा रहा था। अपना घर-परिवार पढ़ाई-लिखाई छोड़कर आये युवाओं का जीवन-यापन भी मुश्किल हो रहा था। कर्ज़ भी बढ़ रहा था। धन का अभाव एवं सदस्यों की दुर्दशा निराशा को जन्म दे रही थी। इन्हीं सब संघर्षों के बीच बिस्मिल ने एक रेल यात्रा के दौरान पाया कि गार्ड के डिब्बे में एक सन्दूक रहता है जिसमें स्टेशन मास्टर टिकट बिक्री से हुई सारी आमदनी डाल दिया करता है। उस सन्दूक पर बिस्मिल की नज़र गयी और जब उन्होंने देखा कि सन्दूक की कोई विशेष सुरक्षा नहीं रहती है तो वहीं निश्चय कर लिया कि इसी को अपना अगला निशाना बनाया जाये। बकौल बिस्मिल, "यदि लूटना ही है तो सरकारी माल क्यों न लूटा जाये?"[84] बिस्मिल ने तत्काल ट्रेनों के टाइम-टेबल का अध्ययन किया और सब अध्ययन करने के पश्चात् पाया कि सहारनपुर से चलने वाली ट्रेन लखनऊ तक अवश्य 10 हज़ार की दैनिक आमदनी कर लेती होगी।[85] तदोपरान्त बैठक बुलाई गयी, प्रस्ताव पर चर्चा हुई और विभिन्न योजनाओं पर तर्क-वितर्क के पश्चात एक योजना पर सहमति बनी। अशफ़ाक़ उल्ला खाँ ने इस योजना का विरोध करते हुए कहा, "हम यह कार्य करके सरकार को चुनौती तो अवश्य दे देंगे। परन्तु यहीं से पार्टी के अन्त का आरम्भ हो जायेगा, क्योंकि दल अभी उतना दृढ़ और संगठित नहीं है। इसलिए अभी सरकार से सीधा मोर्चा लेना ठीक नहीं होगा।"[86] अशफ़ाक की आवाज़ एकमात्र असहमति की आवाज़ थी, इसलिए रेल लूट की योजना स्वीकृत कर दी गयी। बैठक में मन्मथनाथ एवं चन्द्रशेखर जैसे युवा चेहरों द्वारा यह प्रश्न भी उठाया गया कि क्या अगर ट्रेन चालक एवं गार्ड अंग्रेज़ हुआ तो क्या उसे मौत के घाट उतार दिया जाये? पर बिस्मिल ने इसका कड़ा विरोध किया और स्पष्ट कहा कि इस योजना को बदले की भावना से न जोड़ा जाये और मात्र धन कार्य के रूप में ही इसको लिया जाये।[87]

तय हुआ कि 8-डाउन सहारनपुर-लखनऊ पैसेंजर ट्रेन को लखनऊ से आठ किलोमीटर दूर स्थित छोटे से काकोरी स्टेशन पर रोका जाये और इस

एक्शन को अन्जाम दिया जाये। इस ऐतिहासिक कारनामे को सफल बनाने के लिए कप्तान बिस्मिल की अध्यक्षता में नौ क्रान्तिकारी–राजेन्द्र लाहिड़ी, रोशन सिंह, सचींद्र बख्शी, अशफ़ाक़ उल्ला ख़ाँ, मुकुन्दी लाल, मन्मथनाथ गुप्त, मुरारी शर्मा, बनवारी लाल और चन्द्रशेखर आज़ाद अपने-अपने स्थान से आ कर लखनऊ में एकत्रित हुए। 6 क्रान्तिकारी छेदीलाल धर्मशाला में रुके।

8 अगस्त 1925 को सब अपने-अपने पनाहगाहों से काकोरी स्टेशन की ओर पैदल निकले। दुर्भाग्य से दस मिनट की देरी हो गयी। जब वे पहुँचे तो ट्रेन लखनऊ की ओर निकल चुकी थी। हमेशा लेट होने वाली ट्रेन आज समय पर आयी और उनकी आँखों के सामने से निकल गयी।"[88]

अचानक हमारे खेमे से तालियों और 'वेल प्लेड' की आवाज़ें आने लगी। इस व्यवधान के कारण हमारा ध्यान उस ओर मुड़ गया और हमने भी लगे हाथ तालियाँ बजा दी। ओपनर बल्लेबाज आउट होने के बाद लौट रहा था। सातवें ओवर में पहला विकट गिरा। बीचें-बीच में जब हमारा ध्यान मैच में जाता तो वह हमें हवाई फायर करते हुए दिखता। मतलब अच्छा तेज़ स्टार्ट उसने दिया था।

"पैड कर लो।" कप्तान ने मुझसे कहा।

"करता हूँ।"

"क्या स्कोर हुआ?" पास बैठे एक साथी से मैंने पूछा।

"53 पे एक, सातवाँ ओवर चल रहा है।"

मैंने सुना, सिर हिलाया, खड़ा हुआ, किट बैग खोला और पैड करने लगा। पैड पहने, अन्य गार्ड लगाये, हेलमेट में एक के ऊपर एक कर के ग्लव्स डाले, किट से तलवार की भाँति बैट निकाला और जहाँ से उठा था वहाँ जा कर बैठ गया। केदारनाथ सिंह कहे थे कि जाना हिन्दी की सबसे खौफनाक क्रिया है पर यहाँ पैड कर के इन्तज़ार करना सबसे खौफ़नाक क्रिया है। यह इन्तज़ार तभी सुखद लगता है जब सामने कोई तेज़ गेंदबाज़ रॉकेट ही छोड़ रहा हो और दिल कहता है कि निकल जाने दो इसके ओवर। बैठते हुए मैंने तीनों को देखा तो पाया कि कितनी शिद्दत से प्रतीक्षा कर रहे थे कि कहानी पुनः आरम्भ हो। जिस दीवार पर टेक ले कर बैठे थे उसपे बैट को भी टिकाया और बगल में हेलमेट रखते हुए बैठ गया। जहाँ छोड़ा था वहीं से शुरू किया,

"8 अगस्त की निराशा को किनारे करते हुए अगले दिन पुनः 10 क्रान्तिकारी उसी जोश के साथ निकले। इस बार 9 अगस्त को इतिहास के पन्नों में दर्ज करने के लिए प्रतिबद्ध। पैदल जाने की जगह इस बार लखनऊ से ट्रेन पकड़ी और सबसे निकटवर्ती स्टेशन पर चार माउज़र पिस्तौलें और रिवॉल्वर लिए उतरे। अशफ़ाक़ ने अन्तिम प्रयास करते हुए बिस्मिल से कहा, "राम एक बार फिर से सोच लो। ये सही समय नहीं है। चलो वापस लौट चलें।"

बिस्मिल डाँटते हुए बोले, "अब कोई बात नहीं करेगा।"

तय हुआ था कि तीन लोग ट्रेन की दूसरी श्रेणी के डिब्बे में चढ़ेंगे और चेन खींच कर ट्रेन रोक देंगे। दूसरी श्रेणी के डिब्बे में इसलिए क्योंकि तीसरे में चेन खराब होने की आशंका थी। शेष सात सदस्यों को तीसरे दर्जे के डिब्बे में चढ़ना था। कुछ को गार्ड और ड्राइवर को पकड़ना था, कुछ को सुरक्षा में तैनात होना था और कुछ को ख़जाना कब्ज़े में लेने का काम दिया गया।

अँधेरा होने लगा था। सबकी धड़कने तेज़ थी। काकोरी स्टेशन पर 8-डाउन सहारनपुर-लखनऊ पैसेंजर ट्रेन आती है। सामान्य कपड़े पहने और कपड़ों के अन्दर हथियार छुपाये दूसरी श्रेणी का टिकट लिए अशफ़ाक़, राजेन्द्र लाहिड़ी और सचीन्द्रनाथ बख़्शी दूसरी क्लास के डिब्बे में चढ़ते हैं और बाक़ी सब तीसरे में। कुछ दूर ट्रेन चलती है कि बख़्शी अशफ़ाक़ से पूछे, 'मेरा गहनों का डिब्बा कहाँ है?' अशफ़ाक़ तुरन्त बोले, 'अरे वो तो हम काकोरी में भूल आये।' बस, इसी भूले हुए काल्पनिक गहने के डिब्बे को बहाना बनाते हुए तय स्थान पर ट्रेन की जंजीर खींच दी गयी। ट्रेन के रुकते ही सबने अपना-अपना काम शुरू कर दिया।

"क्रान्तिकारी केवल सरकारी खज़ाना ही लूटेंगे, किसी भी मुसाफ़िर के माल को आँच नहीं आयेगी। इसलिए कोई भी मुसाफ़िर गाड़ी से नीचे उतरने का प्रयत्न न करे।" तत्काल घोषणा करते हुए सभी यात्रियों को सचेत किया गया। गार्ड को पेट के बल गिरा दिया गया और धन से भरा सन्दूक नीचे उतार लिया गया। ट्रेन की दोनों तरफ़ माउज़र पिस्तौल लिए दो-दो क्रान्तिकारी सुरक्षा में तैनात थे। किसी भी क़िस्म की होशियारी न हो इसलिए हर पाँच मिनट

पर पाँच गोलियाँ दागी जाती। इन्हीं गोलियों द्वारा अहमद अली नामक व्यक्ति मारा गया जो अपनी नवविवाहित पत्नी का कुशलक्षेम जानने निकला था। लोहे का सन्दूक छेनियों से काटने का प्रयास किया गया पर सन्दूक खुले ही ना। यह देखते हुए दल के सबसे बलिष्ठ सदस्य अशफ़ाक़ ने अपनी पिस्तौल मन्मथनाथ को थमाई और हथौड़ा लिए सन्दूक तोड़ने का काम अपने ज़िम्मे लिया। जिस वक़्त अशफ़ाक़ हथौड़े सन्दूक पर बरसा रहे थे दूर, सीधा सामने, एक छोटा-सा उजाला दिखायी दिया। शायद पहले-पहले तो किसी ने गौर भी न किया हो। लेकिन वह रुकता नहीं था। धीरे-धीरे, सीधा उसी ओर बढ़ता चला आ रहा था।[89]

कुछ ही पल में, ज़मीन के नीचे एक धीमा-सा कम्पन महसूस हुआ। जैसे कोई भारी चीज़ धीरे-धीरे पास आ रही हो।

और फिर वह परिचित आवाज़–

धड़-धड़...धड़-धड़...धड़-धड़...

स्टील की पटरी काँपने लगी। हवा में एक खास तरह की भनभनाहट भर गयी।

अब इंजन की रोशनी साफ़ दिख रही थी। पीली, फैली हुई, सीधे सामने। उसके पीछे धीरे-धीरे काले आकार का सिल्हूट उभरा-भारी इंजन का।

फिर आयी सीटी–

फूँऽऽ...फूँऽऽ...

अब ध्वनि पास आती जा रही थी।

धड़-धड़...छन्न-छन्न...झन-झन...

दूसरी ओर से पास आती ट्रेन ने सभी को चौंका दिया। "इतनी जल्दी कैसे भनक लग गयी?""अब क्या होगा?" जैसे प्रश्नों ने क्रान्तिकारियों को घेर लिया। सब ख़ुद को आने वाले संकट के लिए तैयार करने लगे। बिस्मिल संयत बने रहे। उनका ट्रेनों का टाइम-टेबल पढ़ना काम आया। वे जान गये कि यह पंजाब मेल के आने का वक़्त है। तुरन्त सब साथियों को बताया। पर आती हुई ट्रेन का ऐसे जंगल में खड़ी ट्रेन को देखना भी संकट को न्योता दे सकता था। क्या पता ट्रेन के यात्री ही चिल्ला पड़ें? जैसे-जैसे ट्रेन पास आ रही

थी पिस्तौल पर पकड़ और मज़बूत होती जा रही थी। आने वाली विपत्ति के लिए सब मुस्तैद। बिस्मिल का आदेश आया..."

"पोज़िशन लेलो?" पार्थ ने सहसा तेज़ आवाज़ में पूछा।

"नहीं, बोले हथियार नीचे कर लो और जहाँ हो वहीं खड़े रहो। हथौड़ा मार रहे अशफ़ाक़ भी रुक गये। जैसे ही इंजन पास आया, आवाज़ क़दम भारी हो गयी–

घड़-घड़-घड़... धड़-धड़... ट्रॅक-टक... झां-झां...

सामने से इंजन की काली बॉडी फिसलती हुई दिखी। खिड़की से हवा अचानक तेज़ हो गयी।

डिब्बे एक-एक करके गुज़रते रहे।

'झनक-झनक-झनक...ट्रॅक-टक-टक-टक...छन्न-छन्न-छन्न...'

आवाज़ अब पूरी खिड़की को भर चुकी थी।

धीरे-धीरे डिब्बों की गिनती घटने लगी।

फिर एक कोच आया, पीछे की लाल बत्ती टिमटिमाती हुई और फिर कुछ नहीं सिवाय खाली पटरी के।

कुछ नहीं हुआ। हथियार नीचे ही रहे, गोलियाँ उन्हीं हथियारों में। अशफ़ाक़ फिर से **ठाँऽऽऽऽऽऽऽऽ...!**

सन्दूक हिला, लेकिन टूटा नहीं।

हर बार हथौड़ा गिरता, एक नयी आवाज़ गूँजती : **धम्मम्...ठाँक्... झन्...ठक्क्...**

अशफ़ाक़ का एक और प्रहार की सन्दूक खुला नहीं टूट गया। उसके भीतर रखा धन अब दिखने लगा। रुपया निकाला और 'तीन गठरियों में थैलियाँ बाँधते' हुए पटाक्षेप किया और लखनऊ के लिए इस तरीक़े से लगा की ट्रेन में सबको लगा की उलटी ही दिशा में जा रहे हैं।

वीरताबोध से भरी एक लम्बी साँस। अन्ततः कर दिखाया! 'चौदह हथियारबन्द व्यक्तियों और दो सशस्त्र फौजी जवानों' के ट्रेन में होने के बावजूद दस युवाओं ने उनकी नाक के नीचे से सरकारी धन लूट लिया। सबकुछ योजनानुसार सुव्यस्थित हुआ। 'रास्ते में थैलियों से रुपये निकालकर गठरी बाँधी' और चौक होते हुए लखनऊ में प्रवेश किया। सारा धन बिस्मिल

को सौंपकर सब अपने-अपने ठिकाने के लिए निकल गये। हथियारों को भी सुरक्षित स्थान पर भेज दिया गया। चन्द्रशेखर आज़ाद और मन्मथनाथ उनमें से थे जिनके पास कोई सुरक्षित ठिकाना नहीं था, इसलिए पार्क में ही बैठे-बैठे रात बिता दी। सुबह उठे तो पाया कि अख़बार वाले, 'काकोरी में डकैती, काकोरी में डकैती' चिल्लाते अख़बार बाँट रहे हैं।[90]

उत्साह के साथ दिव्यांश ने बोला, "अपने ही कारनामे को अख़बार में ऐसे वक़्त में पढ़ना जब दुनिया इसके पीछे के चेहरे देखने को बेताब हो, कितना सुखद अनुभव रहा होगा ना।"

"बिल्कुल। काकोरी एक्शन के बाद के घटनाक्रम पर बिस्मिल अपनी आत्मकथा में लिखते हैं,

"केवल दस युवकों ने इतना बड़ा आतंक फैला दिया। साधारणतः इस बात पर बहुत से मनुष्य विश्वास करने में संकोच करेंगे कि दस नवयुवकों ने गाड़ी खड़ी कर के लूट ली। जो भी हो, वास्तव में बात यही थी। इन दस कार्यकर्ताओं में अधिकतर तो ऐसे थे, जो आयु में सिर्फ़ लगभग बाईस वर्ष के होंगे और शरीर से भी बड़े पुष्ट न थे। इस सफलता को देख कर मेरा साहस बहुत बढ़ गया। इस घटना से भविष्य के कार्य की बहुत बड़ी आशा बन्ध गयी। नवयुवकों का भी उत्साह बढ़ गया। जितना कर्ज़ था निपटा दिया। अस्त्रों की ख़रीद के लिए लगभग एक हज़ार भेज दिये।"[91]

भले ही इस एक्शन से साढ़े चार हज़ार रुपये ही प्राप्त हुए परन्तु यह ब्रितानी हुकूमत के अहंकार पर प्रहार करने के लिए पर्याप्त था। क्या सरकार इतनी दुर्बल है कि चन्द लड़के आयें और चलती ट्रेन को मिनटों में लूट कर चल दें और वह कुछ कर भी न पाये? इसी से आहत सरकार ने तत्काल जाँच रेलवे पुलिस से सी.आयी.डी. को सौंप दी और ख़ुफ़िया तन्त्र को भी सक्रिय कर दिया। जाँच की अगुआयी कर रहे आर.ए. हॉर्टन घटनास्थल का निरीक्षण और प्रत्यक्षदर्शियों से बात करने के बाद समझ गये कि यह कोई साधारण डकैती नहीं है। घटनास्थल से 36 फूंके कारतूस और पाँच खाली कारतूस भी बरामद हुए। इन कारतूसों को जब बंगाल की डकैतियों में प्रयोग हुए कारतूसों के समान पाया गया तो अधिकारियों का सन्देह क्रान्तिकारियों की ओर गया।[92] बिस्मिल ने जाते वक़्त सबसे कहा था कि देख लो कोई सामान छूटा तो नहीं

पर फिर भी ट्रेन की ब्रेक वैन में एक चादर छूट ही गयी थी जिस पर पाँच बिन्दुओं के रूप में धोबी के निशान थे। इन्हीं निशानों के माध्यम से सी.आयी. डी लालता धोबी तक पहुँची जिसने अन्य सूचनाओं के साथ बताया कि वो चादर उसने रामेशर होटल में धुली थी। चादर और धोबी से क्रान्तिकारियों पर सन्देह और पुख़्ता हो गया।[93] कई क्रान्तिकारी ठिकानों और क्रान्तिकारियों पर कड़ी निगरानी रखी जाने लगी। कारतूस और धोबी के इतर काकोरी एक्शन में लूटे गये कागज़ और पैसों के खाली थैले विक्टोरिया पार्क में पाये गये। वहीं शाहजहाँपुर लौटते ही बिस्मिल ने बैंक में छोटे नोटों को सौ रुपये के नोटों में बदलने का प्रयास किया और और फिर सौ रुपये के चार नोट भी बैंक में जमा किये। इन्हीं नोटों से हॉर्टन की नज़र शाहजहाँपुर के क्रान्तिकारियों पर गयी। जब और जाँच की तो शाहजहाँपुर से अश्फ़ाक और बिस्मिल गायब मिले। बनारस में जाँच की तो पता चला सचीन्द्रनाथ बख़्शी 28 जुलाई से लेकर 15 अगस्त तक बनारस में नहीं थे। मन्मथनाथ भी गायब मिले। पुलिस धीरे-धीरे सत्य के क़रीब पहुँच रही थी। तभी इनाम की घोषणा हुई कि जो भी अपराधियों का सुराग देगा, उसे पाँच हज़ार रुपये दिये जायेंगे। यह ख़बर फैलते ही हलचल मच गयी। हर रेलवे स्टेशन और थाने के नोटिस बोर्ड पर यह इश्तेहार चिपका दिया गया। अब हर दीवार पर यही सवाल था कि आख़िर थे कौन ये लोग?"

"ये सब कहाँ जा रहे हैं? मैच ख़त्म क्या?" दोनों अम्पायर को मैदान से बाहर जाते हुए देख आदित्य ने पूछा।

"अरे, नहीं भाई। मैच नहीं ख़त्म हुआ, ड्रिंक्स हुआ है।" दिव्यांश ने कहा।

बीस ओवर हो चुके थे। विकेट नहीं गिरा था। रन गति भी सही चल रही थी। 107 पर एक। इन्तज़ार करना आज खल नहीं रहा था।

"अब दो-चार ओवर देख लेने दो।" दिव्यांश ने मैदान की ओर नज़र घुमाते हुए कहा।

"अच्छा-खासा चल रहा है, देखकर क्या करोगे।" पार्थ ने दिव्यांश से नाख़ुश होते हुए कहा।

"अरे, तुम समझ नहीं रहे हो। ये जो सामने बॉलर रन-अप ले रहा है ना... दिव्यांश भाई का कम्पटीशन है। यही पिछले साल दिव्यांश भाई का पत्ता साफ़ कर दिया था।" मैं बोला।

"फिर तो देखना जायज़ है। तुम देखो, हम लोग आगे बढ़ते हैं।" पार्थ ने ऐसे कहा कि दिव्यांश को वाक्य के पूर्वार्ध में तो ख़ुशी हुई कि बात मान ली पर उत्तरार्ध ने उसे असमंजस में डाल दिया।

"रुको भाई..." दिव्यांश कह ही रहा था कि आदित्य बीच में ही उसे काटते हुए बोला, "हाँ, देख लो-देख लो क्या पता कोई एंटीडोट निकल आये।"

"अरे अभी अर्जुन की बैटिंग आ जायेगी फिर रुक जायेगा ना।" पार्थ ने कहा।

"तो क्या हुआ, वो तो जायेगा और तुरन्त आ जायेगा।" दिव्यांश ने हँसते हुए कहा।

"वो तो वक़्त बतायेगा" कहते हुए बाकियों की तरह मैच देखने लगा।

आउट हो चुके बल्लेबाज़ की ओर मुड़ते हुए मैंने उससे पूछा,"विकेट कैसा है?"

"पाटा ही है। बीच-बीच में एकाध बॉल फँस रहा है बस।" उसने उत्तर दिया।

"इसपे छक्का या चौका, देख लेना।" दिव्यांश ने सधे हुए ज्योतिष की तरह भविष्यवाणी करते हुए कहा।

लेग स्पिन गेंदबाज़ रन-अप पर हाथों में बॉल घुमाता हुआ। एक स्लिप तैनात। एक्स्ट्रा कवर और मिड ऑन को छोड़कर सारे फील्डर आगे से। औसत गति की फ्लाइटेड गेंद, बल्लेबाज़ की मिड ऑफ़ के ऊपर से मारने की कोशिश। गेंद से हल्का दूर रह गया, बल्ला फिर भी घुमाया। आगे की जगह बॉल गयी पीछे। सीधा थर्डमैन पर लगे फील्डर के हाथ में। गेंदबाज़ की उछलते हुए कीपर को ताली। इतनी देर से खूंटा गाड़े खड़े बल्लेबाज़ के विकेट की खुशी ऐसी की डीप में लगे फील्डर भी भागते हुए आ गये।

नाखुश बल्लेबाज़ सिर झुकाये बाहर आता हुआ। कप्तान साहब अन्दर जाते हुए।

सभी साथी तालियों से इस्तक़बाल करते हुए पर हमारे गुरुजी इन सबसे अनभिज्ञ।

"दिमाग़ ख़राब है क्या? क्या ज़रूरत थी?" वे उस पर ज़ोर से चिल्लाये। वे आँखें नीचे किये खड़ा रहा।

"एक चौका जब पिछले ओवर में मार दिये थे...तो क्यों हवा में मारे? हटो यहाँ से अब। बताते-बताते आदमी थक जाये पर पता नहीं कब सीखोगे।"

माहौल अब गम्भीर हो गया। अपने किट-बैग पर ग्लव्स पटकते हुए वो बैठ गया। हम भी शान्त।

धीरे से पार्थ ने पूछा "आगे क्या हुआ?"

गुरुजी के आतंक से वो अपरिचित था, इसीलिए यह सवाल कर पाया।

"हाँ यार, शुरू करो, जो होगा देखेंगे।" अब विकेट ले चुके अपने प्रतिद्वन्दी की और गेंदबाज़ी दिव्यांश भी नहीं देखना चाहता था।

"पुलिस ने अभी तक कोई कार्यवाही नहीं की थी। एक और सुराग पुलिस को मिला इन्दुभूषण मित्र के रूप में। शाहजहाँपुर का इंदुभूषण बिस्मिल का 'पोस्ट बॉक्स' था यानी इन्द्रभूषण के पास बिस्मिल के दल सम्बन्धी पत्र आते थे जिन्हें वो आगे बिस्मिल को दिया करता था। बिस्मिल के कई पत्र हॉर्टन के पास पहुँचने लगे। इसी क्रम में हॉर्टन को पता चला कि मेरठ में क्रान्तिकारी कमेटी की एक बैठक होने वाली है और कनखल, हरिद्वार में भी एक डकैती होने वाली है।[94]

एक महीने से ज़्यादा हो चुका था। त्योहारों का मौसम आ गया था। दशहरा से एक दिन पहले, काकोरी के 47 दिन बाद, शनिवार को, 26 सितम्बर 1925 की सुबह बनारस, कानपुर, लखनऊ, शाहजहाँपुर और इलाहाबाद की गलियों में कुछ और ही पसरा था। रात की नींद अभी पूरी भी न हुई थी कि दरवाज़ों पर लोहे की बूटों की धमक गूँजने लगी। पहरेदारों की आवाज़ें नींदों को चीरती हुई घरों में घुस आयीं। पुनः ब्रितानी शासन पर ऐसा आक्रमण न हो इसलिए ब्रह्ममुहूर्त की वेला में जब संसार साधना में लीन होता है, उस समय ब्रिटिश सरकार ने अपने क्रूर अभियान की शुरुआत की। चारों दिशाओं से एक साथ पुलिसिया छापों की आँच उठी और चालीस क्रान्तिकारी एक ही लहर में गिरफ़्तार कर लिए गये। जिन पर हल्का सा भी शक था उनके नाम वारंट निकाल कर गिरफ़्तार कर लिया गया। पर अब भी कई गिरफ़्त में

नहीं आये थे। सचीन्द्रनाथ बख़्शी नाटक देखने निकले थे। रात में लौटते वक़्त असाधारण हलचल महसूस की तो मनमोहन गुप्त को पता लगाने के लिए भेजा। जब मालूम चला की गिरफ़्तारियाँ हो रही हैं तो तुरन्त बनारस छोड़ छोड़ दिये।[95] राजेन्द्रनाथ लाहिड़ी बम बनाना सीखने के लिए कलकत्ता में थे इसलिए वो भी बच निकले। अशफ़ाक़ उल्ला खाँ, इटावा के मुकुंदी लाल और प्रतापगढ़ के कुंदनलाल भी गिरफ़्त से दूर थे। इन सब 'जीवन्मुक्तों' में एक नाम और था–चन्द्रशेखर आज़ाद का। आज़ाद के बच निकलने पर विश्वनाथ वैशम्पायन ने लिखा,

"जिस दिन गिरफ़्तारी हो रही थी उस दिन आज़ाद शाम को पाँच बजे काशी में ज्ञानचन्द की दुकान पर चौक में बैठे थे। किसी व्यक्ति ने यह सूचना दी कि आज़ाद के नाम वारंट है। ख़ुफ़िया इंस्पेक्टर भवानी सहाय वारंट लेकर घूम रहा है। आज़ाद को सावधान किया गया और वे तुरन्त कचौड़ी गली के रास्ते से निकल कर अपने निवास-स्थान पर बैजनत्था की ओर चले गये। 10 मिनट बाद ही भवानी सहाय आठ-दस आदमियों के साथ ज्ञानचन्द की दुकान पर पहुँचा। उसने ज्ञानचन्द से आज़ाद के बारे में पूछा। ज्ञानचन्द ने पूछा आख़िर आज़ाद को क्यों खोज रहे हो? भवानी सहाय ने कहा मुलाकात करनी है क्योंकि शाम को आज़ाद यहीं दुकान पर बैठते हैं। यह कहकर भवानी सहाय वहाँ से चल दिया। आज़ाद सबेरे चार बजे ज्ञानचन्द के घर पर गये। ज्ञानचन्द ने आज़ाद को खर्चे के लिए पचास रुपये दिये और आज़ाद रुपये लेकर काशी से बाहर चल दिये।"[96]

काकोरी में जब आज़ाद का नाम आया तो आज़ाद पण्डित शिवविनायक मिश्र के पास पहुँचे तो मिश्र को पूरी बात बतायी और सलाह माँगी। पण्डित जी बोले, *"तुम्हारे जैसे बहादुर लोगों का यही मार्ग है कि अपने तरीक़े से जितने दिन छिपकर रह सको, रहो और देश की जो सेवा कर सको, करो। किसी ऐसे-वैसे का विश्वास न करना। आज़ाद ने मेरे पैर पकड़ लिए। मैंने आशीर्वाद दिया। मैंने आज़ाद की जेब टटोली। सिर्फ़ ढाई आने पैसे उसकी जेब में थे। मैंने उसको घर में खाना खिलाया और उसको विदा होते समय जो साढ़े तीन रुपये मेरी जेब में थे, मैंने उन्हें दे दिये। आज़ाद कुछ दिन काशी में रहे, फिर बाहर चले गये।"*[97]

इस धड़-पकड़ से पूर्व जब वातावरण काशी में गर्म हो रहा था तब बनारस में गिरफ़्तारी से पहले आज़ाद से अपनी आख़िरी मुलाकात के बारे में रामकृष्ण खत्री ने लिखा,

"उन दिनों श्री चन्द्रशेखर आज़ाद सब साथियों से यही कहते थे की कि देखो भाई, पुलिस जल्दी ही कोई न कोई कार्यवाही करेगी। जिसको जहाँ सुरक्षित जगह मिले वहाँ चले जाये। बनारस में कोई न रहे। मेरे पूछने पर कि भाई तुम ख़ुद क्यों नहीं जा रहे हो तो उन्होंने उत्तर दिया, "स्वामीजी मेरी चिन्ता मत करो। ऐसा कोई माई का लाल इस संसार में पैदा नहीं हुआ है जो कि आज़ाद को ज़िन्दा पकड़ ले। मैंने अपनी व्यवस्था कर ली है। किसी को मेरी चिन्ता करने की ज़रूरत नहीं है।" [98]

बिस्मिल को भी गिरफ़्तारी का अन्देशा हो चुका था। जैसा कि बिस्मिल ने स्वयं लिखा, *"मैंने विचार किया कि यदि गिरफ़्तारी हो भी गयी तो पुलिस को मेरे विरुद्ध कुछ प्रमाण न मिल सकेगा। अपनी बुद्धिमत्ता पर कुछ अधिक विश्वास था। अपनी बुद्धि के सामने दूसरों की बुद्धि को तुच्छ समझता था। कुछ यह भी विचार था कि देश की सहानुभूति की परीक्षा की जाये। जिस देश पर हम अपना बलिदान देने को उपस्थित हैं, उस देश के वासी हमारे साथ कितनी सहानुभूति रखते हैं? कुछ जेल का अनुभव भी प्राप्त करना था। वास्तव में मैं काम करते-करते थक गया था, भविष्य के कार्यों में अधिक नर-हत्या का ध्यान करके मैं हतबुद्धि सा हो गया था।"* [99]

बिस्मिल की इन पंक्तियों से हमें उनके मानवीय स्वरूप का भी पता चलता है। वह बिस्मिल जो क्रान्तिकारी दल के सेनापति थे–थकते भी थे, हतोत्साहित भी होते थे और अहं सम्बन्धी मसलों से जूझते भी थे।

इन गिरफ़्तारियों को पुलिस ने अपनी बड़ी सफलता माना तो कानपुर के गणेश शंकर विद्यार्थी ने अपने 'प्रताप' में छापा, 'देश के नररत्न गिरफ़्तार।' गिरफ़्तार हुए नामों में कई ऐसे भी थे जिनके बारे में कोई प्रमाण सरकार न इकठ्ठा कर सकी। इसलिए 15 लोगों को रिहा कर दिया गया। शेष सभी को लखनऊ जेल लाया गया। सभी क़ैदियों को अलग रखा गया और पुलिस ने यन्त्रणाओं एवं प्रलोभन जैसी विभिन्न तरकीबों के सहारे अपने पूर्वाग्रहों की ओर बढ़ना आरम्भ कर दिया।[100] बिस्मिल अपनी आत्मकथा में..."

"छोड़ दे, छोड़ दे...अरे यार!" हवा में गयी बॉल की क्षेत्ररक्षक के हाथों से फिसल जाने की कामना व्यर्थ हो गयी। कप्तान अपनी पारी खेल लौट रहे थे। "जाओ, बैठे क्या हो?" पास बैठे एक मित्र ने कहा। मैं भूल गया था कि अब मुझे जाना है। टाइम आउट जैसे नियम का उतनी कड़ाई से यहाँ पालन नहीं होता था, लेकिन जल्दी पहुँचना आवश्यक होता था क्योंकि देर से पहुँचने पर अम्पायर आपको फील्ड देखने का समय भी नहीं देते थे। आनन-फानन में हेलमेट उठाया, उससे ग्लव्स निकाल कर एक हाथ में पकड़े और एक हाथ से हेलमेट डाला और उसी हाथ से हेलमेट का स्ट्रैप कसा। ग्लव्स पहनते हुए आगे बढ़ा। सीमा पर मैदान को स्पर्श द्वारा प्रणाम करने के लिए रुका और हल्का भागते और स्ट्रेचिंग करते हुए पिच के नज़दीक पहुँचा। एक ओर विपक्षी टीम घेरा बनाये खड़ी थी और सामने मेरे इन्तज़ार में हमारा बल्लेबाज़।

"खेलना आराम से, बहुत ओवर बचे हैं।" साथी बल्लेबाज़ ने कहा। मैंने हम्म कहते हुए सिर हिलाया और बल्ले से बल्ला लड़ाते हुए और ग्लव्स से उसके ग्लव्स पर धीरे से मुक्का मारते हुए स्ट्राइक लेने के लिए बढ़ गया।

"सर, लेग स्टम्प।" अम्पायर से लेग स्टम्प की तस्दीक की। बल्ले के कोने से हल्की रेखा खींची और जूतों से उसको और स्पष्ट बनाया ताकि यह मालूम चलता रहे कि यहीं खड़ा होना है। एकाध बार सिर घुमा कर फील्ड देखी, कीपर के स्लेजिंग-नुमा स्वरों को अनसुना किया और अन्ततः बॉल खेलने के लिए तैयार हुआ। जब खड़ा हुआ तो मस्तिष्क ने अपनी कल्पना शक्ति का प्रयोग करते हुए मेरी ऐसी छवि दिखायी कि सामने कोई अंग्रेज़ सिपाही है और मैं बन्दूक लिए उसका सामना करने के लिए खड़ा हूँ। तुरन्त इस छवि को ओझल किया और बॉल पर ध्यान केन्द्रित किया। लेफ्ट आर्म स्पिनर अपने बायें हाथ में गेंद लिए धीमे-धीमे आगे बढ़ रहा था, मैं टैपिंग यानी ज़मीन पर हल्के-हल्के बैट पीट रहा था जिसे मैंने उसके कूदने पर रोक दिया और कमर की ऊँचाई में सीधा रखा। उसने हाथ घुमाया, बॉल छोड़ी, मैंने पैर आगे बढ़ाया और उसी सामान्य रूप से गेंद को रोक दिया जितने सामान्य रूप से वे फेंकी गयी थी। मन तो कहीं और लगा था इसलिए सोचा पहली बॉल से ही मारना शुरू कर दूँ पर गुरुजी के शब्द अभी भी कानों में गूँज रहे थे। यह भी न भूला जाये कि जाते ही मारने की जो स्वच्छन्दता आयीपीएल जैसे टूर्नामेंटों

में है वो अभी हमारे यहाँ नहीं पहुँची है। अगली गेंद ऑफ़ स्टम्प से हल्का बाहर फेंकी गयी जिसे हल्का सा सहलाया पर घासों के बीच से गुज़रती गेंद कुछ दूर और जाती पर कवर पर तैनात फील्डर ने उसे पहले ही रोक दिया। ओवर समाप्त हो गया। आधा रास्ता मेरे साथी बल्लेबाज़ ने तय किया और आधा मैंने। पिच के बीच में मिले, कुछेक बातें कहीं और पुनः बल्ला लड़ाने और ग्लव्स से मुक्का मारने की क्रिकेट की सार्वभौमिक रस्म निभाने के बाद जहाँ से आये थे वहीं लौट गये। दूसरी ओर से मध्यम गति का गेंदबाज़ फेंक रहा था। तीसरी गेंद पर मेरी स्ट्राइक आयी। भाग कर उसकी फेंकी गयी गेंद को मैंने धीरे से थर्डमैन की ओर भेज दिया, एक रन के लिए। एक-दो रनों का सिलसिला चलता रहा जिसमें बीच-बीच में चौके भी जुड़ जाते। बायें हाथ का स्पिनर अपना अन्तिम ओवर डाल चुका था, अब उस ओर से भी तेज़ गेंदबाज़ लौट आया था। उसकी लम्बी कद-काठी, झूलती बाँह और आँखों में वह अजीब-सी स्थिरता थी।

"बस इसको सिंगल दो", साथी ने कहा, "मैं मारता हूँ।"

गेंद स्टम्प से दूर थी जिसे मैंने पॉइंट की दिशा में धकेला, दौड़ने का इशारा किया, दौड़े, एक रन।

मैंने जब प्रवेश किया था तब बारह ओवर शेष थे। अब छठा ओवर चल रहा था मेरे आगमन के बाद का। यानी छह और बचे हैं। मैं अब पिच के रंग, उछाल और मन्द घास की आदत डाल चुका था। एक इनसाइड एज, एक मिसटाइम पुल, और एक कवर ड्राइव जो फील्डर के पैरों से टकराकर रुक गया–सब कुछ घट रहा था, कुछ मेरे नियन्त्रण में, कुछ नहीं। अगली बारी पर जब स्ट्राइक वापस मिली, तो दो गेंदों पर दो रन–फिर एक धीमी गेंद आयी, ऑफ स्टम्प के बाहर। मैंने क्रीज़ छोड़कर ड्राइव मारी–बल्ले और गेंद की टक टक ने पूरे मैदान में हल्का सा कम्पन किया। कवर के पार चार रन। कोई शोर नहीं, सिर्फ़ साथी की हल्की आवाज़: "बस इसी तरह।"

वह भी तेज़ नहीं खेल रहा था, बस समझदारी से–गैप में शॉट, आगे की गेंदों पर ड्राइव और जैसे ही मिडविकेट खाली मिला, लॉफ्टेड शॉट–एक और बाउंड्री।

हर ओवर में लगभग 6-8 रन आते रहे–उसमें से आधे उसके, आधे मेरे।

211 पर टीम की पारी खड़ी थी। 38वें ओवर की पहली गेंद आने को थी।

मैं 27 गेंदों पर 33 बनाये खड़ा था। तीन चौकों की मेरी पारी में ज़्यादातर रन उस क़िस्म की दौड़ से आये जो घुटनों और सांस दोनों का इम्तिहान लेती है।

भीतर की गणनाएँ चालू थीं। गेंदबाज़ ने रन-अप शुरू किया। ओवर द विकेट से फेंकी गयी फुल लेंथ डिलीवरी, लेग स्टम्प पर टप्पा खाकर थोड़ी ऊपर उठती हुई।

देखते ही पाया कि मारने लायक है।

पैर आगे बढया, बल्ला ऊपर से घुमाया। कोशिश थी कि गेंद को मिडविकेट के पार उड़ा दी जाये।

पर गेंद स्लो थी। एक पल का फ़र्क़। बल्ला थोड़ा जल्दी घूमा...गेंद थोड़ा पीछे रह गयी...।

टॉप एज।

गेंद ऊपर...धीरे-धीरे...मिड-विकेट की ओर।

मैंने गर्दन घुमाई और हवा में घूमती गेंद को देखा।

फील्डर भागा–एक तिहाई गोता, दोनों हाथ फैले।

गेंद हाथों में...और हाथ ज़मीन पर।

क्लीन कैच।

मैंने बल्ला उठाया, कोई ग़ुस्सा नहीं, कोई पछतावा भी नहीं। सिर्फ़ धीमी सांस के साथ लौट आया। अन्तिम ओवरों में पारी के खाते में और रन जोड़े गये। रनों के आगे रहने वाला अंक भी पाँच हो गया। पहली पारी के समापन पर अम्पायर उस स्थान पर चले गये जहाँ स्कोरर बैठकर स्कोरिंग कर रहे थे। विराम का वक़्त। कुछ खिलाड़ी भोजन-रूपी ईंधन लेने बाहर चले गये। कुछ ने घर से लाया हुआ टिफ़िन खोला। हमने भी टिफ़िन खोले और एक पेड़ की छाँव में गोला बनाकर बैठ गये। खाना खाने से भी आवश्यक काम में लग गये।

"गिरफ़्तारी के बाद पुलिस ठोस मुक़दमा बनाने में लग गयी। भीतरी आघात ने उनका काम आसान बना दिया। बकौल बिस्मिल, "आस्तीन में साँप छुपा हुआ था, ऐसा गहरा मुँह मारा कि चारों खाने चित कर दिया।"[101] गिरफ़्तारी के हफ़्ते भर के अन्दर शाहजहाँपुर का बनारसी लाल सरकारी गवाह बन गया। शाहजहाँपुर के प्रत्येक क्रान्तिकारी को जानने वाला बनारसी लाल बिस्मिल के माध्यम से ही दल में आया था। आगे चल कर अपने निर्णय पर बिस्मिल को बहुत पछतावा हुआ, "बनारसी लाल के सम्बन्ध में सब मित्रों ने कहा था कि इससे अवश्य धोखा होगा, पर मेरी बुद्धि में कुछ न समाया था।"[102]

शाहजहाँपुर का ही इंदुभूषण मित्र भी सरकारी गवाह हो गया।

आदित्य ने बीच में आते हुए कहा, "जिस आन्दोलन में शाहजहाँपुर के सेनानी मुख्य भूमिका में थे, उसे तोड़ने में भी शाहज़हाँपुर वाले ही आगे रहे।"

"जिस पेड़ को अपने हाथों से सींचा हो, उसी की जड़ें कोई अपना ही काट दे–इससे बड़ा दु:ख क्या होगा जीवन में?" अपने ही साथियों के कुठाराघात से आहत दिव्यांश ने कहा।

मैं बोला, "सही कह रहे हो। खंजर ज़्यादा गहरा तब ही उतरता है जब उसे गले लगाकर चलाया जाये। धोखा भी तब नहीं होता जब कोई छुरा घोंपता है, धोखा तब होता है जब हम उसी हाथ को अपना सहारा मानते हैं। पर इन दोनों ने काकोरी एक्शन में भाग नहीं लिया था। काकोरी के बारे में इन्हें बहुत अधिक जानकारी नहीं थी क्योंकि एक्शन की जानकारी मात्र उसमें भाग लेने वालों को होती थी। शेष सभी से सारी जानकारी गुप्त रखी जाती थी। यह पूरा केस पूरी तरह पुलिस की ओर तब झुक गया जब रायबरेली निवासी बाइस वर्षीय एवं स्वयं काकोरी एक्शन में भाग लेने वाले बनवारी लाल ने जुर्म कबूल कर लिया और पुलिस को सब कुछ बताते हुए बयान दे दिया।

बिस्मिल को भी डराकर और प्रलोभन दे कर शासन बयान निकलवाने की कोशिश करता रहा। बिस्मिल लिखते हैं,

"...ज़िला कलेक्टर मिले। कहने लगे, फाँसी हो जायेगी, बचना हो तो बयान दे दो। अन्त में उन्होंने यह इच्छा प्रकट की कि यदि मैं बंगाल का

सम्बन्ध बताकर कुछ बोल्शेविक सम्बन्ध के विषय में कुछ अपना बयान दे दूँ, तो वे मुझे थोड़ी सी सज़ा करा देंगे और सज़ा के थोड़े दिनों बाद ही जेल से निकालकर इंग्लैंड भेज देंगे और पन्द्रह हज़ार रुपये भी सरकार से दिला देंगे।" स्वाभाविक था कि बिस्मिल ने मना कर दिया। बिस्मिल एक बार फिसल अवश्य गये थे। अपनी आत्मकथा में स्वयं ही बताते हैं, "एक बार विचार हुआ कि सरकार से समझौता कर लिया जाये। बैरिस्टर साहब ने ख़ुफिया पुलिस के कप्तान से परामर्श आरम्भ किया। किन्तु यह सोचकर कि इससे क्रान्तिकारी दल की निष्ठा न मिट जाये, यह विचार छोड़ दिया गया।"[103]

1926 के पहले महीने में काकोरी में नामज़द दो और क्रान्तिकारी पुलिस की गिरफ़्त में आ गये। 10 जनवरी को राजेन्द्रनाथ लाहिड़ी कलकत्ता के दक्षिणेश्वर में बम बनाने की एक फ़ैक्ट्री में पकड़े गये। मुकुन्दीलाल 17 जनवरी को बनारस की करमाइकल लाइब्रेरी से निकलते हुए गिरफ़्तार कर लिए गये। मजिस्ट्रेट सैयद ऐनुद्दीन की अदालत में 28 अभियुक्तों का आरम्भिक मुक़दमा पहुँचा। ज्योतिशंकर दीक्षित और वीरभद्र तिवारी को मजिस्ट्रेट ने प्रमाणों के अभाव में छोड़ दिया। इंदुभूषण और बनारसीलाल चूँकि इकबाली गवाह हो गये थे इसलिए उन्हें माफ़ कर दिया गया। तीन अभी भी फ़रार थे– बख़्शी, आज़ाद और अशफ़ाक़। अन्ततः 21 अभियुक्तों का मुक़दमा सेशन कोर्ट पहुँचा। लखनऊ के रिंग थियेटर में स्पेशल सेशन जज ए. हैमिलटन की अदालत में मुक़दमा चला। यह रिंग थियेटर आज जनरल पोस्ट ऑफ़िस के रूप में विख्यात है।

काकोरी ट्रेन डकैती के साथ-साथ चार और जुर्म जोड़े गये और आईपीसी की धारा 121ए, 120बी और 396 के तहत साथ मुक़दमा चला क्योंकि तत्कालीन सीआरपीसी के अनुसार साल भर में हुए सम्बन्धित अपराधों पर साथ मुक़दमा चलाया जा सकता था। धारा 121A के अन्तर्गत ब्रिटिश साम्राज्य के विरुद्ध युद्ध छेड़ने अथवा ऐसा युद्ध छेड़ने की साजिश रचने को दण्डनीय अपराध माना गया था। धारा 120बी "आपराधिक षड्यन्त्र" (Criminal Conspiracy) से सम्बन्धित थी जिसे अक्सर दमन हेतु 121ए के साथ जोड़ कर प्रयोग में लाया जाता था। वहीं धारा 396 का प्रयोग तब किया जाता था जब पाँच या अधिक व्यक्ति किसी डकैती में शामिल हों और उसके

दौरान हत्या हो जाये। कुल पाँच अपराधों को जोड़ा गया जिनमें षड्यन्त्र, बमरौली डकैती, बिचपुरी डकैती, द्वारकापुर डकैती और काकोरी ट्रेन डकैती शामिल थे।

जिन इक्कीस लोगों पर मुक़दमा चला उनके नाम थे :

- बनवारी लाल, हर बख्श लाल के पुत्र, आयु 22 वर्ष, ओसाह, ज़िला रायबरेली।
- भूपेन्द्र नाथ सान्याल, हरि सान्याल के पुत्र, आयु 20 वर्ष, बनारस और इलाहाबाद निवासी।
- गोविन्द चरण कर उर्फ डी. एन. चौधरी, अम्बिका चरण कर के पुत्र, आयु 30 वर्ष, ढाका निवासी।
- हर गोबिंद, राम सहाय के पुत्र, आयु 24 वर्ष, शाहजहाँपुर निवासी।
- जोगेश चन्द्र चटर्जी, बिपिन चन्द्र चटर्जी के पुत्र, आयु 30 वर्ष, ढाका निवासी।
- मुकुन्दी लाल, घासी राम के पुत्र, आयु 33 वर्ष, इटावा निवासी।
- मन्मथनाथ गुप्ता, बीरेश्वर गुप्ता के पुत्र, आयु 19 वर्ष, बनारस निवासी।
- प्रणवेश कुमार चटर्जी, राजेन्द्र नाथ चटर्जी के पुत्र, आयु 20 वर्ष, जबलपुर निवासी।
- प्रेम किशन खन्ना, राम किशन खन्ना के पुत्र, आयु 26 वर्ष, शाहजहाँपुर निवासी।
- राजेन्द्र नाथ लाहिड़ी, खीति मोहन लाहिड़ी के पुत्र, आयु 24 वर्ष, बनारस और पबना निवासी।
- राज कुमार सिन्हा, मर्कंड दास सिन्हा के पुत्र, आयु 20 वर्ष, कानपुर निवासी।
- राम दुलारे त्रिवेदी, रामेश्वर के पुत्र, आयु 21 वर्ष, कानपुर निवासी।
- राम किशन खत्री, शिवलाल खत्री के पुत्र, आयु 22 वर्ष, चाँदा, सेंट्रल प्रोविंस (मध्य प्रान्त) निवासी।
- रामनाथ पाण्डे, देवकी पाण्डे के पुत्र, आयु 19 वर्ष, बनारस निवासी।

- राम प्रसाद बिस्मिल, मुरलीधर ब्राह्मण के पुत्र, आयु 28 वर्ष, शाहजहाँपुर निवासी।
- रौशन सिंह, जंगी सिंह के पुत्र, आयु 36 वर्ष, शाहजहाँपुर निवासी।
- सचिन्द्र नाथ विश्वास, सुरेन्द्र नाथ विश्वास के पुत्र, आयु 20 वर्ष, गोरखपुर निवासी।
- शचीन्द्रनाथ सान्याल, हरिनाथ सान्याल के पुत्र तथा आरोपी क्रमांक 2 के भाई, आयु 32 वर्ष, बनारस और इलाहाबाद निवासी।
- सुरेश चन्द्र भट्टाचार्य, ईश्वर चन्द्र भट्टाचार्य के पुत्र, आयु 28 वर्ष, कानपुर और बनारस निवासी।
- विष्णु शरण दुबलिश, शंकर लाल के पुत्र, आयु 26 वर्ष, मेरठ निवासी।
- दामोदर स्वरूप सेठ, आयु 30 वर्ष, बरेली निवासी।[104]

21 मई 1926 को शुरू हुए किंग-एम्परर बनाम बनवारी लाल एवं अन्य नामक मुक़दमे में सरकार की ओर से जगत नारायण मुल्ला वकील थे। वहीं क्रान्तिकारियों की ओर से कलकत्ता के बैरिस्टर बी. के. चौधरी ने कमान सँभाली। जूनियर वकील के रूप में चन्द्रभानु गुप्त ने कार्यभार सँभाला। स्वतन्त्र भारत में गुप्त उत्तर प्रदेश के मुख्यमन्त्री भी बने। क्रान्तिकारियों की सहायता के लिए कांग्रेस नेताओं द्वारा डिफेंस कमेटी भी गठित की गयी जिसके मोतीलाल नेहरू, जवाहरलाल नेहरू, गणेश शंकर विद्यार्थी आदि सदस्य थे।[105] मन्मथनाथ लिखते हैं,

"हमारे बचाव में जिन अंशकालिक वकीलों ने सहयोग दिया, उनमें गोविन्द बल्लभ पन्त (जो आगे चलकर स्वतन्त्र भारत के गृह मन्त्री बने), मोहनलाल सक्सेना, खलिकुज्जमाँ, सी. बी. गुप्ता, आर. सी. हज़ेल्ला जैसे कई प्रतिष्ठित नाम शामिल थे। इन सब में से पन्त, सक्सेना और हज़ेल्ला ने मुक़दमे के लिए विशेष रूप से महत्त्वपूर्ण सेवाएँ दीं। गोविन्द बल्लभ पन्त नियमित रूप से अदालत में उपस्थित रहते थे।"[106]

सरकारी गवाह इंदुभूषण अपने कार्य से दुखी थे। एक बार अदालत में इंदु को आरोपियों की पहचान करने को कहा गया। वह खड़ा हुआ और बिना आगे बढ़े, एक सुरक्षित दूरी से उँगली उठाकर इशारा किया। अदालत में

सन्नाटा था। लेकिन तभी शंका उठी–क्या वह सचमुच राजेन्द्र लाहिड़ी की ही ओर इशारा कर रहा है? कहीं ग़लती तो नहीं हो रही?

वकील जगत मुल्ला ने हस्तक्षेप किया और कहा, "अगर आप कह रहे हैं कि यही लाहिड़ी हैं, तो कृपया सामने आइये और इनका हाथ पकड़कर पुष्टि कीजिए, ताकि कोई भ्रम न रहे।"

इस पर इंदु का चेहरा और भी बुझ गया। वह कुछ क्षण चुप रहा, फिर बहुत धीमे और भावुक स्वर में अंग्रेज़ी में बोला–

"I am not worthy of touching him."

अर्थात, "मैं उन्हें छूने के योग्य नहीं हूँ।"[107]

उस एक वाक्य में भय, श्रद्धा और आत्मग्लानि सब एक साथ झलक उठे।

अदालत जाते वक़्त क्रान्तिकारी 'सरफ़रोशी की तमन्ना' के साथ-साथ अन्य गीत भी गाते जैसे,

"भारत न रह सकेगा हरगिज़ गुलामख़ाना,
आज़ाद होगा, होगा आता है वह ज़माना।"

"अपने ही हाथों से सिर कटाना है हमें,
मादरे-हिन्द को सर भेंट चढ़ाना है हमें।"

"अंग्रेज़ों ने एक बड़ी भूल कर दी।" आदित्य ने कुछ रहस्योद्घाटन करने के स्वर में कहा।

"क्या?" इस बार प्रश्न मैंने किया।

उत्तर देते हुए उसने कहा, "अगर सरकार इसको सामान्य डकैती की तरह लेती और उसी के अनुसार मुक़दमा चलाती तो इस मुक़दमे द्वारा देश में देशभक्ति का भाव न संचारित होता। क्रान्तिकारियों ने मुक़दमे को प्रचार का माध्यम बनाया। बिस्मिल ने स्वयं एक दफ़ा जिरह की। सम्भवतः भावी क्रान्तिकारियों को सबक सिखाने के लिए सरकार ने इसे ब्रिटिश क्राउन के विरुद्ध षड्यन्त्र की शक्ल दी और अपने ही पैर पर कुल्हाड़ी मार ली।"

"सही कह रहे हो। तानाशाही सत्ता की सबसे विडम्बनापूर्ण विशेषता यही है कि वह अपने ही बनाये हुए स्वर्ण सिंहासनों को धीरे-धीरे ऐसे पत्थरों में

बदलती जाती है, जिनसे ठोकर खाकर उसका पतन निश्चित होता है—क्योंकि शक्ति होने का यह अर्थ नहीं कि साथ में विवेक भी हो।" मैंने कहा।

"जेल में क्रान्तिकारियों का वक़्त कैसे व्यतीत होता था?"

"राजनैतिक संघर्ष के बावजूद लखनऊ जेल के जेलर पं. चम्पालाल की क्रान्तिकारियों के प्रति सहानुभूति एवं मित्रवत व्यवहार के कारण सभी का वक़्त बड़े आनन्द से बीता। सुरेश और राज कुमार गाना गाते जो सभी को ख़ूब भाता। ताश भी खेला जाता और कबड्डी और कुश्ती भी। शाम को कीर्तन होता था। यदा-कदा नाटकों का भी मंचन होता। क्रान्तिकारी अध्ययन भी करते और विभिन्न विषयों पर चिन्तन-मनन भी होता था।[108]

पर बिस्मिल के शब्दों में कहें तो 'बर्तन खनकते भी थे।' बिस्मिल लिखते हैं,

"जब से काकोरी षड्यन्त्र के अभियुक्त जेल में एक साथ रहने लगे थे, तभी से उनमें एक अद्‌भुत परिवर्तन का समावेश हुआ, जिसका अवलोकन कर मेरे आश्चर्य की सीमा न रही। जेल में सबसे बड़ी बात तो यह थी कि प्रत्येक आदमी अपनी नेतागिरी की दुहाई देता था। कोई भी बड़े-छोटे का भेद न रहा। बड़े तथा अनुभवी पुरुषों की बात की अवहेलना होने लगी। अनुशासन का नाम भी न रहा। बहुधा उलटे जवाब मिलने लगे। छोटी-मोटी बातों पर मतभेद हो जाता। इस प्रकार का मतभेद कभी-कभी वैमनस्य का रूप धारण कर लेता। आपस में झगड़ा भी हो जाता। खैर, जहाँ चार बर्तन रहते हैं, वहाँ खटकते ही हैं। जो युवक जेल के बाहर अपने से बड़ों की आज्ञा को वेद-वाक्य के समान मानते थे, वे ही उन लोगों का तिरस्कार तक करने लगे। आपस का वाद-विवाद कभी-कभी भयंकर रूप धारण कर लेता। प्रान्तीय प्रश्न छिड़ जाता। बंगाली तथा संयुक्त प्रान्तवासियों के कार्य की आलोचना होने लगती। जिन महानुभावों को मैं त्याग की मूर्ति समझता था, उनके अन्दर भी बंगालीपने का भाव देखा। लिखते हुए हृदय कम्पित होता है कि उन्हीं सज्जनों में बंगाली तथा अबंगाली का भाव इस प्रकार भरा था कि बंगालियों की बड़ी-से-बड़ी भूल, हठधर्मी तथा भीरूता की अवहेलना की गयी। यह देख कर अन्य पुरुषों का साहस बढ़ता था। नित्य नयी चालें चली जाती थीं। आपस में ही एक-दूसरे के विरुद्ध षड्यन्त्र रचे जाते थे। इन सारी बातों ने मेरे हृदय को टूक-टूक कर डाला।"[109]

बिस्मिल के खफ़ा होने का कारण था कि क्रान्तिकारियों ने योजना बनायी कि बाहर से क्लोरल यानी नींद की दवा मँगाई जाये और मिठाई में सभी पहरेदारों को खिलाई जाये। जब वे सो जायें तब भाग निकला जाये। क्लोरल मँगाया और मन्मथनाथ पर पहले परीक्षण किया गया। क्लोरल काम ही न किया। ज़रा सी भी नींद न आयी। दवा भेजने वाले व्यक्ति शचीन्द्रनाथ सान्याल के परिवार के थे। बिस्मिल इस असफलता पर बड़ा क्रुद्ध हुए।[110] मन्मथनाथ बताते हैं,

"पण्डित रामप्रसाद इस नाकामयाबी से इतने नाराज़ हुए कि उन्होंने भेजने वालों को गालियाँ दीं और उन्हें विश्वासघाती बतलाया। उन्होंने यह भी शक किया कि चूँकि शचीन्द्र दादा स्वयं भागने में हिस्सा नहीं लेने वाले थे, इसलिए सम्भव है कि उन्होंने अपने रिश्तेदार को ठीक-ठीक हिदायत ही न दी हो। वे यह शक करने लग गये कि जानबूझकर बेकार दवा भेजी गयी। जब पण्डितजी ने इस प्रकार का दोष लगाया गया, तो उनके विरुद्ध भी दोष लगाये गये। और इस प्रकार एक तुमुल विवाद का सूत्रपात हुआ। इस झगड़े का रूप कम-से-कम पण्डित रामप्रसाद की आँखों में बंगाली-हिन्दुस्तानी के झगड़े के रूप में हो गया, किन्तु सच बात तो यह है कि ऐसी कोई बात थी ही नहीं। दूसरी तरफ़ इस झगड़े ने घास-पार्टी और माँस पार्टी के झगड़े का रूप धारण किया। यह आँधी तो बह गयी किन्तु शचीन्द्र दादा और पण्डितजी के दिलों में कडुवेपन का एक मोटा स्तर रह गया।"[111]

आपसी मतभेदों के बावजूद राष्ट्रप्रेम की भावना ने उन्हें एकता के सूत्र में बाँधे रखा। इन्हीं सब कश्मकश के दौरान सितम्बर में सचीन्द्रनाथ बख़्शी को भागलपुर में पकड़ लिया गया। कुछ महीनों बाद सात दिसम्बर 1926 को रूस जाने का प्रयत्न कर रहे अशफ़ाक़ को दिल्ली में गिरफ़्तार कर लिया गया। अलग से एक पूरक मुक़दमा दोनों पर चला। लगभग साल भर मुक़दमा चलने के पश्चात 6 अप्रैल 1927 फैसले की तारीख़ तय की गयी।

फ़ैसले से एक रात पूर्व को 'क़त्ल की रात' के रूप में मनाया गया और जेल में क्रान्तिकारियों ने एक नाटक का मंचन किया। अदालत बैठी। रामकृष्ण खत्री न्यायाधीश बने। रामकृष्ण खत्री विस्तार से इस नाटक के बारे में लिखते हैं,

"सबसे पहले पं. रामप्रसाद बिस्मिल के भाग्य का फ़ैसला सुनाया गया। उनके गुनाहों की एक लम्बी-चौड़ी फेहरिस्त सुनाई गयी जिसमें उनका मुख्य अपराध यह बताया गया कि उन्होंने दयालु ब्रिटिश साम्राज्य से भारत देश को छीन लेने की कोशिश की। इस अपराध के लिए उन्हें मृत्युदण्ड सुनाया गया। दूसरा नम्बर श्री शचीन्द्रनाथ सान्याल का आया। उनके 'अपराधों' की भी लम्बी लिस्ट थी। उनके अपराध और भी संगीन दृष्टि से देखे गये थे। क्योंकि– "...हिन्दुस्तान रिपब्लिकन एसोसिएशन के विधान को बनाने का काम भी आप ही का था जिसके उद्देश्य में 'मनुष्य-मनुष्य का शोषण न कर सके और सम श्रम का सम मूल्य या वेतन मिले' जैसी ख़तरनाक बातें लिखी थी।

यह सब पढ़ने के बाद उन्हीं से पूछा गया कि उनको फाँसी क्यों न दी जाये। उस पर उन्होंने मुस्कुराकर जवाब दिया–"जब आप माँ-बाप सरकार बनते हैं तो जिनकी बीवी ख़ूबसूरत हो और जो नौजवान हों उनको फाँसी कैसे दे सकते हैं।"

इस पर हमारी अदालत में विचार किया गया और उनको सिर्फ़ आजीवन कारावास का दण्ड सुनाया गया। इस प्रकार हर एक को उसके अपराधों के अनुसार जिस लायक समझा गया वैसी ही सज़ा सुनाई गयी थी। ठाकुर रोशन सिंह के विरुद्ध एक प्रकार से कोई सरकारी गवाही गुज़री ही नहीं थी। इसी कारण से हम लोगों के विचार से उन्हें ज़्यादा-से-ज़्यादा पाँच वर्ष की सज़ा होनी चाहिए थी। तो हमारी अदालत ने उनको पाँच ही साल की सज़ा सुनाई थी। इस पर ठाकुर साहब बहुत बिगड़े और अपनी सज़ा को हँसी के रूप में न लेकर एक प्रकार से गुस्से में उन्होंने कहा, "बदमाशों मैं तो कौदू बेचकर आया हूँ। मुझे तो और कम सज़ा सुनाओ। तुम लोगों का वश चले तो तुम लोग शायद मुझे छोड़ ही दोगे।"

मुझे याद है कि मैंने उनको और चिढ़ाने के ख़याल से कहा था–"ठाकुर साहब, हमारी अदालत के सामने बिगड़ने से काम नहीं चलेगा। आपकी तो 'बमरौली' में सिर्फ़ आवाज़ सुनी गयी थी। आप जैसी आवाज़ तो किसी और की भी हो सकती है। हम आपको सिर्फ़ पाँच साल के लिए जेल की सज़ा सुनाते हैं तो आप पर मेहरबानी करते हैं। आप ज़्यादा बोलेंगे तो यह अदालत

आपको 'अदालत की मानहानि' करने के आरोप में ज़्यादा-से-ज़्यादा और पन्द्रह-बीस दिन की सज़ा सुना सकती है। उससे ज़्यादा कतई नहीं। तो अपनी जगह चुपचाप बैठे रहिये। इस अदालत को अपनी कार्यवाही करने दें।"

इस पर और साथियों ने थोड़ा कह-कहा लगाया, किन्तु ठाकुर साहब तुनक उठे और कहने लगे–"ए कंजी आँख वाले, बहुत ज़्यादा अपने आपको मत समझो, बड़े आये हमें कुछ दिनों की सज़ा देने वाले। बच्चू, बाहर होता तो ऐसा अपमान करने पर तुम्हें वह मज़ा चखाता कि जिन्दगी भर न भूलते।"[112]

बिस्मिल को फाँसी और ख़ुद को 5 साल की सज़ा सुनने पर रोशन सिंह इस कदर ग़ुस्सा हुए की मारपीट तक बात पहुँच गयी। अन्य साथियों ने मामले को शान्त किया और नाटक वहीं समाप्त हो गया।

अगला दिन फ़ैसले का दिन था। भारतीय स्वाधीनता आन्दोलन के एक विशिष्ट अध्याय का भविष्य तय होना था। रोज़ की भाँति सब सुबह जल्दी उठे। व्यायाम किया एवं शौच-स्नान से निवृत्त हुए। विशेष भोजन बना। बिस्मिल चूँकि कट्टर आर्य समाजी थे इसलिए अपना भोजन अलग बनाते थे। उस दिन भी अलग बनाया तो रामकृष्ण खत्री उनके पास पहुँचे और बोले, "पण्डित जी, अब मालूम नहीं कि हम अब कब मिलें या न मिलें। मेरी एक छोटी सी प्रार्थना है।"

"कहो भाई, क्या चाहते हो?" बिस्मिल ने कहा।

खत्री बोले, "मैं यही चाहता हूँ कि अपने हाथ से एक कौर आपको खिलाऊँ।"

"अरे! मैं भी ये चाहता हूँ।" बिस्मिल का फ़ौरन जवाब आया।

खत्री ने बिस्मिल को खिलाया, बिस्मिल ने खत्री को खिलाया। अन्य साथी भी आ गये। एक गज की परिधि वाली बड़ी थाली मँगाई गयी जिसमें सबने साथ मिलकर खाया। यह प्रेम देखकर जेलर चम्पालाल रोने लगा।[113]

सभी को दस बजे तक अदालत पहुँचना था। अपने सर्वोत्तम वस्त्र सभी ने पहने। रोशन सिंह ने सभी के वस्त्रों पर इत्र लगाया। बेड़ियों में बाँध कर सभी को अदालत के लिए रवाना किया गया। "सरफ़रोशी की तमन्ना" गाते हुए भीड़ के बीच से क्रान्तिकारी अदालत में पहुँचे।

वकील विराजमान थे, अपनी कुर्सियों पर दोनों सरकारी गवाह बैठे थे और आज क्रान्तिकारियों के रिश्तेदार भी उपस्थित थे। जज के आते ही अदालत में सन्नाटा। सभी निर्णय की प्रतीक्षा में। जब फ़ैसला हाथ में न हो, तब समय ठहरता नहीं, वह हमें धीरे-धीरे मिटा देता है ताकि जब उत्तर आये तब हमारे भीतर उसे सँभालने वाला कुछ बचा ही न हो।

जज हैमिलटन के आते ही वकील, सरकारी गवाह, पुलिसकर्मी और अदालत के कर्मचारी–सभी एक साथ खड़े हो गये। अभिवादन को अनदेखा करते हुए अपनी बाँह में कसे उस फ़ैसले के काग़ज़ों के पुलिन्दे को थामे वह एकदम स्थिर क़दमों से अपने आसन की ओर बढ़ा और कुर्सी पर बैठा। अचानक से पढ़ना शुरू कर दिया। सौ से भी अधिक पृष्ठों के फ़ैसले का सारांश प्रस्तुत किया और कहा कि षड्यन्त्र प्रमाणित हो चुका है। अंग्रेज़ी वर्णमाला के क्रमानुसार भूपेन्द्रनाथ सान्याल को पाँच साल की सख़्त क़ैद सुनाते हुए सज़ा सुनाने का काम आरम्भ किया।[114] हैमिलटन की कलम ने चार क्रान्तिकारियों को मौत के सुपुर्द कर दिया जिनमें बिस्मिल, अशफ़ाक़ एवं लाहिड़ी शामिल थे। जिस नाम ने सबको अचम्भित कर दिया वह था रोशन सिंह का। जज ने अंग्रेज़ी में फैसला सुनाते हुए धारा 121ए एवं 120बी के तहत पाँच-पाँच साल की सख़्त सज़ा सुनाई। वे रुके नहीं और आगे बोले, “Under Section 396 I.P.C. I sentence him to be hanged by the neck untill he is dead” अर्थात धारा 396 के तहत फाँसी की सज़ा सुनाता हूँ।[115] यह सुनते ही बकौल खत्री, 'उस डॉक में ऐसा महसूस हुआ कि किसी ने एटम बम डाल दिया।'[116]

रोशन सिंह अंग्रेज़ी नहीं जानते थे। ज़्यादा कुछ तो नहीं समझे पर शुरू में बोले गये 'फाइव इयर्स' पकड़ लिए। लगा कि पाँच साल की सज़ा हुई है जैसा कि खत्री ने कल सुनाई थी। उनका मुँह उतर गया। बगल में खड़े विष्णु शरण दुबलिश से पूछे, “भैया ई फाइव इयर्स-फाइव इयर्स तो हम समझा लेकिन ये बाद में का बकर-बकर कर गवा हो? हमको बतलाओ भई।”

धीरे से उनकी कमर पर हाथ रखते हुए विष्णु शरण बोले, "जज ने आपको फाँसी की सज़ा सुनाई है।”

यह सुनते ही उनका चेहरा प्रफुल्लित हो उठा। रामप्रसाद बिस्मिल की और मुड़े और बोले, "राम, तुम अकेले ही जाना चाहते थे?"

खत्री को देखा और दबंग स्वर में बोले, "क्यों...! पाँच साल...!" खत्री उनके पैर छूते हुए बोले, "नहीं ठाकुर साहब, आप महान हुए।"[117]

शचीन्द्रनाथ सान्याल एवं सचीन्द्रनाथ बख़्शी को आजीवन कालापानी की सज़ा मिली। मन्मथनाथ गुप्त को 14 वर्ष की सज़ा हुई। जोगेश चन्द्र चटर्जी, राजकुमार सिन्हा, गोविन्द चरण कर, मुकुन्दी लाल एवं रामकृष्ण खत्री 10-10 वर्ष, सुरेश भट्टाचार्य एवं विष्णु शरण दुबलिश को 7-7 वर्ष और बनवारी लाल, भूपेन्द्रनाथ सान्याल, प्रणवेश चटर्जी, प्रेम किशन खन्ना, राम दुलारे त्रिवेदी एवं रामनाथ पाण्डेय को 5-5 वर्ष की सज़ा दी गयी। हरगोबिंद और सचीन्द्र नाथ बिस्वास को छोड़ दिया गया।[118]

अपनी-अपनी सज़ाओं पर अधिक न ध्यान देते हुए सब फाँसी पर चढ़ने वालों के पास एकत्रित हो गये। राजेन्द्रनाथ लाहिड़ी ने पास खड़े मन्मथनाथ गुप्त से बंगाली में कहा, "दुनिया जैसे बदल गयी।"[119]

ध्यानमग्न आदित्य ने दूर एक पेड़ को देखते हुए कहा, "दुनिया वाकई बदल गयी। अब तक अपना जीवन वे स्वयं लिख रहे थे, पर अब एक अंग्रेज़ ने उनके जीवन की किताब बन्द कर दी। जीवन की सरलतम व्याख्या यही होगी की रोज़ सुबह उठना और रात में सो जाना। पर अब एक दिन आने वाला था जब इस उपक्रम पर विराम लग जायेगा। फाँसी की क्रूरता उसके होने में नहीं, उसके आने की घोषणा में है क्योंकि फाँसी एक क्षण लेती है, पर उसका इन्तज़ार हर सुबह को शव बना देता है। खौफ़नाक तो वे दिन होते हैं जो फाँसी के ऐलान और फाँसी के बीच गुज़रते हैं। मृत्यु चीख़-चीख़ कर कहती है–मैं आ रही हूँ और आपके पास सुनने के अलावा कोई और विकल्प नहीं होता।"

"बिल्कुल। फाँसी भयावह नहीं होती क्योंकि वह मार देती है, वह भयावह इसलिए है क्योंकि वह बताकर मारती है।" दिव्यांश ने भी जोड़ा।

मैं उठा और अपने किट-बैग की ओर भागा। उसे खोला और आगे वाली पॉकेट से एक छोटी सी किताब निकाली और पुनः भागते हुए उनके साथ जा बैठा।

"यह बिस्मिल की आत्मकथा है। फाँसी से दो दिन पूर्व उन्होंने इसे पूरा किया। बिस्मिल के एक मित्र थे अशफ़ाक़। अपनी आत्मकथा में एक अध्याय

बिस्मिल ने अशफ़ाक़ के नाम समर्पित किया। इस अध्याय का एक-एक शब्द ध्यान से सुनना :

"मुझे भलीभाँति याद है कि जब मैं बादशाही ऐलान के बाद शाहजहाँपुर आया था, तो तुम से स्कूल में भेंट हुई थी। तुम्हारी मुझसे मिलने की बड़ी हार्दिक इच्छा थी। तुमने मुझसे मैनपुरी षड्यन्त्र के सम्बन्ध में कुछ बातचीत करनी चाही थी। मैंने यह समझ कर कि एक स्कूल का मुसलमान विद्यार्थी मुझ से इस प्रकार की बातचीत क्यों करता है, तुम्हारी बातों का उत्तर उपेक्षा की दृष्टि से दे दिया था। तुम्हें उस समय बड़ा ख़ेद हुआ था । तुम्हारे मुख से हार्दिक भावों का प्रकाश हो रहा था । तुमने अपने इरादे को यों ही नहीं छोड़ दिया, अपने निश्चय पर डटे रहे। जिस प्रकार हो सका कांग्रेस में बातचीत की। अपने इष्ट मित्रों द्वारा इस बात का विश्वास दिलाने की कोशिश की कि तुम बनावटी आदमी नहीं, तुम्हारे दिल में मुल्क की ख़िदमत करने की ख़्वाहिश थी। अन्त में तुम्हारी विजय हुई। तुम्हारी कोशिशों ने मेरे दिल में जगह पैदा कर ली। तुम्हारे बड़े भाई मेरे उर्दू मिडिल के सहपाठी तथा मित्र थे, यह जानकर मुझे बड़ी प्रसन्नता हुई। थोड़े दिनों में ही तुम मेरे छोटे भाई के समान हो गये थे, किन्तु छोटे भाई बनकर तुम्हें सन्तोष न हुआ। तुम समानता का अधिकार चाहते थे, तुम मित्र की श्रेणी में अपनी गणना चाहते थे। वही हुआ। तुम सच्चे मित्र बन गये।

सब को आश्चर्य था कि एक कट्टर आर्यसमाजी और मुसलमान का मेल कैसा? मैं मुसलमानों की शुद्धि करता था। आर्यसमाज मन्दिर में मेरा निवास था, किन्तु तुम इन बातों की किंचितमात्र चिन्ता न करते थे। मेरे कुछ साथी तुम्हें मुसलमान होने के कारण घृणा की दृष्टि से देखते थे, किन्तु तुम अपने निश्चय पर दृढ़ थे। मेरे पास आर्यसमाज मन्दिर में आते जाते थे। हिन्दू-मुस्लिम झगड़ा होने पर, तुम्हारे मुहल्ले के सब कोई खुल्लमखुल्ला गालियाँ देते थे, काफ़िर के नाम से पुकारते थे, पर तुम कभी भी उनके विचारों से सहमत न हुए। सदैव हिन्दू-मुस्लिम ऐक्य के पक्षपाती रहे। तुम एक सच्चे मुसलमान तथा सच्चे देशभक्त थे। तुम्हें यदि जीवन में कोई विचार था, तो यही कि मुसलमानों को ख़ुदा अक्ल देता, कि वे हिन्दुओं के साथ मिल कर के हिन्दुस्तान की भलाई करते। जब मैं हिन्दी में कोई लेख या पुस्तक लिखता तो तुम सदैव यही अनुरोध करते कि उर्दू में क्यों नहीं लिखते, जो मुसलमान भी पढ़ सकें? तुम ने स्वदेशभक्ति

के भावों को भली-भाँति समझने के लिए ही हिन्दी का अच्छा अध्ययन किया। अपने घर पर जब माता जी तथा भ्राता जी से बातचीत करते थे, तो तुम्हारे मुँह से हिन्दी शब्द निकल जाते थे, जिससे सबको बड़ा आश्चर्य होता था। तुम्हारी इस प्रकार की प्रवृत्ति को देखकर बहुतों को सन्देह होता था कि कहीं इस्लाम धर्म त्याग कर शुद्धि न करा ले। पर तुम्हारा हृदय तो किसी प्रकार अशुद्ध न था, फिर तुम शुद्धि किस वस्तु की कराते? तुम्हारी इस प्रकार की प्रगति ने मेरे हृदय पर पूर्ण विजय पा ली। बहुधा मित्र मण्डली में बात छिड़ती कि कहीं मुसलमान पर विश्वास करके धोखा न खाना। तुम्हारी जीत हुई, मुझमें तुममें कोई भेद न था। बहुधा मैंने तुमने एक थाली में भोजन किये। मेरे हृदय से यह विचार ही जाता रहा कि हिन्दू मुसलमान में कोई भेद है। तुम मुझ पर अटल विश्वास तथा अगाध प्रीति रखते थे। हाँ! तुम मेरा नाम लेकर पुकार नहीं सकते थे। तुम सदैव 'राम' कहा करते थे।

एक समय जब तुम्हारे हृदय-कम्प का दौरा हुआ, तुम अचेत थे, तुम्हारे मुँह से बारम्बार 'राम' 'हाय राम' शब्द निकल रहे थे। पास खड़े भाई-बाँधवों को आश्चर्य था कि 'राम', 'राम' कहता है। कहते कि 'अल्लाह, अल्लाह' करो, पर तुम्हारी 'राम', 'राम' की रट थी! उस समय किसी मित्र का आगमन हुआ, जो 'राम' के भेद को जानते थे। तुरन्त मैं बुलाया गया। मुझसे मिलने पर तुम्हें शान्ति हुई, तब सब लोग 'राम-राम' के भेद को समझे!

अन्त में इस प्रेम, प्रीति तथा मित्रता का परिणाम क्या हुआ ? मेरे विचारों के रंग में तुम भी रंग गये । तुम भी कट्टर क्रान्तिकारी बन गये। अब तो तुम्हारा दिन-रात प्रयत्न यही था कि किसी प्रकार मुसलमान नवयुवकों में भी क्रान्तिकारी भावों का प्रवेश हो, वे भी क्रान्तिकारी आन्दोलन में योगदान दें । जितने तुम्हारे बन्धु तथा मित्र थे सब पर तुमने अपने विचारों का प्रभाव डालने का प्रयत्न किया। बहुधा क्रान्तिकारी सदस्यों को भी बड़ा आश्चर्य होता कि मैंने कैसे एक मुसलमान को क्रान्तिकारी दल का प्रतिष्ठित सदस्य बना लिया। मेरे साथ तुमने जो कार्य किये, वे सराहनीय हैं। तुमने कभी भी मेरी आज्ञा की अवहेलना न की। एक आज्ञाकारी भक्त के समान मेरी आज्ञा पालन में तत्पर रहते थे। तुम्हारा हृदय बड़ा विशाल था। तुम भाव से बड़े उच्च थे।

मुझे यदि शान्ति है तो यही कि तुमने संसार में मेरा मुख उज्जवल कर दिया। भारत के इतिहास में यह घटना भी उल्लेखनीय हो गयी कि अशफ़ाक़

उल्ला ने क्रान्तिकारी आन्दोलन में योग दिया। अपने भाई बन्धु तथा सम्बन्धियों के समझाने पर कुछ भी ध्यान न दिया। गिरफ़्तार हो जाने पर भी अपने विचारों में दृढ़ रहे! जैसे तुम शारीरिक बलशाली थे, वैसे ही मानसिक वीर तथा आत्मा से उच्च सिद्ध हुए। इन सबके परिणामस्वरूप अदालत में तुमको मेरा सहकारी (लेफ्टीनेंट) ठहराया गया, और जज ने मुक़दमे का फैसला लिखते समय तुम्हारे गले में जयमाला (फाँसी की रस्सी) पहना दी। प्यारे भाई, तुम्हें यह समझकर सन्तोष होगा कि जिसने अपने माता-पिता की धन-सम्पत्ति को देश-सेवा में अर्पण करके उन्हें भिखारी बना दिया, जिसने अपने सहोदर के भावी भाग्य को भी देश-सेवा की भेंट कर दिया, जिसने अपना तन-मन-धन सर्वस्व मातृ-सेवा में अर्पण करके अपना अन्तिम बलिदान भी दे दिया, उसने अपने प्रिय सखा अशफ़ाक़ को भी उसी मातृ-भूमि की भेंट चढ़ा दिया।

'असगर' हरीम इश्क में हस्ती ही जुर्म है।
रखना कभी न पाँव यहाँ सर लिये हुए॥"[120]

बिस्मिल की ज़ुबानी अशफ़ाक़ एवं बिस्मिल की दास्ताँ सुन कर सभी की आँखें नम थी। बिस्मिल और अशफ़ाक़। भारतीय क्रान्तिकारी आन्दोलन के दो अनिवार्य नक्षत्र। एक ही चेतना के दो आलोक। क्रान्ति की कविता के अर्थ और छन्द। अग्नि के ताप और प्रकाश। हिन्दू और मुस्लिम पर देशसेवा के उतने ही हिमायती जितने अपने धर्म के प्रति दृढ़। स्वतन्त्रता के लिए देशसेवा इबादत थी, प्रार्थना थी। जिसमें न जाति पूछी गयी न धर्म। क्रान्ति का रंग न केसरिया था, न हरा–उसका रंग वही था जो ख़ून का होता है, जो मन्दिर और मस्जिद की सीढ़ियों पर एक-सा गिरता है। भारत का क्रान्तिकारी आन्दोलन न हिन्दू था, न मुस्लिम–वह वही था जो भारत है: बहुल में एक, एक में अनेक, और अनेक में अद्वैत।

नम आँखों में इन वाक्यों ने कुछ और बूँदें ही जोड़ीं। पार्थ ने प्रश्न किया, "फाँसी के वक़्त उनकी क्या मनोदशा थी?"

"बिस्मिल में निराशावाद की झलकियाँ दिखायी पड़ने लगी थी। यथार्थवाद की ओर झुकने लगे थे। भारतीयों से बड़े निराश थे। एक जगह उन्होंने साफ़ लिखा कि "जनता की कोई सहानुभूति नहीं थी।" अपनी आत्मकथा में कई

स्थानों पर इस भाव को प्रदर्शित करते हैं। उनका व्यक्तिगत अनुभव भी ठीक नहीं रहा। वे लिखते हैं,

"हिन्दू-मुस्लिम झगड़े में जिनके घरों की रक्षा की थी, जिनके बाल-बच्चे मेरे सहारे मुहल्ले में निर्भयता से निवास करते रहे, उन्होंने ही मेरे ख़िलाफ़ झूठी गवाहियाँ बनवाकर भेजी! कुछ मित्रों के भरोसे पर उनका नाम गवाही में दिया कि ज़रूर गवाही देंगे। संसार लौट जाये पर ये नहीं डिग सकते। पर वचन दे चुकने पर भी जब पुलिस का दबाव पड़ा, वे भी गवाही देने से इन्कार कर गये! जिनको अपना हृदय, सहोदर तथा मित्र समझ कर हर तरह की सेवा करने को तैयार रहता था, जिस प्रकार की आवश्यकता होती यथाशक्ति उनको पूर्ण करने की प्राणपण से चेष्टा करता था, उनसे इतना भी न हुआ कि कभी जेल पर आकर दर्शन दे जाते, फाँसी की कोठरी में ही आकर सन्तोषदायक दो बातें कर जाते!"[121]

अन्तिम समय में लिखा, *"अन्तिम समय निकट है। दो फाँसी की सजायें सिर पर झूल रही हैं। हरेक के दिल में मेरी बातें चुभ रही हैं। कोई दोस्त, आशना अथवा मददगार नहीं, जिसका सहारा हो। एक परम पिता परमात्मा की याद है। गीता पाठ करते हुए सन्तोष है।"*[122]

गांधी और बिस्मिल में तमाम मतभेद थे। पर अपनी आत्मकथा में बिस्मिल वैसी ही बात करते हैं जैसी गांधी ने अपनी पुस्तक 'हिन्द स्वराज' में की थी।

"हम लोगों को डाकू बताकर फाँसी और काले पानी की सजायें दी गयी हैं। किन्तु हम समझते हैं कि वकील और डॉक्टर हमसे कहीं बड़े डाकू हैं। किन्तु राज्य में दिन के डाकुओं की प्रतिष्ठा है। अन्यथा रात के साधारण डाकुओं और दिन के इन डाकुओं (वकीलों और डॉक्टरों) में कोई भेद नहीं। दोनों अपने-अपने मतलब के लिए बुद्धि की कुशलता से प्रजा का धन लूटते हैं।"[123]

बिस्मिल ने जब ठहरकर अन्तिम समय में अपने जीवन और कार्य का अवलोकन किया तो उनके विचारों में कुछ परिवर्तन आया।

"मैं इस समय इस परिणाम पर पहुँचा हूँ कि यदि हम लोगों ने प्राणपण से जनता को शिक्षित बनाने में पूर्ण प्रयत्न किया होता, तो हमारा उद्योग क्रान्तिकारी आन्दोलन के कहीं अधिक लाभदायक होता, जिसका परिणाम

स्थायी होता। अति उत्तम होगा यदि भारत की भावी सन्तान तथा नवयुवकवृन्द क्रान्तिकारी संगठन करने की अपेक्षा जनता की प्रवृत्ति को देश सेवा की ओर लगाने का प्रयत्न करें और श्रमजीवी तथा कृषकों का संगठन करके उनको ज़मींदारों तथा रईसों के अत्याचारों से बचायें।"[24]

भावी पीढ़ी के लिए और बातें भी उन्होंने छोड़ी,

"जिनके हृदय में भारतवर्ष की सेवा के भाव उपस्थित हों या जो भारतभूमि को स्वतन्त्र देखने या स्वाधीन बनाने की इच्छा रखता हो, उसे उचित है कि ग्रामीण संगठन करके कृषकों की दशा सुधारकर, उनके हृदय से भाग्य-निर्माता को हटाकर उद्योगी बनने की शिक्षा दे। कल कारखाने, रेलवे, जहाज़ तथा खानों में जहाँ कहीं श्रमजीवी हों, उनकी दशा को सुधारने के लिए श्रमजीवियों के संघ की स्थापना की जाये, ताकि उनको अपनी अवस्था का ज्ञान हो सके और कारखानों के मालिक मनमाने अत्याचार न कर सकें और अछूतों को, जिनकी संख्या इस देश में लगभग छः करोड़ है, पर्याप्त शिक्षा प्राप्त कराने का प्रबन्ध हो तथा उनको सामाजिक अधिकारों में समानता मिले। जिस देश में छः करोड़ मनुष्य अछूत समझे जाते हों, उस देश के वासियों को स्वाधीन बनने का अधिकार ही क्या है? इसी के साथ ही साथ स्त्रियों की दशा भी इतनी सुधारी जाये कि वे अपने आपको मनुष्य जाति का अंग समझने लगें। वे पैर की जूती तथा घर की गुड़िया न समझी जायें। इतने कार्य हो जाने के बाद जब भारत की जनता अधिकांश शिक्षित हो जायेगी, वे अपनी भलाई बुराई समझने के योग्य हो जायेंगे, उस समय प्रत्येक आन्दोलन जिसका शिक्षित जनता समर्थन करेगी, अवश्य सफल होगा।

मैं भी उसी प्रकार काम करना चाहता था, पर बीच में ही क्रान्तिकारी दल में फँस गया। मेरा तो अब यह दृढ़ निश्चय हो गया है कि अभी पचास वर्ष तक क्रान्तिकारी दल को भारतवर्ष में सफलता नहीं मिल सकती क्योंकि यहाँ की स्थिति उसके उपयुक्त नहीं। अतःएव क्रान्तिकारी दल का संगठन करके व्यर्थ में नवयुवकों के जीवन को नष्ट करना और शक्ति का दुरुपयोग करना आदि बड़ी भारी भूलें हैं। इससे लाभ के स्थान में हानि की सम्भावना बहुत अधिक है। नवयुवकों को मेरा अन्तिम सन्देश यही है कि वे रिवाल्वर या

पिस्तौल को अपने पास रखने की इच्छा को त्यागकर सच्चे देश सेवक बनें। पूर्ण-स्वाधीनता उनका ध्येय हो और वे वास्तविक साम्यवादी बनने का प्रयत्न करते रहें। फल की इच्छा छोड़कर सच्चे प्रेम से कार्य करें, परमात्मा सदैव उनका भला ही करेगा।"[25]

19 दिसम्बर को बिस्मिल को फाँसी होनी थी। 16 को हिन्दू-मुस्लिम एकता को अपनी अन्तिम इच्छा बताते हुए उन्होंने लिखा,

"अशफ़ाक़उल्ला कट्टर मुसलमान होकर पक्के आर्यसमाजी रामप्रसाद का क्रान्तिकारी दल के सम्बन्ध में यदि दाहिना हाथ बनते, तब क्या नये भारतवर्ष की स्वतन्त्रता के नाम पर हिन्दू-मुसलमान अपने निजी छोटे-छोटे फ़ायदों का ख़याल न करके आपस में एक नहीं हो सकते?

परमात्मा ने मेरी पुकार सुन ली और मेरी इच्छा पूरी होती दिखायी देती है। मैं तो अपना कार्य कर चुका। मैंने मुसलमानों में से एक नवयुवक निकालकर भारतवासियों को दिखला दिया, जो सब परीक्षाओं में पूर्ण उत्तीर्ण हुआ। अब किसी को यह कहने का साहस न होना चाहिए कि मुसलमानों पर विश्वास न करना चाहिए। पहला तजुर्बा था, जो पूरी तौर से कामयाब हुआ। अब देशवासियों से यही प्रार्थना है कि यदि वे हम लोगों के फाँसी पर चढ़ने से ज़रा भी दुखित हुए हों, तो उन्हें यही शिक्षा लेनी चाहिए कि हिन्दू-मुसलमान तथा सब राजनैतिक दल एक होकर कांग्रेस को अपना प्रतिनिधि मानें। जो कांग्रेस तय करे, उसे सब पूरी तौर से मानें और उस पर अमल करें। ऐसा करने के बाद वह दिन बहुत दूर न होगा जबकि अंग्रेज़ी सरकार को भारतवासियों की माँग के सामने सिर झुकाना पड़े, और यदि ऐसा करेंगे तब तो स्वराज्य कुछ दूर नहीं। क्योंकि फिर तो भारतवासियों को काम करने का पूरा मौका मिल जायेगा। हिन्दू-मुस्लिम एकता ही हम लोगों की यादगार तथा अन्तिम इच्छा है, चाहे वह कितनी कठिनता से क्यों न प्राप्त हो। जो मैं कह रहा हूँ वही श्री अशफ़ाक़ उल्ला खाँ वारसी का भी मत है।

परमात्मा की ऐसी इच्छा थी कि हम लोगों को फाँसी दी जाये, भारतवासियों के जले हुए दिलों पर नमक पड़े, वे बिलबिला उठें और हमारी आत्माएँ उनके कार्य को देखकर सुखी हों। जब हम नवीन शरीर धारण करके देश सेवा में

योग देने को उद्यत हों, उस समय तक भारतवर्ष की राजनैतिक स्थिति पूर्णतया सुधरी हुई हो। जनसाधारण का अधिक भाग सुरक्षित हो जाये। ग्रामीण लोग भी अपने कर्तव्य समझने लग जायें।[126]

अन्तिम सन्देश में दुर्भाग्य से कुछ वाक्य निराशा से भी भरे थे,

"मैंने जेल से भागने के अनेकों प्रयत्न किये, किन्तु बाहर से कोई सहायता न मिल सकी। यहीं तो हृदय को आघात लगता है कि जिस देश में मैंने इतना बड़ा क्रान्तिकारी आन्दोलन तथा षड्यन्त्रकारी दल खड़ा किया था, वहाँ से मुझे प्राण-रक्षा के लिए एक रिवाल्वर तक न मिल सका! एक नवयुवक भी सहायता को न आ सका! अन्त में फाँसी पा रहा हूँ। फाँसी पाने का मुझे कोई शौक नहीं, क्योंकि मैं इस नतीजे पर पहुँचा हूँ कि परमात्मा को यही मंज़ूर था। मगर मैं नवयुवकों से फिर भी नम्र निवेदन करता हूँ कि जब तक भारतवासियों की अधिक संख्या सुशिक्षित न हो जाये, जब तक उन्हें कर्तव्य-अकर्तव्य का ज्ञान न हो जाये, तब तक वे भूलकर भी किसी प्रकार के क्रान्तिकारी षड्यन्त्रों में भाग न लें। यदि देश सेवा की इच्छा हो तो खुले आन्दोलनों द्वारा यथाशक्ति कार्य करें, अन्यथा उनका बलिदान उपयोगी न होगा। दूसरे प्रकार से इससे अधिक देश सेवा हो सकती है, जो ज़्यादा उपयोगी सिद्ध होगी। परिस्थिति अनुकूल न होने से ऐसे आन्दोलनों में परिश्रम प्रायः व्यर्थ जाता है। जिसकी भलाई के लिए करो, वही बुरे-बुरे नाम धरते हैं और अन्त में मन-ही-मन कुढ़ कर प्राण त्यागने पड़ते हैं।

देशवासियों से यही अन्तिम विनय है कि जो कुछ करें, सब मिलकर करें और सब देश की भलाई के लिए करें। इसी से सबका भला होगा।"[127]

फाँसी से पहले बिस्मिल की माँ उनसे मिलने आयी। माँ को देख कर बिस्मिल की आँखों में आँसू आ गये। बिस्मिल की आँखों में माँ ने आँसू देखने पर जो कहा उसकी कल्पना किसी ने नहीं की होगी। माँ ने कहा, "मैं तो समझती थी कि तुमने अपने ऊपर विजय पायी है, किन्तु यहाँ तो तुम्हारी दशा ही कुछ और है। जीवन पर्यन्त देश के लिए आँसू बहाकर अब अन्तिम समय तुम मेरे लिए आँसू बहाने बैठे हो। इस कायरता से अब क्या होगा? तुम्हें वीर की भाँति हँसते हुए प्राण देते हुए देखकर मैं अपने आप को धन्य समझूँगी।"[128]

पार्थ के मुँह से निकला, "वीर पुत्र की माँ। कितना अपूर्व साहस रहा होगा उनमें जो उन्होंने ये कहा।"

19 दिसम्बर को गोरखपुर जेल में फाँसी के दिन बिस्मिल उसी वक़्त उठे जिस वक़्त वे उठा करते थे। कसरत की। जब फाँसी के लिए लेने आये तो 'भारत माता की जय' एवं 'वन्दे मातरम' के जयघोष करके उठ गये। फाँसी की कोठरी में प्रवेश करते हुए बोले, "मैं ब्रिटिश साम्राज्य का विनाश चाहता हूँ।" फाँसी के तख़्ते पर प्रार्थना की और त्रिसुपर्ण मन्त्र का पाठ करते हुए विदा हो गये।[129]

अशफ़ाक़ उल्ला खाँ को उसी दिन फैज़ाबाद में फाँसी होनी थी। अशफ़ाक़ पर भी गवाही देने के लिए दबाव डाला गया। एक बार एक पुलिस अधिकारी अशफ़ाक़ से मिलने जेल में आये और बोले, "देखो अशफ़ाक़, तुम मुसलमान हो, हम भी मुसलमान हैं। हमें तुम्हारी गिरफ़्तारी से बहुत रंज है। रामप्रसाद वगैरह हिन्दू हैं। इनका उद्देश्य हिन्दू सल्तनत कायम करना है। तुम कैसे इन काफ़िरों के चक्कर में आये?" यह सुनते ही अशफ़ाक़ क्रोधित हो गये और ग़ुस्से में बोले, "बहुत हुआ! ख़बरदार, ऐसी बात फिर कभी न कहियेगा। अव्वल तो पण्डित जी वगैरह सच्चे हिन्दूस्तानी हैं, उन्हें हिन्दू सल्तनत, सिख राज या किसी भी फिर्कावाराना सल्तनत से सख्त नफ़रत है, और आप जैसा कहते हैं, अगर वह सत्य भी हो तो मैं अंग्रेज़ के राज्य से हिन्दू राज्य ज़्यादा पसन्द करूँगा। आपने जो उनको काफ़िर बताया, उसके लिए मैं आपको इस शर्त पर माफ़ी देता हूँ कि आप इसी वक़्त मेरे सामने से चले जायें।"[130]

अशफ़ाक़ भी समानता एवं हिन्दू-मुस्लिम एकता के उतने ही पक्षधर थे जितने बिस्मिल थे। 'बिरादराने वतन के नाम कब्र के किनारे से पैगाम' में उन्होंने लिखा कि सुबह का आफताब आज़ाद हिन्दूस्तान पर जल्द चमके और ख़ुदा से मनाया कि वह दिन जल्द आये, जब छत्तर मंज़िल लखनऊ में अब्दुल्ला मिस्त्री, लोको वर्कशॉप और धनिया चमार, किसान भी, मिस्टर खली कुजमा और जगत नारायण मुल्ला व राजा महमूदाबाद के सामने कुर्सी पर बैठे नज़र आयें।[131]

अशफ़ाक़ एक बार सरकारी वक़ील जगत नारायण मुल्ला के सामने से गुज़रे तो तंज कसते हुए एक शे'र पढ़ा :

'चलो चलो यारों रिंग थियेटर, दिखाये तुमको
जो चन्द टुकड़ों पर सीमोजर के नया तमाशा दिखा रहे हैं।"[132]

फाँसी से कुछ माह पूर्व अशफ़ाक़ के दो बड़े भाई और दो छोटे भतीजे जेल में वकील हजेला के साथ मिलने पहुँचे। अशफ़ाक़ को देख कर उनका रोना स्वाभाविक था। अशफ़ाक़ ने डपटते हुए कहा, "हजेला साहब! आप इन लोगों को क्यों लाये हैं? ये रोने का मौका है या ख़ुश होने का? इनको तो ख़ुश होना चाहिए कि इनका भाई और चचा मुल्क के लिए अपनी जान की बाज़ी लगाकर फाँसी पर चढ़ रहा है।"[133]

फाँसी से एक दिन पहले कुछ मित्र मिलने आये तो हँसते हुए उनसे बोले, "आज मेरी शादी है।" 19 को जब फाँसी हुई तो "वे हँसी-ख़ुशी के साथ, कुरान-शरीफ़ का बस्ता कन्धे पर टाँगे हजियों की भाँति लब्बैक कहते और कलमा पढ़ते, फाँसी के तख़्ते के पास गये।"[134] फाँसी से कुछ देर पहले उन्होंने लिखा,

"कुछ आरज़ू नहीं है, है आरज़ू तो ये है,
रख दे कोई ज़रा सी ख़ाक़ ए वतन कफ़न में।"[135]

फिर फाँसी के फंदे को उन्होंने चूमा और ख़ुदा का नाम लेते हुए सभी को छोड़कर चले गये।[136]

मैंने आदित्य से कहा, "अशफ़ाक़ का लिखा कुछ और सुनाओ।"

आदित्य यह अवसर कहाँ चूकने वाला था। कहा,

'मौत को जब एक बार आना है तो डरना क्या है?
हम सदा खेल ही समझा किये मरना क्या है?
वतन हमेशा रहे शादकाम और आज़ाद
हमारा क्या है अगर हम रहें, रहें, ना रहें।"[136]

आगे उसने कहा, "जो भाव बिस्मिल में थे वो अशफ़ाक़ में भी थे। अशफ़ाक़ ने लिखा था,

'न कोई इंग्लिश, न कोई जर्मन, न कोई रशियन, न कोई तुर्की,
मिटाने वाले हैं अपने हिन्दी, जो आज हमको मिटा रहे हैं।'[137]

आदित्य के रुकने पर मैं फिर बोलने लगा,

"अशफ़ाक़ के बड़े भाई रियासतुल्ला खान बताते हैं कि एक बार वे जब अशफ़ाक़ से मिलने जेल में पहुँचे तो अशफ़ाक़ ने पूछा 'क्या मुक़दमा लड़ने के लिए पैसों की ज़रूरत है?' हाँ उत्तर मिलने पर बोले ठीक है मैं प्रबन्ध करवा दूँगा। हफ़्ते भर बाद रियासतुल्ला जी के घर पर कोई नवयुवक आया। बोला कि अशफ़ाक़ ने कुछ पैसे भेजे हैं। उन्होंने लड़के से नाम पता पूछा तो लड़के ने कहा कि सब कुछ बतायेगा पहले ज़रा माचिस ला दें क्योंकि सवेरे से बीड़ी नहीं पी है। रियासतुल्लाह माचिस लेने अन्दर गये और लौटे तब तक वह लड़का जा चूका था। एक थैला वो लड़का दे चूका था जिसमें 200 रुपये थे। फिर जब रियासत अशफ़ाक़ के पास पहुँचे और सब बताया तो अशफ़ाक़ ने भेद खोलते हुए कहा, "वो चन्द्रशेखर आज़ाद थे। उनके सिर पर इनाम है इसलिए वो सावधानी बरतते हैं।"

रियासतुल्ला आगे लिखते हैं,

"मैं उनकी (अशफ़ाक़) की मृत देह लेकर शाहजहाँपुर जा रहा था तो कोई आदमी बालामऊ स्टेशन पर मुझसे मिला। वह व्यक्ति सूट पहने था। वह आदमी मालगाड़ी के अन्दर आ गया और बोला, "मैं शहीद की एक झाँकी चाहता हूँ।" मैंने अशफ़ाक़ का चेहरा खोल दिया। उन्होंने तीन बार अशफ़ाक़ को सलामी दी। फिर वे लालटेन पकड़ कर देख रहे थे। मैंने देखा की उनकी आखों में आँसू हैं। फिर उन्होंने कहा, "अब ढक दीजिए।" मैंने उनका नाम पूछा तब उन्होंने कहा, "मुझे लालटेन दीजिए। मैं अभी लौटकर आता हूँ।" उसके बाद वे फिर नहीं लौटे। मैंने सोचा कि हो न हो, वह चन्द्रशेखर आज़ाद हों।[138]

रोशन सिंह ने इलाहबाद के मलाका जेल में हाथों में भगवद गीता लिए प्राण विसर्जित कर दिये। फाँसी से छह दिन पहले उन्होंने एक पत्र में लिखा था,

"ज़िन्दगी ज़िन्दादिली को जान ए रोशन,
वरना कितने मरे और पैदा होते जाते हैं।

आख़िरी नमस्ते!
रोशन।"[139]

26 वर्षीय राजेन्द्रनाथ लाहिड़ी को तय तारीख़ से दो दिन पूर्व ही गोंडा जेल में फाँसी पर लटका दिया गया। 14 दिसम्बर को कुछ पंक्तियाँ उद्धृत करते हुए एक पत्र में उन्होंने लिखा,

"देश की बलिवेदी को हमारे रक्त की आवश्यकता है। मृत्यु क्या है जीवन की दूसरी दिशा के सिवाय कुछ भी नहीं। इसके लिए मनुष्य दुःख और भय क्यों माने। यदि यह सच है कि इतिहास पलटा खायेगा तो मैं समझता हूँ कि हमारी मृत्यु व्यर्थ नहीं जायेगी।

सूख न जाये कहीं पौधा यह आज़ादी का,
ख़ून से अपने इसे इसीलिए तर करते हैं।"[140]

"आओ यार जल्दी। वहाँ क्या बैठे हो।" किसी के चिल्लाने की आवाज़ से हम चौंके। देखा तो मैदान में अम्पायर आ रहे थे। दूसरी टीम के बल्लेबाज़ रस्सी के किनारे तैयार खड़े थे। हमारी टीम के खिलाड़ी भी मैदान में थे। कुछ हाथ-पैर खोल रहे थे, कुछ गेंदबाज़ कीपर को बारी-बारी गेंद खड़े-खड़े फेंक रहे थे जिन्हें वो पकड़ रहा था।

"शुरू हो गया यार चलो।" दिव्यांश ने उठते हुए कहा। मैं भी उठ गया। दो उठ गये तो बाक़ी दोनों भी उठ खड़े हुए। जाते-जाते मैंने कहा,

"मालूम है बिस्मिल ने किन पंक्तियों के साथ अपनी आत्मकथा समाप्त की है?"

"नहीं, बताओ।"

"मरते बिस्मिल, रोशन, लहरी, अशफ़ाक़ अत्याचार से,
पैदा होंगे सैकड़ों उनके रुधिर की धार से।"

भागते हुए हम गये और टीम के साथ जुड़े। हमारी पारी के आरम्भिक कुछ ओवर देखने के बाद आदित्य और पार्थ घर चले गये। हम दोनों भी मैच के बाद घर चले गये। घर पहुँचने पर पता चला कि टिफ़िन मैदान में ही छूट गया है। वहीं जहाँ ब्रेक में बैठे थे।

अध्याय-5

पुनर्जागरण

जब जीवन रफ़्तार पकड़ना शुरू करता है तो अक्सर नियति जूते के फीते बाँधने में उलझा देती है। एक फिरंगी जज के कलम की स्याही बरसों की मेहनत, त्याग और मिट्टी से सींचे गये संग्राम को एक झटके में अँधेरे के गर्त में धकेल देती है। उम्मीदें हिस्सों में जन्म लेती हैं पर उन पर प्रहार एकबारगी होता है।

दल बनायेंगे, क्रान्ति का बीज बोयेंगे, देश को जगायेंगे, अपना सन्देश देश-दुनिया तक ले जायेंगे, आवश्यकताओं को पूरा करने के लिए धन संचय करेंगे, हर सम्भव प्रयत्न करेंगे कि एक दिन आज़ाद मुल्क में साँस ले सकेंगे। पर एक दिन असंख्य सपनों के ढेर पर बैठी सरकार आयेगी और आपके पूरे काम पर तेज़ाब फेंक देगी। क्यों?

क्योंकि सत्ता को सबसे ज़्यादा डर विचार से लगता है।

सुविधा को सबसे ज़्यादा चिढ़ बदलाव से होती है।

राज करने वालों को सबसे ज़्यादा समस्या ज़िन्दा जनता से होती है।

मुर्दों पर शासन करना आसान होता है।

वे सवाल नहीं करते। वे संगठित नहीं होते।

वे याद नहीं रखते।

रामप्रसाद।

अशफ़ाक़।

लाहिड़ी।

रोशन।

यूँ ही इनके हिस्से फाँसी नहीं आयी।

अगर राम प्रसाद बिस्मिल की कविता
किसी किसान की बेटी की आँखों में जल उठी?
अगर अशफ़ाक़ की मुस्कान किसी मज़दूर के बेटे की मुट्ठी बन गयी?
अगर काकोरी की गूँज सरकार के गलियारों तक पहुँच गयी?
तो यह पूरा साम्राज्य,
जो झूठ के काग़ज़ पर खड़ा है,
धसक जायेगा।

इसलिए लटका दो, भेज दो कालापानी, ताकि जो बचें भी चाहे अन्दर हों या बाहर मुर्दा शान्ति से भर जायें। क्योंकि बकौल पाश,

"सबसे ख़तरनाक होता है
मुर्दा शान्ति से भर जाना
न होना तड़प का सब सहन कर जाना
सबसे ख़तरनाक होता है
हमारे सपनों का मर जाना।"

पर अगर इतना ही सरल होता उनके सपनों को मारना, उनको शान्त कर देना तो वे इस काँटों से भरे मार्ग पर आते ही नहीं। अवश्य ही चन्द्रशेखर एवं मुक्त सभी सदस्यों की ज़िम्मेदारी और बढ़ गयी होगी। यहाँ से पीछे लौटने का अर्थ तो होता बिस्मिल, अशफ़ाक़, लाहिड़ी, रोशन का अपमान। अब तो प्रतिशोध भी लेना था और इस बात का भी ध्यान रखना था कि उनके आदर्शों से कहीं भटक न जायें।

कितनी दुरूह रहा होगा ना चन्द्रशेखर के लिए...। आज़ाद बहुत मिलनसार नहीं थे पर अपने साथियों की याद अवश्य सताती होगी। वे साथी जिनके साथ बनारस की गलियों में घूमे, उछलते-दौड़ते काम किया, जिनके संसर्ग में पिस्तौल को स्पर्श किया, न भोजन की परवाह की, न परिवार की ओर लौटे बस तन-मन से लगे रहे–इस इच्छा से कि आज़ादी एक दिन अवश्य दस्तक देगी। अब उन्हीं साथियों को कफ़न में देखना भी नसीब में नहीं था। उन्हीं साथियों को अब पुलिस की वैन में ले जाकर जेल में ठूँस दिया गया जहाँ पशु से भी निम्न स्तरीय व्यवहार उनके साथ होता था। हर एक कौर में,

हर एक साँस में उनकी याद आती होगी। हर वक़्त दिमाग़ यही सोचता होगा कि क्या करूँ? कैसे जेल से छुड़ाया जाये, कैसे फाँसी से बचाया जाये? पर जब विचारों को स्वयं तक ही सीमित रखना पड़ता और उनका क्रियान्वयन असम्भव प्रतीत होता तब अवश्य ही वे अपने अस्तित्व पर सवाल उठाते।

फाँसी की सज़ा के बाद राजेन्द्र लाहिड़ी अपने साथियों के पास आये थे और बोले थे, "मेरी तो थोड़ी देर की तकलीफ़ है, महीने-दो महीने में ख़त्म हो जायेगी, किन्तु मुझे तो उन लोगों के विषय में चिन्ता हो रही है जिन्हें चौदह-चौदह और बीस-बीस साल तक सड़ना है।" तकलीफ़ उतनी ही उस 19 वर्षीय बालक की भी रही होगी जिसे अपने नाम 'आज़ाद' को चरितार्थ करना था। जिसे पुलिस की गिरफ़्त से बचना था, अपने बिखरे साथियों को ढूँढ़ना था और दल को पुनः खड़ा भी करना था...।

रात की शान्ति घेरे थी पर नींद नहीं आ रही थी। यही विचार बारम्बार अनेक रूपों में घूम रहे थे। मैच जीत गये थे पर कुछ बातें अभी भी चुभ रहीं थी। क्या होता अगर वो चादर न छूटी होती? कितना अच्छा होता अगर तनिक और सावधानी बरती गयी होती। पर क्या ही किया जा सकता था। अनुभवी तो थे नहीं। सब पढ़ने-लिखने वाले युवक ही थे। लेटे-लेटे और घूमते पंखे को न देख सकता था। बेड से उठा, लाइट जलाई, कमरे से बाहर निकला और फ्रिज से बोतल निकालकर पानी पीने लगा। वापस कमरे में लौटा तो कुर्सी पर टेक लिया, बिस्तर की ओर पैर फैलाया और किताबें पलटने लगा। उन सुघड़ किताबों को पलटते-पलटते नज़र अलमारी में किताबों के बीच रखी एक पुरानी डायरी की ओर गयी। डायरी की जिल्द कभी गाढ़े भूरे रंग की रही होगी, लेकिन अब रंग फ़ीका पड़ गया था। उठा और ऊपर रखी हुई किताबों को अलग करते हुए डायरी निकाल ली। डायरी के किनारे अँगुलियों से घिसकर मुलायम हो चुके थे, लेकिन उन पर अब भी पसीने और धूल का जमा हुआ अँधेरा साफ़ दिखता था।

कवर के भीतर के पन्ने पीलापन लिए थे, किनारों पर हल्की भूरी झलक और बीच में धूप से बचे हुए उजले टुकड़े। पन्नों पर जगह-जगह स्याही की बूँदें, कुछ फैल चुकी, कुछ जमी हुई थी। डायरी के पन्ने पलटे तो उनमें वे

टाइम-टेबल मिले जिनका दो-चार दिन से अधिक पालन न हो सका। दसवीं के बोर्ड में टॉप करने की सम्पूर्ण विधि मिली। साथ ही मिली कुछ कवितायें, सूत्र एवं कुछ निबन्ध। एक बुकमार्क डायरी में रह गया था जिस पर कवि भवानी प्रसाद मिश्र की तस्वीर के साथ उनकी एक कविता अंकित थी :

"कुछ लिख के सो, कुछ पढ़ के सो,
तू जिस जगह जागा सवेरे,
उस जगह से बढ़ के सो!"

डायरी पलटते हुए ख़याल आया कि अगर चन्द्रशेखर डायरी लिखते तो वह कैसी होती? जब अंग्रेज़ थाने से लेकर मन्दिर तक, चाय की दुकानों से ले कर घाटों तक छान मार रहे थे तब आज़ाद रोज़ रात को अंग्रेज़ों को चकमा देने के बाद डायरी लिखते तो अपने विचार, अनिश्चितता, दल के भविष्य की चिन्तायें और एक एक दृढ़ संकल्प अवश्य उनकी डायरी के पृष्ठों से परिलक्षित होता।

सितम्बर 1925–बनारस

मेरे साथियों को पुलिस उठा ले गयी। मेरे कमरे पर भी तलाशी लेने आयी थी। किसी तरह बच निकला। पर अब अकेले सोचता हूँ कि मैं बच कर क्या किसी काम आ पाऊँगा? कहीं और ही भटक गया तो? क्रान्ति की सड़क से मोहभंग हो गया तो? आज़ाद नाम तो रख लिया पर क्या उतना ही पर्याप्त है? क्या नाम की लाज रख पाऊँगा? पता नहीं। बीते एक्शनों और काकोरी के बाद समझ आया कि जीत तो वक़्त की मेहरबानी है, पर कोशिश... वो क्रान्तिकारी की पहचान है। जीवन में एक दरवाज़ा खुलता है तो सौ बन्द हो जाते हैं। पर हमें क्या? हम तो सोच-समझ कर दीवारों में दरार लाने निकले थे। मार्ग हमारा, तो उसकी कठिनाईयाँ भी हमारी।

शहर अब हमारा नहीं रहा। सड़क पर हर खाँसी, हर क़दम, हर सायंकाल की घण्टी एक बुरा संकेत मालूम पड़ती हैं। रात को मैंने सपना देखा। मैं ट्रेन की तीसरी बोगी से कूद रहा हूँ, और पीछे कोई पुकार रहा है 'ओ आज़ाद!'

मैं मुड़ा नहीं।

शायद अब मुड़ना मना है।

सितम्बर 1925–अपने ही देश में कहीं

हमने जो शुरुआत की है, उसमें कोई पिछली गली नहीं होती। या तो आगे जाकर जीतेंगे या नाम के साथ गोली चलायेंगे। पेड़ों की सरसराहट, दूर गीदड़ों की चीख़, और अपनी ही साँस की लय–यही साथी हैं अब।

कल रात मन्दिर की टूटी मूर्ति के पीछे सिर टिकाकर सो गया। सपने में माँ आयी। कह रही थी 'भूखा क्यों रह गया?'

अब क्या जवाब देता?

घर जाने का मतलब उनको भी फँसा देना। जब उनको पता चलेगा संस्कृत पढ़ने बनारस गया उनका बच्चा लूट और हत्या के मामले में फ़रार है तो न जानें क्या सोचें।

रामप्रसाद नहीं हैं।

अशफ़ाक़ कहाँ हैं, ख़बर नहीं।

मन्मथनाथ जो मुझे दल में लाया उसे पकड़ लिया गया। शायद प्रणवेश और राजेन्द्र बाबू को भी।

एक-एक करके हम बिखरते जा रहे हैं। हम में से कोई बचे न बचे। किसे मालूम।

कभी-कभी सोचता हूँ कि ये सब क्यों कर रहा हूँ?

पर सब कुछ उत्तर के लिए कहाँ किया जाता है? कुछ तो सन्तुष्टि के लिए भी किया जाना चाहिए।

मैंने कल एक टूटी दीवार पर लिखा–'आज़ाद यहाँ था।'

फिर मिटा दिया।

कभी लगता है, इस पूरी कोशिश का सबसे अकेला हिस्सा यही है
कि जब तुम्हें पहचानने वाला कोई न बचे,
तब तुम ख़ुद को भी भूलने लगते हो।

अजनबी चेहरों की नज़रें जो ज़रा ज़्यादा देर तक टिक जाती हैं, मैं उन्हें देखकर मुस्कुराने की कोशिश करता हूँ, जैसे मैं कोई पथिक हूँ। पर शायद मैं अब वैसा दिखता नहीं। थक गया हूँ और मैं थकान छुपा नहीं पाता।

1925–जब न ज़िन्दा रहने का पता न रहने का ठिकाना तो क्या तारीख़ और क्या स्थान!

कल से पेट में कुछ ढंग का नहीं गया।

एक किसान की औरत ने उबला हुआ चना दिया था।

मैंने 'धन्यवाद' कहना चाहा, पर आवाज़ ही नहीं निकली।

रिवॉल्वर अब भी कमर में है, पर उसे पकड़ने में उंगलियाँ सिहर जाती हैं।

आज पुरानी बातें लौट-लौट कर आयीं।

वो रातें याद आयीं जब बहस चलती रहती थी–पॉलैंड की लड़ाई से लेकर रूस की क्रान्ति तक, 'विकास', 'प्रगति', 'स्वतन्त्रता', 'विश्व-कल्याण' दुनिया जहाँ की बातें।

बिस्मिल को तो किताबें ही नींद की गोली थीं। शचीन दा भी पढ़ने पर बहुत ज़ोर देते थे। मन्मथ ने उनकी बन्दी जीवन मुझे दी थी। कुछ पढ़ी भी थी मैंने। मन्मथ भी बहुत पढ़ता था। वह मुझे अक्सर किताबें दिया करता था। मैं बड़ी जल्दी लौटा देता था। सोचता होगा कि ये कौन लड़का आ गया है जो हमसे भी तेज़ पढ़ लेता है। उसको क्या मालूम कि कई तो बिना पढ़े ही लौटा देता था। हाहाहा। बीच में एक सरदार लड़का आया था। मुझसे कुछ छोटा रहा होगा। हमें बताया गया था कि पंजाब से घर छोड़ कर आया है। बमरौली में साथ था पर बहुत बात हमारी नहीं हुई थी। वो भी बहुत किताबें पढ़ता था। सिर्फ़ पढ़े तो ठीक। उन पर चर्चा भी छेड़ता था और हम लोगों को भी देता था। मार्क्स की 'कैपिटल' दी एक बार। अब हमसे संस्कृत के चार श्लोक याद हुए नहीं ये भारी-भरकम पोथा कहाँ से पढ़ें। पिस्तौल चलानी हो तो बताते। पर वो कहता था कि पिस्तौल से अधिक ताक़त विचार में है। बात तो सुनने में ठीक लगती थी। पर अब जो सरकार मशीन गन लिए खड़ी है उसका सामना विचार से कैसे करें? विचार से ही करना हो तो गांधीजी कर तो रहे हैं। धीरे-धीरे वो भी लगे ही हैं। संत आदमी हैं। उनका रास्ता लम्बा है। वो उम्मीद करते हैं कि सामने वाला अपने ज़मीर से जागेगा। पर जब सरकार दिन-ब-दिन क्रूर होती जा रही है तो कैसे करें इन्तजार?

मैं गांधी नहीं बन सकता।

और शायद मुझे बनना भी नहीं है।

एक ही रास्ता हो, एक ही मोर्चे पर लड़ाई हो यह भी तो सही नहीं। भगवान के जब इतने रूप हैं तो आज़ादी के लड़ाई के भी कई स्वरूप हो सकते हैं।

ख़ैर, अब क्या क्रान्तिकारी, क्या विद्यार्थी।

अब तो लगता है हम सिर्फ़ 'सम्भावित अभियुक्त' हैं। पोस्टरों पर छपे नाम हैं जिनके नीचे 'ज़िन्दा या मुर्दा' लिखा है।"

अक्टूबर 1925–इलाहाबाद के एक ठिकाने की छत

मनुष्य अपना ही वादा निभाने कितना दूर आ जाता है ना? अगर मैं सिर्फ़ चन्द्रशेखर रहता? वो लड़का जो पहाड़ों पर दौड़ता था। माँ की डाँट खाकर सो जाता था, दोपहर में आम तोड़कर भागता था।

पर मैं 'आज़ाद' बन गया। अब इसे नाम की महत्ता समझूँ या अपनी असमर्थता कि अब किसी की गोद में सिर भी नहीं रख सकता। शायद आज़ाद नाम भी उसी प्रकार कीमत माँगता है जैसे आज़ादी। कभी नहीं सोचा था कि आज़ादी का मतलब इतना अकेलापन होगा। कहीं चन्द्रशेखर से आज़ाद बनने में जल्दी तो नहीं कर दी? पता नहीं।

सुनने में आया कि कुछ साथियों ने मुख़बिरी कर दी है। मैं उन्हें दोष नहीं देता। क्योंकि डर बहुत गहरा होता है। वो किसी हंटर से नहीं, किसी दीवार पर टंगी माँ की तस्वीर से आता है। जो बर्बाद होते भविष्य को देखकर उपजता है। मैं भी माफ़ी माँग लूँ तो? हरगिज़ नहीं। माफ़ी माँगना, उस लड़के के साथ धोखा होगा जिसने चन्द्रशेखर से आज़ाद बनने की हिम्मत की थी। माफ़ी माँग ली तो क्या होगा? क्या बिस्मिल लौट आयेंगे?

क्या अशफ़ाक़ फिर से हँसेगा,

या ठाकुर साहब अपनी बन्दूक खोल कर बोलेंगे–'चलो, एक और योजना बनाते हैं।'

नहीं।

कोई नहीं लौटेगा।

माफ़ी किसी को वापस न लायेगी,

बस मुझे भी कायर बना कर भीतर से मार देगी।
और मैं वो नहीं बन सकता।
अब नहीं।
क्योंकि अगर मैंने एक बार कह दिया–
'माफ़ करना, मैं ग़लत था,'
तो उस नाम से सारा मतलब चला जायेगा
जो मैं इतने सालों से पीठ पर उठाये चला हूँ।
आज़ाद हूँ–
इसलिए नहीं कि मैं सही था।
बल्कि इसलिए कि जब सभी ने सर झुका लिया,
मैंने रीढ़ सीधी रखी।
अब अगर मैं माफ़ी माँग लूँ,
तो उनकी नज़रों में भी झुक जाऊँगा जो अब तक सीधी हैं।
मैं माफ़ी नहीं माँगूँगा। मैं उस आख़िरी दीवार तक जाऊँगा
बिना रुके, बिना झुके
फिर चाहे वहाँ सिर्फ़
एक पेड़, एक रिवॉल्वर
और मेरे नाम की ख़ामोशी बची हो।
'आज़ाद' माफ़ी नहीं माँगता।
पर चन्द्रशेखर...
वो हर रात अपनी माँ से माफ़ी माँगता है,
कि वो बेटा नहीं लौटेगा
जो कभी अपने पाँव में काँटा चुभ जाने पर घण्टों रोया करता था।

नींद अब भी दूर थी। पास रखे फ़ोन की स्क्रीन चमकी तो उसे उठा लिया। ग़ैर-ज़रूरी सन्देश था–'नॉएडा में प्लॉट ख़रीदें।' तत्काल हटाया। व्हाट्सएप्प खोला तो सबसे ऊपर 'कुरुवंश' था। होना स्वाभाविक था। मैंने एक अप्रत्याशित सा क़दम उठाते हुए समूह के विवरण (description) में कुछ शब्द डाल दिये–'आज़ाद : अग्नि की संतति।'

'वाह।' उधर से दिव्यांश का सन्देश आया। मुझे लगा सब सो गये होंगे पर जग रहे थे।

आदित्य भी कुछ टाइप करने लगा..."ये बढ़िया है। अच्छा शीर्षक मिला।"

पार्थ भी आ गया। "मेरे बिना ही फ़ैसला ले लिए।"

"अरे नहीं भाई।" मैंने लिखा।

"सब समझ रहा हूँ बेटा।" तुरन्त टाइप करते हुए उसने कहा।

पार्थ की टाइप करने वाली तीन बिंदियाँ दिख रही थी। उसी बीच मैंने एक सन्देश छोड़ा।

"मालूम है, आज़ाद ने बनारस से मफ़रूर होने के बाद झाँसी नहीं पहले इलाहाबाद में शरण ली थी।"

आदित्य बोला, कुछ लिखने, कुछ मिटाने और फिर कुछ लिखने के बाद, "हाँ, पढ़ा मैंने। अब कुछ मेरे लिए भी तो छोड़ दो।"

"अब मोर्चा आप ही को सँभालना है...।"

पापा के उठने की आवाज़ आयी। शायद चलकर यहीं आ रहे हैं। जल्दी कुछ करना था वरना सारी क्रान्ति यहीं हो जाती। तपाक से फ़ोन बिस्तर पर फेंका, लाइट बुझाते हुए ख़ुद भी बिस्तर पर कूद गया और चादर तानकर सो गया। मतलब सोने की एक्टिंग करने लगा। वे आये और 'सोता देख' लौट गये। मन ही मन सोचा छुपने और बचने की प्रतिभा तो मुझमें भी है। अब एक बार लेट गया तो प्रमाद इस तरह हावी हुआ कि दोबारा उठने की इच्छा नहीं हुई। कुछ देर में अपने आप ही नींद आ गयी।

पर्दे सूरज की रौशनी को रोकते हुए किसी आलस्य से भरी दोपहर का आलिंगन कर रहे थे। चादर मुझ पर उलझी हुई थी, तकिये के कोने से बालों की कुछ लटें झाँक रही थीं। चेहरे पर नींद का अबूझ सुकून पसरा हुआ था।

तभी दरवाज़ा हल्के से खुला।

"अरे! अभी तक सो रहा है? तेरे दोस्त बाहर खड़े हैं!" माँ की आवाज़ में अधीरता थी।

मैंने करवट ली, आँखें मलते हुए अधखुली पलकों से माँ की परछाई को देखा। "क्या...? दोस्त...? कौन दोस्त...?"

आवाज़ भारी थी, गले में नींद की सुस्ती अब भी चिपकी हुई थी।

"आज बारह बजे का बोला था न सबको आने को! देख बाहर कब से खड़े हैं। बेल बजाई, फ़ोन किया, और तू यहाँ महाराज बने सो रहा है।"

एक झटके में मैं उठ बैठा जैसे किसी ने भीतर कहीं अलार्म की घण्टी फोड़ दी हो। ज़रा सा भी याद न रहा। न वक़्त की भनक लगी।

पलंग से चादर एक ओर गिरा, मैं आँखें फाड़कर दरवाज़े की ओर देखता रहा, जैसे अभी वही दोस्त भीतर चले आयेंगे और मुझे मेरे अपराध पर कटघरे में खड़ा कर देंगे।

माँ हँसी दबाते हुए बोलीं, "जा, तैयार हो जा। मैं चाय-नाश्ता दे रही हूँ उन्हें। तू तब तक दिखने लायक बन जा।"

मैं पलंग से उठा–एक पैर फिसला, पर हाथ से पकड़ कर ख़ुद को सँभाला। बाल बुरी तरह उलझे हुए थे, जैसे किसी पेड़ की टहनियों में हवा अटक गयी हो।

"ब्रश...ब्रश कहाँ गया..."

मैंने वॉशबेसिन के सामने खड़े होकर टूथब्रश ढूँढ़ा। ब्रश किया और फिर मैंने बिना आइने में देखे चेहरा धोया। जैसे ही पानी के छींटे मुँह पर पड़े, सारा अपराधबोध एक झटके में ठण्डा होकर भीतर रिस गया। गीले हाथों से बाल पीछे किये। कंघी? यह एक ऐसी वस्तु है जिसकी जब आवश्यकता पड़ती है तब ही गायब हो जाती है।

"क्या पहनूँ...? क्या पहनूँ...!"

अलमारी खोली। आधे कपड़े लटक रहे थे, बाक़ी आधे गिर पड़े। टी-शर्ट का एक कोना किसी हैंगर में अटका हुआ था। उसी को खींचा और पहन लिया।

"हाँ माँ! आ रहा हूँ!"

दरवाज़े के उस पार खड़ा हुआ मैं एक क्षण को ठिठक गया। आदित्य तो बिल्कुल नहीं छोड़ेगा। उसकी लेट-लतीफ़ी पर ख़ूब तंज कसे हैं।

मैंने गहरी साँस ली और दरवाज़ा खोला।

सामने चार चेहरे। सब अपने-अपने अन्दाज़ में बैठे थे। आदित्य ने आँखें मुझ पर ऐसी टिकाई थीं जैसे किसी मुजरिम को रंगे हाथों पकड़ लिया हो।

दिव्यांश ने आते ही दोनों भौंहें ऊपर उठाईं उस नाटकीय व्यंग्य से जो उसका विशेषाधिकार था।

सबसे पहले पार्थ से आँखें मिलीं। उसने माथे पर दो उँगलियों से "सलाम" ठोंका और पूछा,

"महाराज, कैसा रहा आपका बारह घण्टे का राजसी विश्राम?"

आदित्य ने कुछ बोलने ही नहीं दिया और कहा, "जय हो, सोते देवता। प्रकट हो गये अन्ततः। हमने तो यज्ञ करवा ही देना था!"

"यार...माफ़ कर दो...एक बार को लगा...आज...मतलब..."

"कि आज रविवार है?"

आदित्य ने टेबल से मठरी उठाते हुए बोला,

"भाई, तेरे जैसी नींद अगर चन्द्रशेखर आज़ाद को आती ना, तो आज़ादी 20 साल और टल जाती!"

हवा बदलते हुए पार्थ ने कहा, "भाई...मैं सोच रहा हूँ, अगर आज़ाद आज होते, तो इंस्टाग्राम पर क्या डालते?"

"स्टोरी में क्या आता? 'Just killed a Brit. #AzadForever'?"

"या फिर–'Revolutionary mode on'"

हँसी फिर से फूटी। मैंने भी हल्का महसूस किया कि चलो मुझसे तो ध्यान हटा। अब आज़ाद आ ही चुके थे और मुझ पर अब कुरुवंश के शूरवीरों द्वारा और व्यंग-बाणों का प्रहार न हो, चर्चा भी आरम्भ हो इसलिए मैंने कहा, "चलिए आदित्य भाई शुरू करिये।"

"हाँ-हाँ करो, कुम्भकरण को नींद आ रही होगी।" दिव्यांश ने हँसते हुए कहा।

आदित्य ने सामने रखी गिलास से थोड़ा जल पिया और शुरू किया।

"आरम्भिक एक्शनों की बात है। सचीन्द्रनाथ बख़्शी एवं क्रान्तिकारी एक रेलवे स्टेशन पर थे। बख़्शी के मन में आया कि देखा जाये कि अगर पुलिस रेड अभी यहाँ हो जाये तो कौन पकड़ा जायेगा और कौन बच निकलेगा। यानी 'मॉक-ड्रिल' हुई। जब यह ड्रिल सम्पन्न हुई तो बख़्शी ने पाया कि 'क़रीब-क़रीब सभी पकड़े जा सकते हैं।' बिस्मिल एवं अशफ़ाक़ के लिए छुपना

अपने मज़बूत और गठीले शरीर के कारण आसान नहीं था। ड्रिल में आज़ाद के बच निकलने पर बख़्शी बताते हैं,

"मैंने एक बार फिर साथियों पर दृष्टि डाली तो आज़ाद दिखायी नहीं दिये। फिर मैंने उनके लिए दृष्टि दौड़ाई तो देखता क्या हूँ कि आज़ाद एक लाठी टेकती बुढ़िया को सहारा देकर चले आ रहे हैं। साथ ही, बुढ़िया दादी से ठेठ देहाती भाषा में बात करते जा रहे हैं। फाटक पर पहुँचे और अपना तथा बुढ़िया का टिकट बाबू को देकर बाहर निकल गये। बाद में वे भीड़ में इस प्रकार घुल-मिल गये कि मेरी दृष्टि उन्हें खोजने पर भी न पा सकी। तब अनुभव किया कि पुलिस के छापे में यदि सबके सब पकड़े जायें तो भी आज़ाद पुलिस के हाथ नहीं लगेंगे क्योंकि वे धरती-पुत्र जो थे, इसलिए उस धरती के वातावरण में सहज ही घुल-मिल जाते थे।"[41]

अपनी इसी विशेषता के कारण आज़ाद पुलिस के कड़े पहरे के बावजूद बच निकलने में समर्थ रहे। आज़ाद अपने निवास के बारे में बड़ा सतर्क रहते थे। अपने विश्वस्त साथियों के अलावा, कहाँ रहते हैं इसकी भनक भी नहीं लगने देते थे। जहाँ लेश मात्र भी सन्देह हो वहाँ से दूर हट जाते थे। विभिन्न एक्शनों में भाग लेने के कारण गोपनीयता की महत्ता का प्रत्यक्ष अनुभव भी उन्हें हो गया था। जो पिस्तौल चार दीवारी में क़ैद रहकर चलाना सीखते थे, जो एकाध बार अपने दोस्तों पर भी चल गयी थी उसे बाहर रणभूमि में भी चलाने का अनुभव उन्हें प्राप्त हो गया। जब उनके सब साथी पकड़े जाने लगे तब यह सब अनुभव समेटे बनारस से आज़ाद आये इलाहाबाद। एच.आर.ए. के एक अन्य क्रान्तिकारी कुंदनलाल गुप्त इन गिरफ़्तारियों के मध्य प्रतापगढ़ में थे। प्रतापगढ़ में भी ख़तरा बढ़ने लगा तो कुन्दनलाल इलाहाबाद आ गये। एक मित्र की सहायता से इलाहाबाद में किराये का एक मकान लिया और वहीं रहने लगे। बनारस से चन्द्रशेखर भी यहीं आ गये और कुन्दनलाल के साथ इलाहाबाद में ही रहने लगे।

"ओह्ह, मतलब आज़ाद इलाहाबाद सिर्फ़ प्राण न्योछावर करने नहीं, प्राण बचाने के लिए भी इलाहाबाद आये थे।" दिव्यांश ने कहा।

आदित्य ने साँस लेते हुए कहा, "हाँ। और यहाँ भी अत्यन्त सतर्क रहते थे। एक बार कुन्दनलाल घर से बाहर निकले। वापस लौटे और दरवाज़ा

खोला तो उनकी छाती पर माउज़र पिस्तौल ताने आज़ाद खड़े थे कि कहीं कोई और तो नहीं। हल्की सी भी असावधानी उन्हें नामंज़ूर थी। पर इलाहाबाद में वे बहुत अधिक दिन नहीं रह सके। इलाहाबाद में हुए गन कैम्पों के विस्फोट जिसमें कुन्दनलाल जलते-जलते बचे, के कारण चन्द्रशेखर को ख़तरा महसूस हुआ कि कहीं पड़ोसियों को कुछ सन्देह न हो जाये। इसलिए कुन्दनलाल को बताकर चन्द्रशेखर ने इलाहाबाद छोड़ दिया। यह नहीं बताया कि कहाँ जा रहे हैं।[142] इलाहाबाद छोड़कर आज़ाद किसी अपरिचित स्थान पर नहीं गये। जहाँ गये वह स्थान उनके स्वभाव के अनुसार रुचिकर भी था और उनके जन्मस्थान के क़रीब भी।

पार्थ तपाक से बोला, "झाँसी...। लेकिन झाँसी क्यों चुना?"

"हाँ, वे इलाहाबाद से गये झाँसी। झाँसी चुनने की भी कहानी दिलचस्प है। झाँसी में दल का कार्य सचीन्द्रनाथ बख़्शी देखते थे। जब वे सी.आयी. डी. के निशाने पर आ गये तब उन्होंने चाहा कि किसी और को झाँसी का कार्यभार सौंपकर झाँसी छोड़ दें। पहले उन्होंने मन्मथनाथ को बुलाना चाहा पर वे न आये। फिर उनकी दृष्टि आज़ाद की ओर गयी। सन 1925 के आरम्भ में इसीलिए 'बख़्शी ने आज़ाद को एक हफ़्ते के लिए झाँसी बुलाया और विश्वनाथ वैशम्पायन, सदाशिवराव, मास्टर रुद्रनारायण, भगवानदास माहौर जैसे झाँसी के अन्य क्रान्तिकारियों से आज़ाद का परिचय करा दिया जो आगे चलकर आज़ाद के अत्यन्त विश्वस्त साथियों के रूप में उभरे।[143] झाँसी के क्रान्तिकारियों से इसी मुलाकात में चन्द्रशेखर ने सभी के ऊपर एक गहरी छाप छोड़ते हुए भविष्य में बनने वाले अत्यन्त आत्मीय सम्बन्ध की नींव रख दी। झाँसी तो उन्हें आना ही था क्योंकि वे बकौल भगवानदास माहौर, "झाँसी और गुरिल्ला युद्ध के लिए सुविधापूर्ण बुन्देलखण्ड की भूमि को भूल न सकेंगे" और "आसपास देशी रियासतों में गोली चलाना आदि सीखने के लिए जो सुविधा है वह आज़ाद को रह-रहकर गुदगुदाती रहेगी।"[144]

1925 की ठण्ड में आज़ाद झाँसी पहुँचे और झाँसी में मास्टर रुद्रनारायण के घर रुके। मास्टर रुद्रनारायण झाँसी की सरस्वती पाठशाला में चित्रकला के साथ-साथ क्रान्तिकारी दल के वरिष्ठ सूत्रधार भी थे। दल में मास्टर साहब का स्थान उन अंग्रेज़ जैसा था जिनका सभी आदर करते थे। मास्टर जी

मास्टर रुद्रनारायण जिमनास्टिक क्लब का भी संचालन करते थे जहाँ युवाओं को शारीरिक एवं बौद्धिक रूप से मज़बूत बनाया जाता।[145] फ़ोटोग्राफ़ी एवं कविताओं का शौक रखने वाले मास्टर रुद्रनारायण के सम्बन्ध में एक दरोगा ने अपनी रिपोर्ट में कहा था कि 'उसने तमाम लड़कों को बिगाड़ा है।'[146] मास्टर रुद्रनारायण आज़ाद से पूर्व परिचित थे और आज़ाद को चाहते भी बहुत थे। आज़ाद भी उन पर कितना भरोसा करते थे इसका अन्दाज़ा इस बात से चलता है कि ऐसे महत्त्वपूर्ण समय में भी आज़ाद ने मास्टर रुद्रनारायण के यहाँ रहना चुना वह भी तब जब मास्टर साहब के घर के बाहर गुप्तचर विभाग की कड़ी निगरानी रहती थी। मास्टर साहब ने उनके घर के बाहर तैनात गुप्तचरों से दोस्ताना सम्बन्ध स्थापित कर लिए। वे उन पुलिस वालों को घर में बुलाते, उनसे बात करते और कई बार पंजा भी लड़ाया करते पर इसके बावजूद तनिक भी अन्देशा नहीं होने दिया कि आज़ाद भी वहाँ हैं। आज़ाद भी कई बार इनमें शामिल हो जाते। वे भी उन्हीं की तलाश कर रही पुलिस के साथ पंजा लड़ाया करते और उनसे 'शातिर आज़ाद' के क़िस्से सुनते। पुलिस की नज़र में स्वयं की छवि देखकर आश्चर्य से भर जाते और हँसते हुए साथियों को बताते, "साले मुझे एक हौवा, एक जादूगर समझते हैं। कितना छोटा होता है इन चीफ़ों-फीफ़ों का दिमाग़...। वह ससुरा चीफ़ कम्मोद सिंह कह रहा था, 'अरे क्या कह रहे हो। ये क्रान्तिकारी लोग बड़े घराने के हैं।"[147] कम्मोद सिंह एक हेड कांस्टेबल था जिसकी आज़ाद को पकड़ने की उत्कट अभिलाषा थी। आज़ाद के बारे में कहते हुए कम्मोद सिंह ने मास्टर साहब से एक बार कहा, "मास्टर अगर आज़ाद हाथ आ जाये तो हमारे पौ बारह हो जायें।" मास्टर साहब भी हँसते हुए कहते, "देखो शायद तुम्हारी तक़दीर खुल जाये।"[148]

आज़ाद यह जानते थे कि भले ही पुलिस उन्हें नहीं पहचान पा रही है, परन्तु बहुत समय यहाँ रहना उचित नहीं होगा। मास्टर रुद्रनारायण का भी यही कहना था। जीवन वैसे भी जाते रहने की सतत प्रक्रिया का नाम है। एक स्थान से दूसरे स्थान, एक जहाँ से दूसरे जहाँ। आज़ाद भी इसीलिए झाँसी के क्रान्तिकारियों को आवश्यक दिशा-निर्देश देकर ओरछा के पास सातार नदी के तट पर ढिमरपुरा गाँव में हनुमान जी के मन्दिर में रहने लगे। आवश्यकता

पड़ने पर चन्द्रशेखर सिर्फ़ स्थान नहीं नाम भी बदल देते थे। ढिमरपुरा में आज़ाद हरिशंकर ब्रह्मचारी नाम के साथ रहने लगे। एक संन्यासी की तरह वे रहते। झाँसी से मात्र एक कम्बल और रामायण का एक गुटका लेकर वे आये थे। मधुकरी वृत्ति से जीवन निर्वाह करते और गाँव वालों को रामायण भी सुनाया करते।

"मधुकरी वृत्ति मतलब?" पार्थ ने प्रश्न किया।

"मधुकरी वृत्ति साधु-संन्यासियों का भोजन प्राप्त करने का वह मार्ग है जहाँ वे भिक्षाटन द्वारा पाँच या सात घरों से थोड़ा-थोड़ा भोजन एकत्रित करते हैं एवं उसी से जीवन यापन करते हैं। एक अन्य वृत्ति होती है आकाश वृत्ति। जहाँ साधक कहीं भी माँगने नहीं जाता। अपने आप जो मिल गया बस वही ग्रहण करता है। चन्द्रशेखर आरम्भ में मधुकरी द्वारा रहे। हरिशंकर ब्रह्मचारी ने हनुमान मन्दिर के चबूतरे पर छोटे बच्चों को पढ़ाना भी शुरू कर दिया। ब्रह्मचारी जी की इन गतिविधियों से धीरे-धीरे उन पर गाँव वालों का भरोसा कायम होने लगा। वे सच्चे हनुमान भक्त के रूप में पहचाने जाने लगे। इन्हीं सब से अभिभूत होकर ढिमरपुरा के ही ठाकुर मलखान सिंह ने हरिशंकर ब्रह्मचारी को अपने घर के सामने की चौपाल दे दी। वे वहीं रहने लगे और कक्षाएँ भी वहीं चलाते। भोजन भी मलखान सिंह के यहाँ हो जाता। मलखान सिंह चार भाई थे। हरिशंकर यानी चन्द्रशेखर को उन्होंने अपना पाँचवाँ भाई बना लिया। इतना भरोसा करने लगे कि तिजोरी की चाभी हरिशंकर को सौंप जाते और 'ठाकुरों की बन्दूकों पर भी उनका पूर्ण अधिकार था।'[149]

ढिमरपुरा में हरिशंकर सातार नदी में स्नान करते और मन्दिर के ही अखाड़े में जमकर कसरत। दिन में बच्चों को पढ़ाते एवं रात में रामचरितमानस का पाठ करते। आज़ाद ने स्वयं को जब स्थिर कर लिया तो क्रान्तिकारी दल के पुनर्जागरण की तैयारी करने लगे। झाँसी में उस वक़्त दल में 10-12 सदस्य ही थे। चन्द्रशेखर अब इनसे नियमित रूप से मिलने लगे और भगवानदास माहौर एवं विश्वनाथ वैशम्पायन आज़ाद को काकोरी केस एवं क्रान्तिकारियों से सम्बन्धित सूचनायें भी देते रहते।[150] ऐसे ही एक बार झाँसी से लौटते हुए उनको दो सिपाहियों ने रोक लिया। आज़ाद रुक गये तो सिपाहियों ने पूछा, "क्यों तू आज़ाद है?"

आज़ाद बोले, "हैं! बच्चा हम तो आज़ाद ही हैं। साधुओं को क्या बन्धन है बाबा? महावीर जी के भक्त हैं, भजन करते हैं और मस्त रहते हैं। तो चलें बच्चा? हनुमान जी को चोला चढ़ाने में देर हो गयी है।" सिपाहियों को अभी भी सन्देह था। उन्होंने थाने चलने के लिए कहा। आज़ाद भी कुछ दूर साथ चलते हुए उन्हें मनाते रहे। और कोई विकल्प शेष नहीं रहा तो गुस्से में बोले, "तुम्हारे थाने के दरोगा से हनुमान जी बड़े हैं, मैं तो हनुमान जी का हुक्म मानूँगा। तुम मानो अपने दरोगा-फरोगा को।" पुलिस वाले सहम गये और आज़ाद वहाँ से निकल गये।[151]

कुछ दिनों बाद हरिशंकर की वेशभूषा में भी परिवर्तन आया। अब वे कुर्ता-धोती पहनने लगे। एक साइकिल भी उनके पास आ गयी जिससे वे झाँसी जाते। अपने साथियों को भी ढिमरपुरा बुलाकर बन्दूक चलाना सिखाते।

इसी बीच 'नम्बर एक' भी आकर चन्द्रशेखर से ढिमरपुरा में मिले। नम्बर एक यानी कुन्दनलाल। आज़ाद इस दौर में नम्बर दो एवं पण्डित जी कहे जाते थे। प्रमुख सदस्यों के जेल में बन्द होने के कारण अब बाहर बचे सदस्यों को ही दल देखना था। आज़ाद का नाम इन सदस्यों में अग्रणी था। सत्रह वर्ष की उम्र से ही वे एक्शनों में भाग लेने लगे थे। काकोरी एक्शन में जाने वालों में भी वे ही एक थे जो पकड़े नहीं गये थे। अत्यन्त प्रगाढ़ता के साथ उन्होंने सभी के साथ काम किया। इसलिए नेतृत्व और पुनर्निर्माण अब आज़ाद के ही हाथ में था। कुन्दनलाल जब ढिमरपुरा आये तो 'यहीं संगठन का भावी कार्यक्रम बना।'[152]

इस पुनर्निर्माण के साक्षी भगवानदास माहौर लिखते हैं, "जब दल पुनः संगठित हुआ तो आज़ाद को इधर-उधर सभी जगह आने-जाने की आवश्यकता पड़ने लगी। पंजाब से भगत सिंह, सुखदेव आदि और उत्तर प्रदेश के साथी शिव वर्मा, कुन्दनलाल, विजयकुमार सिन्हा, सुरेन्द्रनाथ पाण्डेय आदि के साथ सम्पर्क स्थापित करके उत्तर प्रदेश और पंजाब में आज़ाद ने दल का पुनर्गठन कर दिया। वे काम से हर जगह आने-जाने लगे, लेकिन हेडक्वार्टर उन्होंने झाँसी ही रखा। इस सम्बन्ध में आज़ाद को अपने साथियों की अनेक चुहलबाज़ियों का शिकार होना पड़ा था। पण्डित जी किसी-न-किसी बहाने जब मौका मिलता तभी झाँसी चले आते थे। इससे परेशान होकर एक बार

भगत सिंह ने झुँझलाकर मुझसे कहा, "अरे यार, पता तो लगा, पण्डित जी ने झाँसी में कोई डौल रखा है क्या?"[153]

ढिमरपुरा में आज़ाद एक वर्ष से भी अधिक समय तक रहे। ढिमरपुरा में उनके प्रवास को बाधित किया एक अन्य साधु ने जो उसी हनुमान मन्दिर में आ गया था जिसमें आज़ाद थे। उस साधु ने एक कहार की हत्या कर दी जिसके कारण वहाँ पुलिस की हलचल बढ़ गयी। आज़ाद से भी पूछताछ हुई। नाम व पता पूछे जाने पर वे बोले, "ठौर-ठिकाना भला साधुओं का क्या होगा? इन्हीं सब झँझटों से मुक्ति पाने के लिए तो हमने आजन्म ब्रह्मचारी रहने का व्रत लिया है। साधु का ठौर-ठिकाना नहीं पूछना चाहिए, उससे उसका व्रत भंग होता है।"[154]

ज़रा सी भी लापरवाही न करते हुए चन्द्रशेखर आज़ाद ने ढिमरपुरा छोड़ दिया और 'धोती, कमीज़, कोट, सिर पर गोल टोपी और पैरों में पंपशू पहने' मास्टर रुद्रनारायण के घर झाँसी वापस आ गये।[155] अब आज़ाद झाँसी में रह कर ही काम करने के इच्छुक थे। इसलिए जुलाई 1927 में मास्टर रुद्रनारायण ने आज़ाद को रामानन्द मोटर ड्राइवर के साथ...सदर बाज़ार में बुन्देलखण्ड मोटर कम्पनी में मोटर चलाने तथा मोटर सुधारने का काम सीखने लगा दिया।"[156]

आज़ाद मोटर मेकैनिक का काम बुन्देलखण्ड मोटर कम्पनी में उस्ताद सिराजुद्दीन एवं कल्लू पुरोहित के मार्गदर्शन में सीखने लगे। यहाँ तक कि बाद में आज़ाद परीक्षा देकर मोटर चलाने का लाइसेंस भी पुलिस सुपरिटेंडेंट से ले आये जो झाँसी का लाइसेंस नम्बर 67, 1928 था। इस बीच एक दुर्घटना यह हुई कि मोटर का हैंडल लगाते हुए आज़ाद की कलाई की हड्डी टूट गयी। आज़ाद को अस्पताल ले जाया गया। डॉक्टर बेहोश करने के लिए क्लोरोफ़ॉर्म देना चाहते थे लेकिन आज़ाद क्लोरोफ़ॉर्म के पक्षधर नहीं थे क्योंकि उन्हें डर था कि बेहोशी में कहीं कोई ऐसी बात न बोल दें जिसे गुप्त रखना चाहते थे। "रहने दीजिए, किसी गड़रिये से ही ठीक करा लूँगा। वे लोग बिना क्लोरोफ़ॉर्म दिये ही हड्डी बैठा देते हैं", आज़ाद क्लोरोफ़ॉर्म के विरुद्ध दलील देते हुए बोले। आज़ाद को मित्रों के डॉक्टर से ही हड्डी जुड़वाने का अनुरोध स्वीकार करना ही पड़ा। डॉक्टर जब क्लोरोफ़ॉर्म देने लगा तो कहा, "अब राम-राम

करते रहिये।" आज़ाद बोले, "जी हाँ अब हाथ टूट गया है और दर्द हो रहा है तो राम-राम कहूँ। मुझे ख़ुदा से भी घिघियाना नहीं आता।"

डॉक्टर भी फिर बोला, "अच्छा तो फिर हाय-हाय ही कीजिए।"

बेहोशी में आज़ाद शायद कुछ बोल बैठे थे। उन्हें होश आया तब डॉक्टर ने कहा, "तुम्हारा हाथ अब ठीक है। अब फ़िक्र मत करो। आशा करता हूँ, इसका उपयोग तुम अपने देश के हित में वीरता से करोगे।" आज़ाद अब टूटा हाथ फुलस्लिंग (झोली) में डाले रहते।[157]

झाँसी के दिन आर्थिक तंगी के भी दिन थे। आज़ाद के पास न जाने कितनी बार मात्र एक दिन की ही जीविका जेब में शेष रहती थी। उसे भी वे ख़र्च करने में हिचकिचाते इस डर से कि न जाने कल क्या हो! सदाशिवराव, विश्वनाथ एवं भगवानदास ने आज़ाद का इन दिनों ख़ूब साथ दिया। आज़ाद इनसे रोज़ मिलते। इन्हीं तीनों के घर की रोटियाँ आज़ाद का भोजन बनती। एक बार भगवानदास चन्द्रशेखर से बोले, "महाशय जी! हम सब आराम से भोजन करते हैं और आपको इस प्रकार रूखा-सूखा खाना पड़ता है।" उत्तर में आज़ाद ने कहा, "अरे बेवकूफ हुआ है। तीन घर से तीन तरह की रोटियाँ आती हैं। किसी के घर से आम का अचार तो किसी के घर से नींबू का अचार और तेरे घर से करेले का अचार जो मिलता है, वह तो मुझे बहुत पसन्द है। कभी-कभी साग-सब्ज़ी भी मिल जाती है। यही सब खाकर तो देख कैसा भैंसा हो रहा हूँ और तू अपने को देख! कैसा टूटरूटूँ बना है।"[158] मास्टर रुद्रनारायण यूँ तो आज़ाद को अत्यन्त प्रेम से भोजन कराते, लेकिन आज़ाद के ही शब्दों में कहें तो, "किसी के यहाँ रोज़-रोज़ खाना अच्छा नहीं। अभी तो वहाँ जब कभी जाता हूँ, बड़े प्रेम और आदर से खाना मिलता है पर रोज़-रोज़ वहाँ खाने पर वह बात नहीं रह जायेगी।"[159]

दिव्यांश हाथ मोड़ते हुए बोला, "वैसे भी जब लक्ष्य बड़ा हो तो क्या भोजन की परवाह!"

"हाँ, यही कारण था कि आज़ाद एक सामान्य मोटर मेकैनिक की तरह रहने में ज़रा सा भी नहीं सकुचाये। शक्ति का प्रदर्शन भी सोच-समझ कर करते। यह भी कभी नहीं हुआ कि अपने शरीर और पिस्तौल के दम पर किसी को रौब दिखाते और हड़काते।"आदित्य ने कहा।

"यह तो सिद्धान्त है ही ना कि जिसके पास वाकई शक्ति होती है, उसे दिखाने की ज़रूरत नहीं पड़ती। अगर शक्ति दिखाने की ज़रूरत पड़ रही है तो समझिये अभी शक्ति कुछ कम है।" इस बार पार्थ ने कहा।

इस बीच पानी पी लेने के बाद आदित्य ने बोलना शुरू किया, "जो आज़ाद दल में अपने आरम्भिक दिनों में जोश से परिपूर्ण रहते थे उन पर नेतृत्व एवं वरिष्ठता के भार ने होश का भी मिश्रण कर दिया था। अब वे उत्तेजना में कोई काम नहीं करते थे। भगवानदास माहौर ऐसा ही एक क़िस्सा बताते हैं,

"आज़ाद जब झाँसी में सदर बाज़ार बुन्देलखण्ड कम्पनी में काम करते थे तो एक दिन मेरे पास बड़ी उत्तेजना से आये और अपना पिस्तौल निकालकर मुझे देते हुए बोले, 'ले इसे अपने पास रख ले।' मैं प्रश्नसूचक दृष्टि से उनकी ओर देखने लगा तो आगे बोले, 'मेरा दिमाग़ आज ठीक नहीं है। आज सदर बाज़ार में कुछ सोल्जरों ने बड़ा उपद्रव किया, औरतों को छेड़ा, लोगों को मारा और गालियाँ बकी हैं। इससे मैं उत्तेजित हो उठा हूँ। कई बार मेरा हाथ पिस्तौल पर जा चुका है। मुझे ऐसा लगा कि कहीं मैं अपने पर से काबू न खो दूँ। नहीं तो गड़बड़ हो जायेगी। इसलिए चला आया हूँ। तू इसे रखे रह।' और जो बातें हुईं उसमें आज़ाद ने मुझे समझाया, 'हर बदमाशी और अत्याचार का प्रतिकार हम थोड़े ही कर सकते हैं। यदि उत्तेजना में आकर मैं वहाँ कुछ कर डालता तो इधर तुम लोगों की हालत ख़राब हो जाती और न जाने कहाँ-कहाँ क्या हो जाता। यों तो बदमाश और शरारती लोग कदम-कदम पर मिलते ही रहते हैं।'"[60]

क्रान्तिकारी आन्दोलन में जो सरकार का दमन आरम्भ में विघ्न की तरह आता वह आगे चलकर प्रेरणा में परिवर्तित हो जाता। जेल की सलाखों के पीछे दम तोड़ती हुई आवाज़ें, फाँसी के फँदे से लटकते हुए जिस्म और अदालत में लहूलुहान होते हुए क्रान्तिकारियों के चेहरे–ये सब शेष एवं आने वाले क्रान्तिकारियों को ताक़त देते। जब-जब सरकार ने उन्हें तोड़ना चाहा, वे और भी संकल्पशील बनकर उभरे। अपने वरिष्ठों के अधूरे सपनों को पूरा करने हेतु फिर से प्रयास किये जाने लगे।

पुनरुत्थान हेतु झाँसी में आज़ाद काम कर रहे थे। संगठन बढ़ाने हेतु भगवानदास को उन्होंने ग्वालियर भेजा। पंजाब में भगत सिंह ने भी अन्य

साथियों के सहयोग से नौजवान भारत सभा की स्थापना की। इसी क्रम में भगत सिंह ने अपने स्वतन्त्र सूत्र स्थापित करते हुए संयुक्त प्रान्त के क्रान्तिकारियों के साथ विभिन्न प्रान्तों का दौरा किया। भगत सिंह ने लखनऊ आकर बिस्मिल को छुड़ाने के लिए योजना बनायी पर असफलता ही प्राप्त हुई। विजय कुमार सिन्हा एवं शिव वर्मा ने अन्य क्रान्तिकारियों के साथ मिलकर पहले कानपुर में नये सिरे से काम आरम्भ किया और फिर प्रदेश के अन्य केन्द्रों को भी सक्रिय करने में जुट गये। इन सभी बिखरे क्रान्तिकारियों की एक अत्यन्त महत्त्वपूर्ण कड़ी कानपुर में गणेश शंकर विद्यार्थी के रूप में थी। उनकी 'प्रताप' प्रेस में सभी क्रान्तिकारी आते-जाते रहते। कॉलेजों एवं विश्वविद्यालयों में भी क्रान्तिकारी दल बनने लगे। फणीन्द्रनाथ घोष, मनमोहन बनर्जी और योगेन्द्र शुक्ल बिहार में काम कर रहे थे। भगत सिंह, विजय कुमार सिन्हा, शिव वर्मा, जयदेव कपूर, कुन्दनलाल जैसे क्रान्तिकारियों के इन्हीं प्रयासों के फलस्वरूप बिखरे क्रान्तिकारी पुनः जुड़ने लगे। आज़ाद का सम्पर्क अभी इनसे नहीं हो पाया था। कुन्दनलाल को ज़िम्मेदारी दी गयी कि आज़ाद का पता लगायें। आज़ाद को कुन्दनलाल ने झाँसी में ढूँढा। आज़ाद से सम्पर्क स्थापित होने के बाद आज़ाद के अस्तित्व एवं विचार के बारे में शिव वर्मा जो लिखते हैं वह हमें अवश्य सुनना चाहिए :

"एक दिन जब सुरेन्द्र पाण्डेय ने आकर धीरे से मेरे कान में कहा कि नम्बर दो आ गये हैं और आज रात तुम्हें उनसे मिलना है तो मेरे सारे शरीर में बिजली दौड़ गयी। रात के लगभग 9 बजे श्री राधामोहन गोकुलजी के मकान पर जाकर दरवाज़ा खटखटाया। राधामोहन जी ने दरवाज़ा खोला और कुछ कहे बगैर ऊपर की छत की ओर इशारा कर दिया। वहाँ खुली छत पर फैले चाँद के रूपहले प्रकाश में एक व्यक्ति चटाई पर उघारे बदन पाल्थी लगाये अकेले बैठा हम लोगों की प्रतीक्षा कर रहा था। साँवला रंग, गठा हुआ तगड़ा जिस्म, औसत लम्बाई से कुछ नाटा कद, तेज़ चुभती हुई आँखें, चेहरे पर गहरे चेचक के दाग। आज़ाद से वह मेरा पहला परिचय था और आमने-सामने की उस थोड़ी देर की पहली मुलाकात ने ही मेरी कल्पना द्वारा बनायी उनकी तस्वीर की रूपरेखा को बदल दिया। मैंने देखा, आज़ाद हम जैसे ही एक नौजवान हैं–कोमल, विनोदप्रिय, मिलनसार किन्तु दृढ़ और अटल।

'विजय और पाण्डेय भी आ रहे होंगे तभी बात करेंगे।' उन्होंने कहा। फिर कुछ ठहरकर स्वयं ही बोले, 'बिखरे सूत्रों को फिर से जोड़कर नये सिरे से नया संगठन खड़ा करने का जो प्रयास तुम लोगों ने शुरू किया है उससे लगता है अभी सबकुछ गया नहीं है और शीघ्र ही शायद हम लोग फिर से कुछ करने में समर्थ हो सकें।' आज़ाद का वाक्य पूरा होते-होते विजय पाण्डेय भी आ गये। मीटिंग में अधिकतर बातचीत विजय ने ही की। प्रान्त में संगठन की स्थिति, पुराने सूत्रों की खोज, पैसा और अस्त्र-शस्त्रों की कमी, पंजाब और बिहार से सम्पर्क, कानपुर, इलाहाबाद और बनारस के पार्टी केन्द्रों की हालत, आगे का प्रस्तावित कार्यक्रम आदि के बारे में विस्तार के साथ विजय ने उन्हें बतलाया। विजय की रिपोर्ट सुनने के बाद आज़ाद ने आरम्भ में हम लोगों को चार बातों की ओर विशेष ध्यान देने की सलाह दी। पुराने सूत्रों और सम्पर्कों की तलाश, संगठन, पुराने हथियारों का पता लगाना और नयों की तलाश करना और बंगाल से सम्पर्क स्थापित करना। किसी काम में भावावेश या जल्दबाज़ी से कुछ कर बैठने के खिलाफ़ ख़ास तौर पर उन्होंने हमें आगाह किया।"[61]

1928 का वर्ष भारतीय स्वतन्त्रता संग्राम के क्रान्तिकारी इतिहास में एक निर्णायक मोड़ लेकर आया। देश के विभिन्न हिस्सों में कार्य कर रहे क्रान्तिकारी अब यह महसूस कर चुके थे कि टुकड़ों में बँटे हुए प्रयास अंग्रेज़ी सत्ता की नींव को हिला नहीं सकते। एक एकीकृत, संगठित और वैचारिक रूप से स्पष्ट राष्ट्रीय क्रान्तिकारी संगठन की आवश्यकता अब केवल इच्छा नहीं, आवश्यकता बन चुकी थी। जुलाई 1928 में कानपुर में एक गुप्त सभा आयोजित की गयी। विजय कुमार सिन्हा, शिव वर्मा, भगत सिंह, जयदेव कपूर, कुन्दनलाल, भगवतीचरण वोहरा और सुखदेव जैसे प्रमुख नाम वहाँ उपस्थित थे। इसी सभा में चन्द्रशेखर आज़ाद भी पहुँचे। यहीं पुनर्मिलन हुआ एक युग के दो पुत्रों का। एक ऐसा युग, जो स्वयं को इतिहास में नहीं, अनिर्णय और प्रतिरोध के बीच फँसे मौन में खोज रहा था। उसने उस दिन इन दो चेहरों में अपनी दिशा देखी। एक जो जंगलों में अकेला रहा और मिट्टी से बारूद उठाई। दूसरा जिसने किताबों की संगत में दिन-रात एक किये, शब्दों को गोली की तरह नुकीला किया और तर्क को मशाल बनाया। चन्द्रशेखर

आज़ाद एवं भगत सिंह का पुनर्मिलन कोई साधारण मिलन नहीं अपितु विचार और साहस का सन्धान था।

कानपुर की इस सभा में एक नये केन्द्रीय क्रान्तिकारी संगठन की स्थापना का विचार दृढ़ हुआ। लम्बे समय से अलग-अलग प्रान्तों में क्रान्ति अपने-अपने स्वरूपों में चल रही थी पर समन्वय का अभाव उसे सीमित करता रहा। इस सभा ने वह रिक्ति भरी। इस सभा में विभिन्न प्रयासों को एकीकृत करने के इतर हथियारों के साथ-साथ विचारधारा की स्पष्टता, संगठन के भीतर अनुशासन, और सबसे बढ़कर, एक साझा दृष्टि की आवश्यकता को सबने स्वीकारा। अब बनाना था ऐसा संगठन जो उस वेदना की प्रतिध्वनि हो जो काकोरी के फाँसीघाटों से उठी थी, जो उन लाठियों का उत्तर हो जो अमानवीय हुकूमत ने क्रान्तिकारियों पर बरसाई थी और फिर, वह ऐतिहासिक दिन आया 9 सितम्बर 1928। दिल्ली का फिरोज़ शाह कोटला जहाँ कभी सल्तनतें गढ़ी गयी थीं वहाँ धूप-छाँव से ढकी उन गुमनाम दीवारों के बीच शब्दों को अस्त्र, विचारों को शस्त्र और स्वप्नों को संगठन बनाते हुए जन्मा हिन्दूस्तान सोशलिस्ट रिपब्लिकन एसोसिएशन। यह नवगठित दल प्रतिशोध नहीं, पुनर्निर्माण था। यह हिंसा नहीं, न्याय की पुकार थी। एक ऐसा संगठन, जो न केवल अंग्रेज़ी हुकूमत को चुनौती देने वाला था अपितु नवयुग का अग्रदूत भी था।

चन्द्रशेखर आज़ाद इस सभा में नेत्रश्लेष्मलाशोथ यानी कंजक्टिवाइटिस होने के कारण भाग न ले पाये थे।[162] आज़ाद ने यह आश्वस्त किया था कि सभा में जो निर्णय होगा वह उन्हें मान्य होगा। चन्द्रशेखर की ग़ैर-मौजूदगी के बावजूद इस नवीन संगठन का उन्हें कमांडर-इन-चीफ़ नियुक्त किया गया। कमांडर-इन-चीफ़ का अर्थ तानाशाह कदापि नहीं था। सत्ता के विकेन्द्रीकरण हेतु हर प्रान्त से एक सदस्य वाली एक सात सदस्यी केन्द्रीय समिति गठित की गयी जिसके पास कोष एवं हथियारों की पूर्ण कमान सौंपी गयी। भगत सिंह एवं विजय कुमार सिन्हा को अन्तरप्रान्तीय सम्बन्ध बनाने का काम भी दिया गया। सुखदेव को पंजाब, कुन्दनलाल को राजपुताना, फणीन्द्र को बिहार एवं शिव वर्मा को संयुक्त प्रान्त का प्रमुख संगठनकर्ता बनाया गया।

इस सभा में बंगाल के दलों को भी न्योता दिया गया परन्तु उन्होंने अपनी शर्तें रखी। शिव वर्मा को बंगाल के क्रान्तिकारियों से मिलने और उन्हें सभा

में आमन्त्रण देने के लिए भेजा गया। उनका स्वागत काकोरी की याद दिलाते हुए किया, "हमारे बिना यह क्यों किया? और अब पूरे संगठन कि नाश करने के बाद हमारे पास क्यों आये हो?" शिव वर्मा ने जब कहा की वे मदद माँगने नहीं अपितु सभा का न्योता देने आये हैं तो उन्होंने शर्त रखी कि समाजवाद या साम्यवाद से दल का कोई सम्बन्ध नहीं होगा और न ही दल का नाम बदला जायेगा। आगे शर्त रखी कि केन्द्रीय कमेटी जैसा कुछ नहीं होना चाहिए और बंगाल में उन्हीं के माध्यम से काम हो और 'किसी ऐसे काम में हाथ न डाला जाये जिससे सरकार के चौंकने की आशंका हो।'[163] क्रान्तिकारी यशपाल बताते हैं कि वे अब 'दादाडम' से ऊब चुके थे और 'हम लोगों में प्रजातन्त्र की भावना जाग चुकी थी' और 'किसी व्यक्तिगत तानाशाही के अधीन' काम नहीं करना चाहते थे।[164] जयदेव कपूर के शब्दों में कहें तो, "बंगाली 'सोशलिस्ट' शब्द से चिढ़ते थे।"[165] इसीलिए उन्होंने 'बंगाल से सहयोग की आशा छोड़ दी।'[166]

क्रान्तिकरी दलों के मूलभूत स्वभाव के निर्माण में व्यक्तियों एवं व्यक्तिगत विचारों की अमिट छाप रही है। विचारों का जो क्रम व्यक्तिगत स्तर पर आरम्भ होता वह आगे चलकर संगठन की दिशा और दशा तय करता। एच.आर.ए. के वैचारिक निर्माण में पहले शचीन्द्रनाथ सान्याल और फिर रामप्रसाद बिस्मिल का प्रभाव रहा। सान्याल रास बिहारी बोस से प्रेरित होते हुए क्रान्तिकारी दल को एक वैचारिक दृष्टिकोण देना चाहते थे और इसलिए उन्होंने भारत की स्वाधीनता को अन्तिम लक्ष्य नहीं माना अपितु मात्र वैश्विक कल्याण का साधन माना। सान्याल के नेपथ्य में चले जाने के बाद बिस्मिल के विचारों का प्रभाव दल पर पड़ा जो आर्य समाज एवं वेदान्त के क़रीब थे। सान्याल भी वेदान्त से प्रेरित थे और इसलिए उनके लिखे पर्चे 'रेवोलूशनरी' में हम अगर बोल्शेविक रूस के पदचिन्हों पर चलने की बात पाते हैं तो भारत के प्राचीन ऋषियों से सीखने की सलाह भी पाते हैं।

इसी प्रकार काकोरी काण्ड के बाद शिथिल पड़ गया संगठन जब पुनः साँसे लेने लगा तो उसे बौद्धिक एवं वैचारिक आयाम दिया भगत सिंह ने। भगत सिंह के ही दिमाग़ की उपज थी एच.आर.ए. में सोशलिस्ट शब्द जोड़ते हुए दल का नाम एच.एस.आर.ए. किया जाये। भगत सिंह का दृढ़ विश्वास था कि

भारत के लिए जितना आवश्यक अंग्रेज़ों का चले जाना है उससे कहीं अधिक आवश्यक व्यवस्था में मूलभूत परिवर्तन है वर्ना शासक वर्ग की चमड़ी का रंग तो बदल जायेगा पर शोषण को जन्म देने वाली व्यवस्था उसी प्रकार बनी रहेगी। इसीलिए अपनी माँ को लिखे पत्र में भगत सिंह ने कहा, "मुझे इसमें कोई सन्देह नहीं है कि मेरा देश एक दिन आज़ाद होगा। लेकिन मुझे डर है कि भूरे साहब उन कुर्सियों पर बैठने वाले हैं, जिन्हें गोरे साहब खाली कर देंगे।"[167]

अपनी असहमतियों के बावजूद गांधी भी आधारभूत परिवर्तन को अपना लक्ष्य बनाते हैं। जब वे स्वराज की बात करते हैं तो स्वराज का अर्थ उनके लिए इतना सीमित नहीं होता कि चुनावों के माध्यम से चन्द लोग चुन लिए जायें और वे मनचाहा राज करें। उनके अनुसार सही मायनों में स्वराज तभी होगा जब प्रत्येक व्यक्ति की, हरेक गाँव की आवाज़ उसमें शामिल हो। गांधी जब अहिंसा की भी बात करते हैं तो वे उस हिंसा का समूल नाश चाहते हैं जो विभिन्न कारणों से हमारी व्यवस्था में बैठ गयी है। गांधी ने इन लक्ष्यों को पाने का साधन जहाँ सत्याग्रह को बनाया वहीं भगत सिंह क्रान्ति को ही एक समतावादी समाज स्थापित करने का साधन मानते थे। बकौल भगत सिंह,

"क्रान्ति ही क़ानून है, क्रान्ति ही व्यवस्था है और क्रान्ति ही सत्य है।"[168]

एक अन्य जगह उन्होंने लिखा,

"क्रान्ति से हमारा अभिप्राय उस सामाजिक व्यवस्था की अन्तिम स्थापना से है, जिसे किसी प्रकार के विघटन का भय न हो, जिसमें सर्वहारा वर्ग की सम्प्रभुता को मान्यता प्राप्त हो, और एक विश्व महासंघ मानवता को पूँजीवाद की दासता तथा साम्राज्यवादी युद्धों की पीड़ा से मुक्ति दिलाये।"[169]

गांधी के लिए आज़ादी उतनी ही महत्त्वपूर्ण थी जितनी भगत सिंह के लिए परन्तु गांधी का यक़ीन क्रान्ति में नहीं था। गांधी का विश्वास साधन एवं साध्य की शुचिता में था। वे यह मानने को तैयार नहीं थे कि अनुचित साधन से उचित साध्य तक पहुँचना चाहिए क्योंकि वह अनुचित साधन अपने भीतर की बुराई द्वारा साध्य को भी दूषित कर देता है एवं भविष्य में भी विभिन्न दुष्परिणामों को जन्म देता है। सही मार्ग द्वारा सही लक्ष्य तक पहुँचना या पहुँचने का प्रयास करना गांधी दर्शन का प्रमुख सिद्धान्त है। इसलिए क्रान्ति के विषय में गांधी ने कहा,

"मैं मानता हूँ कि यह विश्व सशस्त्र विद्रोहों से ऊब चुका है। मैं यह भी मानता हूँ कि भले ही अन्य देशों के लिए कुछ और सत्य हो, भारत में एक रक्तरंजित क्रान्ति सफल नहीं हो सकती। जनसाधारण की उसमें कोई सक्रिय भूमिका नहीं होती और यह उनके लिए कोई भला नहीं कर सकती। यदि रक्तरंजित क्रान्ति सफल भी हो जाये, तो भी वह जनसाधारण के लिए और अधिक दुखदायी ही होगी, क्योंकि वह उनके लिए केवल एक और प्रकार का विदेशी शासन ही सिद्ध होगी।

मैं जो अहिंसा सिखाता हूँ, वह सबसे शक्तिशाली की सक्रिय अहिंसा है। लेकिन सबसे दुर्बल भी उसमें भाग ले सकता है, बिना और दुर्बल हुए। वास्तव में, उसमें भाग लेकर वह और अधिक शक्तिशाली ही बनेगा।"[170]

"गांधी क्रान्ति की तुलना विदेशी शासन से क्यों कर देते हैं? यह क्या बात हुई" दिव्यांश ने प्रश्न किया।

मैंने सोचा कुछ बोल दूँ। इसलिए आदित्य के कहने से पहले मैंने बोला, "गांधी ने ऐसा इसलिए कहा क्योंकि क्रान्ति में उनके अनुसार आम जनता की भूमिका अत्यन्त सीमित होगी। और कोई ऐसी व्यवस्था जिसके निर्माण में आम जनता की भूमिका नगण्य है, विदेशी ही रहेगी क्योंकि उसमें जनता की भागीदारी कितनी होगी और जनता की कितनी सुनवाई होगी इस पर हमेशा प्रश्न उठता रहेगा। अगर निर्माण में भूमिका नहीं रहेगी तो सत्ता के निरंकुश होने पर जनता के पास सत्ता से बेदखल करने कि भी शक्ति नहीं रहेगी जिसके कारण शोषण का चक्र पुनः चलने लगेगा। गांधी मानते थे कि कोई भी परिवर्तन स्थायी तौर पर अच्छा तभी रहेगा जब वह स्वयं जनता द्वारा अपने लिए स्थापित किया गया हो न कि चन्द लोगों द्वारा लड़कर लिया गया हो।"

"हाँ, सही कह रहे हो। बाकी देशों में हुई क्रान्तियों को देखने पर भी यह प्रश्न उठता ही है कि उनको हासिल क्या रहा। फ्रेंच क्रान्ति ने जहाँ नेपोलियन को जगह दी और वहीं रूसी क्रान्ति ने पहले लेनिन को सत्ता पर बैठाया और फिर स्टालिन को जिसने बर्बरता से शासन किया।" आदित्य ने मेरी बातों में कुछ बिन्दु जोड़ते हुए कहा। आगे गांधी को उद्धृत करते हुए वह कहता है,

"गांधी ने अपनी बात पर और ज़ोर देते हुए एक अन्य जगह कहा, 'सच्चा लोकतन्त्र या जनसाधारण का स्वराज, कभी भी असत्य और हिंसात्मक उपायों

से प्राप्त नहीं किया जा सकता, क्योंकि ऐसे उपायों का स्वाभाविक परिणाम विरोधियों को दबाकर या नष्ट करके सारे विरोध को समाप्त करना होता है। यह व्यक्तिगत स्वतन्त्रता के अनुकूल नहीं होता। व्यक्तिगत स्वतन्त्रता का पूर्णतम विकास केवल शुद्ध और निष्कलंक अहिंसा के शासन में ही सम्भव है।'[171]

"एक और आवश्यक बिन्दु यहाँ उठता है...।" मैंने कहा।

"क्या?" पूछा गया।

"इन तमाम मतभेदों के बावजूद क्रान्तिकारियों को गांधी की ओर से अपने कार्यों के संचालन में ज़रा सी भी अड़चन न आयी। गांधी जी ने न उन्हें रोका न उन कांग्रेसियों को रोका जो क्रान्तिकारियों की सहायता करते थे। असल आज़ादी के तो यही मायने हैं न...कि मतभेदों के बावजूद अपने विचारों को प्रकट करने की और उनको क्रियान्वित करने की आज़ादी हो।"

"सही कह रहे हो।" आदित्य कहता रहा, "गांधी क्रान्ति के व्यावहारिक पक्ष को लेकर भी चिन्तित थे। इसलिए उन्होंने कहा, 'मान लिया कि भारत पर्याप्त मात्रा में हथियार, गोलाबारूद और युद्ध-कला में निपुण पुरुष उत्पन्न कर ले, तो भी जो लोग हथियार नहीं उठा सकते, उनका स्वराज की प्राप्ति में क्या योगदान होगा? मैं ऐसा स्वराज चाहता हूँ जिसकी प्राप्ति में शारीरिक रूप से सबसे बलवान व्यक्ति के समान ही स्त्रियाँ और बच्चे भी समान भागीदार बन सकें। यह केवल अहिंसा के माध्यम से ही सम्भव है। इसलिए मैं भारत की स्वतन्त्रता की प्राप्ति के लिए अहिंसा को ही एकमात्र साधन मानकर उसका समर्थन करूँगा, चाहे मुझे अकेले ही क्यों न खड़ा होना पड़े।'[172]

क्रान्तिकारियों को अपने सन्देश में गांधी ने कहा, "क्रान्तिकारियों को मेरी सम्पूर्ण विचारधारा को अस्वीकार करने की पूर्ण स्वतन्त्रता है। उनके समक्ष मैं केवल अपने अनुभव प्रस्तुत करता हूँ–एक सहकर्मी के रूप में, जो उसी उद्देश्य के लिए कार्य कर रहा है–जैसे कि मैंने उन्हें अली बन्धुओं और अपने अनेक अन्य मित्रों के समक्ष सफलतापूर्वक प्रस्तुत किया है। वे मुस्तफा कमाल पाशा और सम्भवत: डी वलेरा तथा लेनिन की कार्रवाइयों की मुक्त कण्ठ से सराहना कर सकते हैं और करते भी हैं। किन्तु वे मेरे साथ यह समझें कि भारत न तो तुर्की है, न आयरलैंड और न ही रूस। और देश के वर्तमान चरण में क्रान्तिकारी गतिविधियाँ आत्मघाती सिद्ध होंगी–यदि सदा के

लिए नहीं, तो कम-से-कम इस समय के लिए तो निश्चित ही—क्योंकि यह देश अत्यन्त विशाल है, निराशाजनक रूप से विभाजित है और जनसाधारण घोर निर्धनता में डूबे हुए हैं तथा भयानक भय में जकड़े हुए हैं।"[173]

भगत सिंह ने गांधी के असहयोग आन्दोलन में अन्य युवाओं की भाँति उसी तीव्रता के साथ भाग लिया था, परन्तु आगे चलकर अपनी स्वतन्त्र वैचारिकता का निर्माण किया। 'आलोचना' एवं 'स्वतन्त्र चिन्तन' को वे किसी भी क्रान्तिकारी का आवश्यक तत्त्व मानते थे। क्रान्ति उनके लिए सिर्फ़ बन्दूक और बम का खेल नहीं थी। सही मायनों में उनके लिए क्रान्ति का अर्थ था उस व्यवस्था में परिवर्तन जो अत्याचार एवं अन्याय पर आधारित है। ऐसे समाज की स्थापना वे चाहते थे जिसमें सर्वहारा वर्ग को उसके समस्त अधिकार प्राप्त हों एवं पूँजीवाद एवं विस्तारवाद से विश्व सर्वथा के लिए मुक्त हो। जैसा कि भगत सिंह ने स्वयं लिखा कि 'क्रान्ति मानवता का अपरिहार्य अधिकार है' जो,

"...निश्चित रूप से एक विचारशून्य, क्रूर हत्या और आगज़नी का अभियान नहीं है; यह कुछ स्थानों पर बम फेंकने और कुछ गोलियाँ चलाने की घटना मात्र नहीं है; न ही यह कोई ऐसा आन्दोलन है जिसका उद्देश्य सभ्यता के सभी अवशेषों को नष्ट कर देना हो या न्याय और समानता जैसे समय-सिद्ध सिद्धान्तों को चूर-चूर कर देना हो। क्रान्ति न तो निराशा का कोई दर्शन है और न ही निराशावादी लोगों का कोई मत। क्रान्ति ईश्वर-विरोधी हो सकती है, लेकिन मानव-विरोधी कभी नहीं हो सकती। यह एक जीवन्त, सक्रिय शक्ति है, जो पुराने और नये, जीवन और मृत्यु के बीच, प्रकाश और अन्धकार के बीच शाश्वत संघर्ष की प्रतीक है। बिना क्रान्ति के कोई सामंजस्य नहीं, कोई संगीत नहीं, कोई लय नहीं हो सकती।"

एच.एस.आर.ए. के घोषणापत्र में भगत सिंह ने लिखा,

"क्रान्ति के बिना यह सम्भव नहीं है कि अराजकता, विधिक उत्पात और घृणा जो आज सर्वोच्च रूप से शासन कर रहे हैं, के स्थान पर व्यवस्था, क़ानून और प्रेम को प्रतिष्ठित किया जा सके।"

भगत सिंह के लिए क्रान्ति इसलिए आवश्यक थी क्योंकि क्रान्ति, "सभी को स्वतन्त्रता दिलायेगी और मनुष्य द्वारा मनुष्य के शोषण को असम्भव बना देगी।"[174]

क्रान्ति के अर्थ को और समझते हुए भगत सिंह ने कहा,

"क्रान्ति का अर्थ अनिवार्य रूप से रक्तरंजित संघर्ष नहीं है, और न ही इसमें व्यक्तिगत प्रतिशोध के लिए कोई स्थान है। यह बम और पिस्तौल की पूजा नहीं है। क्रान्ति से हमारा अभिप्राय यह है कि वर्तमान सामाजिक व्यवस्था, जो स्पष्ट अन्याय पर आधारित है, उसे अवश्य बदलना चाहिए।

जो श्रमिक या उत्पादक समाज के सबसे आवश्यक घटक हैं, उन्हें उनके शोषक उनके श्रम के फलों से वंचित कर देते हैं और उनके मौलिक अधिकारों को भी छीन लेते हैं।

जो किसान सबके लिए अन्न उगाता है, वह स्वयं अपने परिवार सहित भूखा मरता है; जो बुनकर विश्व बाज़ार के लिए वस्त्र तैयार करता है, उसके पास अपने और अपने बच्चों के तन ढकने तक को पर्याप्त कपड़ा नहीं होता; जो राजमिस्त्री, लोहार और बढ़ई भव्य महलों का निर्माण करते हैं, वे झुग्गियों में अछूतों की तरह जीवन बिताते हैं।

पूँजीपति और शोषक–जो समाज के परजीवी हैं–वे अपनी सनकों पर करोड़ों लुटा देते हैं।

ये भयंकर विषमताएँ और जबरन थोपी गयी अवसरों की असमानता, अन्ततः अराजकता की ओर ले जायेंगी। यह स्थिति अधिक समय तक नहीं टिक सकती, और यह स्पष्ट है कि मौजूदा सामाजिक व्यवस्था जो उत्सवमग्न प्रतीत होती है, वह एक ज्वालामुखी के किनारे पर खड़ी है।

यदि समय रहते इसे न बचाया गया, तो इस समूची सभ्यता की इमारत ध्वस्त हो जायेगी। इसलिए एक मौलिक परिवर्तन आवश्यक है, और जो लोग इस सच्चाई को पहचानते हैं, उनका कर्तव्य है कि वे समाज का पुनर्गठन समाजवादी आधार पर करें।"[175]

क्रान्ति की महत्ता में यक़ीन रखने वाले भगत सिंह यह भी जान गये थे कि क्रान्ति चन्द लोगों द्वारा थोपी नहीं जा सकती। सर्वहारा वर्ग का प्रभुत्व सर्वहारा वर्ग द्वारा ही स्थापित हो सकता है। भगत सिंह ने 'युवा राजनैतिक कार्यकर्ताओं' के नाम अपने सन्देश में कहा था कि "वास्तविक क्रान्तिकारी सेनाएँ गाँवों और फैक्ट्रियों हैं–किसान और मज़दूर।"[176] इन्हीं सेनाओं को जगाने के मंच के रूप में भगत सिंह दल का प्रयोग करना चाहते थे। इन

विचारों को धरातल पर लेने के लिए यह आवश्यक था कि जनता तक यह सन्देश जाये कि क्रान्तिकारी कौन हैं, किस प्रकार का काम करते हैं और किन विचारों ओर प्रतिबद्ध है। इसलिए अब सक्रिय प्रचार की ओर भगत सिंह आकृष्ट हुए। वे यह भी जान गये थे कि क्रान्ति का रास्ता जनान्दोलन एवं जनजागरण से ही होकर गुज़रता है। यही कारण था कि वे एकल एक्शनों की बजाय दल की कार्यशैली ऐसी बनाना चाहते थे जो जनान्दोलन को बढ़ावा दे।

भगत सिंह किस तरह और क्या सोच रहे थे यह जानने के लिए शिव वर्मा का एक संस्मरण आवश्यक हो जाता है :

भगत सिंह जानता था कि मैं सो नहीं रहा हूँ। वह कुछ देर तक पास पड़ी एक पुस्तक के पन्ने उलटता रहा, फिर मेरा कंधा हिलाते हुए उसने धीरे से पुकारा, "शिव।"

"क्या है?" उसकी ओर करवट बदलते हुए मैंने कहा।

"एक बात पूछूँ?"

"कहो।"

"व्यक्ति का नाम बड़ा है कि पार्टी का काम?"

"पार्टी का काम।" मैंने उत्तर दिया।

"और पार्टी का काम अविराम गति से चलता रहे, हमारे, 'एक्शन्स' सफल होते रहें, हमारी बात देशवासियों तक नियमित रूप से पहुँचती रहे, आज़ादी की अपनी इस लड़ाई में हर मंज़िल पर हम कामयाब होते रहें, इसके लिए पहली शर्त क्या है?"

"एक मज़बूत और व्यापक संगठन", मैंने उत्तर दिया। "संगठन और प्रचार" उसने कहा। "देश की जनता हमारे साहस और हमारे कामों की सराहना करती है, लेकिन हमसे अपना सीधा सम्पर्क जोड़ पाने में वह असमर्थ है। अभी तक हमने खुले शब्दों में उसे यह भी नहीं बतलाया कि जिस आज़ादी की हम बात करते हैं उसकी रूप-रेखा क्या होगी, अंग्रेज़ों के चले जाने के बाद जो सरकार बनेगी वह कैसी होगी और किसकी होगी। अपने आन्दोलन को जनाधार देने के लिए हमें अपना ध्येय जनता के बीच ले जाना होगा, क्योंकि जनता का समर्थन प्राप्त किये बगैर हम अब पुराने ढंग से इक्के-दुक्के अंग्रेज़ अधिकारियों को या सरकारी मुख़बिरों को मारकर नहीं चल सकते। हम अभी

तक संगठन तथा प्रचार की ओर से उदासीन रहकर प्राय: एक्शन पर ही ज़ोर देते आये हैं। काम का यह तरीका हमें छोड़ना पड़ेगा। मैं तुम्हें और विजय को संगठन तथा प्रचार के कामों के लिए पीछे छोड़ना चाहता हूँ। कुछ देर चुप रह कर उसने कहा, "हम सब लोग सिपाही हैं। और सिपाही का सबसे अधिक मोह होता है रणक्षेत्र से। इसलिए 'एक्शन' पर चलने की बात उठते ही सब लोग उछल पड़ते हैं। फिर भी आन्दोलन का ध्यान रखकर किसी-न-किसी को तो 'एक्शन' का यह मोह छोड़ना ही पड़ेगा। यह सही है कि आमतौर पर शहादत का सेहरा 'एक्शन्स' में जूझने वालों या फाँसी पर झूल जाने वालों के सर पर ही बन्धता है, लेकिन इसके बावजूद उनकी स्थिति इमारत के मुख्य द्वार पर जड़े उस हीरे के समान ही रहती है जिसका मूल्य जहाँ तक इमारत का सवाल है, नींव के नीचे दबे एक साधारण पत्थर के मुकाबले कुछ भी नहीं होता।"

मैं लेटे-लेटे भगत सिंह की बातें सुनता रहा। वह मेरे सर के पास दीवार का सहारा लिए बैठा था और ऐसे बात कर रहा था मानो ज़ोर-ज़ोर से सोचने का प्रयास कर रहा हो। बीच-बीच में उसके दाहिने हाथ की उंगलियाँ मेरे सर के बालों में घूम जातीं और वह फिर धीरे-धीरे रुक-रुक कर उसी लहज़े में बोलना शुरू कर देता :

"हीरे इमारत की ख़ूबसूरती बढ़ा सकते हैं, देखने वालों को चकाचौंध कर सकते हैं, लेकिन इमारत की बुनियाद नहीं बन सकते, उसे लम्बी उम्र नहीं दे सकते, सदियों तक अपने मज़बूत कन्धों पर उसके बोझ को उठाकर उसे सीधा खड़ा नहीं रख सकते। अभी तक हमारे आन्दोलन ने हीरे कमाये हैं, बुनियाद के पत्थर नहीं बटोरे। इसलिए इतनी कुर्बानी देने के बाद भी हम अभी तक इमारत क्या उसका ढाँचा भी खड़ा नहीं कर पाये। आज हमें बुनियाद के पत्थरों की ज़रूरत है।" फिर कुछ रुककर बोला, "और त्याग तथा कुर्बानी के भी दो रूप हैं। एक है गोली खाकर या फाँसी पर लटक कर मरना। इसमें चमक अधिक है, लेकिन तकलीफ़ कम। दूसरा है पीछे रहकर सारी ज़िन्दगी इमारत का बोझ ढोते फिरना। आन्दोलन के चढ़ाव-उतार के बीच प्रतिकूल वातावरण में कभी ऐसे भी क्षण आते हैं जब एक-एक कर सभी हमराही छूट जाते हैं। उस समय मनुष्य सांत्वना के दो शब्दों के लिए भी तरस उठता है।

ऐसे क्षणों में भी विचलित न होकर जो लोग अपनी राह नहीं छोड़ते, इमारत के बोझ से जिनके पैर नहीं लड़खड़ाते, कन्धे नहीं झुकते, जो तिल-तिलकर अपने आपको इसलिए गलाते रहते हैं, इसलिए जलाते रहते हैं कि दिये की जोत मद्धिम न पड़ जाये, सुनसान डगर पर अँधेरा न छा जाये, ऐसे लोगों की कुर्बानी और त्याग पहले वालों के मुकाबले क्या अधिक नहीं हैं?''[177]

जनता तक अपना सन्देश ले जाने से पूर्व यह आवश्यक था कि दल में वैचारिक तादात्म्य स्थापित किया जाये क्योंकि जैसा जयदेव कपूर बताते हैं, "उस समय न तो हम स्वयं को वैचारिक या बौद्धिक रूप से परिपक्व मानते थे, और न ही वास्तव में थे। इस बात पर कोई विवाद नहीं था।

हालाँकि, हम एक क्रान्तिकारी विचारधारा की खोज में थे–ऐसी मज़बूत पार्टी की तलाश में जो उस विचारधारा को लागू कर सके, और उस पार्टी के भीतर एक खुले व गुप्त मंच की भी, जो जनता को क्रान्ति के लिए तैयार कर सके।"[178]

नम्बर एक यानी कुन्दनलाल भी यही कहते हैं कि, "यद्यपि भगत सिंह को छोड़कर हममें से किसी के भी विचार समाजवाद के विषय में उस समय तक स्पष्ट नहीं हुए थे तथापि भगत सिंह के विचार हमें उचित जँचे।"[179]

नम्बर दो यानी चन्द्रशेखर को भगत सिंह के सोशलिस्ट शब्द जोड़ने के प्रस्ताव ने आश्चर्य से भर दिया। चन्द्रशेखर आज़ाद ऐसे अकेले नहीं थे। सभा में फणीन्द्रनाथ घोष तथा मनमोहन बनर्जी ने यह कहते हुए विरोध किया कि इससे, "उच्च शिक्षित वर्ग डर जायेगा और इसका परिणाम होगा कि दल को इससे भीषण आघात पहुँचेगा।"[180] कुछ का यह भी कहना था कि दल का नामकरण शचीन्द्रनाथ सान्याल एवं बिस्मिल जैसे क्रान्तिकारियों ने किया है और ऐसे में नाम बदलना धृष्टता होगी।

आज़ाद बैठक में नहीं थे पर जब उन्हें मालूम पड़ा तो वे भी ज़रा हिचके। उनका मानना था कि, "रिपब्लिकन शासन व्यवस्था में समानाधिकार का अधिकार तो निहित होगा ही।" "परन्तु चर्चा के बाद", विश्वनाथ वैशम्पायन बताते हैं कि, "उन्हें समझने में देर न लगी कि रिपब्लिकन शासन व्यवस्था में तो यह भी सम्भव है कि गोरी नौकरशाही के स्थान पर काली नौकरशाही स्थापित हो तथा पूँजीपति अपना प्रमुख प्रभुत्व स्थापित कर जनसाधारण का

शोषण करता रहे। इसलिए जिस जनता की शक्ति पर स्वतन्त्रता प्राप्त होगी उसे सुस्पष्ट शब्दों में विश्वास दिलाना अनुचित न होगा और यह विश्वास दल के नाम में समाजवादी शब्द जोड़कर ही दिलाया जा सकता है।"[181]

भगत सिंह ने उस बैठक में समस्त बिन्दुओं का उल्लेख करते हुए अपने व्यक्तव्य में कहा,

"इसमें सोशलिस्ट शब्द जोड़कर हम यह बता दें कि भारत का क्रान्तिकारी आन्दोलन समाजवादी राज्य की स्थापना करेगा जिसमें भारतीय जनता की भारतीय स्वतन्त्रता तथा भारतीय लोकराज्य में बराबर की हिस्सेदारी होगी। सोशलिस्ट शब्द इस बात का प्रतीक होगा कि हम किस प्रकार का शासन देश में चाहते हैं। आज के युग में इस बात का स्पष्टीकरण होना अत्यन्त आवश्यक है क्योंकि हम शनैः शनैः अपने आन्दोलन को जनता का आन्दोलन बना देना चाहते हैं। यही हमारा अन्तिम लक्ष्य भी है। इसलिए यह अत्यन्त आवश्यक है कि जिस जनता को हम इस क्षेत्र में आकर बलिदान करने के लिए कहें उसे यह तो बता दें कि उसके बलिदान का लाभ किसे मिलेगा। इस सोशलिस्ट शब्द को जोड़कर हम अपने स्वर्गस्थ नेताओं का अपमान नहीं कर रहे हैं बल्कि हम उनकी धरोहर में वृद्धि कर रहे हैं। जिसकी वे हमसे आशा करते थे। इसके अतिरिक्त हमारे जो सहायक हैं वे तो नाम से नहीं काम से परिचित हैं और उसी के कारण हमें सहायता भी देते हैं। इस नाम परिवर्तन से उनका हमारे संगठन के प्रति विश्वास ही बढ़ेगा, घटेगा नहीं।"[182]

आज़ाद के भगत सिंह पर अटूट भरोसे ने भी उन्हें यह परिवर्तन स्वीकार करने में सहायता की। आज़ाद भी उसी समूह से थे जो यह मानता था कि, "यह आदमी (भगत सिंह) ऐसा कह रहा है तो इसमें कुछ होगा ज़रूर।"[183]

"हाहा भगत सिंह तो वो थे जिनके हाथ में हमेशा किताबें रहती थी। ऐसे आदमी का ख़ौफ़ तो रहेगा ही।" पार्थ ने हँसते हुए कहा।

दिव्यांश भी मुस्कुराते हुए बोला, "अरे तो क्या हुआ।" आज़ाद भी तो कहते थे कि, "बलशाली बनो, एक बलशाली सौ विद्वानों को कपा देता है।"[184]

"मतलब यह अक्ल बड़ी कि भैंस की बहस तब से चली आ रही है।" मैंने कहा।

"पर हमें क्या। हमारे पास तो दोनों ही नहीं हैं–न बुद्धि न बल।" दिव्यांश ने कहा।

हमारी हँसी रुकी तो तनिक जल ग्रहण करने के बाद आदित्य पुनः अपने काम पर लग गया।

"समाजवाद के प्रति सभी के विचार भले ही उतने परिपक्व न हों, परन्तु सभी ने समाजवाद से एक जुंड़ाव महसूस किया एवं उससे जुड़ने के अपने कारण उन्हें प्राप्त हो गये। किसी की शिक्षा एवं अध्ययन ने जुड़ाव को जन्म दिया तो किसी की पृष्ठभूमि ने। इतिहासकार अपर्णा वैदिक अपनी पुस्तक में बताती हैं कि किस प्रकार अत्यन्त साधारण पृष्ठभूमि से आने वाले क्रान्तिकारियों को उनके निजी अनुभवों ने स्वतः समाजवाद की ओर मोड़ दिया।[185]

भावरा हो या बनारस विपन्नता का जीवन जीने वाले चन्द्रशेखर के लिए समाजवाद उनके उस सपने को पूरे करने का साधन था जहाँ जैसा कि वो अक्सर दोहराते थे,

"जेहि दिन होइए सुरजवा, अरहर का दलिया
धान के भतुआ, ख़ूब कचर के खैबेना।"

ऐसी पृष्ठभूमि से आने वाले आज़ाद एकमात्र क्रान्तिकारी नहीं थे। उनके साथ राजगुरु, भगवानदास माहौर, विश्वनाथ वैशम्पायन जैसे कितने ही क्रान्तिकारी थे जिन्होंने नितान्त अभाव का जीवन देखा था पर फिर भी क्रान्ति के मैदान में कूद पड़े थे। राजगुरु तो अपनी स्थिति के बारे में कहते थे, "मेरी ज़िन्दगी का हर क्षण बोझ था। उस बोझ भरे अपमानित जीवन में यह दुनिया मेरे लिए नर्क से भी बदतर थी। ग़रीबी अभिशाप है और प्यार का अभाव नर्क है।"[186]

ऐसे में यह आवश्यक तो नहीं कि आपने ग़रीबी देखी है तो आप समाजवादी ही हों, परन्तु जब वातावरण में ही समाजवाद की सुगन्ध हो और दल में समाजवाद विषयक चर्चाएँ होती रहें तो उस ओर झुकाव स्वाभाविक है।

दिल्ली की बैठक में दल के नाम में तो अवश्य परिवर्तन किया गया, परन्तु संविधान में तनिक भी संशोधन न करते हुए उसे वैसे ही स्वीकार किया गया

जैसे सान्याल ने एच.आर.ए. के लिए तैयार किया था। भगत सिंह दिल्ली की बैठक में अन्य प्रस्ताव भी ले कर आये थे जिन्हें स्वीकार किया गया। पहला था समाजवाद को प्रखरता से अपना उद्देश्य घोषित करना। दूसरा कि उन्हीं एक्शनों में भाग लेना जिनका जनता से सरोकार हो और सहानुभूति भी। दल ने यह भी तय किया कि मामूली पुलिस अफ़सरों और मुख़बिरों की हत्या में समय नष्ट नहीं करेगा। यह भी सुनिश्चित किया गया कि मात्र सरकारी ख़जाने को लूटा जायेगा और जहाँ तक सम्भव हो वहाँ तक भारतीयों के निजी धन को न लूटा जाये। इस बैठक में सामूहिक नेतृत्व पर ज़ोर देते हुए आगे की रूपरेखा बनी। जोगेश चन्द्र चटर्जी एवं शचीन्द्रनाथ सान्याल को जेल से छुड़ाने का भी निश्चय किया गया। गोपनीयता बनाये रखने के लिए इसी सभा में सभी को छद्म नाम भी दिये गये। भगत सिंह का रणजीत, सुखदेव का बिलेजर, फणीन्द्र का दादा, शिव वर्मा का प्रभास, कुन्दनलाल का नम्बर 1 तथा प्रताप, विजय कुमार का बच्चू तथा आज़ाद तो पण्डित जी, महाशय जी एवं नम्बर 2 के नाम से बुलाये ही जाते थे।[187]

गोपनीयता बनाये रखने एवं अपनी रक्षा हेतु भगत सिंह को केश त्यागने का भी सुझाव दिया गया जिसे उन्होंने आगे चल कर माना भी। साथ-ही-साथ यह भी तय किया गया कि, 'सभी सक्रिय सदस्य घर छोड़ दें तथा परिवार से सारे सम्बन्ध तोड़ दें।'[188] भविष्य के कार्यक्रम को लेकर दिल्ली में साइमन कमीशन के विरोध में एक्शन का सबसे महत्त्वपूर्ण निर्णय लिया गया।

"क्यों पीएम भाई साइमन कमीशन याद है कि भूल गये?" आदित्य ने पार्थ की तरफ़ देखते हुए कहा।

"याद है भैये।" पार्थ ने भी ऐसे कहा मानो उसकी स्मरणशक्ति और ज्ञान पर शक करके भूल कर दी।

"तो बताओ फिर।" तपाक से दिव्यांश बोला।

"1927 में ब्रिटेन की कंजर्वेटिव पार्टी की सरकार ने जॉन साइमन की अध्यक्षता में सात सदस्य कमीशन का गठन किया जिसका काम यह बताना था कि भारत में संवैधानिक स्तर पर सुधार किया जाना चाहिए या नहीं और यदि हाँ तो कितना। भारतीयों को आक्रोशित करने के लिए यह कारण पर्याप्त था कि भारत का भविष्य तय करने वाले कमीशन में कोई भारतीय नहीं है।

भला भारतीय प्रतिनिधित्व के बिना कोई भी कमीशन कैसे भारत पर फैसला ले सकता है। यह तो सरासर अपमान हुआ। और इसलिए भारतीय राजनैतिक दल साइमन कमीशन के विरोध में एक हुए और फ़रवरी 1928 में कमीशन के भारत में उतरते ही उनका स्वागत काले झण्डों और 'साइमन जो बैक' के नारों से हुआ।"

पार्थ को सुनने के बाद आदित्य ने कहा, "बहुत बढ़िया। अब जब देश में तमाम दल साइमन कमीशन का विरोध कर रहे थे तो अपने क्रान्तिकारी कैसे पीछे रहते। इस पुनः संगठित हुए दल को नयी ऊँचाई तक ले जाने में सभी लग गये। एक नये क़िस्म का आत्मविश्वास एच.एस.आर.ए. के क्रान्तिकारियों में दिखने लगा था। लेखक एवं इतिहासकार क्रिस मोफ़ैट एच.एस.आर.ए. की स्थापना को एक प्रतिमान परिवर्तन की तरह देखते हैं जहाँ, "इसकी स्थापना उस दृष्टिकोण से एक विचलन को दर्शाती है, जिसमें विरोध के सही क्षण को तय करना–जो कि वरिष्ठों का कार्य होता है–प्रमुख होता है। इसके स्थान पर यह एक ऐसे क्रान्तिकारी जीवन की ओर संकेत करती है जो सतत चुनौती, निडरता और बलिदान पर आधारित है–और यह तत्त्व युवाओं की जीवन्तता से सम्भव होता है।" इसलिए वे भगत सिंह को उद्धृत करते हैं, "पुरानी व्यवस्था को सदैव बदलते रहना चाहिए, हमेशा नये को स्थान देते हुए, ताकि कोई एक "अच्छी" व्यवस्था भी संसार को भ्रष्ट न कर सके।" वे आगे अपनी पुस्तक 'इंडियाज़ रेवोलूशनरी इनहेरिटेंस : पॉलिटिक्स एंड द प्रॉमिस ऑफ़ भगत सिंह' में लिखते हैं, "जब मार्गदर्शक और गुरु के रूप में अंग्रेज़ों पर आधारित दृष्टिकोण से हटकर युवाओं की क्रान्तिकारी क्षमता पर बल दिया जाने लगता है–जहाँ वे अपनी शर्तों पर राजनीतिक भूमिका निभाते हैं–तब भी उस व्यक्ति का महिमामंडन बना रहता है जो वीरता से मृत्यु का सामना करता है।"[189]

अपनी योजनाओं के क्रियान्वयन के लिए आगरा में दल का एक केन्द्र स्थापित किया गया। आगरा में नाइ की मंडी और हींग की मंडी में दो घर किराये पर लिए गये जिनमें घर छोड़कर आने वाले क्रान्तिकारियों के रहने की व्यवस्था की गयी। आज़ाद झाँसी में काम देख ही रहे थे। अब वे सेनापति भी हो चुके थे। उत्तर भारत में नये सिरे से वे दौरा करने लगे। एच.एस.आर.ए.

अब बम और बम का मसाला बनाना भी सीखना चाहता था। फणीन्द्र को बंगाल भेजा गया उन लोगों से सम्पर्क करने के लिए जो यह जानते हों। बाद में भगत सिंह भी कलकत्ता गये और वहाँ जयचन्द्र विद्यालंकार से मिले जिन्होंने उनका परिचय यतीन्द्रनाथ दास से कराया जो कि बम बनाना जानते थे। यतीन्द्रनाथ ने पहले इलाहाबाद जाकर क्रान्तिकारियों को बम बनाना सिखाया और फिर बाद में भगत सिंह के कहने पर आगरा भी गये।[190]

धन के अभाव को भरने के लिए विभिन्न एक्शनों की योजनायें भी बनायी जाती पर पूर्व में इन एक्शनों के कारण अपने साथी खो चुके आज़ाद अतिशय सतर्कता से काम लेते। लेश मात्र भी ख़तरा होता तो वे एक्शन स्थगित कर देते। सेनापति होने पर सिर्फ़ आदेश देना ही उनका काम नहीं था, अपितु अपने साथियों के जीवन की रक्षा की भी ज़िम्मेदारी उन्हीं पर थी जिसे वे बख़ूबी समझते थे। आज़ाद की तो पर्याप्त ट्रेनिंग एच.आर.ए. काल के एक्शनों में हो गयी थी, परन्तु इन नये क्रान्तिकारियों की नहीं हुई थी। इसलिए आज़ाद यह पूरा ध्यान रखते थे कि ये 'नये लड़के' कुछ उल्टा-सीधा न कर दें, इसलिए जहाँ तक सम्भव होता आज़ाद साथ जाते। एक बार कानपुर के एक मन्दिर में डकैती होनी थी जिसे स्थगित कर दिया गया क्योंकि "वहाँ कुछ परिस्थितियाँ ऐसी निर्मित हो गयी थी कि यदि संयम से काम न लिया जाता तो दो-चार ख़ून हो जाते।" लौटते समय उन्होंने पाया कि रस्ते में किसी ने टोटका किया हुआ है। पण्डित जी भी आपदा में अवसर ढूँढ़ते हुए भगवानदास से बोले, "देख तो, उसमें मिठाई, नारियल या सवा रुपया हो तो उठा ला।" भगवानदास बस दीया बुझाकर चले आये। आज़ाद ने भगवान के आते ही पूछा, "कुछ लाया?"

"उसमें था क्या, जो ले आता?" भगवानदास ने उत्तर दिया।

आज़ाद बोले, "अरे दीया काहे का था? घी का या तेल का?"

"घी का।"

हँसते हुए आज़ाद बोले, "मैं तो जानता था कि तू कुछ लुक-लुक कर ही डालेगा। अबे, दीया बुझाकर घी तो पी जाना था। उसे तूने यूँ ही मिट्टी में मिला दिया। है न मूर्ख? तूने आज किसका मुँह देखा था?"

भगवानदास ने भी संकोच नहीं किया और बोले, "आपका।"

आज़ाद भी और हँसते हुए बोले, "आइना देखा होगा आइना।"[191]

अवश्य ही जिस तरह हमारे चेहरों पर हँसी आ गयी वैसे ही उनके चेहरों पर भी आयी होगी।

आज़ाद को एक बार बुन्देलखण्ड के एक राज्य के सरदार का प्रस्ताव आया कि राजा के ख़िलाफ़ तख़्तापलट और राजा को समाप्त करने में उनकी सहायता करें जिससे बदले में उन्हें धन की सहायता दी जायेगी। आज़ाद धन के लिए अपने आदर्शों से समझौता करने वालों में से नहीं थे इसलिए उन्होंने स्पष्ट नहीं कहते हुए कहा, "ऐसा करना उचित नहीं। मजबूरी दूसरी बात है और जानबूझकर हत्या करना दूसरी बात। हमारा क्रान्तिकारियों का दल है हत्यारों का नहीं। पास में पैसे हों या न हों, हम भूखे पकड़े जाकर फाँसी पर भले ही लटक जायें, परन्तु पैसे के लिए ऐसा घृणित कार्य नहीं कर सकते। यह सब हमारे सिद्धान्तों के प्रतिकूल है।"[192]

ऐसे ही एक बार विश्वनाथ वैशम्यायन ने आज़ाद को बताया कि वे एक ऐसे व्यक्ति के साथ एक्शन पर जाने वाले हैं जो नकली सिक्के बनाता है और उसमें सोने के जेवर मिलने की आशा थी। परन्तु जो वह करने जा रहा था वह डकैती नहीं चोरी थी। इसलिए सलाह लेने के लिए वैशम्पायन ने आज़ाद को बताया। आज़ाद ग़ुस्से में बोले, "ख़बरदार अपने आप ऐसा मूर्खतापूर्ण कार्य किया तो। वहाँ पकड़े गये तो चोर कहलाओगे, दूसरे जेवर मिल भी गये तो उन्हें कहाँ बेचते फिरोगे? और हम लोग क्या चोर-उचक्के हैं? इक्के-सिक्के ढालना हमारा काम नहीं।"[193]

ऐसे ही एक बार यशपाल और भगवतीचरण विनायक दामोदर सावरकर के बड़े भाई बाबा सावरकर से मिलने पहुँचे। बाबा सावरकर ने उन्हें यह प्रस्ताव दिया कि अगर वे मोहम्मद अली जिन्ना की हत्या कर दें तो उन्हें वे पचास हज़ार रुपये प्राप्त करा देंगे। यशपाल ने जब यह चन्द्रशेखर को बताया तो चन्द्रशेखर ग़ुस्से में बोल उठे, "यह लोग क्या हमें पेशेवर हत्यारा समझते हैं!"[194]

दिल्ली में जोगेश चन्द्र चटर्जी को जेल से छुड़ाने की योजना बनी थी। इसी सिलसिले में क्रान्तिकारी कानपुर पहुँचे। चटर्जी को आगरा जेल से लखनऊ जेल ले जाया जा रहा था। रात में उन्हें कानपुर में रोका गया। योजना थी कि यहीं चढ़ा लिया जायेगा। सब आज़ाद के आदेश की प्रतीक्षा कर रहे थे।

आज़ाद ने आदेश दिया पर लौटने का। सभी निराश हो गये। "जोगेश दा सबके सामने से बेड़ियाँ खनखनाते चले गये और सब साथी उनकी ओर देखते ही रह गये।"[195]

सब चुपचाप आगरा लौटे और घर पहुँचते ही भगत सिंह फफक कर रोने लगे। बिस्मिल को न बचा पाने का अपराधबोध उन्हें था। बिस्मिल ने तो उन्हें शायरी के माध्यम से यह बताने की कोशिश की थी कि जो करना है जल्दी करो वर्ना देर हो जायेगी।

"मिट गया जब मिटने वाला फिर सलाम आया तो क्या,
दिल की बरबादी के बाद उनका पयाम आया तो क्या!"[196]

भगत सिंह बिस्मिल को जेल से नहीं छुड़ा पाये थे और अब जोगेश दा को छुड़ाने में असफल होना उनके लिए अत्यन्त कष्टदायी था। रोना कम हुआ तो आज़ाद से भिड़ गये। भगत सिंह को सुनने के बाद आज़ाद ने उन्हें एक ज़िम्मेदार सेनापति और दोस्त की भाँति प्रेम से समझाया कि, "कानपुर स्टेशन पर पुलिस का जो इन्तज़ाम था उसे देखते हुए हमारी शक्ति बहुत कम थी। हमला करने पर भी हम जोगेश दा को चढ़ा भी न पाते और हमारे लोग भी मारे जाते। इसलिए मैंने यह एक्शन स्थगित कर दिया।"[197]

सेनापति आज़ाद के बारे में शिव वर्मा ने बड़ी मार्के की बात लिखी, "आज़ाद हमारे सेनापति ही नहीं थे। वे हमारे परिवार के अग्रज भी थे जिन्हें हर साथी की छोटी से छोटी आवश्यकता का ध्यान रहता था। मोहन (बटुकेश्वर दत्त) की दवाई नहीं आयी, हरीश (जयदेव कपूर) को कमीज़ की आवश्यकता है, रघुनाथ (राजगुरु) के पास जूता नहीं रहा, बच्चू (विजय) का स्वास्थ्य ठीक नहीं है, आदि उनकी रोज़ की चिन्ताएँ थी।"[198]

कुछ मसलों पर आज़ाद गम्भीर अभिभावक भी बन जाते थे। एक बार आगरा में आज़ाद को राजगुरु द्वारा कमरे में लगाया हुआ एक कैलेंडर मिल गया जिस पर एक लड़की का चित्र था। शिव वर्मा लिखते हैं,

आज़ाद ने तस्वीर देखी तो बहुत बिगड़े। बोले, "अगर उसे छोकरियों की तस्वीरों से उलझना है तो रिवॉल्वर-पिस्तौल से उलझना छोड़कर घर चला जाये। दोनों काम एक साथ नहीं चल सकते।" यह कहकर उन्होंने कैलेंडर के टुकड़े-टुकड़े कर कोने में लगे कूड़े के ढेर में फेंक दिया।

राजगुरु वापस आया तो उसकी पहली निगाह गयी दीवार की तरफ़। "मेरा कैलेंडर कौन ले गया?" उसने आते ही पूछा। एक साथी ने कूड़े के ढेर की तरफ़ इशारा कर दिया।

"किसने फाड़ा मेरा कैलेंडर?" दो-तीन फटे टुकड़े उठाते हुए उसने ऊँचे स्वर में प्रश्न किया।

"मैंने फाड़ा है।" आज़ाद ने उतने ही कड़े स्वर में उत्तर दिया।

"इतनी सुन्दर चीज़ आपने क्यों फाड़ दी?"

"इसलिए कि वह सुन्दर थी।"

"तो क्या आप हर सुन्दर चीज़ को फाड़ देंगे, तोड़ देंगे?"

"हाँ तोड़ दूँगा।"

"ताजमहल भी?"

"हाँ, बस चलेगा तो उसे भी तोड़ दूँगा।" आज़ाद ने तैश में आकर उत्तर दिया।

क़रीब एक मिनट ख़ामोश रहकर राजगुरु धीमे स्वर में शब्दों को तौलता हुआ बोला, "ख़ूबसूरत दुनिया बसाने चले हैं, ख़ूबसूरत चीज़ों को तोड़कर, उन्हें मिटाकर यह नहीं हो सकता।"

राजगुरु के इन शब्दों ने आज़ाद का सारा ग़ुस्सा ठण्डा कर दिया। "ताज तोड़ने की बात तो तुम्हारे तैश के जवाब में कह गया भाई। मेरा मतलब वह नहीं था। हम लोगों ने किसी लक्ष्य विशेष के लिए घर-बार छोड़कर यह ज़िन्दगी अपनायी है। मैं इतना ही चाहता हूँ कि हम लोग एकनिष्ठ होकर उस लक्ष्य की ओर बढ़ते चलें। कहीं ऐसा न हो कि तुम्हारी यह सौन्दर्योपासना एक दिन प्रलोभन बनकर हमें अपने पथ से विमुख कर दे या हमारी किसी कमज़ोरी का बायस बने।"

"लेकिन शत्रु का सामना उससे भागकर नहीं आमने-सामने खड़े होकर ही किया जा सकता है। दुनिया के प्रलोभनों से भागकर जंगल की शरण लेने वाले अपने को कितना ही यतीन्द्र अथवा विजयी समझे, रहेगा वह भगोड़ा ही। और आपके कैलेंडर फाड़ने में भी इसी भगोड़ेपन का आभास है।"

राजगुरु की इस दलील ने आज़ाद को प्रश्न पर फिर से सोचने के लिए मजबूर कर दिया। एक गहरी हूँ के साथ वे ख़ामोश हो गये।[99]

आज़ादी के स्वप्न ने पृथक परिवेशों से आने वाले एच.एस.आर.ए. के क्रान्तिकारियों को ऐसे एक राह का मुसाफ़िर बना दिया मानो कोई बड़ी आग हो जिसमें हर लकड़ी अपनी पहचान खोकर सिर्फ़ जलने का मकसद याद रखे। वे अलग थे, पर मंज़िल एक थी। अक्सर हम पाते हैं कि आर्थिक संकट की स्थिति में मतभेद मनभेद की स्थिति लेने लगते हैं। परन्तु एच.एस.आर.ए. में अभाव ने कभी अलगाव को जन्म नहीं दिया। आर्थिक स्थिति क्या थी यह जयदेव कपूर के कथन से पता चलती जब उन्होंने बताया कि एक बार तो तीन दिन तक केवल एक-एक कप चाय पर ही गुज़ारा करना पड़ा।[200] कितनी ही बार सिर्फ़ दिन में एक बार खाना बनता। वैशम्पायन बताते हैं कि "हर खाने वाले का यही प्रयत्न रहता था कि वह कम खाकर बाद में खानेवालों के लिए बाक़ी छोड़ दे। कई बार आज़ाद तथा भगत सिंह 'भूख नहीं है' कह कर भूखे ही रह जाते थे।"[201] भोजन बनता तो दाल का भगोना बीच में रखा जाता और सब हाथों में रोटी लिए उसके चारों ओर बैठ जाते। भगवानदास माहौर ने इस भोजन काल पर लिखा, "अघोरियों की घिनौनी साधना तो सुनी थी, परन्तु हम क्रान्तिकारियों का यह 'भक्षण-चक्र' भी कोई साधारण बात नहीं न थी।"[202]

घर में सदस्यों की संख्या बढ़ने पर क्या स्थिति होती थी इस पर वैशम्पायन लिखते हैं, "तब खाने के साथ-साथ ओढ़ने-बिछाने की भी समस्या रहती। तब आज़ाद अख़बार बिछा अपनी धोती ओढ़ उसी में अपनी रात काट देते। भगत और सुखदेव दरी या कम्बल जो भी मिल जाता उसे ही ओढ़कर पड़े रहते। नीचे सबके ही अख़बार बिछे रहते। ऊपर से कुछ ठण्ड बच जाती थी, परन्तु नीचे से तो समाचारों की गर्मी पर ही तसल्ली करनी पड़ती थी।"[203]

भगत सिंह अक्सर सबके कपड़े धो दिया करते। सुखदेव न होते तो किसी और को साथ ले लेते। कपड़े धोते-धोते या तो कभी गाने गाते-सुनते या तो 'आयरलैंड के स्वतन्त्रता आन्दोलन की घटनायें' सुनाते।[204]

"भाई वे तो अलग ही किताबी कीड़े रहे होंगे। कपड़े धोते समय भी यही सब।" पार्थ ने कहा।

आदित्य ने उत्तर में कहा, "नहीं भाई। भगत सिंह इतने गम्भीर नहीं थे जितने मालूम पड़ते हैं। उन्हें फ़िल्मों का, बढ़िया खाने का ख़ूब शौक था। दूध, खीर और रसगुल्लों का तो विशेष शौक था। बटुकेश्वर दत्त भगत सिंह के बारे

में बताते हैं कि, "वह दूध पीने के विलास से नहीं चूकता था।"[205] फ़िल्मों का शौक ऐसा था कि जो पैसा भगवानदास को खाने के लिए दिया गया था उससे उन्होंने दोनों के लिए फ़िल्म के टिकट खरीदवा लिए। फ़िल्म के दौरान भी भगत सिंह भगवानदास को चिढ़ाते रहे, "चलें, उठ चलें? बड़े डिसिप्लिन वाले की दुम बने हैं।" ख़र्चा कराया पर भगत सिंह ने बाद में आज़ाद से बात करके भगवानदास को भोजन के पैसे दिलवा दिये।[206] दल में यह मज़ाक भी चला करता था कि भगत सिंह को तो पुलिस फ़िल्म देखते हुए ही पकड़ेगी।

हँसी-मज़ाक तो ऐसा होता था कि एक बार आज़ाद को अंडा खाता देख भगत सिंह बोले, "पण्डितजी यह क्या?"

आज़ाद ने उत्तर दिया, "अंडे में कोई हर्ज़ नहीं है। वैज्ञानिकों ने इसे फल जैसा बताया है।" आज़ाद के इतना बोलने पर भगवानदास बोले, "अंडा फल है फिर तो मुर्गी तो पेड़ से कम नहीं होगी।" भगत सिंह ज़ोर से हँस पड़े। आज़ाद को कहना पड़ा, "चल बे, एक तो अंडा खिला रहा है ऊपर से बातें बना रहा है।[207]

भगत सिंह और चन्द्रशेखर आज़ाद की जोड़ी तो ऐसी थी कि जयदेव कपूर ने लिखा, "हमारी पार्टी में दो डयनमो थे, इनमें से जो ऊर्जा उद्भासित होती थी उससे दूसरे चिराग टिमटिमाते थे। हम लोग तो टिमटिमाते हुए चिराग थे।"[208] आज़ाद एवं भगत सिंह के सम्बन्ध पर और प्रकाश डालते हुए मन्मथनाथ गुप्त ने लिखा, "दोनों एक-दूसरे से प्रेम करते थे और एक-दूसरे की पूरकता थे। जब तक भगत सिंह आज़ाद के साथ रहे, एक भी ऐसा क्षण नहीं आया जब उनके बीच का सम्बन्ध टूटा हो या उन्हें अपनी संगति नीरस या कम आकर्षक लगी हो। उनके मन इतने गहराई से जुड़े हुए थे कि उन्हें अधिक संवाद की आवश्यकता ही नहीं पड़ती थी। जो भी सम्बन्ध उनके बीच था, वह अत्यन्त गहन था और परम्परा में आस्था से भरा हुआ था।"[209]

आगरा में जब वे दोनों थे तो भगत सिंह तो अक्सर ताजमहल जाया करते एवं घण्टों वहाँ मौन बैठते। पर आज़ाद एक ही बार गये और दोबारा जाना ज़रूरी नहीं समझा क्योंकि, "वहाँ जाकर लोगों को देखकर जो मनहूसियत छा जाती है उससे मैं ऊब गया हूँ। वैशम्पायन एक क़िस्सा सुनाते हैं : "एक दिन सब लोग ताज से घर लौटे तो रघुनाथ यानी राजगुरु काग़ज़-पेन्सिल लेकर

लिखने बैठे और थोड़ी देर में चिल्लाये–'बन गया शेर, बन गया।' और बिना किसी के कुछ कहे लगे उसे पढ़ने–

"अब तक नहीं मालूम था इश्क़ क्या चीज़ है,
रोजे को देखकर मेरे इश्क़ ने बलवा किया है।"

हम सब तो 'इश्क़ ने बलवा किया' कहकर हँस पड़े। पर सरदार ने अपना रिवाल्वर निकालकर क्रोध से कहा, "ले जाओ मार दो गोली मुझे या फिर वादा कर कि आज से शेरो-शायरी का नाम न लूँगा।"[210]

हँसी-मज़ाक होता था तो बहसें भी जो कभी कभार वैसी हो जाती जैसी हमारे न्यूज़ चैनलों पर होती हैं। निरीश्वरवाद पर एक बार मास्टर आज्ञा राम और राजगुरु में बहस हो गयी और मास्टर साहब कह पड़े, "पहले घड़े और घोड़े की तमीज़ करना सीख लो फिर बहस करना।"[211] आज़ाद इन बौद्धिक चर्चाओं में नहीं पड़ते थे। जो हमेशा इन्हीं में लगे रहते उनको 'भड़बड़िया' कहते और अपने बारे में कहते, "इन लोगों को चर्चा करने दो, मेरा काम एक्शन करना है। आप लोग निर्णय लें, मैं उसे क्रियान्वित करूँगा।"[212]

आज़ाद अंग्रेज़ी में भगत सिंह जितने निपुण नहीं थे पर उनके शब्दों में कहें तो, "ज्ञान और बुद्धि का ठेका अंग्रेज़ी जानने वालों को ही मिला हो ऐसा तो नहीं।" परन्तु वे अपने अज्ञान पर ख़ुश नहीं होते थे, बल्कि वे उसे पहचानकर उस पर विजय पाने के उपाय खोजते थे। इसलिए आज़ाद अक्सर दूसरों को उनके लिए किताबें पढ़ने को कहते। शिव वर्मा बताते हैं कि 'द कम्युनिस्ट मैनिफेस्टो' उन्होंने पहली बार आज़ाद को सुनाते हुए ही पूरा पढ़ा। आज़ाद रोज़ सुबह किसी-न-किसी से अंग्रेज़ी अख़बार ज़ोर से पढ़वाते और फिर ज़रूरी ख़बरें दोबारा ख़ुद पढ़ने का प्रयत्न करते।[213]

"अरे यार ये क्रान्ति की कहानी के चक्कर में गिल भाई की बैटिंग देखना रह गया।" दिव्यांश ने अचानक कहा। ऐसा नहीं था कि यहाँ वह ऊब रहा था पर बतौर कप्तान इंग्लैंड में दूसरे ही मैच में दोहरा शतक मार चुके शुभमन गिल की बल्लेबाज़ी भी तो देखने योग्य थी।

"खेल रहा है या आउट हो गया?" मैंने पूछा। फ़ोन उठाकर उसने चेक किया और बोला, "अभी है, ढाई सौ होने वाला है।"

"तब तो आओ थोड़ा देख ही लेते हैं।" इस मोह से भला कैसे बचा जा सकता था।

हमने अपनी कॉपी-किताब बन्द की और अन्दर टीवी वाले कमरे में चल दिये। घरों में कमरों का भी उनकी विशेषता अनुसार नाम होता है। टीवी वाला कमरा, एसी वाला कमरा...। जाते-जाते आदित्य ने कहा, "आज यहीं तक रखते हैं।" हमने बिना कुछ कहे ही आँखों-आँखों में सहमति दर्शा दी।

अन्दर आये तो एक ने कुर्सी पर जगह ली और दो ने बिस्तर पर। मैंने रिमोट ढूँढ़ा और टीवी चलाया। रिमोट कंघी, कैंची आदि के साथ उस श्रेणी में आता है जिनकी जब सबसे ज़्यादा ज़रूरत हो तो मिलता ही नहीं। आज पता नहीं कैसे जल्दी मिल गया। टीवी ऑन करके मैं कुर्सी पर बैठ गया। मैच हमें दिखने लगा। गिल और वॉशिंगटन सुन्दर बल्लेबाज़ी कर रहे थे। सूचना प्राप्त हुई थी कि कुछ नाश्ता भी आ रहा है। पार्थ लेटे-लेटे बोला, "कल खाली हो न सब?"

"हाँ, क्यों?"

"कल लाइब्रेरी चलेंगे।"

"किसलिए?"

"लाइब्रेरी किसलिए चला जाता है पगले?"

अध्याय-6

परिवर्तन

"आदित्य कहाँ है?" दिव्यांश ने झल्लाते हुए पूछा।

"भगवान जाने।" पार्थ ने निराशा में उत्तर दिया।

"भगवान क्या इतनी छोटी बातों का ध्यान रखते होंगे?" मैंने ऐसे ही प्रश्न हवा में छोड़ दिया।

"यह भी भगवान ही बता सकते हैं।" पार्थ ने उत्तर दिया।

"सही कह रहे हो। लेकिन फिर आदित्य का अता-पता कौन बतायेगा?" दिव्यांश ने उसी स्वर में पूछा।

"फ़ोन।" पार्थ के मुँह से निकला।

"फ़ोन कैसे बताएगा?"

"नहीं-नहीं। फ़ोन नहीं बतायेगा।"

"अभी तो बोले फ़ोन बतायेगा।"

"अरे मूर्खाधिराज। फ़ोन से आदित्य ही बतायेगा।"

"कैसे?" दिव्यांश मज़े ले रहा था या दिमाग़ वाकई बन्द हो चुका था यह पता करने में हम अपनी शक्तियाँ सीमित पा रहे थे।

"फ़ोन मिलाने पर बतायेगा।"

"और फ़ोन कौन मिलायेगा?"

"मैं ही मिला देता हूँ।"

"तो मिला न भैये। उसके आने का इन्तज़ार कर रहा था क्या?"

मैं मुस्कुराते हुए कुरुवंश के इन दो खम्बों की बातें सुन रहा था। पार्थ ने जेब से फ़ोन निकाला और मिलाया।

"भाई।" पार्थ ने धीमे से कहा।

"हाँ।"

"बेल तो जा रही है लेकिन उठा नहीं रहा है।"

मूर्खाधिराज का बदला लेते हुए दिव्यांश बोला, "हे पगलमदास। नहीं उठा रहा है तभी बेल जा रही है। उठा लेगा तो बेल की नहीं उसकी आवाज़ आयेगी।"

"अच्छा।" पार्थ ने नज़रअन्दाज़ करने की शैली में कहा।

मैंने कहा, "भाई फिर दो चीज़ें हो सकती हैं।"

"क्या?"

"या तो वो सो रहा होगा या रास्ते में होगा।"

"बात तो ठीक है। लेकिन सो रहा होगा तब?" पार्थ बोला।

"गुड क्वेश्चन। जवाब दो।" दिव्यांश ने मेरी तरफ़ देखते हुए कहा।

"भाई हमेशा उल्टा क्यों सोचते हो तुम। रास्ते में होने के भी तो उतना ही चांस है न?"

"नहीं, जिस तरह का आलसी आदमी वो है, चान्सेस तो सोने के ही ज़्यादा है।"

कुरुवंश नरेश कुछ ज्ञान देने की मुद्रा में आये और बोले, "नींद भी तो रास्ते का आरम्भ ही है। नींद टूटने पर ही सारे रास्ते शुरू होते हैं।"

पार्थ ने प्रशंसात्मक स्वरों में कहा, "वाह भाई वाह। इसी बात पर आप फ़ोन मिलाइये।"

"क्यों?"

"मुझसे थोड़ा नाराज़ चल रहा है इधर-बीच।" पार्थ ने समझाया।

"क्यों भई ऐसा क्या कर दिये?" मैंने पूछा।

"बताऊँगा कभी।" टालते हुए पार्थ ने कहा।

"हाँ भाई कहाँ हो...? सुनो। तुम्हारे पास साढ़े तीन मिनट हैं। अगर तुम इतने पास हो कि साढ़े तीन मिनट में आ जाओ तो तभी आओ वर्ना वापस लौट जाओ।"

फ़ोन पर बात करते हुए दिव्यांश का हिस्सा हमने सुना। अचानक से फ़ोन कट गया।

"बड़ा बेवकूफ़ है। ओके कहकर फ़ोन काट दिया।" दिव्यांश ने व्यवहार पर आश्चर्य प्रकट करते हुए कहा।

"नींद नहीं उतरी होगी।" पार्थ ने जोड़ा।

"हम्मम। आ रहा है कि सो रहा है?" मैंने पूछा।

"आ तो रहा है। गाड़ियों की आवाज़ आ रही थी।"

"चलो, देखते हैं।" मैंने कहा।

देखते-देखते तीन मिनट तो हो चुके थे।

दिव्यांश ने नाक सिकोड़कर कहा, "लो, तीन मिनट पूरे...अब अगर आये तो बोनस टाइम में आयेगा।"

दूर से कोई आता दिखा। पहले तो समझ ही नहीं आया कि आदमी है या किसी आलमारी का दरवाज़ा इधर-उधर हिल रहा है।

पास आते-आते पता चला कि ये तो आदित्य है, बैग एक कन्धे से टेढ़ा लटकता, बाल ऐसे बिखरे जैसे अलार्म सुनकर बिस्तर से सीधा फुटपाथ पर गिरा हो और दौड़ते हुए इतनी ज़ोर से साँस खींच रहा था कि लगता था गला धौंकनी बन चुका है।

दिव्यांश ने मास्टर साहब की भाँति पूछा, "ये क्या टाइम है?"

आदित्य ने हाँफते-हाँफते जवाब दिया, "भाई...रास्ते में..."

पार्थ ने तुरन्त काटा, "रास्ते में क्या? कर्नलगंज में दूध दुहने रुक गये थे?"

मैंने मुस्कुराते हुए जोड़ा, "भाई आज नहीं बोले कि देर करता नहीं हूँ, देर हो जाती है।"

"हाहाहाहाहाहा।"

आदित्य ने थका हुआ हाथ उठाकर कुछ कहना चाहा, मगर तभी बैग का पट्टा खींचकर उसके सामने झूल गया।

दिव्यांश ने ताली मारी, "चलो, अब आ ही गये तो चलते हैं। सनद रहे लेकिन, अगली बार तुम्हारा इन्तज़ार नहीं करेंगे।"

पार्क का वह द्वार पुराना था, लोहे की सलाखों पर समय की जंग जमी हुई। भीतर क़दम रखते ही पुराने बरगदों की फैली हुई बाँहें और पीपल की छाँव

में ठण्डी हवा ने ऐसा आभास कराया कि शहर का शोर पीछे छूट गया। सड़क पक्की थी, किनारों पर झाड़ियाँ और बीच-बीच में धूप के सिक्के बिखरे हुए।

हम धीरे-धीरे उस ओर बढ़े जहाँ इलाहाबाद पब्लिक लाइब्रेरी खड़ी थी–जिसकी मीनारें, ऊँचे मेहराबदार दरवाज़े और सख़्त पत्थरों का मेल ऐसा आभास देता है मानो यह किसी यूरोपीय पहाड़ी किले का अंश हो जो अचानक गंगा-यमुना के किनारे आकर ठहर गया हो। गौरवशाली, मगर समय के हल्के क्षरण से झिलमिलाती यह ऐतिहासिक लाइब्रेरी। इसके भीतर की हवा में पुरानी काग़ज़ की महक और लकड़ी के फर्नीचर की गन्ध घुली है। यहाँ आकर लगता है कि बाहर की दुनिया तेज़ी से भाग रही है, लेकिन इन दीवारों के भीतर घड़ी अब भी उन्नीसवीं सदी की रफ़्तार से चल रही है। भीतर हज़ारों किताबों को कैसे इस पुस्तकालय के विवरण से अलग किया जा सकता है। आख़िर यह किताबें ही इसे अनमोल बनाती हैं।

दरवाज़े के पास हम गये तो बन्द था।

"आज संडे है क्या?" आदित्य ने पूछा।

"बेहोश ही है क्या एकदम। कल था संडे।"

"तो आज क्या सैटरडे है?" व्यंग बाण आदित्य ने छोड़ा।

ग़ुस्से में दिव्यांश ने घूरा और उस बोर्ड कि ओर नज़र घुमाई जिस पर पुस्तकालय खुलने का समय दर्ज था। फिर घड़ी में समय देखा और बोला, "दस तो बज गये हैं, फिर क्यों बन्द है?"

हल्के भूरे कुर्ते में चश्मे के पीछे झुर्रियों से घिरा चेहरा हमारे पास आ रहा था। कोई पुराने क़िस्सागो मालूम पड़ रहे थे। जैसे-जैसे हमारे क़रीब आ रहे थे उनकी चाल तेज़ होती जा रही थी। उनके हाथों में एक चाभी का गुच्छा भी हमें दिखायी पड़ने लगा था। साठ के क़रीब उम्र होगी, कन्धे थोड़े झुके हुए, मगर कदमों में आज भी एक ढीली-ढाली फुर्ती। वो बुज़ुर्ग दिखने में बिल्कुल साधारण थे। चेहरे पर थकान से ज़्यादा एक शान्त चौकसी थी। आँखें चमक रही थीं। वो चमक जो किसी पुराने क़िस्से के अधूरे रह जाने पर सुनाने के लिए बस सही श्रोता का इन्तज़ार कर रही हो।

वे हमारे पास द्वार तक आये और जल्दी-जल्दी वे गुच्छे में से सही चाभी ढूँढकर लाइब्रेरी का दरवाज़ा खोलने लगे।

पार्थ ने ऐसे ही थोड़ी मस्ती करने के लिए कहा, "क्या चचा, देर कर दिये आज। शिकायत करेंगे आपकी हम।"

"कर दो।" उनका जवाब सुनकर हतप्रभ हो गये।

"अरे क्यों?" मैंने पूछा।

"अरे बेटवा, एक महीना और बचा अहाये नौकरी में। फिर तो जाये का पड़ी।"

"कहाँ?"

"कब तक ई शरीर नौकरी करे बेटवा? अब हुई गवा।"

सेवानिवृत्ति की बात उन्होंने बड़े सन्तोष के साथ कही। फिर ख़ुद ही पूछा,

"आज इधर कैसे?"

"बस ऐसे ही कुछ पढ़ने के सिलसिले में।"

"किसी परीक्षा कि तैयारी कर रहे हो?"

"नहीं क्यों?"

"नहीं, यहाँ जो बच्चे आते हैं वे किसी परीक्षा कि तैयारी वाले ही होते हैं।"

"अरे! क्यों? क्या ये सब इतिहास, राजनीति, दर्शन एवं दुनिया जहाँ की किताबें यहाँ हैं उन्हें कोई नहीं पढ़ने आता?" दिव्यांश ने पूछा।

"कम ही आते हैं। किसके पास इतनी फुरसत है।"

"ये तो चन्द्रशेखर आज़ाद पार्क में है। चन्द्रशेखर आज़ाद को पढ़ने आते हैं क्या लोग यहाँ?" मैंने पूछा।

"नहीं।" उनके एक शब्द के उत्तर में घोर निराशा हमें दिखायी दी।

हम पुस्तकालय के अन्दर चले गये। वे अपने काम में लग गये। किताबें तो ऊपर की मंज़िल पर थी। वहाँ हम तो जा नहीं सकते थे। नीचे कैटेलॉग था बस। हमने सोचा कि कैटलॉग छानने से पहले चचा से कुछ बात तो कर लें। क्या पता कुछ दिलचस्प उन्हें मालूम हो। हम उनके पास गये।

"ज़रा सुनेंगे।" आदित्य ने कहा।

"हाँ, बोलो।" वे बोले।

"दरअसल, " मैंने कहा, "हम आज़ाद के बारे में ही कुछ खोज रहे थे... उनका जीवन, उनका आन्दोलन...और वो लोग जो उनके साथ थे।" पार्थ ने

जोड़ दिया, "हाँ, ये कि कैसे एच.एस.आर.ए. के गठन के बाद सॉन्डर्स को मारने की और असेंबली में बम फेंकने की योजना बनी।" दिव्यांश ने जोड़ते हुए कहा, "अगर यहाँ कोई हो जो पुराने क़िस्से सुना सके, तो सुनने में मज़ा आयेगा।"

हमने इसे बस ऐसे ही कहा था, मगर उनके चेहरे पर जैसे कोई बिजली कौंधी। आँखों में वह चमक आ गयी जो बूढ़ी आँखों में सिर्फ़ तब आती है, जब अचानक भीतर का कोई पुराना दरवाज़ा खुल जाये।

"सुनोगे?" वे बोले।

"क्यों नहीं।" हम भी उत्सुक थे।

"तो आओ बैठो फिर।" उन्होंने हमें अपने पास कि कुर्सियों पर बैठाया।

बैठते-बैठते उन्होंने चश्मा थोड़ा ऊपर खिसकाया और कहा, "जानते हो, मेरे अब्बा इलाहाबाद यूनिवर्सिटी के माली थे...पर फूल-पौधों से ज़्यादा उनका दिल उन नौजवानों में लगा रहता था जो आज़ादी का ख़्वाब आँखों में लिए घूमते थे। मैंने जो सुना, जो सीखा, वही है मेरी असली किताब।"

उन्होंने धीमे स्वर में जोड़ा, "हमारे घर की हवा में आज़ादी का रंग था, बेटवा। मैंने बचपन में ही यह सीख लिया था कि किताब से ज़्यादा कहानी में जान होती है...और क्रान्तिकारियों की कहानी तो ऐसी होती है कि बहरे में भी जोश भर दे।"

"वो ज़माना था जब इलाहाबाद सिर्फ़ एक शहर नहीं था, बेटवा...वो एक गुप्त चौकी थी, जहाँ गली-गली में ख़ामोशियाँ बोलती थीं और बाग़-बगीचों में सिर्फ़ फूल नहीं, बल्कि बग़ावत भी उगती थी। "अब्बा कहते थे, इलाहाबाद में उस वक़्त दो तरह के लोग थे–एक वो जो अंग्रेज़ों के हुक्म मानते थे, और दूसरे वो...जो अंग्रेज़ों के सामने इतना मुस्कुराते थे कि उन्हें लगता था ये हमारे हैं, और पीछे से ऐसा खेल करते थे कि अंग्रेज़ों के पसीने छूट जायें।" उन्होंने ठुड्डी खुजलाई और हल्की मुस्कान दी, "हमारे अब्बा दूसरे वाले थे।"

दिव्यांश ने आधी खिल्ली, आधी जिज्ञासा में पूछा, "माली होकर भी?" "अरे, माली होना तो उनके लिए ढाल थी...और बाग़, उनका असली डाकघर।" आदित्य ने भौं उठाई, "डाकघर?" "हाँ भई, गुलाब के गमले में चिट्ठी, तुलसी के पास छोटा पैकेट, और जामुन के पेड़ के नीचे मिलने का

वक़्त। अंग्रेज़ समझते थे माली बस फूल लगा रहा है, पर असल में वो उन्हीं की कब्र खोद रहा था। वैसे भी क्रान्ति की बन्दूक की आवाज़ को शक्ति इन्हीं फुसफुसाहटों से मिलती है। अब्बा बहुत कुछ छोड़कर नहीं गये हमारे लिए लेकिन देश के ख़ातिर जो कुछ भी किये वह हमें फ़क्र से भर देता है...और यह काफ़ी है।"

उन्होंने अपने घुटनों पर दोनों हथेलियाँ रखीं, कुर्सी पर थोड़ा आगे झुकते हुए कहा, "देखो बेटवा...इलाहाबाद के पार्क, गलियाँ और पुरानी इमारतें–ये सब किताबों से कम, लोगों से अधिक ज़िन्दा रहती हैं।"

पार्थ ने तुरन्त पूछा, "कौन-कौन सी जगह थी यहाँ?"

बुज़ुर्ग की आँखों में एक शरारती चमक आ गयी, जैसे किसी गुप्त ख़ज़ाने का नक्शा दिखाने वाले हों। "सबसे पहले तो ये पार्क...ये केवल पार्क नहीं था, बेटवा, ये एक बड़ा परदा था। इसके नीचे कई छोटे-छोटे कारनामे होते रहते थे।

उन्होंने हल्की मुस्कान के साथ कहा, "एक बार, अब्बा पार्क घुमाते हुए बता रहे थे कि सामने दो आदमी शतरंज खेल रहे थे एक चाल चलता तो दूसरा अपने कान के पीछे पेन लगाता और काग़ज़ पर कुछ लिख लेता। उन्हें लगा शायद चाल नोट कर रहे हैं। बाद में पता चला, वो नोट असल में गुप्त सन्देश थे, जिन्हें खेल के बहाने अदला-बदली किया जा रहा था।"

दिव्यांश हँस पड़ा, "मतलब पार्क में शतरंज खेलते-खेलते क्रान्ति हो रही थी!"

"हाँ बेटवा, " वे मुस्कुराये, "क्रान्ति को सिर्फ़ बम और बन्दूक का खेल मत समझो...कई बार वो पेन और पेपर से ही जीत ली जाती है।"

उन्होंने अपनी जेब से एक पुरानी चाबी का गुच्छा निकाला, लेकिन उसे घुमाते-घुमाते फिर बात में लौट आये, "एक बार वही सर्दी का महीना था, कोहरा ऐसा कि अपने हाथ भी धुँध में गुम हो जायें। अब्बा पार्क से घर जा रहे थे, तभी पीछे से एक आवाज़ आयी, 'भाई!' अब्बा पलटे। एक आदमी खड़ा था, टोपी, ऊनी कोट, कन्धे पर झोला। चेहरा आधा धुँध में, आधा परछाईं में। और आँखें? बस आँखों में इतना तेज़ था कि अब्बा बाद में बोले, 'बेटा, ऐसा लगा जैसे किसी ने सीधा दिल में दीया जला दिया हो।'"

हमारी उत्सुकता बढ़ने लगी।

"आज़ाद थे?" मैंने पूछा।

"हाँ...और नहीं भी। नाम नहीं लिया, अपना पूरा चेहरा नहीं दिखाया, पर अब्बा को मालूम था–ये वही हैं। उन्होंने जेब से एक छोटा पैकेट निकाला, बस इतना कहा, 'इसे पुरानी बरगद की जड़ में दबा दो, आज रात कोई ले जायेगा।' अब्बा ने कुछ पूछना चाहा, तो बस हाथ उठाकर बोले, 'कम बातें, लम्बी उम्र।'"

हँसते हुए वे आगे बोले कि बाद में जब कभी अब्बा उस बरगद के पेड़ को देखते तो कुछ देर वहाँ ज़रूर बैठते।

"वैसे ये क़िस्से-कहानी तो चलती रहेंगी और क्या जानना था तुम लोगों को?"

"एच.एस.आर.ए. के कारनामे।"

"वाह, बहुत अच्छे। पहले का पढ़े हो कुछ कि सीधा छलाँग मार रहे हो?"

"नहीं-नहीं, पढ़े हैं।" "साइमन कमीशन वगैरह तो जानते होंगे न?"

"हाँ-हाँ।"

"फिर आगे सुनो।"

"9 सितम्बर की दिल्ली की बैठक के बाद इन्क़िलाबी तहरीक अपनी शान और असर क़ायम करने के लिए पूरी तरह तैयार थी। नये मरकज़ क़ायम हो चुके थे, काम बाक़ायदा तक़सीम कर दिया गया था और बम-साज़ी की ख़ुफ़िया फ़ैक्ट्रियाँ भी चलने लगी थीं, जहाँ नौजवान अपने हाथों से बारूद सँभालने और धमाका तैयार करने का हुनर सीख रहे थे। इनमें से कुछ बमों का कामयाब इम्तिहान भी लिया जा चुका था। उस वक़्त मुल्क का सियासी माहौल बेहद गर्म था। 3 फ़रवरी 1928 को साइमन कमीशन हिन्दूस्तान आया।

महात्मा गांधी पहले ही कह चुके थे, "यह नियुक्ति (साइमन आयोग की) उत्तर की माँग करती है, न कि भाषणों की–चाहे वे कितने ही वीरतापूर्ण क्यों न हों; न घोषणाओं की–चाहे वे कितनी ही साहसिक क्यों न हों; बल्कि उसके अनुरूप ठोस कार्यवाही की।"[214]

जहाँ-जहाँ साइमन कमीशन पहुँचता, वहाँ उसका इस्तक़बाल काले झण्डों और नारे बुलन्द करते हुए किया जाता–"*साइमन गो बैक।*" कई जगह पतंगें और गुब्बारे उड़ाये गये जिन पर यही अल्फ़ाज़ लिखे थे। हिन्दुस्तानी आवाम को यह हरगिज़ मंज़ूर न था कि उनकी तक़दीर का फ़ैसला उनकी राय को दबाकर किया जाये। इसीलिए हिन्दूस्तान सोशलिस्ट रिपब्लिकन ऐसोसिएशन (HSRA) भी इस कमीशन की मुख़ालिफ़त के लिए जिद्द-ओ-जहद में जुट गयी।

नागपुर और दिल्ली में कमीशन पर हमला करने की कोशिशें की गयीं लेकिन दोनों बार नाकामी हाथ लगी। कमीशन के ख़िलाफ़ एहतिजाज की क़ियादत बड़े रहनुमाओं ने सँभाली हुई थी और नौजवान उनके हमराह थे। जैसे उत्तर प्रदेश में जवाहरलाल नेहरू तहरीक को सँभाल रहे थे, उसी तरह लाहौर में लाला लाजपत राय की सरबराही में 20 अक्टूबर को बायकॉट अन्ज़ाम दिया गया।

शायद वह हमारा चेहरा देखकर यह समझ गये कि जिस भाषा में वे बोल रहे थे उसको सुनने में तो मज़ा आ रहा था पर समझ कुछ कम आ रहा था। इसलिए अनुभवी व्यक्ति की भाँति कुछ परिवर्तन के साथ कहने लगे,

"लाला जी का सम्मान सभी क्रान्तिकारी करते थे परन्तु जब यह देखा गया कि लाला जी साम्प्रदायिकता की ओर जाते हुए दिखायी पड़ने लगे तो यही क्रान्तिकारी लाला जी का विरोध करते हुए नज़र आये। क्रान्तिकारी तो लाला जी को इसी बात पर गद्दार तक कह गये और 'द लॉस्ट लीडर' नामक कविता भी उनको सीधा दे आये। भगत सिंह भी उनसे बड़े खफ़ा थे इसलिए 'भगत सिंह जानबूझकर जब यह पाते कि लाला जी के करीबी बैठे हैं तो और कड़े शब्दों का प्रयोग करते, ताकि उन तक बात पहुँचे और वे अपनी ग़लती समझें।'[215] भगत सिंह ने भगवतीचरण वोहरा एवं अन्य साथियों के साथ मिल कर 1926 में नौजवान भारत सभा शुरू की थी। सभा शुरुआत से बड़ी मज़बूती के साथ यह मानती थी कि राजनीति में धर्म की कोई जगह नहीं होनी चाहिए।' नौजवान भारत सभा के घोषणापत्र में भगत सिंह एवं भगवतीचरण ने लिखा था, "*पीपल की एक डाल टूटते ही हिन्दुओं की धार्मिक भावनाएँ चोटिल हो उठती हैं! बुतों को तोड़ने वाले मुसलमानों के ताजिये नामक काग़ज़ के बुत*

का कोना फटते ही अल्लाह का प्रकोप जाग उठता है और फिर वह 'नापाक' हिन्दुओं के ख़ून से कम किसी वस्तु से सन्तुष्ट नहीं होता! मनुष्य को पशुओं से अधिक महत्त्व दिया जाना चाहिए, लेकिन यहाँ भारत में लोग पवित्र पशु के नाम पर एक-दूसरे का सिर फोड़ते हैं।" आगे यह भी लिखा, *"धार्मिक अन्धविश्वास और कट्टरपन हमारी प्रगति में बहुत बड़े बाधक हैं। वे हमारे रास्ते के रोड़े साबित हुए हैं और हमें उनसे हर हालत में छुटकारा पा लेना चाहिए। 'जो चीज़ आज़ाद विचारों को बर्दाश्त नहीं कर सकती उसे समाप्त हो जाना चाहिए।' इसी प्रकार की और भी बहुत सी कमज़ोरियाँ हैं जिन पर हमें विजय पानी है। हिन्दुओं का दकियानूसीपन और कट्टरपन, मुसलमानों की धर्मान्धता तथा दूसरे देशों के प्रति लगाव और आमतौर पर सभी सम्प्रदायों के लोगों का संकुचित दृष्टिकोण आदि बातों का विदेशी शत्रु हमेशा लाभ उठाता है। इस काम के लिए सभी समुदायों के क्रान्तिकारी उत्साह वाले नौजवानों की आवश्यकता है।"*[216]

नौजवान भारत सभा के सदस्यों को एक प्रतिज्ञा भी लेनी होती थी जिसमें वे यह वादा करते थे कि वे वह अपने देश के हितों को अपनी जाति या समुदाय के हितों से ऊपर रखेगा। सभा ने ऐसे सामाजिक भोज आयोजित किये, जहाँ हर जाति और हर मज़हब के लोग एक ही पंक्ति में बैठते, एक-दूसरे को परोसते और साथ खाते। एक दिन तो यह हुआ कि कुछ नौजवानों ने हलाल और झटका दोनों तरह का मांस एक ही बर्तन में पकाकर सबके सामने रख दिया और फिर हिन्दू, मुसलमान, सिख सभी ने साथ मिलकर उसको खाया। सभा ने एक पत्रक जारी कर बुद्ध और ईसा मसीह को ख़ारिज करने की बात कही और कार्ल मार्क्स तथा एंगेल्स को विश्व का महानतम मनुष्य बताया।[217]

पर इख़्तिलाफ़ का यह मतलब नहीं था कि देश की जब बात आये तब आगे आकर साथ न दें। जैसा कि शिव वर्मा ने अपनी किताब में लिखा है, "अपने राजनैतिक जीवन के अन्तिम वर्षों में लाला जी क्रान्तिकारियों से चिढ़ने-से लगे थे। भगत सिंह और सुखदेव के लिए तो उन्होंने अपने बँगले के फाटक हमेशा के लिए बन्द करवा दिये थे। लेकिन यह देश के अन्दर की बात थी। देश के बाहर लोग उन्हें हमारे राष्ट्रीय आन्दोलन के प्रथम पंक्ति के नेता के रूप में ही जानते थे।"[218]

लाला जी के नेतृत्व में हुए इस बहिष्कार में क्रान्तिकारी बढ़-चढ़-कर शामिल हुए। जिस तरह देश में कमीशन के ख़िलाफ़ जुलूस निकल रहे थे उसी तरह पुलिस भी उन जुलूसों को दबाने का भरसक प्रयास करती। लाहौर के भी उस जुलूस में भारी लाठीचार्ज हुआ। घोड़ों पर सवार पुलिसवालों की लाठियों के शिकार प्रदर्शनकारियों के साथ-साथ लालजी भी बने।"

तनिक रुककर वे बोले, "यशपाल की एक किताब थी। उसमें उन्होंने बताया है उस दिन क्या क्या हुआ था।"

"कौनसी? सिंहावलोकन?" आदित्य बोला।

"हाँ-हाँ। थोड़ा शऊर तो तुम लोगों को भी है।" हँसते हुए वे बोले।

अपनी कुर्सी से उठते हुए बोले, "रुको लेकर आता हूँ किताब।"

एक कोने से वे आये तो उनके हाथ में यशपाल की सिंहावलोकन के साथ-साथ कुछ और किताबें भी थीं। किताबें मेज़ पर रखीं और कुर्सी पर धीरे से बैठ गये। आगे की जेब में रखा चश्मा उन्होंने निकाला। किताब के पेज पलटे और जब काम का पेज मिल गया तब पढ़ने लगे,

"नौजवान पंजाब केसरी वृद्ध लाला लाजपतराय को भीड़ के धक्कों से बचाये और धूप में उनके सिर पर छतरी सँभाले उन्हें स्टेशन तक ले गये। भीड़ के आगे नौजवान भारत सभा के लोग थे। उन्होंने पुलिस की धमकियों के बावजूद कमीशन के लिए रास्ता देने से इनकार कर दिया। वे कमीशन को काले झण्डे दिखा देने और 'साइमन गो बैक' की पुकार कमीशन के कानों तक पहुँचा देने के लिए तुले हुए थे। पुलिस ने लाठीचार्ज किया। लाला लाजपतराय के पीछे भीड़ इतनी थी कि उनके पीछे हट सकने का कोई अवसर न था। सामने से पुलिस लाठीचार्ज कर रही थी। नवयुवक लाला जी को चारों ओर से घेरकर चोट से बचाये थे। पुलिस की मार के बावजूद यह मोर्चा टूट नहीं पा रहा था। भगवतीचरण, सुखदेव और मैं वहीं एक ओर मौजूद थे। लाला जी को घेरे हुए इस मोर्चे को टूटते न देखकर समीप खड़े पुलिस सुपरिन्टेन्डेन्ट स्कॉट ने इस टोली पर हमला करने की आज्ञा दी। डीएसपी सॉन्डर्स स्वयं छोटी लाठी हाथ में लेकर सिपाहियों के साथ इस टोली पर टूट पड़ा। उसकी एक लाठी से लाला जी के सिर पर तनी हुई छतरी टूट गयी और

उनके कन्धे पर भी चोट आ गयी। नौजवान साथी अभी भी लाला लाजपतराय जी को घेर कर जमे रहने के लिए तैयार थे, परन्तु चोट खाने के बाद लाला जी ने हुक्म दे दिया, 'पुलिस की इस जालिमाना हरकत की मुख़ालफ़त में मुज़ाहिरे को मुअत्तल कर दिया जाये।'

उस संध्या कांग्रेस की ओर से 'मोरी दरवाज़े' के बाहर मैदान में कमीशन के विरोध में एक सार्वजनिक सभा की गयी थी। लाला लाजपतराय जी सभा में भाषण दे रहे थे। लाला जी ने अपने ओजपूर्ण वक्तृता में सुबह की घटना की निन्दा करते हुए कहा, 'जो सरकार निहत्थी रियाया पर इस तरह जालिमाना हमले करती है, उसे तहज़ीबयाफ्ता सरकार नहीं कहा जा सकता और ऐसी सरकार कायम नहीं रह सकती। मैं आज चैलेंज देता हूँ इस सरकार की पुलिस ने मुझ पर जो वार किया है वह एक दिन इस सरकार को ले डूबेगा।'"[219]

पुलिस के हमले का अन्ज़ाम यह हुआ कि लाला लाजपतराय का इन्तिकाल हो गया। लाला लाजपतराय भारतीय स्वाधीनता आन्दोलन की उस तिकड़ी के सदस्य थे जिसे लाल-बाल-पाल कहा जाता था। उनकी हत्या न सिर्फ़ इस मुल्क और मुल्क के लोगों का अपमान थी पर जलियाँवाला बाग़ की भी याद दिलाती थी जब ब्रितानी हुकूमत ने बेरहम क़त्लेआम को अन्ज़ाम दिया था। लाला जी के जाने से पूरा देश आहत था। उनकी शोकसभा में देशबन्धु चितरंजन दास की पत्नी श्रीमती बसंती देवी ने कहा, "लालाजी की चिता ठण्डी होने के पूर्व देश का कोई युवक ख़ून का बदला लेगा?"[220] बसंती देवी के शब्दों ने बड़ी सटीकता से देश की भावना को आवाज़ दी। 'ख़ून का बदला ख़ून से' के नारे उनकी शवयात्रा में मुखरता से गूँज रहे थे जिसमें डेढ़ लाख से भी अधिक लोग शामिल हुए थे। लाला जी की हत्या का बदला लेने और अपनी मौजूदगी दर्ज कराने का यह मौका एच.एस.आर.ए. के क्रान्तिकारियों को बेहतरीन मालूम पड़ा।

नवम्बर के महीने में लाहौर के मोज़ांग में प्रताप सिंह के नाम पर एक मकान किराये पर लिया गया। 17 नवम्बर को चन्द्रशेखर आज़ाद भी एक माउज़र पिस्तौल और चार रिवॉल्वर के साथ लाहौर पहुँच चुके थे। शिव वर्मा, कुन्दन लाल और फणीन्द्रनाथ को छोड़कर केन्द्रीय समिति के सभी सदस्य

लाहौर में थे। भगत सिंह भी इस दौरान फिरोज़पुर में अपने केश को अलविदा कह चुके थे। नवम्बर के मध्य में एक और मकान लाहौर की ग्वालमंडी की सोहेल सिंह स्ट्रीट में किराये पर लिया गया। कृपा राम स्ट्रीट में 5 दिसम्बर को सुखदेव ने देवी दास के नाम से एक मकान किराये पर लिया। 4 दिसम्बर को लाहौर के पंजाब नेशनल बैंक में एक एक्शन की योजना बनी थी पर वह भी नाकाम रही। 10 दिसम्बर को एक अतिमहत्त्वपूर्ण बैठक मोज़ांग के मकान में हुई। भगवतीचरण वोहरा की पत्नी दुर्गा देवी जिन्हें प्रेम से दुर्गा भाभी कहा जाता, ने इसी बैठक में पूछा कि कौन स्कॉट को मारने के लिए आगे जायेगा और फिर ख़ुद अपना ही हाथ उठा दिया। उनके साथ वहाँ बैठे सभी क्रान्तिकारियों ने अपना हाथ उठाया। सुखदेव वह इंकलाबी थे जिनका दिमाग़ इस मंसूबे को सफल बनाने में इस्तेमाल किया गया था। दुर्गा भाभी को तो नहीं पर भगत सिंह, चन्द्रशेखर आज़ाद, सुखदेव और जय गोपाल को उन्होंने चुना। पत्रकार कुलदीप नैयर ने भगत सिंह पर अपनी किताब विथाउट फियर में लिखा है, "जैसे ही भगत सिंह का नाम घोषित किया गया, कमरे में फुसफुसाहट शुरू हो गयी–कुछ लोगों को सन्देह हुआ कि सुखदेव यह ज़िम्मेदारी इसलिए दे रहा है, ताकि वह बढ़ती लोकप्रियता के कारण भगत सिंह से छुटकारा पा सके। सुखदेव ने ऐसे व्यवहार किया जैसे उसने ये फुसफुसाहट सुनी ही नहीं। उसने अपनी योजना का बाक़ी हिस्सा समझाया।"[221] राजगुरु का काम था कि वो भगत सिंह के बगल में खड़े होकर उनकी ढाल बनें। आज़ाद पर ज़िम्मेदारी थी कि भागने का रास्ता मोहैय्या करायें। वहीं जय गोपाल, जो कम उम्र और कम तजुर्बे का रफ़ीक़ था, उसे एक सरल मगर अहम काम दिया गया–स्कॉट पर नज़र रखने का। स्कॉट की गाड़ी का नम्बर था 6728। जय गोपाल को हुक्म मिला कि इस नम्बर को ज़ेहन में नक़्श कर ले।

17 नवम्बर को लाला जी का देहांत हुआ था। इसके ठीक एक महीने बाद यानी 17 दिसम्बर को स्कॉट को मारने की तारीख़ चन्द्रशेखर आज़ाद ने तय की। जय गोपाल नज़र रखने के सिलसिले में पुलिस स्टेशन आते-जाते रहते। भगत सिंह भी इस बीच गुलाबी पोस्टर तैयार कर रहे थे जिस पर बड़े अक्षरों में ऊपर 'हिन्दुस्तान सोशलिस्ट रिपब्लिकन आर्मी' लिखा था और उसके

नीचे 'स्कॉट इस डेड।' पोस्टर में आगे क्रान्तिकारियों का बयान था जिसे वह जनता के सामने खुलकर रखना चाहते थे। अबकी कुछ ऐसा भी करना था कि लन्दन तक आवाज़ जाये। तय तारीख़ से दो दिन पहले यानी 15 दिसम्बर को मश्क़ यानी रिहर्सल के लिए चारों पहुँचे। आज़ाद ने सबको वापस भागने का भी रास्ता समझा दिया। 17 दिसम्बर को एक बार फिर मोज़ांग हाउस में दो बजे बैठक हुई जिसमें एक बार फिर से योजना समझाई गयी। सुबह दस बजे जय गोपाल पुलिस स्टेशन पहुँचा और लाल मोटर साइकिल में एक पुलिस वाले को देखा जिसे उसने स्कॉट समझा। यह बात जय गोपाल ने जा कर चन्द्रशेखर आज़ाद को बतायी। दो बजे की बैठक में हथियार बाँटे गये। आज़ाद के हाथ में थी उनकी पसन्दीदा माउज़र पिस्टल। भगत सिंह को मिली एक ऑटोमैटिक पिस्टल और राजगुरु को एक रिवॉल्वर। साइकल से सब तय स्थान पर पहुँचे। चार बजे हेड कांस्टेबल चानन सिंह के साथ पुलिस स्टेशन से एक पुलिस अधिकारी बाहर निकला। पुलिस स्टेशन से निकलकर वह अपनी मोटर साइकल पर बैठ जाने लगा। वह स्कॉट नहीं सॉन्डर्स था। जय गोपाल को स्कॉट ही लगा। जय गोपाल ने राजगुरु को इशारा किया। राजगुरु ने रिवॉल्वर निकाली और मोटर साइकिल के पास पहुँचते ही गोली मार दी। सॉन्डर्स दोनों हाथ ऊपर उठाते हुए सड़क पर गिर पड़ा। ज़मीन पर पड़े सॉन्डर्स का एक पैर मोटर साइकल के नीचे था। तभी भगत सिंह आये और लाला लाजपतराय का बदला लेते हुए सॉन्डर्स के ज़िन्दा बचने की हर उम्मीद को अपनी गोलियों से ख़त्म कर दिया।

सॉन्डर्स को मारते ही भगत सिंह, राजगुरु और जय गोपाल कोर्ट स्ट्रीट पर भागने लगे। उनके पीछे हेड कांस्टेबल चानन सिंह और ट्रैफ़िक इंस्पेक्टर फर्न भागने लगे। पलटकर भगत सिंह ने फर्न की ओर गोली मारी जो उसे लगी तो नहीं पर बचते हुए वह गिर पड़ा। जय गोपाल अपनी साइकिल कोर्ट स्ट्रीट पर ही दौड़ाते हुए बढ़ता रहा वहीं भगत सिंह और राजगुरु एक छोटे से गेट से कोर्ट स्ट्रीट से डीएवी कॉलेज के कम्पाउंड में दाख़िल हो गये। फर्न गिर पड़ा था और चानन सिंह को रुकता न देख बोला, "अन्दर न जाओ।" चानन सिंह नहीं माना और पीछा करते रहा। जब यह मालूम पड़ गया कि वह नहीं रुकेगा तब चन्द्रशेखर आज़ाद की बन्दूक से निकली गोली चानन सिंह को लगी।

ख़ून से लथपथ अपना दायाँ पैर पकड़े फर्न के पास चानन सिंह आया और "साहब, मर गया" कहते हुए गिर पड़ा। चानन सिंह ने एक घण्टे बाद मेयो अस्पताल में दम तोड़ दिया। भगत सिंह, राजगुरु और चन्द्रशेखर आज़ाद ने वॉलीबॉल ग्राउंड से होते हुए डीएवी कॉलेज के बोर्डिंग हॉउस के 'इ' ब्लॉक में प्रवेश किया और वहाँ से अन्दर ही अन्दर 'बी' ब्लॉक की ऊपरी मंज़िल से होते हुए नीचे आ गये। वहाँ चन्द्रशेखर और राजगुरु एक साइकिल से तो भगत सिंह दूसरी साइकिल से कॉलेज से निकलते हुए देव समाज रोड पर आ गये। वहाँ से तीनों मोज़ांग हॉउस आ गये। साढ़े पाँच बजे के करीब जय गोपाल भी सही सलामत मोज़ांग हॉउस पहुँच गया।[223]

बदला पूरा हुआ! पर मारा गया व्यक्ति स्कॉट नहीं सॉन्डर्स था। सॉन्डर्स की हत्या पर बाद में सुखदेव ने लिखा,

"सबसे पहले गोली चलाने की ज़िम्मेदारी भगत सिंह की थी। एम (राजगुरु) को केवल भगत सिंह की रक्षा के लिए भेजा गया था। पण्डित आज़ाद का कार्य इन दोनों की रक्षा करना और उन्हें भागने में सहायता देना था।

भगत सिंह ने देखा कि सामने खड़ा साहब स्कॉट नहीं है, इसलिए उन्होंने पण्डित जी की ओर मुड़कर 'नहीं' कहने का संकेत दिया। इस बीच एम (राजगुरु) ने गोली चला दी, जबकि उन्हें ऐसा नहीं करना चाहिए था। वे स्कॉट को पहचान ही नहीं पाये। तब भगत सिंह कर्तव्यवश उस ग़लत व्यक्ति पर गोली चलाने के लिए बाध्य हो गये। इसी प्रकार सॉण्डर्स की हत्या हुई।"[224]

चानन सिंह की मृत्यु पर आज़ाद ने बाद में वैशम्पायन से कहा, "बच्चन, एक हिन्दुस्तानी और एक अंग्रेज़ की निष्ठा का अन्तर देखो। फर्न को गोली की आवाज़ सुनते ही प्राणों का मोह हो गया और चानन सिंह ने अपने कर्तव्य के लिए गोली और मौत की परवाह न की। मैंने बहुत कोशिश की कि चानन सिंह को गोली न मारनी पड़े पर जब कोई चारा न रहा तो गोली मार दी।"[225]

पोस्टर्स से स्कॉट का नाम हटाकर सॉन्डर्स किया गया और रात भर में लाहौर की तमाम जगहों पर इन गुलाबी पोस्टरों को चिपका दिया गया जिनमें से कई भगत सिंह की हस्तलिपि में थे। **"अब और कोई राज़ नहीं; 17 दिसम्बर की घटना पर अब और कोई अटकलें नहीं"**–से पोस्टर की शुरुआत हुई। ये देखो पोस्टर की एक प्रति :

हिन्दुस्तान सोशलिस्ट रिपब्लिकन आर्मी

नोटिस

नौकरशाही, सावधान!

जे.पी. सॉन्डर्स की मृत्यु में लाला लाजपत राय की हत्या का बदला ले लिया गया है।

यह सोचकर कितना दुःख होता है कि जे.पी. सॉन्डर्स जैसे एक मामूली पुलिस अफ़सर के निकृष्ट हाथों ने देश की तीस करोड़ जनता द्वारा सम्मानित एक नेता पर हमला करके उनके प्राण ले लिए। राष्ट्र का यह अपमान हिन्दुस्तानी नवयुवकों और मर्दों को चुनौती थी।

आज संसार ने देख लिया कि हिन्दुस्तान की जनता निष्प्राण नहीं हो गयी है, उनका ख़ून जम नहीं गया है; वे अपने राष्ट्र के सम्मान के लिए प्राणों की बाज़ी लगा सकते हैं और यह प्रमाण देश के उन युवकों ने दिया है जिनकी स्वयं इस देश के नेता निन्दा और अपमान करते हैं।

अत्याचारी सरकार सावधान!

इस देश की दलित और पीड़ित जनता की भावनाओं को ठेस मत पहुँचाओ! अपनी शैतानी हरकतें बन्द करो! हमें हथियार न रखने देने के लिए बनाये तुम्हारे सब क़ानूनों और चौकसी के बावजूद पिस्तौल और रिवॉल्वर इस देश की जनता के हाथ में आते ही रहेंगे। यदि हथियार सशस्त्र क्रान्ति के लिए पर्याप्त न हुए तो भी राष्ट्रीय अपमान का बदला लेते रहने के लिए तो काफ़ी रहेंगे ही। हमारे अपने लोग हमारी निन्दा और अपमान करते रहें, विदेशी सरकार चाहे हमारा कितना ही दमन कर ले परन्तु हम राष्ट्रीय सम्मान की रक्षा करने और विदेशी अत्याचारियों को सबक सीखाने के लिए सदा तत्पर रहेंगे। हम सब विरोध और दमन के बावजूद क्रान्ति की पुकार को बुलन्द रखेंगे और फाँसी के तख़्तों से भी पुकारते रहेंगे–

इन्कलाब ज़िन्दाबाद!

हमें एक आदमी की हत्या करने का खेद है परन्तु यह आदमी निर्दयी, निकृष्ट और अन्यायपूर्ण व्यवस्था का अंग था जिसे समाप्त कर देना आवश्यक था।

इस आदमी का वध हिन्दुस्तान में ब्रिटिश शासन के कारिन्दे के रूप में किया गया है। यह सरकार संसार की सबसे अत्याचारी सरकार है।

मनुष्य का रक्त बहाने के लिए हमें खेद है परन्तु क्रान्ति की बलिवेदी पर रक्त बहाना अनिवार्य हो जाता है। हमारा उद्देश्य ऐसी क्रान्ति है जो मनुष्य द्वारा मनुष्य के शोषण का अन्त कर देगी।

इन्कलाब ज़िन्दाबाद!

18 दिसम्बर, 1928 ह/-बलराज

सेनापति, हिसप्रस[226]

"ये सब थे तो बीस-बाईस साल के लड़के ही। उद्देश्य के लिए ही सही लेकिन दो लोगों की हत्या ये कर चुके थे। क्या मन में अशान्ति न भर गयी?" दिव्यांश ने प्रश्न किया।

"हाँ, भगवानदास माहौर ने इस पर लिखा है। क्या चल रहा होगा उनके दिमाग़ में इसकी झलकियाँ हमें उनके लिखे से मिलती हैं।

"भगत सिंह दो व्यक्तियों के वध में भाग लेकर आये थे। कितना उद्वेलित था उनका मानस! उनके संयत कंठ से उनका उद्वेग उभर पड़ता था। बात करते-करते वे रुक जाते थे, देर तक चुप रहकर और फिर बात का सूत्र प्रकट कर मुस्कुराने का प्रयत्न करते आगे बढ़ते थे।"[227]

"वे लाहौर से कैसे बच निकले? हत्या की ख़बर मिलते ही पुलिस तो उन्हें पूरी ताक़त से ढूँढ़ने में लग गयी होगी।" मैंने पूछा।

"हाँ। लाहौर के हर पुलिस वाले को इस काम के लिए तैनात कर दिया गया। हर सड़क और रेल निकासों पर कड़ा पहरा था।[228] न सिर्फ़ लाहौर में बल्कि पूरे देश में आग की तरह फैल गयी। दिन-दहाड़े पुलिस ऑफ़िस के सामने एक नौजवान पुलिस अफ़सर की हत्या ज़ालिम सरकार के लिए एक ज़ोर का तमाचा थी। डीएवी कॉलेज में प्रवेश के सारे मार्गों को बन्द कर दिया गया और जो बाहर थे वे सूर्यास्त के बाद अन्दर नहीं आ सकते थे।[229] पूछताछ का दौर शुरू हुआ। जिस पर भी थोड़ा सा शक होता उससे पूछताछ होती।

सोलह लोगों को तुरन्त गिरफ़्तार किया गया जिनमें से पाँच लाहौर स्टूडेंट्स यूनियन के सदस्य थे और शेष नौजवान भारत सभा के।[230] लाहौर

कांग्रेस कमेटी के सचिव केदार नाथ सहगल को भी पूछताछ के लिए गिरफ़्तार किया गया।[231] पुलिस सुराग ढूँढ़ने में बड़ी शिद्दत से लगी थी पर कुछ भी नहीं मिला। इसलिए वे एक क़दम आगे जाते हुए उस वक़्त के दो प्रमुख युवा नेता–जवाहरलाल नेहरू और सुभाष चन्द्र बोस को गिरफ़्तार करने का सोच रहे थे। क्रान्तिकारियों का हाथ इस हत्या में है यह वे समझ पा रहे थे क्योंकि नौजवान भारत सभा को भी बैन करना चाहते थे।[232]

कुलदीप नैय्यर अपनी किताब में हैरत दर्ज करते हुए लिखते हैं कि कैसे हत्या की तो योजना बनी पर शहर से कैसे निकलना है इस पर किसी का ख़ास ध्यान नहीं गया।[233] हर बार की तरह भी सुखदेव की बुद्धि काम में लायी गयी। सुखदेव का कहना था कि पहले दुर्गा भाभी के घर जाया जाये और वहाँ से मौका लगते ही शहर छोड़ दें। उसी रात सुखदेव ने दुर्गा भाभी के घर दस्तक दी।[234] दुर्गा भाभी ख़ुद बताती हैं,

"उसी रात (सॉन्डर्स हत्या की रात), मैं संस्कृत पढ़ रही थी कि सुखदेव आये। उस समय करीब नौ बजे का समय रहा होगा।

वे कहने लगे, "क्या पढ़ती हो यह सब?"

"संस्कृत पढ़ रही हूँ।" मैंने कहा।

"पढ़ना छोड़ो, यह बताओ कि क्या किसी को लेकर बाहर जा सकोगी?"

सुखदेव ने उसी असामान्य मन:स्थिति में पूछा था।

मैं बोली, "छुट्टियाँ होने में अभी तीन-चार दिन बाकी हैं।"

"छुट्टी ले सकोगी?" सुखदेव एक-पर-एक प्रश्न करता गया।

और मैंने उसी रात छुट्टी के लिए प्रार्थना पत्र लिखा।

मैंने यह भी नहीं पूछा कि कहाँ और किसके साथ जाना है। पूछने का नियम भी नहीं था। मेरी तत्परता देखकर सुखदेव बोले, "भाभी, यह सोच लो कि अगर रास्ते में कुछ हो गया तो सब-के-सब ख़त्म हो जाओगे। "

मैंने कहा, "ठीक है।"

दूसरे दिन, दिन के दस या ग्यारह बजे होंगे, सुखदेव आये। साथ में और भी दो लोग थे। मैं खाना बनाकर बैठी थी। सुखदेव के साथ आये लम्बे व्यक्ति की ओर संकेत करके पूछा, "भाभी, पहचाना?"

मैं उसे नहीं पहचान सकी, यद्यपि वे भगत सिंह ही थे। एकदम नया वेश। सिर पर हैट। चमचमाते हुए काले जूते। चेस्टर (लम्बा ऊनी कोट) पहने थे।

भगत सिंह हँस पड़े थे। सुखदेव से कहने लगे, "अब तो मैं पास हो गया। इन्होंने नहीं पहचाना तो पुलिस मुझे क्या पहचानेगी।"

अब कहीं मैं पहचान सकी। सुखदेव ने कहा, "पूरा जाट है।"[235]

सुखदेव की योजना थी कि भगत सिंह दुर्गा भाभी के पति बनकर उनके साथ कलकत्ता निकलेंगे जहाँ भारतीय राष्ट्रीय कांग्रेस के अधिवेशन में भाग लेने के लिए दुर्गा भाभी के पति भगवतीचरण पहले से मौजूद हैं। साथ में दुर्गा भाभी का तीन साल का पुत्र शचीन और उनके नौकर के रूप में राजगुरु रहेंगे। भगत सिंह को रणजीत नाम दिया गया, दुर्गा भाभी को सुजाता। पैसे न होने के कारण दुर्गा भाभी ने अपने घर ख़र्च के पैसों से 500 रुपये निकाल कर उन्हें दिये।[236]

दुर्गा भाभी ने एक और क़िस्सा बताया है जिससे पता चलता है कि क्या दिलेर लोग रहे होंगे। जब वे खाना खाने के लिए बैठे तो, "भगत सिंह ने मेरे पास बैठे शचीन को देखा। कहने लगे, "भाभी, मुझे फ़िक्र होती है कि अगर तुम्हारा बेटा मारा गया तो..."

"भैया, यह बेवक़्त की 'तो' कैसी? तुम भी किसी के बेटे हो। अगर एक बेटा (भगत सिंह) मारा जायेगा तो इसे (शचीन) भी क्यों नहीं मरना चाहिए?" मैंने उस दिन भगत सिंह को बीच में ही टोककर कहा था।"[237]

शचीन दल की 'अमूल्य निधि' थे। आज़ाद को वे मोटे चाचा और भगत सिंह को लम्बे चाचा कहते थे। दुर्गा भाभी लिखती हैं, "पैसों की कमी के बावजूद मोटे चाचा सबेरे-सबेरे उसके लिए एक इकन्नी ख़र्च कर डालते थे। शचीन के लिए उस इकन्नी की जलेबी मँगा दी जाती थी। जब भैया के पास पैसे न होते तो किसी अन्य से लेकर जलेबी मँगा दिया करते।"[238]

अगले दिन सुबह सुबह वे ख़ुफ़िया पुलिस वालों से भरपूर लाहौर स्टेशन पहुँचे। दिल की धड़कनें तेज़ थी। कुछ भी हो सकता था। भगत सिंह के चेस्टर की दायीं जेब में एक पिस्तौल थी। एक पिस्तौल दुर्गा भाभी के पास भी थी। टिकटें भगत सिंह की जेब में थीं, और उन्होंने उन्हें बस यूँ ही हल्के से लहराकर दिखा दिया। किसी बड़े सरकारी अधिकारी की तरह शान से चलने

पर कोई पूछताछ नहीं हुई। वे जब डिब्बे के दरवाज़े तक पहुँचे तो पहरे पर खड़े सिपाही ने फुसफुसाकर कहा, "ये बड़े लोग हैं... कोई सरकारी अफ़सर अपने परिवार समेत सफ़र कर रहा है।"

वे सब अन्दर दाख़िल हुए और अपनी सीटों पर जम गये। उसी वक़्त देहरादून एक्सप्रेस लाहौर से चल पड़ी और उन अँधे पहरेदारों को ज़रा भी आभास न हुआ कि जिनकी तलाश में वे शहर की गलियों को खँगाल रहे हैं, वे उनके सामने से ही मुस्कुराते हुए निकल गये।[239]

सॉन्डर्स की हत्या को अन्ज़ाम देने वाले तीन क्रान्तिकारियों में से दो तो शहर छोड़ चुके थे पर चन्द्रशेखर आज़ाद ने दूसरा रास्ता इख़्तियार किया। "आज़ाद ने एक यात्रियों का दल बनाकर स्वयं तिलक और माला धारण कर रामनामी दुपट्टा ओढ़ और तीर्थयात्री बन भक्त मण्डली के साथ माखनचोर गिरधारी, कृष्णमुरारी के दर्शनों के लिए मथुरा रवाना हुए।"[240]

30 या 31 दिसम्बर को जय गोपाल लाहौर में था और उसके साथ सुखदेव और किशोरी लाल भी फ़िरोज़पुर रोड के कैनाल ब्रिज पर थे कि उन्होंने स्कॉट को अपनी गाड़ी में जाते देखा। सुखदेव के पास रिवॉल्वर थी पर उनका कहना था कि एक बार जो आदमी बच गया उसे दोबारा मारना बेमतलब होगा।[241]

सॉन्डर्स हत्या के बाद आर्थिक स्थिति कुछ ठीक हुई। मोतीलाल नेहरू और पुरुषोत्तम दास टंडन जैसे संयुक्त प्रान्त के कांग्रेस के प्रमुख नेता जो मदद हो सकती थी, करते ही थे।[242] शिव वर्मा भी लिखते हैं, "हमारे उपायों से सहमत न होते हुए भी बहुत-से कांग्रेसी नेताओं ने हमारी सुरक्षा के लिए चिन्ता व्यक्त की और हमारे जिन-जिन हमदर्दों का उन्हें पता था उनके द्वारा रुपया भेजवाया।"[243]

लाहौर से भगत सिंह कलकत्ता पहुँच चुके थे। भगत सिंह कांग्रेस के वार्षिक अधिवेशन में भी गये। कलकत्ता में ही उनकी मुलाकात केन्द्रीय समिति के सदस्य फणीन्द्र नाथ घोष से हुई। भगत सिंह ने फणीन्द्र को सॉन्डर्स हत्या की जानकारी दी और फिर किसी ऐसे इन्सान से मिलाने की गुज़ारिश की जो दल को बम बनाना सिखा सकता था क्योंकि अब बारी बन्दूक से बम तक जाने की थी। बंगाल में जतींद्र नाथ दास से भगत सिंह मिले जो बम बनाना

सिखा सकते थे। कलकत्ता से भगत सिंह आगरा आ गये जहाँ बम बनाने का काम होना था। जतींद्र नाथ दास भी कुछ समय बाद आगरा आये जहाँ उन्होंने बम बनाना सिखाया। फ़रवरी के महीने में आगरा में भगत सिंह, चन्द्रशेखर आज़ाद, विजय कुमार सिन्हा और फणीन्द्र नाथ घोष की बैठक हुई जिसमें आगे के मंसूबों पर राय-मशविरा हुआ। सोचा गया कि साइमन कमीशन पर बम मारा जाये, लेकिन उसमें ख़र्चा बहुत आता इसलिए उसे नामंज़ूर कर दिया गया। तय हुआ कि बम फेंकना ही है तो असेंबली में फेंका जाये जहाँ हुकूमत अपनी जिद पर अड़ी है कि हर कीमत पर दो ज़ालिम बिल–पब्लिक सेफ़्टी बिल और ट्रेड डिस्प्यूट्स बिल–ज़बरदस्ती आवाम पर मुसल्लत किये जायें।

पब्लिक सेफ़्टी बिल ने सरकार को मज़दूरों से सम्बन्धित गतिविधियों पर इख़्तियार के लिए ग़ैर-न्यायिक ताक़तें देने का काम किया। इसका असल मक़सद यह था कि हिन्दुस्तान में क़याम करने वाले ब्रिटिश कम्युनिस्टों को मुल्क से बाहर किया जा सके और हर उस मदद को रोका जाये जिनसे मज़दूर हड़तालों को सहारा मिलता था और कम्युनिस्ट तहरीक़ मज़बूत होती थी। यह यह बिल गवर्नर जनरल को यह ताक़त भी अता करता था कि वह किसी शख़्स को हुक्म जारी करके ब्रिटिश हिन्दूस्तान से बाहर निकाले जाने का फ़ैसला कर सके।

ट्रेड डिस्प्यूट्स बिल ने एक क़दम और आगे बढ़ते हुए यह शर्त रखी कि अगर मज़दूर बग़ैर पहले से इत्तिला (सूचना) दिये हड़ताल पर जाते हैं तो यह दण्डनीय जुर्म होगा। इसके अलावा ऐसी हड़तालों को भड़काने या बढ़ावा देने वालों के लिए भी सज़ाओं का प्रावधान रखा गया। बिल के शुरुआती हिस्से में यह दफ़ा शामिल थी कि मज़दूरों और कारोबार से जुड़े मसलों के निपटारे के लिए विशेष ट्रिब्यूनल (न्यायाधिकरण) क़ायम किये जायेंगे।[244]

इन दोनों बिलों को राष्ट्रवादी तबकों से ख़ूब आलोचना सहनी पड़ी। पर ज़ालिम सरकार सिर्फ़ आलोचना से कहाँ सुनने वाली थी। इसलिए यह तय हुआ कि जब इन बिलों पर मतदान होने वाला हो तभी बम फेंकने का काम किया जाये। भगत सिंह इस मौक़े को एक इन्क़िलाबी हथियार की तरह भी देख रहे थे जहाँ सिर्फ़ लफ़्ज़ों से नहीं बल्कि अपने अमल से, अपने जज़्बे से, अपनी कुर्बानी से वह अपने दल की तहरीक और विचारधारा को मुल्क और

आलमी बिरादरी के सामने पूरी शिद्दत और मज़बूती के साथ पेश कर सकें। इसलिए वे चन्द्रशेखर आज़ाद के ख़िलाफ़ जाते हुए बोले कि, "जो भी साथी बम फेंकने जाये वे वहीं आत्मसमर्पण करे और पकड़े जाने पर अदालत के माध्यम से अपने उद्देश्य की घोषणा करे।"[245] भगत सिंह नेशनल कॉलेज के दिनों से ही ऐसा कुछ सोच रहे थे। नेशनल कॉलेज में ही उन्होंने फ्रांसीसी अराजकतावादी ऑगस्ते वेलां का फ्रांस के सदन में बम फेंकने के बाद दिया गया बयान पढ़ा था और तभी से उनका मन हिन्दुस्तान में इसे दोहराने का था।

आज़ाद एवं दल के बाक़ी सदस्य भगत सिंह से इत्तेफ़ाक़ नहीं रखते थे। एक अदालती बयान के लिए दो सदस्यों की कुर्बानी देना उन्हें मंज़ूर नहीं था। पर भगत सिंह का उनको मनाना बहुत मुश्किल नहीं रहा और अन्ततः वे मान ही गये। दल पहले भगत सिंह को भी नहीं भेजना चाहता था और भगत सिंह जाना तो चाहते थे पर इस बात पर उन्हें ही हार माननी पड़ी। दल हरगिज़ नहीं चाहता था कि वे अपने काबिल सिपाही को ऐसे खो दे।

पहले बटुकेश्वर दत्त एवं उत्तर प्रदेश से ही आने वाले रामशरण दास के नाम पर दल सहमत हुआ। राजगुरु का एक्शनों से बड़ा लगाव था। इसमें भी वे जाना चाहते थे। आज़ाद इस बीच कुछ दिन के लिए झाँसी आ गये थे। राजगुरु भी "*आज़ाद के पास आये और हर तरह से उन्होंने आज़ाद को यह समझाने की कोशिश की कि वह जाने के लिए बिल्कुल उपयुक्त है। उनकी सबसे बड़ी दलील थी, 'रही वक्तव्य देने की बात इसके लिए यह क्या ज़रूरी है कि वह अंग्रेज़ी में ही दिया जाये? वह हिन्दी में भी दिया जा सकता है। यदि अंग्रेज़ी में ही देना हो, तो मैं उसे जैसा कहो वैसा रट लूँगा। पण्डित जी! कसम से एक भी भूल नहीं होगी। अरे लघु सिद्धान्त कौमुदी पूरी 'अ इ उ ण' से 'नूनिस्त' तक रगड़कर फेंक दी है,तो क्या अंग्रेज़ी के दो-चार पन्नों का एक छोटा बयान न रट सकूँगा? अपना पिंड छुड़ाने के लिए आज़ाद ने उसे एक चिट भगत सिंह के लिए लिखकर दे दी कि यदि भगत सिंह ठीक समझें और कोई विशेष हानि न हो तो बटु की जगह राजगुरु को ही ले जायें। राजगुरु बड़ी हौंस से चिट लेकर दिल्ली पहुँचे, परन्तु भगत सिंह ने उन्हें उलटे पैर भगा दिया। राजगुरु फिर आज़ाद के पास भगत सिंह की शिकायत करने के लिए*

झाँसी आये, परन्तु जब आज़ाद ने उनके शौक़े-शहादत पर कोई ध्यान नहीं दिया और उलटे उनकी ज़िद पर झुंझलाये तो राजगुरु बिगड़कर वहाँ से हम लोगों को यह कहकर चले गये कि देखता हूँ, अकेले भी कुछ कर सकता हूँ की नहीं।"[246]

बटुकेश्वर और रामशरण दास का नाम तय हो जाने के कुछ दिन बाद सुखदेव आगरा आये। दल के इस फ़ैसले पर सुखदेव बहुत नाराज़ हुए। उनका साफ़ मानना था कि यह काम सिर्फ़ भगत सिंह ही कर सकता है। वे यह नहीं चाहते थे कि दो साथियों की कुर्बानी भी दी जाये और काम भी न बने। सुखदेव ने केन्द्रीय समिति के सदस्यों को पहले समझाना चाहा पर जब वे नहीं माने तो भगत सिंह को अलग लेकर गये और अकेले में बात की।

"असेम्बली में बम फेंकने के लिए तुम्हें जाना था, दूसरे आदमियों को भेजने का निश्चय कैसे हो गया?" सुखदेव ने भगत सिंह से पूछा।

भगत सिंह बोले, "समिति का निर्णय है कि संगठन के भविष्य के लिए मुझे पीछे रहने की ज़रूरत है।"

सुखदेव अपने रूखे और कड़े ढंग से विरोध करते हुए बोले, "यह सब बकवास है। तुम्हारे व्यक्तिगत मित्र की हैसियत से देख रहा हूँ कि तुम अपने पाँव में कुल्हाड़ी मार रहे हो। यह देखकर मैं चुप नहीं रह सकता। जानते हो, तुम किस रास्ते पर चल रहे हो? तुम्हारा अहंकार बहुत बढ़ गया है। तुम अपने आप को दल का एकमात्र सहारा समझने लगे हो। तुम सान्याल दादा और जयचन्द बनते जा रहे हो। जानते हो तुम्हारा क्या अन्त होगा? तुम एक रोज़ भाई परमानन्द बन जाओगे।"

सुखदेव ने फिर 1914-15 के लाहौर षड्यन्त्र के मुक़दमे में हाई कोर्ट के जज का निर्णय बताया। जज ने भाई परमानन्द के लिए कहा था, "भाई परमानन्द इस क्रान्तिकारी षड्यन्त्र का मस्तिष्क और सूत्रधार है परन्तु व्यक्तिगत रूप से यह आदमी कायर है। वह संकट के काम में दूसरे को आगे झोंककर अपने प्राण बचाने की चेष्टा करता रहता है।"

सुखदेव फिर आगे बोले, "तुम सदा तो यों बच नहीं सकते। एक दिन तुम्हे भी अदालत के सामने आना ही पड़ेगा। उस दिन तुम्हारे लिए भी वैसा ही फ़ैसला लिखा जायेगा, जैसा परमानन्द के लिए लिखा गया था।"

सुखदेव अभी भी रुकने को तैयार नहीं थे। वे बोले, "तुम कहना चाहते हो कि संगठन के हिट के लिए तुम शहीद बनने के सम्मान का बलिदान कर रहे हो। ईमानदारी से अपने गिरेबान में झाँककर देखो। तुम इस समय मौत का सामना नहीं करना चाहते, क्योंकि तुम्हें ज़िन्दगी इस समय बड़ी लुभावनी लग रही है। तुम उस औरत के स्नेह की आँच सेंकना चाहते हो और इस दल के प्रति उत्तरदायित्व का बहाना बना रहे हो। तुम दूसरों से जो चाहे कहो, लेकिन मैं तुमसे और तुम मुझसे नहीं छिप सकते। तुम फिसल रहे हो।"

भगत सिंह अब तक सिर्फ़ सुखदेव को सुन रहे थे। सुखदेव को घूरते हुए बोले, "असेम्बली में बम फेंकने मैं ही जाऊँगा, केन्द्रीय समिति को मेरी बात माननी ही पड़ेगी। तुमने मेरा जो अपमान किया है, उसका उत्तर मैं नहीं दूँगा। इसके बाद तुम मुझसे कभी फिर बात न करना।"

सुखदेव ने रूखे ही स्वर में उत्तर दिया, "I have done my duty towards my friend. (मैंने अपने मित्र के प्रति अपना कर्तव्य पूरा किया।)"[247]

योजना बनने के बाद जयदेव कपूर को दिल्ली भेजा गया जहाँ उन्होंने एक कमरा किराये पर लिया। कहाँ बम फेंकना है, प्रवेश कैसे होगा, सुरक्षा की क्या स्थिति है यह सब जयदेव कपूर ने पहले नक्शे का अध्ययन कर और फिर स्वयं वहाँ जाकर जाना। भगत सिंह भी दिल्ली पहुँचे और उन्हें यह सब जयदेव कपूर ने समझा दिया। फिर यह भी आदेश दिया गया चन्द्रशेखर आज़ाद द्वारा कि शिव वर्मा और जयदेव कपूर के अलावा सब साथी दिल्ली छोड़ दें। जाते-जाते आज़ाद बोले, "प्रभात, अब कुछ ही दिनों में ये दोनों देश की सम्पत्ति हो जायेंगे। तब हमारे पास इनकी याद भर रह जायेगी। तब तक के लिए मेहमान समझकर इनकी आराम-तकलीफ़ का ध्यान रखना।"[248]

चन्द्रशेखर आज़ाद के जीवन में अगर कोई मलाल होगा तो वह यही होगा–साथियों को खोना। आगे चलकर अपनी यह पीड़ा वह शिव वर्मा के सामने रखते भी हैं, "दल के सेनापति के नाते क्या मेरा काम है कि मैं लगातार नये-नये साथी जमा करूँ, उनसे अपनापन बढ़ाऊँ और फिर योजना बनाकर अपने ही हाथों उन्हें मौत के हवाले कर दूँ और मैं आराम से बैठकर आग में झोंकने के लिए नये सिरे से ईंधन बटोरना शुरू कर दूँ?"[249]

पीड़ा तो सुखदेव की भी कम नहीं थी। भगत सिंह से हुई बात के बाद ही सुखदेव लाहौर आ गये थे। यशपाल बताते हैं कि जब वह, "लाहौर पहुँचा उस समय भी उसकी आँखें सूजी हुई थी। जान पड़ता था कि वह बहुत रोया है। वह किसी से बात न कर रहा था।"[250]

चार अप्रैल को कश्मीरी गेट के रामनाथ फ़ोटोग्राफ़र्स के यहाँ भगत सिंह और जयदेव कपूर पहुँचे। "हमारा दोस्त जा रहा है इसलिए हमें उसकी बढ़िया तस्वीर चाहिए, " जयदेव कपूर ने तस्वीर खींचने वाले से कहा।[251] यही वह जगह थी जहाँ भगत सिंह की वह ऐतिहासिक तस्वीर खींची गयी थी जिसमें उनके चेहरे पर सधी हुई पतली मूँछें हैं, जो उनकी ज़िद और जवानी दोनों का सबूत देती हैं। माथे पर एक हैट है, जिसका किनारा तिरछा झुककर उसकी तेज़ आँखों पर हल्की-सी छाया डालता है। आँखों में शोला, चेहरे पर सुकून, और होंठों पर बग़ावत की ख़ामोश जुंबिश है।

उन निगाहों में क़त्लगाह का ख़ौफ़ नहीं, बल्कि शहादत का नूर चमकता है। यही वजह है कि यह तस्वीर आज भी इन्क़लाब की सबसे रोशन अलामतों में शुमार होती है।

इस बीच जयदेव कपूर के साथ भगत सिंह और बटुकेश्वर दत्त भी असेम्बली जाने लगे और सदन की बहस ध्यान से सुनते। उन्हें इस बात का भी ध्यान रखना था कि वे बम से किसी को भी चोट न पहुँचायें वर्ना सरकार को उन्हें कलंकित करने का एक और बहाना मिल जाता।

तारीख़ थी 8 अप्रैल 1929। लाहौर से सुशीला दीदी, दुर्गा भाभी सुखदेव और भगवतीचरण वोहरा के साथ दिल्ली आये। सुखदेव उनको यह कहकर लाये थे कि, "भगत सिंह से अन्तिम बार मिल लेना चाहते हो तो आज रात की गाड़ी से दिल्ली चलो।"[252] दिल्ली के कुदसिया बाग़ में वे भगत सिंह से मिले जहाँ उन्होंने भगत सिंह को संतरे और मिठाइयाँ खिलायीं। जाते-जाते सुशीला दीदी ने उनके माथे पर तिलक लगाया और वहीं विदा कहा।

सुबह का ग्यारह बजने से पहले का सन्नाटा। असेम्बली की सीढ़ियों पर तीन परछाइयाँ उतरती हैं–भगत सिंह, बटुकेश्वर दत्त और जयदेव कपूर। साधारण खाकी कमीज़ और निकर पहने किसी आम दर्शक की तरह वे धीरे-धीरे भीतर जाते हैं और दर्शक दीर्घा में चुपचाप बैठ जाते हैं। सभा में बहस गूँज

रही है। आवाज़ें ऊँची होती हैं, फिर थमती हैं। जब मतदान की घड़ी आयी, भगत सिंह ने चुपचाप जयदेव कपूर की ओर देखा। एक हल्का-सा इशारा, बाहर जाने का संकेत।

मतों की गिनती होती है।

"56 बनाम 38।"

ट्रेड डिस्प्यूट्स बिल पास हो चुका है।[253]

सभापति विट्ठलभाई पटेल अपने आसन से उठते हैं, निर्णय सुनाने को। और उसी क्षण भगत सिंह खड़े होते हैं। उनके हाथ में अख़बार की तहें खुलती हैं। भीतर की धातु झलकती है। पल भर के लिए हवा भारी हो जाती है।

और फिर–

"धाआआआआं!!!"

ट्रेज़री बेंचों के पास धरती हिल उठती है। रोशनी का झटका, धुएँ का बादल, लकड़ी की कुर्सियाँ थरथराती हुईं। सदन सन्न।

लेकिन झटका अभी अधूरा है।

धुएँ के बीच से एक और चिंगारी उड़ती है।

एक और धमाका।

"धूम्मम्मम!!"

हवा में बारूद की गन्ध घुल जाती है। चारों तरफ़ राख के फाहे तैरते हैं। दीवारें गूँजती रहती हैं। एक क़दम आगे बढ़ते हुए भगत सिंह ने अपनी जैकेट के भीतर हाथ डाला। एक ऑटोमैटिक पिस्तौल निकाली।

कैमरा-सा फ्रेम बनता है–

भीड़ की हाँफती हुई साँसें।

सभापति की फैली हुई आँखें।

अचानक ख़ामोशी।

फिर–

धाआआआं!

गोली सीटी मारती हुई ऊपर छत से टकराई।

दूसरी बार ट्रिगर दबा।

धाआआआं!

इस बार आवाज़ और भी गहरी। हवा को चीरती हुई।

अब भगत सिंह तीसरी बार पिस्तौल तानते हैं।

उँगली ट्रिगर पर कसती है।

क्लिक...

कुछ नहीं।

फिर ज़ोर से खींचते हैं।

क्लिक...क्लिक...

हथियार जाम हो गया है।

क्षण भर का ठहराव।

फिर भगत सिंह हल्की मुस्कान के साथ हथियार नीचे कर लेते हैं।

इस अराजकता के बीच भगत सिंह और बटुकेश्वर दत्त-सिर ऊँचा, सीना तानकर-जैसे घोषणा कर रहे हों कि यह आवाज़ सदन की चारदीवारी तक नहीं, पूरे हिन्दूस्तान तक जायेगी।

"इन्कलाब ज़िन्दाबाद।"

"साम्राज्यवाद का नाश हो।"

"दुनिया के मज़दूरों एक हों।"

इन्हीं गर्जनाओं के बीच साथ-साथ वे एच.एस.आर.ए. के लाल रंग के पर्चे भी फेंकते हैं:

हिन्दुस्तान समाजवादी प्रजातांत्रिक सेना

सूचना

"बहरों को सुनाने के लिए बहुत ऊँची आवाज़ की आवश्यकता होती है, "प्रसिद्ध फ्रांसीसी अराजकतावादी शहीद वैलियाँ के यह अमर शब्द हमारे काम के औचित्य के साक्षी हैं।

पिछले दस वर्षों में ब्रिटिश सरकार ने शासन-सुधार के नाम पर इस देश का जो अपमान किया है उसकी कहानी दोहराने की आवश्यकता नहीं और न ही हिन्दुस्तानी पार्लियामेण्ट पुकारी जाने वाली इस सभा ने भारतीय राष्ट्र के सिर पर पत्थर फेंककर उसका जो अपमान किया है, उसके उदाहरणों को याद दिलाने की आवश्यकता है। यह सब सर्वविदित और स्पष्ट है। आज

फिर जब लोग 'साइमन कमीशन' से कुछ सुधारों के टुकड़ों की आशा में आँखें फैलाये हैं और इन टुकड़ों के लोभ में आपस में झगड़ रहे हैं, विदेशी सरकार 'सार्वजनिक सुरक्षा विधेयक' (पब्लिक सेफ़्टी बिल) और 'औद्योगिक विवाद विधेयक' (ट्रेड्स डिस्प्यूट्स बिल) के रूप में अपने दमन को और भी कड़ा कर लेने का प्रयत्न कर रही है। इसके साथ ही आनेवाले अधिवेशन में 'अख़बारों द्वारा राजद्रोह रोकने का क़ानून' (प्रेस सैडिशन एक्ट) जनता पर कसने की भी धमकी दी जा रही है। सार्वजनिक काम करने वाले मज़दूर नेताओं की अन्धाधुन्ध गिरफ़्तारियाँ यह स्पष्ट कर देती हैं कि सरकार किस रवैये पर चल रही है।

राष्ट्रीय दमन और अपमान की इस उत्तेजनापूर्ण परिस्थिति में अपने उत्तरदायित्व की गम्भीरता को महसूस कर 'हिन्दुस्तान समाजवादी प्रजातन्त्र संघ' ने अपनी सेना को यह क़दम उठाने की आज्ञा दी है। इस कार्य का प्रयोजन है कि क़ानून का यह अपमानजनक प्रहसन समाप्त कर दिया जाये। विदेशी शोषक नौकरशाही जो चाहे करे परन्तु उसकी वैधानिकता का नक़ाब फाड़ देना आवश्यक है।

जनता के प्रतिनिधियों से हमारा आग्रह है कि वे इस पार्लियामेण्ट के पाखण्ड को छोड़कर अपने-अपने निर्वाचन क्षेत्रों को लौट जायें और जनता को विदेशी दमन और शोषण के विरुद्ध क्रान्ति के लिए तैयार करें। हम विदेशी सरकार को यह बतला देना चाहते हैं कि हम 'सार्वजनिक सुरक्षा' और 'औद्योगिक विवाद' के दमनकारी क़ानूनों और लाला लाजपत राय की हत्या के विरोध में देश की जनता की ओर से यह क़दम उठा रहे हैं।

हम मनुष्य के जीवन को पवित्र समझते हैं। हम ऐसे उज्जवल भविष्य में विश्वास रखते हैं जिसमें प्रत्येक व्यक्ति को पूर्ण शान्ति और स्वतन्त्रता का अवसर मिल सके। हम इन्सान का ख़ून बहाने की अपनी विवशता पर दुखी हैं। परन्तु क्रान्ति द्वारा सबको समान स्वतन्त्रता देने और मनुष्य द्वारा मनुष्य के शोषण को समाप्त कर देने के लिए क्रान्ति में कुछ-न-कुछ रक्तपात अनिवार्य है।

इन्कलाब ज़िन्दाबाद!

ह.बलराज

कमाण्डर इन चीफ़[254]

भगत सिंह और बटुकेश्वर दत्त ने भागने की ज़रा सी भी कोशिश न करते हुए वहीं गिरफ़्तारी दी। भारी मात्रा में पुलिस आयी और उन्हें अलग-अलग गाड़ियों में नयी दिल्ली थाने की ओर ले जाया गया। रास्ते में उन्हें एक तांगा दिखा जिसमें सुशीला दीदी, दुर्गा भाभी, भगवतीचरण, सुखदेव और छोटा शचीन भी था। शचीन भगत सिंह को देखते ही चिल्लाया, "लम्बे चाचा जा रहे हैं।"[255] दुर्गा भाभी ने तुरन्त शची का मुँह गोद में दबाकर उसे चुप करा दिया।[256]

भगत सिंह और बटुकेश्वर दत्त की गिरफ़्तारी के चार दिन बाद शिव वर्मा उनकी तस्वीर लेकर झाँसी आज़ाद के पास पहुँचे। वहाँ उपस्थित सभी तस्वीरें देखकर भावुक हो उठे। पर आज़ाद एकदम 'स्थितप्रज्ञ' की तरह बैठे रहे। कुछ देर बाद आज़ाद अकेले बैठकर कुछ सोच रहे थे। भगवानदास माहौर ने देखा उनकी आँखों में आँसू हैं। वे जब आज़ाद के पास बात करने गये तो आज़ाद बोले, "मुझे इसका दुःख नहीं है कैलास कि भगत सिंह और दत्त चले गये, वह तो आगे-पीछे पकड़े जाकर या गोली खाकर सभी को जाना है। परन्तु मैं देख रहा हूँ कि तुम सब लोगों का हृदय कितना प्रेमपूर्ण है और मुझे लगता है कि मैं तो बिल्कुल नीरस पत्थर, क्रान्ति की एक मशीन जैसा हो गया हूँ। तुम लोग सच्चे माने में इन्सान हो। मेरे जैसा दिल भी क्या दिल कहला सकता है!"[257]

एक महीने बाद, 7 मई 1929 को ज़िला जेल की अपर ज़िला मजिस्ट्रेट की अदालत में यह मामला पहुँचा। मजिस्ट्रेट ने पाया कि प्रथम दृष्टया मामला मौजूद है। लिहाज़ा, उन्होंने दोनों अभियुक्तों पर भारतीय दण्ड संहिता की धारा 307 (क़त्ल की कोशिश) और विस्फोटक पदार्थ अधिनियम, 1908 की धारा 3 के तहत इल्ज़ाम तय किये और उन्हें सेशंस कोर्ट में मुक़दमे के लिए भेज दिया। अगले महीने सेशंस जज लियोनार्ड मिड्लटन की अदालत में मुक़दमा शुरू हुआ। अब तक शान्त भगत सिंह और बटुकेश्वर दत्त ने 6 जून को एक संयुक्त बयान पेश किया जिसे उनके वकील आसफ़ अली ने पढ़ा :

"हमारे ऊपर गम्भीर आरोप लगाये गये हैं। इसलिए यह आवश्यक है कि हम भी अपनी सफ़ाई में कुछ शब्द कहें। हमारे कथित अपराध के सम्बन्ध में निम्नलिखित प्रश्न उठते हैं : (1) क्या वास्तव में असेम्बली में बम फेंके गये

थे, यदि हाँ तो क्यों? (2) नीचे की अदालत में हमारे ऊपर जो आरोप लगाये गये हैं, वे सही हैं या ग़लत?

पहले प्रश्न के पहले भाग के लिए हमारा उत्तर स्वीकारात्मक है, लेकिन तथाकथित चश्मदीद गवाहों ने इस मामले में जो गवाही दी है वह सरासर झूठ है। चूँकि हम बम फेंकने से इनकार नहीं कर रहे हैं इसलिए यहाँ इन गवाहों के बयानों की सच्चाई की परख भी हो जानी चाहिए। उदाहरण के लिए, हम यहाँ बता देना चाहते हैं कि सार्जेण्ट टेरी का यह कहना कि उन्होंने हममें से एक के पास से पिस्तौल बरामद की, एक सफ़ेद झूठ मात्रा है, क्योंकि जब हमने अपने आपको पुलिस के हाथों में सौंपा तो हममें से किसी के पास कोई पिस्तौल न थी। जिन गवाहों ने कहा है कि उन्होंने हमें बम फेंकते देखा था, वे झूठ बोलते हैं। न्याय तथा निष्कपट व्यवहार को सर्वोपरि मानने वाले लोगों को इन झूठी बातों से एक सबक लेना चाहिए। साथ ही, हम सरकारी वकील के उचित व्यवहार तथा अदालत के अभी तक के न्यायसंगत रवैये को भी स्वीकार करते हैं।

पहले प्रश्न के दूसरे हिस्से का उत्तर देने के लिए हमें इस बम काण्ड जैसी ऐतिहासिक घटना के कुछ विस्तार में जाना पड़ेगा। हमने वह काम किस अभिप्राय से तथा किन परिस्थितियों के बीच किया, इसकी पूरी एवं खुली सफ़ाई आवश्यक है।

जेल में हमारे पास कुछ पुलिस अधिकारी आये थे। उन्होंने हमें बताया कि लार्ड इर्विन ने इस घटना के बाद ही असेम्बली के दोनों सदनों के सम्मिलित अधिवेशन में कहा है कि ''यह विद्रोह किसी व्यक्ति विशेष के ख़िलाफ़ नहीं, वरना सम्पूर्ण शासन-व्यवस्था के विरुद्ध था।'' यह सुनकर हमने तुरन्त भाँप लिया कि लोगों ने हमारे इस काम के उद्देश्य को सही तौर पर समझ लिया है।

मानवता को प्यार करने में हम किसी से पीछे नहीं हैं। हमें किसी से व्यक्तिगत द्वेष नहीं है और हम प्राणिमात्र को हमेशा आदर की नज़र से देखते आये हैं। हम न तो बर्बरतापूर्ण उपद्रव करने वाले देश के कलंक हैं, जैसा कि सोशलिस्ट कहलाने वाले दीवान चमनलाल ने कहा है, और न ही हम पागल हैं, जैसा कि लाहौर के 'ट्रिब्यून' तथा कुछ अन्य अख़बारों ने सिद्ध करने का प्रयास किया है। हम तो केवल अपने देश के इतिहास, उसकी मौजूदा

परिस्थिति तथा अन्य मानवोचित आकांक्षाओं के मननशील विद्यार्थी होने का विनम्रतापूर्वक दावा भर कर सकते हैं। हमें ढोंग तथा पाखण्ड से नफ़रत है।

एक अपकारजनक संस्था

यह काम हमने किसी व्यक्तिगत स्वार्थ अथवा विद्वेष की भावना से नहीं किया है। हमारा उद्देश्य केवल उस शासन-व्यवस्था के विरुद्ध प्रतिवाद करना था जिसके हर एक काम से उसकी अयोग्यता ही नहीं वरन अपकार करने की उसकी असीम क्षमता भी प्रकट होती है। इस विषय पर हमने जितना विचार किया उतना ही हमें इस बात का दृढ़ विश्वास होता गया कि वह केवल संसार के सामने भारत की लज्जानक तथा असहाय अवस्था का ढिंढोरा पीटने के लिए ही कायम है और वह एक ग़ैर-ज़िम्मेदार तथा निरंकुश शासन का प्रतीक है।

जनता के प्रतिनिधियों ने कितनी ही बार राष्ट्रीय माँगों को सरकार के सामने रखा, परन्तु उसने उन माँगों की सर्वथा अवहेलना करके हर बार उन्हें रद्दी की टोकरी में डाल दिया। सदन द्वारा पास किये गये गम्भीर प्रस्तावों को भारत की तथाकथित पार्लियामेन्ट के सामने ही तिरस्कारपूर्वक पैरों तले रौंदा गया है, दमनकारी तथा निरंकुश क़ानूनों को समाप्त करने की माँग करने वाले प्रस्तावों को हमेशा अवज्ञा की दृष्टि से ही देखा गया है और जनता द्वारा निर्वाचित सदस्यों ने सरकार के जिन क़ानूनों तथा प्रस्तावों को अवांछित एवं अवैधानिक बताकर रद्द कर दिया था, उन्हें केवल कलम हिलाकर ही सरकार ने लागू कर लिया है।

संक्षेप में, बहुत कुछ सोचने के बाद भी एक ऐसी संस्था के अस्तित्व का औचित्य हमारी समझ में नहीं आ सका जो, बावजूद उस तमाम शानो-शौकत के, जिसका आधार भारत के करोड़ों मेहनतकशों की गाढ़ी कमाई है, केवल मात्र दिल को बहलाने वाली, थोथी, दिखावटी और शरारतों से भरी हुई एक संस्था है। हम सार्वजनिक नेताओं की मनोवृत्ति को समझ पाने में भी असमर्थ हैं। हमारी समझ में नहीं आता कि हमारे नेतागण भारत की असहाय परतन्त्रता की खिल्ली उड़ाने वाले इतने स्पष्ट एवं पूर्वनियोजित प्रदर्शनों पर सार्वजनिक सम्पत्ति एवं समय बर्बाद करने में सहायक क्यों बनते हैं।

हम इन्हीं प्रश्नों तथा मज़दूर आन्दोलन के नेताओं की धरपकड़ पर विचार कर ही रहे थे कि सरकार औद्योगिक विवाद विधेयक लेकर सामने आयी। हम इसी सम्बन्ध में असेम्बली की कार्यवाही देखने गये। वहाँ हमारा यह विश्वास और भी दृढ़ हो गया कि भारत की लाखों मेहनतकश जनता एक ऐसी संस्था से किसी बात की भी आशा नहीं कर सकती जो भारत के बेबस मेहनतकशों की दासता तथा शोषकों की गलाघोंटू शक्ति की अहितकारी यादगार है।

अन्त में वह क़ानून, जिसे हम बर्बर एवं अमानवीय समझते हैं, देश के प्रतिनिधियों के सरों पर पटक दिया गया, और इस प्रकार करोड़ों संघर्षरत भूखे मज़दूरों को प्राथमिक अधिकारों से भी वंचित कर दिया गया और उनके हाथों से उनकी आर्थिक मुक्ति का एकमात्र हथियार भी छीन लिया गया। जिस किसी ने भी कमरतोड़ परिश्रम करने वाले मूक मेहनतकशों की हालत पर हमारी तरह सोचा है वह शायद स्थिर मन से यह सब नहीं देख सकेगा। बलि के बकरों की भाँति शोषकों और सबसे बड़ी शोषक स्वयं सरकार है, की बलिवेदी पर आये दिन होने वाली मज़दूरों की इन मूक कुर्बानियों को देखकर जिस किसी का दिल रोता है वह अपनी आत्मा की चीत्कार की उपेक्षा नहीं कर सकता।

गवर्नर जनरल की कार्यकारिणी समिति के भूतपूर्व सदस्य स्वर्गीय श्री एस. आर. दास ने अपने प्रसिद्ध पत्र में अपने पुत्र को लिखा था कि इंग्लैण्ड की स्वप्ननिद्रा भंग करने के लिए बम का उपयोग आवश्यक था। श्री दास के इन्हीं शब्दों को सामने रखकर हमने असेम्बली भवन में बम फेंके थे। हमने वह काम मज़दूरों की तरफ़ से प्रतिरोध प्रदर्शित करने के लिए किया था। उन असहाय मज़दूरों के पास अपने मर्मान्तक क्लेशों को व्यक्त करने का और कोई साधन भी तो नहीं था। हमारा एकमात्र उद्देश्य था 'बहरों को सुनाना' और उन पीड़ितों की माँगों पर ध्यान न देने वाली सरकार को समय रहते चेतावनी देना।

हमारी ही तरह दूसरों की भी परोक्ष धारणा है कि प्रशान्त सागर रूपी भारतीय मानवता की ऊपरी शान्ति किसी भी समय फूट पड़ने वाले एक भीषण तूफ़ान की द्योतक है। हमने तो उन लोगों के सिर्फ़ ख़तरे की घण्टी बजायी है जो आने वाले भयानक ख़तरे की परवाह किये बगैर तेज़ रफ़्तार से आगे की तरफ़ भागे जा रहे हैं। हम लोगों को सिर्फ़ यह बता देना चाहते हैं कि

'काल्पनिक अहिंसा' का युग अब समाप्त हो चुका है और आज की उठती हुई नयी पीढ़ी को उसकी व्यर्थता में किसी भी प्रकार का सन्देह नहीं रह गया है।

मानवता के प्रति हार्दिक सद्भाव तथा अमित प्रेम रखने के कारण उसे व्यर्थ के रक्तपात से बचाने के लिए हमने चेतावनी देने के इस उपाय का सहारा लिया है। और उस आने वाले रक्तपात को हम ही नहीं, लाखों आदमी पहले से ही देख रहे हैं।

काल्पनिक अहिंसा

ऊपर हमने 'काल्पनिक अहिंसा' शब्द का प्रयोग किया है। यहाँ पर उसकी व्याख्या कर देना भी आवश्यक है। आक्रामक उद्देश्य से जब बल का प्रयोग होता है उसे हिंसा कहते हैं, और नैतिक दृष्टिकोण से उसे उचित नहीं कहा जा सकता। लेकिन जब उसका उपयोग किसी वैध आदर्श के लिए किया जाता है तो उसका नैतिक औचित्य भी होता है। किसी हालत में बल-प्रयोग नहीं होना चाहिए, यह विचार काल्पनिक और अव्यावहारिक है। इधर देश में जो नया आन्दोलन तेज़ी के साथ उठ रहा है, और जिसकी पूर्व सूचना हम दे चुके हैं वह गुरु गोविन्दसिंह, शिवाजी, कमाल पाशा, रिजा खाँ, वाशिंगटन, गैरीबाल्डी, लफ़ायत और लेनिन के आदर्शों से ही प्रस्फुरित है और उन्हीं के पद-चिन्हों पर चल रहा है। चूँकि भारत की विदेशी सरकार तथा हमारे राष्ट्रीय नेतागण दोनों ही इस आन्दोलन की ओर से उदासीन लगते हैं और जानबूझकर उसकी पुकार की ओर से अपने कान बन्द करने का प्रयत्न कर रहे हैं, अतः हमने अपना कर्तव्य समझा कि हम एक ऐसी चेतावनी दें जिसकी अवहेलना न की जा सके।

हमारा अभिप्राय

अभी तक हमने इस घटना के मूल उद्देश्य पर ही प्रकाश डाला है। अब हम अपना अभिप्राय भी स्पष्ट कर देना चाहते हैं।

यह बताने की आवश्यकता नहीं है कि इस घटना के सिलसिले में मामूली चोटें खाने वाले व्यक्तियों अथवा असेम्बली के किसी अन्य व्यक्ति के प्रति हमारे दिलों में कोई वैयक्तिक विद्वेष की भावना नहीं थी। इसके विपरीत हम

एक बार फिर स्पष्ट कर देना चाहते हैं कि हम मानव-जीवन को अत्यन्त पवित्र मानते हैं और किसी अन्य व्यक्ति को चोट पहुँचाने के बजाय हम मानव-जाति की सेवा में हँसते-हँसते अपने प्राण विसर्जित कर देंगे। हम साम्राज्यवाद की सेना के भाड़े के सैनिकों जैसे नहीं हैं जिनका काम ही हत्या होता है। हम मानव-जीवन का आदर करते हैं और बराबर उसकी रक्षा का प्रयत्न करते हैं। इसके बाद भी हम स्वीकार करते हैं कि हमने जान-बूझकर असेम्बली भवन में बम फेंके।

घटनाएँ स्वयं हमारे अभिप्राय पर प्रकाश डालती हैं। और हमारे इरादों की परख हमारे काम के परिणाम के आधार पर होनी चाहिए न कि अटकल एवं मनगढ़न्त परिस्थितियों के आधार पर। सरकारी विशेषज्ञ की गवाही के विरुद्ध हमें यह कहना है कि असेम्बली भवन में फेंके गये बमों से वहाँ की एक खाली बेंच को ही कुछ नुकसान पहुँचा और लगभग आधे दर्जन लोगों को मामूली-सी खरोंचें-भर आयीं। सरकारी वैज्ञानिकों ने कहा है कि बम बड़े ज़ोरदार थे और उनसे अधिक नुकसान नहीं हुआ, इसे एक अनहोनी घटना ही कहना चाहिए। लेकिन हमारे विचार से उन्हें वैज्ञानिक ढंग से बनाया ही ऐसा गया था। पहली बात, दोनों बम बेंचों तथा डेस्कों के बीच की खाली जगह में ही गिरे थे। दूसरे, उनके फूटने की जगह से दो फीट पर बैठे हुए लोगों को भी, जिनमें श्री पी. आर. राव, श्री शंकर राव तथा सर जार्ज शुस्टर के नाम उल्लेखनीय हैं, या तो बिल्कुल ही चोटें नहीं आयी या मात्र मामूली आयीं। अगर उन बमों में ज़ोरदार पोटेशियम क्लोरेट और पिक्रिक एसिड भरा होता, जैसा कि सरकारी विशेषज्ञ ने कहा है, तो इन बमों ने उस लकड़ी के घेरे को तोड़कर कुछ गज की दूरी पर खड़े लोगों तक को उड़ा दिया होता। और यदि उनमें कोई और भी शक्तिशाली विस्फोटक भरा जाता तो निश्चय ही वे असेम्बली के अधिकांश सदस्यों को उड़ा देने में समर्थ होते। यही नहीं, यदि हम चाहते तो उन्हें सरकारी कक्ष में फेंक सकते थे जो विशिष्ट व्यक्तियों से खचाखच भरा था। या फिर उस सर जॉन साइमन को अपना निशाना बना सकते थे, जिसके अभागे कमीशन ने प्रत्येक विचारशील व्यक्ति के दिल में उसकी ओर से गहरी नफ़रत पैदा कर दी थी और जो उस समय असेम्बली की अध्यक्ष दीर्घा में बैठा था। लेकिन, इस तरह का हमारा कोई इरादा नहीं था और उन बमों ने उतना ही काम किया

जितने के लिए उन्हें तैयार किया गया था। यदि उससे कोई अनहोनी घटना हुई तो यही कि वे निशाने पर अर्थात निरापद स्थान पर गिरे।

एक ऐतिहासिक सबक

इसके बाद हमने इस कार्य का दण्ड भोगने के लिए अपने-आप को जान-बूझकर पुलिस के हाथों समर्पित कर दिया। हम साम्राज्यवादी शोषकों को यह बता देना चाहते थे कि मुट्ठी-भर आदमियों को मारकर किसी आदर्श को समाप्त नहीं किया जा सकता और न ही दो नगण्य व्यक्तियों को कुचलकर राष्ट्र को दबाया जा सकता है। हम इतिहास के इस सबक पर ज़ोर देना चाहते थे कि परिचय-चिन्ह तथा बास्तीय (फ्रांस की कुख्यात जेल जहाँ राजनीतिक बन्दियों को घोर यन्त्राणाएँ दी जाती थीं) फ्रांस के क्रान्तिकारी आन्दोलन को कुचलने में समर्थ नहीं हुए थे, फाँसी के फन्दे और साइबेरिया की खानें रूसी क्रान्ति की आग को बुझा नहीं पायी थीं। तो फिर, क्या अध्यादेश और सेफ्टी बिल्स भारत में आज़ादी की लौ को बुझा सकेंगें? षड्यन्त्रों का पता लगाकर या गढ़े हुए षड्यन्त्रों द्वारा नौजवानों को सज़ा देकर या एक महान आदर्श के स्वप्न से प्रेरित नवयुवकों को जेलों में ठूँसकर क्या क्रान्ति का अभियान रोका जा सकता है? हाँ, सामयिक चेतावनी से, बशर्ते कि उसकी उपेक्षा न की जाये, लोगों की जानें बचायी जा सकती हैं और व्यर्थ की मुसीबतों से उनकी रक्षा की जा सकती हैं। आगाही देने का यह भार अपने ऊपर लेकर हमने अपना कर्तव्य पूरा किया है।

क्या है क्रान्ति?

(भगत सिंह से नीचे की अदालत में पूछा गया था कि क्रान्ति से उन लोगों का क्या मतलब है? इस प्रश्न के उत्तर में उन्होंने कहा था कि) क्रान्ति के लिए ख़ूनी लड़ाइयाँ अनिवार्य नहीं है और न ही उसमें व्यक्तिगत प्रतिहिंसा के लिए कोई स्थान है। वह बम और पिस्तौल का सम्प्रदाय नहीं है। क्रान्ति से हमारा अभिप्राय है–अन्याय पर आधारित मौजूदा समाज-व्यवस्था में आमूल परिवर्तन।

समाज का प्रमुख अंग होते हुए भी आज मज़दूरों को उनके प्राथमिक अधिकार से वंचित रखा जा रहा है और उनकी गाढ़ी कमाई का सारा धन

शोषक पूँजीपति हड़प जाते हैं। दूसरों के अन्नदाता किसान आज अपने परिवार सहित दाने-दाने के लिए मुहताज हैं। दुनिया भर के बाज़ारों को कपड़ा मुहैया करने वाला बुनकर अपने तथा अपने बच्चों के तन ढँकने-भर को भी कपड़ा नहीं पा रहा है। सुन्दर महलों का निर्माण करने वाले राजगीर, लोहार तथा बढ़ई स्वयं गन्दे बाड़ों में रहकर ही अपनी जीवन-लीला समाप्त कर जाते हैं। इसके विपरीत समाज के शोषक पूँजीपति ज़रा-ज़रा-सी बातों के लिए लाखों का वारा-न्यारा कर देते हैं।

यह भयानक असमानता और ज़बरदस्ती लादा गया भेदभाव दुनिया को एक बहुत बड़ी उथल-पुथल की ओर लिए जा रहा है। यह स्थिति अधिक दिनों तक कायम नहीं रह सकती। स्पष्ट है कि आज का धनिक समाज एक भयानक ज्वालामुखी के मुख पर बैठकर रंगरेलियाँ मना रहा है और शोषकों के मासूम बच्चे तथा करोड़ों शोषित लोग एक भयानक खड्ड की कगार पर चल रहे हैं।

आमूल परिवर्तन की आवश्यकता

सभ्यता का यह प्रासाद यदि समय रहते सँभाला न गया तो शीघ्र की चरमराकर बैठ जायेगा। देश को एक आमूल परिवर्तन की आवश्यकता है। और जो लोग इस बात को महसूस करते हैं उनका कर्तव्य है कि साम्यवादी सिद्धान्तों पर समाज का पुनर्निर्माण करें। जब तक यह नहीं किया जाता और मनुष्य द्वारा मनुष्य का तथा एक राष्ट्र द्वारा दूसरे राष्ट्र का शोषण, जिसे साम्राज्यवाद कहते हैं, समाप्त नहीं कर दिया जाता तब तक मानवता को उसके क्लेशों से छुटकारा मिलना असम्भव है, और तब तक युद्धों को समाप्त कर विश्व-शान्ति के युग का प्रादुर्भाव करने की सारी बातें महज़ ढोंग के अतिरिक्त और कुछ भी नहीं हैं। क्रान्ति से हमारा मतलब अन्ततोगत्वा एक ऐसी समाज-व्यवस्था की स्थापना से है जो इस प्रकार के संकटों से बरी होगी और जिसमें सर्वहारा वर्ग का आधिपत्य सर्वमान्य होगा। और जिसके फलस्वरूप स्थापित होने वाला विश्व-संघ पीड़ित मानवता को पूँजीवाद के बन्धनों से और साम्राज्यवादी युद्ध की तबाही से छुटकारा दिलाने में समर्थ हो सकेगा।

यह है हमारा आदर्श। और इसी आदर्श से प्रेरणा लेकर हमने एक सही तथा पुरज़ोर चेतावनी दी है। लेकिन अगर हमारी इस चेतावनी पर ध्यान नहीं दिया गया और वर्तमान शासन व्यवस्था उठती हुई जनशक्ति के मार्ग में रोड़े अटकाने से बाज न आयी तो क्रान्ति के इस आदर्श की पूर्ति के लिए एक भयंकर युद्ध का छिड़ना अनिवार्य है। सभी बाधाओं को रौंदकर आगे बढ़ते हुए उस युद्ध के फलस्वरूप सर्वहारा वर्ग के अधिनायकतन्त्र की स्थापना होगी। यह अधिनायकतन्त्र क्रान्ति के आदर्शों की पूर्ति के लिए मार्ग प्रशस्त करेगा। क्रान्ति मानवजाति का जन्मजात अधिकार है जिसका अपहरण नहीं किया जा सकता। स्वतन्त्रता प्रत्येक मनुष्य का जन्मसिद्ध अधिकार है। श्रमिक वर्ग ही समाज का वास्तविक पोषक है, जनता की सर्वोपरि सत्ता की स्थापना ही श्रमिक वर्ग का अन्तिम लक्ष्य है।

इन आदर्शों के लिए और इस विश्वास के लिए हमें जो भी दण्ड दिया जायेगा, हम उसका सहर्ष स्वागत करेंगे। क्रान्ति की इस पूजा-वेदी पर हम अपना यौवन नैवेद्य के रूप में लाये हैं, क्योंकि ऐसे महान आदर्श के लिए बड़े से बड़ा त्याग भी कम है। हम सन्तुष्ट हैं और क्रान्ति के आगमन की उत्सुकतापूर्वक प्रतीक्षा कर रहे हैं।

(6 जून, 1929)
इन्कलाब ज़िन्दाबाद![258]

12 जून को अपना फ़ैसला सुनाते हुए मिड्लटन ने कहा, "मैं यह साबित हुआ पाता हूँ कि पहला बम भगत सिंह ने इस इरादे से फेंका था कि या तो मौत हो या ऐसा घाव पहुँचे जिससे मौत होने की पूरी आशंका थी। इस कार्य से सर जॉर्ज शूस्टर, श्री पी.आर. राव और श्री शंकर राव को चोट पहुँची। मैं यह मानता हूँ कि दोनों अभियुक्त अपने विरुद्ध लगाये गये दोनों अपराधों के दोषी हैं और उन्हें उसी आधार पर दोष सिद्ध करता हूँ।

अभियुक्त नौजवान हैं, लेकिन उनके कृत्य सोच-समझकर और पूरी तैयारी के साथ किये गये हैं, और वह तैयारी भी जटिल प्रकृति की थी। ऐसे में

केवल उनकी जवानी को देखते हुए उन्हें हल्की सज़ा देना उचित नहीं होगा।"

न्यायालय ने दण्डादेश सुनाया :

"मैं भगत सिंह और बटुकेश्वर दत्त को आजीवन कारावास (transportation for life) की सज़ा देता हूँ।"[259]

भगत सिंह और दत्त ने लाहौर हाई कोर्ट में भी अपील दायर की पर हाई कोर्ट ने भी सेशंस कोर्ट का फ़ैसला सही ठहराते हुए अपील ख़ारिज कर दी।[260]

असेम्बली बम काण्ड के दौरान यह अफ़वाहें उड़ने लगी थी कि यही भगत सिंह सॉन्डर्स हत्या में भी शामिल थे। मई के अन्त में भगत सिंह को शिनाख़्त के लिए लाहौर भी ले जाया गया था। जैसे ही इस मुक़दमे में फ़ैसला आया और भगत सिंह आजीवन कारावास के लिए भेजे जाते इससे पहले ही सॉन्डर्स हत्या मामले में सह-आरोपी के तौर पर नामज़द कर लिया गया। विद्वानों का बड़ा मज़बूत यक़ीन है कि अगर भगत सिंह असेम्बली काण्ड में न पकड़े जाते तो सॉन्डर्स हत्याकाण्ड से भी वे बच जाते। महीनों की तलाश में पुलिस को कुछ भी मार्के का हाथ न लगा था। इसलिए 29 दिसम्बर 1928 को वॉयसराय लॉर्ड इरविन ने लिखा, "मेरा ख़याल है कि हमें सेक्रेटरी ऑफ़ स्टेट को यह सूचित करना चाहिए कि सॉन्डर्स हत्या मामले की जाँच में कोई ख़ास तरक़्क़ी नहीं हो रही है।"[261]

"क्या तुम्हें मालूम है पुलिस को पहला सुराग़ कैसे मिला?" चचा ने प्रश्न किया।

"नहीं, बताइये।" आदित्य ने सबसे पहले कहा।

"अपर्णा वैदिक ने अपनी किताब 'रेवोलुशनरीज़ ऑन ट्रायल' में इस पर तफ़सील से लिखा है।

यह किताब हमारे पास भी थी। हमने पूछा, "आपको कैसे पता?"

ज़रा मुस्कुराते हुए वे बोले, "अरे हम क्या सिर्फ़ सुनी-सुनाई बातें थोड़ी बताते हैं। थोड़ा-थोड़ा पढ़ते रहते हैं। सुनी-सुनाई बातें तो वैसे तुम्हीं बच्चवन के पास ज़्यादा आती है। का कहत हैं ओहका...? व्हाट्सप्प...। जो आता है मान लेते हो। उँहा जो भी लिखल दिख जाये, उसको तुम लोग तो भगवान का आदेश समझके फॉरवर्ड मार देते हो। पढ़ाई-लिखाई सिर्फ़ एग्ज़ाम पास करने के लिए थोड़े होती है। किताबें पढ़ो, दिमाग खोलो वर्ना सिर्फ़ भीड़ का हिस्सा

बनकर मात्र भेड़ रह जाओगे। आजकल अफवाहें रॉकेट से भी तेज़ उड़ती हैं। और सच्चाई बेचारी बैलगाड़ी पर पीछे-पीछे हाँफती रह जाती है। इसलिए किताबें पढ़ना बहुत ज़रूरी है। यह भी याद रखना, अगर दिमाग़ खाली है तो उसमें सबसे पहले बकवास घुसेगी। और जो लोग किताबें नहीं पढ़ते, वो फिर यही बोलते हैं कि गांधी ने देश बँटवा दिया।"

"ख़ैर, हुआ यह कि लाहौर में एक लोहार रहता था। उसका नाम था जलाल दीन। डीएवी कॉलेज के पास अपने लड़के ग़ुलाम रसूल के साथ वहीं अपनी दुकान चलाता। यहीं से सुखदेव बम के शेल बनवाया करते थे। दो बार बनवाने के बाद वे तीसरी बार आये तो जलाल दीन को दाल में कुछ काला लगा। जलाल दीन ने अपने बेटे से कहा कि अगली बार वे आयें तो उनसे पता करें कि यह किसलिए बनवा रहे हैं। यह इसिलिए भी हुआ क्योंकि जलाल दीन के दोस्त हाजी मोहम्मद हुसैन ने भी जब ग़ुलाम रसूल को उन पर काम करते हुए देखा तो उन्होंने जलाल दीन को कहा कि क्या पता यह किसी ग़ैर-क़ानूनी काम के लिए बनवाये जा रहे हों।[262] अगली बार सुखदेव और किशोरीलाल आये तो रसूल के पूछने पर बोले कि यह गैस मशीन के हिस्से हैं।

जलाल दीन का एक और दोस्त था–नूर जहाँ। नूर जहाँ लाहौर पुलिस में कॉन्स्टेबल था। जलाल दीन से मिलने वह उसकी दुकान पर आया और बातों-बातों में उसने बताया कि उसने कुछ लड़कों को 1926 में दशहरा पर लाहौर में हुए बम धमाके के सिलसिले में पकड़ा है। जलाल दीन को उन लड़कों की याद आ गयी जो उन्हें कुछ बनाने को दिया करते थे। जलाल दीन नहीं जानता था कि वह बम के खोल बना रहा है। वह उसने नूर जहाँ को दिखाया ताकि वह इन हिस्सों की तस्दीक कर सके। देखते ही नूर जहाँ वहाँ से चला गया सुपरिन्टेन्डेन्ट ऑफ़ पुलिस ऑन स्पेशल ड्यूटी ख़ान बहादुर अब्दुल अजीज़ शेख को बताने, जिसके पास दशहरा बम काण्ड की जाँच का दारोमदार था।[263]

अगले दिन नूर जहाँ लौटा और ग़ुलाम रसूल को उन लड़कों का मकान पता करने के लिए मनाया। अगली बार वे लड़के आये तो ग़ुलाम अपनी साइकिल का पीछा करते हुए उनके मकान कश्मीरी बिल्डिंग तक पहुँचा। पता मालूम पड़ते ही उसने नूर जहाँ को जानकारी दी। नूर जहाँ तुरन्त ख़ान

बहादुर के साथ कश्मीरी बिल्डिंग और उस इलाके की जाँच करने पहुँचे। ख़ान बहादुर ने ऊपरी मंज़िल की नाली के मुँह पर एक मशकूक पदार्थ देखा जो सल्फ़र जैसा लग रहा था। बढ़ते शक़ को देखते हुए ख़ान बहादुर ने मकान मालिक ख़्वाजा बशीर बख़्श से किरायदारों की सूची दिखाने के लिए कहा। ख़ान बहादुर की नज़र मकान नम्बर 69 के आगे लिखे नाम पर जाते ही गढ़ गयी। वह मकान भगवतीचरण के नाम पर दर्ज था।[264]

15 अप्रैल की सुबह ख़ान बहादुर को एक फ़ोन आता है। उस तरफ़ से आने वाली आवाज़ उन्हें सूचना देती है कि मकान नम्बर 69 का दरवाज़ा खुला है जिसमें शायद कुछ लोग भी हैं क्योंकि घर की नाली से पानी बह रहा था। ख़ान बहादुर ने तुरन्त अपने पुलिस वालों को बुलाया और पहुँच गये कश्मीरी बिल्डिंग के मकान नम्बर 69। यह घर के साथ-साथ बम फ़ैक्ट्री भी थी। तलाशी में बरामद वस्तुओं में एक ज़िन्दा बम, आठ बम खोल, बड़ी मात्रा में रसायन, प्रेम दत्त द्वारा लिखी गयी नोटबुक्स जिनमें बम बनाने के फार्मूले लिखे हुए थे, कुछ किताबें और भगत सिंह की लिखी एक चिट्ठी भी पकड़ी गयी।[265]

साथ में एक भरी हुई बन्दूक के साथ सुखदेव भी पकड़े गये। सुखदेव के साथ जय गोपाल और किशोरीलाल भी पुलिस की गिरफ़्त में आ गये। सॉन्डर्स हत्याकाण्ड में यह पहली बड़ी गिरफ़्तारी थी। यहाँ से पुलिस का ध्यान एक बड़े षड्यन्त्र की ओर गया और इसलिए उन्होंने सॉन्डर्स हत्या, असेम्बली बमकाण्ड, दशहरा बमकाण्ड और काकोरी काण्ड को जोड़ते उलझे तारों को सुलझाना शुरू कर दिया।

इनके बीच ताल्लुक़ात क़ायम करने में अहम भूमिका केमिकल फोरेंसिक्स की रही। लाहौर में सॉन्डर्स क़त्ल में इस्तेमाल की गयी गोलियाँ काकोरी काण्ड में प्रयोग में लाई गयी गोलियों से मुतामिल मालूम पड़ी। इसके इतर यह भी साफ़ होता गया कि असेम्बली में जिस पिस्तौल से भगत सिंह ने गोलियां चलायी थी वह सॉन्डर्स हत्या में भी इस्तेमाल हुई थी। इसका सबूत लंदन के गन-विशेषज्ञ रॉबर्ट चर्चिल की गवाही से मिला। उन्होंने साबित किया कि सॉन्डर्स के गिरने की जगह के पास मिले कारतूस के खोल और उसी स्थान से उठाई गयी गोली उसी ऑटोमैटिक पिस्तौल से चली थी जो भगत सिंह की

गिरफ़्तारी के समय सार्जेंट टैरी ने भगत सिंह के पास से बरामद की थी।[266] पर्चे भी एक जैसे मालूम पड़े। इसलिए 19 अप्रैल को, छापे के चार दिन बाद, लॉर्ड इरविन ने सेक्रेटरी ऑफ़ स्टेट को सूचित करते हुए लिखा,

"असेम्बली में गिराये गये परचे–जो गिरफ़्तार व्यक्तियों से बरामद हुए– गुलाबी काग़ज़ पर टाइप किये गये थे और उनके ऊपर वही छपा हुआ शीर्षक था, जो सॉन्डर्स की हत्या के बाद लाहौर में चिपकाये गये धमकी भरे पर्चों पर पाया गया था। इसके अतिरिक्त, कुछ समय से शक गहराता जा रहा था कि असेम्बली में गिरफ़्तार भगत सिंह सॉन्डर्स की हत्या में भी शामिल था। उसके पास से बरामद ऑटोमैटिक पिस्तौल की प्रारम्भिक माइक्रोस्कोपिक जाँच इस सम्भावना को मज़बूत करती है कि यही हथियार सॉन्डर्स पर गोली चलाने में इस्तेमाल हुआ था। इस बिन्दु पर अब पुख़्ता वैज्ञानिक सबूत जुटाये जा रहे हैं।"[267]

पुलिस आगे बढ़ती जा रही थी। 2 मई की सुबह दिल्ली, लाहौर, इलाहाबाद, लखनऊ, बनारस और कानपुर स्थित अलग-अलग पार्टी केन्द्रों पर छापे पड़े।[268] 2 तारीख़ को ही सुखदेव को आगरा ले जाया गया और सुखदेव के दिखाने पर आगरा की हींग की मंडी स्थित घर पर छापा मारा गया। झाँसी में भी उसी दिन राम दुलारे के घर पर भी छापा पड़ा।[269] उसी दिन हंसराज वोहरा भी गिरफ़्तार कर लिए गये। 11 मई को अमृतसर में छापा पड़ा। 24 मई को फणीन्द्र नाथ घोष के रिश्तेदार के घर छापा पड़ा। एक छापा जिसने क्रान्तिकारियों की मुश्किलें और बढ़ा दीं वह था 13 मई का सहारनपुर का छापा। डीएसपी एम.डी. जोशी की अगुआयी में हुए इस छापे में शिव वर्मा और जयदेव कपूर गिरफ़्तार हुए। साथ में मिले 6 जिन्दा बम, तीन बम के खोल और तीन भरी हुई रिवॉल्वर। 8 जून को फणीन्द्र भी कलकत्ता में गिरफ़्तार कर लिए गये। 16 जून को ललित कुमार मुखर्जी भी पकड़ लिए गये।[270]

डॉ. डब्ल्यू. पी. रॉबसन जो उस समय भारत सरकार के ऑफ़िसिएटिंग चीफ़ इंस्पेक्टर ऑफ़ एक्सप्लोसिव्स थे, ने ज़ब्त किये गये बमों और सामग्री की जाँच की। उन्होंने पुष्टि की कि लाहौर के मकान नम्बर 69 से बरामद बम, लाहौर के दशहरा मेले में पाये गये बम, दिल्ली असेम्बली में फेंके गये

बम और सहारनपुर छापे में मिले बम–सब के सब बिना शक़-शुबहा एक जैसे थे।[271]

रही-सही कसर उन क्रान्तिकारियों ने पूरी कर दी जो सरकारी गवाह बन गये। जय गोपाल ऐसा करने वाला पहला था। जय गोपाल इस पूरे मसले में बड़ी अहमियत रखने वाला शख़्स था। उसी को स्कॉट पर नज़र रखने की ज़िम्मेदारी दी गयी थी और उस दिन गोली भी तभी चली जब उसने आगे इशारा किया। जय गोपाल के बाद हंसराज वोहरा को 18 मई को माफ़ कर दिया गया और 21 मई को सत्रह वर्षीय हंस राज ने मजिस्ट्रेट को बयान दे दिया। 23 जून को फणीन्द्र नाथ घोष ने भी मजिस्ट्रेट चौधरी मुश्ताक़ अहमद को बयान दे दिया। ललित कुमार मुखर्जी ने भी इक़बालिया गवाह बनते हुए 28 जून को बयान दे दिया।[272]

डूबती उम्मीदों, पलटते साथियों और पुलिस के बढ़ते दमन से निराश स्वयं गिरफ़्तार होने वाले अजोय घोष ने बाद में अपनी किताब में लिखा, "सब कुछ ख़त्म-सा लगता था–हमारे सपने और हमारी उम्मीदें। सबसे ज़्यादा मायूस करने वाली बात यह थी कि पुलिस की यातना बर्दाश्त न कर पाने की वजह से सात साथियों ने–जिनमें से दो हमारे केन्द्रीय कमेटी के सदस्य थे – सरकारी गवाह बन जाना मंज़ूर कर लिया।"[273]

इन्हीं सब के मद्देनज़र पुलिस अब तक के हासिल सभी सबूतों को साथ लाते हुए जुलाई 1929 में चार्जशीट दाख़िल करती है जिसमें 32 लोगों को नामज़द करती है जिसमें 7 सरकारी गवाह बन गये थे और 9 फ़रार थे। चन्द्रशेखर अब भी आज़ाद थे। सुखदेव चूँकि पकड़े जाने वाले पहले सदस्यों में से एक थे इसलिए इस मुक़दमे का आधिकारिक नाम 'सुखदेव बनाम द एम्परर' पड़ा।

10 जुलाई 1929 को सख़्त पुलिस पहरे में लाहौर की सेंट्रल जेल में मजिस्ट्रेट राय साहब पण्डित श्री किशन की अदालत में मुक़दमा शुरू हुआ। शुरू तो हुआ पर चल नहीं पाया। क्रान्तिकारी पुलिस और अदालत के तानाशाही रवैये को कहाँ मानने वाले थे। अदालत में वे नारे लगाते, आपस में हँसी-मज़ाक करते तो बाज़ दफ़ा अदालत आते ही नहीं। जब मुक़दमा शुरू हुआ तो भगत सिंह और बटुकेश्वर दत्त भूख हड़ताल पर थे। वह यह जानते थे

कि काम अभी ख़त्म नहीं हुआ है। इसलिए जेल में आते ही उन्होंने राजनैतिक क़ैदियों के अधिकारों के लिए गांधीवादी तरीका अख़्तियार करते हुए भूख हड़ताल पर बैठ गये। 13 मई से उनके साथ अन्य साथियों ने भी भूख हड़ताल शुरू कर दी। शिव वर्मा लिखते हैं,

"खाना छोड़े उसे एक महीने से भी अधिक हो गया था फिर भी वह अदालत आया। जिस समय स्ट्रेचर पर डालकर उसे अदालत लाया गया तो उसे देखकर हम सबकी आँखों में आँसू आ गये। वह हमारा पहला वाला भगत सिंह नहीं था जिसका ख़ूबसूरत, स्वस्थ एवं बलिष्ठ शरीर हमारे बीच चर्चा का विषय बना रहता था। अदालत में जिस भगत सिंह से हमारी मुलाक़ात हुई वह पहले वाले भगत सिंह की परछाई मात्र रह गया था-पीला और कमज़ोर।

एक साथ मिलने पर लगभग तीन दिनों तक हम लोग इस बात पर बहस करते रहे कि अदालत के सामने हमारी नीति क्या होनी चाहिए। भगत सिंह इतना कमज़ोर हो गया था कि बातचीत के दौरान थोड़ी-थोड़ी देर के बाद उसे आरामकुर्सी पर लेटकर सुस्ताना पड़ जाता था। वह अदालत को क्रान्तिकारी आदर्श के प्रचार के साधन के रूप में इस्तेमाल करने का पक्षपाती था। सरकार, उसकी अदालत तथा उसकी नीतियों के प्रति अपने घृणा के भाव को अपने कामों द्वारा हर उपयुक्त अवसर पर प्रदर्शित करें, और अन्त में यदि वक्तव्य देने का अवसर मिले तो एक राजनैतिक वक्तव्य की तरह पूरी व्यवस्था पर गहरा प्रहार करें।"[274]

भूख हड़ताल पर बैठे क्रान्तिकारी अदालत ही न आते थे। इसका भी हल ढूँढ़ते हुए सरकार ने दण्ड प्रक्रिया संहिता (सीआरपीसी) में दफ़ा 540-बी जोड़ते हुए न्यायाधीशों को यह ताक़त दी कि अगर मुल्ज़िम अपनी रज़ामन्दी से अख़्तियार किये गये काम की वजह से अदालत में नहीं आता है तो उसकी ग़ैर-मौजूदगी में मुक़दमा वे चला सकते हैं। जब इस संशोधन पर सदन में बहस हो रही थी तभी जतीन्द्र नाथ दास की भूख हड़ताल का तिरसठवाँ दिन अन्तिम साबित हुआ। जतीन्द्र नाथ दास वे ही थे जो भगत सिंह से बंगाल में मिले थे और भगत सिंह के ही कहने पर बम बनाना सीखाने के लिए आगरा आये थे। जब वे अन्य साथियों के साथ भूख हड़ताल पर थे तब पण्डित नेहरू भी उनसे 8 अगस्त,1929 को मिलने आये थे।[275]

संशोधन से एक समस्या तो हल हुई पर जब सरकार ने यह पाया कि मुक़दमे का प्रयोग क्रान्तिकारियों द्वारा किया जा रहा है जो सरकार की मुसीबतें ही बढ़ा रहा है और न ही मुक़दमा आगे बढ़ पा रहा है तो वॉयसराय ने अपने विशेषाधिकार के तहत एक अध्यादेश पारित किया जिसने एक विशेष ट्रिब्यूनल गठित करने का काम किया जो अब इस मुक़दमे की सुनवाई करेगा। 1 मई 1930 को लागू हुए इस अध्यादेश की अवधि 6 महीने की थी यानी इसे 6 महीने के भीतर ही फ़ैसला देना था। 5 मई को लाहौर के पूँछ हाउस में जस्टिस हिलटन के अधीन मुक़दमा फिर से शुरू हुआ। इस ट्रिब्यूनल ने 5 महीने के भीतर मुक़दमे की सुनवाई पूरी की और 7 अक्टूबर 1930 को फ़ैसला सुनाया जिसमें भगत सिंह, सुखदेव और राजगुरु को फाँसी की सज़ा सुनाई गयी। बटुकेश्वर दत्त, कमल नाथ तिवारी, जयदेव कपूर, विजय कुमार सिन्हा, महावीर सिंह, किशोरीलाल, गया प्रसाद और शिव वर्मा को आजीवन कारावास की सज़ा सुनाई गयी।

जिस दौर में क्रान्तिकारियों के साथी मुख़बिर हो रहे थे उस दौर में यह अफ़वाहें भी उड़ी कि भगत सिंह समेत कुछ शीर्ष नेताओं ने भी बयान दे दिया है। भगवानदास माहौर बताते हैं कि अख़बारों में छपा कि भगत सिंह ने पुलिस से इक़बाल कर लिया है। जब उन्होंने यह ख़बर आज़ाद को सुनाई तो आज़ाद बोले, "कैलास, सदाशिव वग़ैरह सब को तुरन्त आगाह कर दे, देख दो-चार दिन इधर-उधर रहना चाहिए।" भगवानदास ने वजह पूछी तो आज़ाद बोले, "अरे भाई जब यह ख़बर छपी तो सम्भव है इसमें कुछ हो?" नाराज़ हो माहौर बोले, "पण्डित जी! यदि भगत सिंह अप्रूवर बन सकता है तो पार्टी-वार्टी का ढकोंसला बिल्कुल बेकार है। फिर जो होना हो होने दीजिए। मैं अब कहीं नहीं जाता।" आज़ाद बोले, "तू तो मूर्ख है, इसमें भगत सिंह के प्रति अविश्वास की बात नहीं है, पार्टी के प्रति अधिक सावधानी और सतर्कता की बात है, नीति की बात है, अनुशासन की बात है। मैं भी यदि पकड़ा जाऊँ तो जो-जो अड्डे मुझे मालूम है वहाँ से लोगों और चीज़ों को हटाना ही ठीक होगा, इसमें लुक-लुक करना ठीक नहीं होगा।"[276]

भगत सिंह की गवाह बन जाने की ख़बर भले ही अफ़वाह हो पर एक ख़बर और थी जो जय गोपाल और हंस राज वोहरा के गवाह बनने का कारण

बनी। अख़बारों में ये ख़बर छपने लगी कि सुखदेव ने पुलिस को बयान दे दिया है। 3 जून 1929 को हिन्दूस्तान टाइम्स में ख़बर छपी, "अब यह ज्ञात हुआ है कि पिछली अफ़वाह–जिसमें कहा गया था कि किशोरी और सुखदेव ने सरकारी गवाह बनना स्वीकार कर लिया है–निश्चय ही उसमें कुछ सच्चाई का अंश मौजूद था।"[277]

सुखदेव के साथी भी यह मानते थे कि उन्होंने कुछ तो बयान पुलिस को दिया है। सुखदेव के भाई जयदेव थापर जब उनसे मिलने बोर्स्टल जेल में गये तो सुखदेव ने ये माना कि उन्होंने पुलिस को बयान दिया है।[278] मुक़दमे के सरकारी वकील कार्डेन नोड ने भी अदालत में सुखदेव के बयान का ज़िक्र किया था।[279]

सुखदेव ने किसी डर की वजह से बयान नहीं दिया। शिव वर्मा बताते हैं, "सुखदेव का मक़सद पुलिस को धोखा देना, एक झूठा बयान देना और किसी तरह जय गोपाल तक पहुँचकर उसे मार डालना था। लेकिन जितना ज़्यादा सुखदेव उन्हें धोखा देना चाहता, उतना ही ज़्यादा वे उससे सवाल-जवाब और जिरह करते रहे। अपनी सच्चाई साबित करने के लिए सुखदेव को उन्हें कुछ ठोस बताना पड़ा। इसलिए उसने उन्हें उन तमाम मकानों के बारे में बताया, जिनके बारे में उसे मालूम था कि हम पहले ही छोड़ चुके हैं।"[280]

शिव वर्मा सुखदेव की इस नीति पर कहते हैं, "हमने अपने आप को सी.आयी.डी वालों से ज़्यादा चालाक समझा नहीं कि मात खायी। प्रश्न नियत का नहीं है। यह भी नहीं कि किसने कम कहा या ज़्यादा। प्रश्न तो पुलिस के सामने मुँह खोलने का है। मुँह खोल कर अगर हमने दो ही बातें-वो कितनी ही हार्मलेस क्यों न हों-बयान के रूप में दे दी तो दूसरों को डिमोरलाइज़ करने का इन्तजाम हो गया। बहुत से दूसरे साथियों को यह मालूम ही नहीं था कि उसने (सुखदेव ने) क्या कहा है। उन्हें बस इतना पता था कि उसने एक बयान दे दिया है और फिर उनके सामने दूसरे कमज़ोर पड़ गये और उन्होंने भी बयान दे दिये।"[281]

इसी कारण से जय गोपाल कमज़ोर पड़ा और सरकारी गवाह बन गया। जयदेव कपूर ने जय गोपाल के गवाह बनने पर कहा, "अपने मानसिक क्षितिज में उसने सुखदेव की जो प्रतिमा बना रखी थी और देवता मानकर

उसकी पूजा किया करता था, उस सुखदेव के व्यक्तव्य देने के बाद उसकी पूजा की प्रतिमा चूर-चूर हो गयी और वो अपना मानसिक रूप से सन्तुलन खो बैठा।"[282]

जय गोपाल के साथ-साथ हंस राज के मुख़बिर हो जाने का यही कारण रहा। सुखदेव ने बयान दिया है यह उसे लाला फ़िरोज़ चन्द ने बताया। लाला फ़िरोज़ चन्द लाला लाजपत राय के करीबी होने के साथ-साथ 'वन्दे मातरम' अख़बार के सम्पादक भी थे। हंसराज वोहरा एक दिन उनके घर आया। पूरी बात बताते हुए उन्होंने कहा,

"इन गिरफ़्तारियों के कुछ ही समय बाद–यानी कश्मीर बिल्डिंग पर छापों के तुरन्त बाद–जब कुछ और गिरफ़्तारियाँ हो चुकी थीं लेकिन गिरफ़्तारियाँ अब भी जारी थीं और आगे भी कुछ गिरफ़्तारियाँ होने की उम्मीद थी, उन्हीं दिनों में से एक दिन वह मेरे पास आया। शायद उसने कुछ लिखा था और वह मुझे दिखाना चाहता था–मुझे यह ठीक से याद नहीं, लेकिन इतना याद है कि वह दोपहर के वक़्त आया था, कह सकते हैं चाय के समय। मैं चाय पी रहा था, तो मैंने उसे भी एक प्याला चाय पेश की और हम कश्मीर बिल्डिंग पर हुए छापे और हुई गिरफ़्तारियों के बारे में बातचीत करने लगे।

तब मैंने जान-बूझकर उससे एक ऐसी बात कह दी, जो आमतौर पर मैं नहीं कहता–और वह यह थी कि पुलिस के हाथ जो एक अहम शख़्स (सुखदेव)लगा था, उसने लम्बा-चौड़ा बयान देना शुरू कर दिया है, जिसमें बहुत-सी बातें उजागर की जा रही थीं और अपने कई साथियों के नाम बताये जा रहे थे। यह सुनकर वह नौजवान दंग रह गया और उसने मुझसे पूछा कि क्या मुझे पूरा यक़ीन है कि ऐसा सचमुच हुआ है। मैंने कहा कि मुझे बिल्कुल यक़ीन है, और यह सिलसिला अब भी चल रहा है।

वह और भी हैरान हुआ, क्योंकि जिस शख़्स की बात हो रही थी, वह भगत सिंह का सबसे क़रीबी साथी था और पार्टी के लगभग हर काम में शामिल रहा था–ऐसा बहुत कम था जो उसे मालूम न हो। उसे विश्वास करना मुश्किल लग रहा था कि ऐसा इन्सान इतनी आसानी से पुलिस के काबू में आ सकता है। मगर मुझे अपने स्रोत की सच्चाई और भरोसे पर पूरा-पूरा यक़ीन था और मैंने यह बात उसी यक़ीन के साथ अपने उस नौजवान दोस्त को बतायी थी।

और मुझे यह अब भी ऐसे याद है मानो आज सुबह ही मेरी आँखों के सामने हुआ हो—वह नौजवान खड़ा था, चाय की चुस्कियाँ लेते हुए, मेरी बातें पूरे ध्यान से सुन रहा था। उसने अभी चाय के कुछ ही घूँट लिए थे। चम्मच से वह कुछ उठा रहा था कि उसका हाथ काँप गया, चम्मच नीचे गिर गया और जो उसने उठाया था, वह ज़मीन पर बिखर गया। बस, वहीं बात ख़त्म हो गयी। उसने प्याला वहीं रख दिया और चुपचाप ग़ायब हो गया।

मैंने जान-बूझकर ये बातें उससे कही थीं ताकि अगर मेरा यह नौजवान दोस्त अपनी सुरक्षा के लिए कोई क़दम उठाना चाहता हो या हालात में अपनी राह तय करना चाहता हो, तो उसे पहले से ख़बर हो जाये। असल में वह फ़ौरन ग़ायब हो गया—शायद रावलपिंडी या कहीं और चला गया। कुछ दिनों तक नज़र नहीं आया और चार-पाँच दिन बाद गिरफ़्तार कर लिया गया। और जैसा कि उस मुक़दमे के इतिहास से साबित होता है, वही शख़्स आख़िरकार पुलिस का 'गवाह' (approver) बना, जिसने उन्हें पूरी कहानी बतायी और अभियोजन (prosecution) का आधार तैयार कर दिया।"[283]

हंस राज वोहरा ने इस पर कहा, "मैं यह सोचने की हिम्मत भी नहीं कर सकता था कि भगत सिंह कोई राज़ खोलेगा, लेकिन मुझे शक़ था कि लाहौर में जो लोग गिरफ़्तार हुए हैं, उनमें से कोई ऐसा कर सकता है। पार्टी में सिर्फ़ चार सदस्य ही मेरा नाम जानते थे—भगत सिंह, सुखदेव, किशोरीलाल और जय गोपाल। जब भगत सिंह को छोड़ दिया जाये, तो सिर्फ़ तीन लोग बचते थे। मुझे शक़ था कि उन्हीं में से किसी ने राज़ खोल दिया है। यही वे तथ्य थे जिनके आधार पर मैंने सारी बातें बतायी थीं। मुझे लगा कि हालात पूरी तरह बदल गये हैं और मेरे बयान को रोककर रखने का अब कोई मतलब नहीं रह गया।"[284]

उसने आगे कहा—"मेरा पार्टी में शामिल होना सिद्धान्तों पर आधारित था, जबकि पार्टी छोड़ना लोगों के कारण। और किसी को धोखा देने वाला मैं नहीं था, बल्कि मैं ख़ुद को धोखा खाया हुआ मानता हूँ।"[285]

1980 के दशक में सुखदेव के भाई मथुरादास थापर ने हंसराज को चिट्ठी लिखी और उनकी कहानी जाननी चाही। अपर्णा वैदिक ने अपनी किताब में इस चिट्ठी को उद्धृत किया है। सुखदेव के बारे में हंसराज ने

लिखा,"तुम्हें सुखदेव पर गर्व करने का पूरा हक़ है। वह पार्टी की आत्मा था, असली संगठनकर्ता। शायद वह तुम्हारा नायक भी है...।"[286]

आगे हंसराज ने लिखा, "आज तक मुझे यह समझ में नहीं आया कि आख़िर उसके दिमाग़ में क्या गुज़रा कि गिरफ़्तारी के चन्द घण्टों के भीतर ही वह दीवाली के गुब्बारे की तरह फट पड़ा। सुखदेव ने स्वेच्छा से पार्टी का हर राज़ खोल दिया। इसका कोई तार्किक कारण नहीं था...सिवाय इसके कि उसका मन पानी से भरे गिलास की तरह था। गिलास में दरार आयी और पानी बह निकला।

सुखदेव–जिसके आदेश पर मैंने अपना परिवार छोड़ दिया था और जिसे मैंने अपना गुरु मान लिया था–उसी ने उस पार्टी को तहस-नहस कर दिया, जिसे बनाने में उसने ही इतना योगदान दिया था। मैं बेबसी से घिर गया। और हालाँकि यह कहना आसान है कि मुझे हल्की सज़ा मिल सकती थी, लेकिन मैं उन लोगों के साथ डूबने का जोख़िम नहीं उठा सकता था, जिनका मैं अब सम्मान नहीं करता था। इसलिए मैंने बहुत सँभलकर, बिना पार्टी को ज़्यादा नुकसान पहुँचाये, ख़ुद को अलग करने की कोशिश की, ताकि बचे-खुचे टुकड़ों को अपनी क्षमता के अनुसार समेट सकूँ। यहाँ तक कि गवाही देते वक़्त भी मैंने यह कोशिश की कि पार्टी को न्यूनतम नुकसान पहुँचे।"[287]

शिव वर्मा ने स्थिति साफ़ करते हुए लिखा, *"सुखदेव के क्रान्तिकारी जीवन का सबसे बड़ा कलंक है गिरफ़्तारी के बाद पुलिस के सामने उसका बयान दे देना। यहाँ भी उसकी भावनाओं को ठीक तरह से समझने की कोशिश न करके साथियों ने उसके ऊपरी व्यवहार को ही अधिक महत्त्व दिया। और कुछ भी हो एक बात साधिकार कही जा सकती है कि मौत का डर अन्त तक एक क्षण के लिए भी उसके पास नहीं फटका और न ही साहस में वह किसी से पीछे रहा। उसका बयान देना ग़लत था, इसमें दो मत नहीं हो सकते थे और उससे और कुछ नहीं तो दल की प्रतिष्ठा को काफ़ी आघात तो पहुँचा ही। लेकिन यह बयान उसने अपनी बचत के ख़याल से या दल को नुकसान पहुँचाने के ख़याल से नहीं दिया। उसने उन्हीं मकानों और स्थानों का पता बतलाया जिनके बारे में उसे पता था कि वे छोड़े जा चुके हैं। इस प्रकार किसी व्यक्ति का असली नाम और पता भी पुलिस को नहीं दिया। बयान के पीछे*

भावना थी–हाँ, हमने यह सब किया। अब तुम जो चाहे कर लो। उसके बयान ने स्वयं उसे ही सबसे अधिक नुकसान पहुँचाया।"[288]

हम बड़े गम्भीर हो गये थे। सरल प्रतीत होने वाली कहानियाँ भी कितनी तहों में लिपटी होती है यह हमें आज पता चला। हमारे भावों को वे समझ पा रहे थे। इसलिए बोले, "बच्चों, कहानी जो भी रही हो, मंशा जो भी रही हो पर जब 23 मार्च 1931 को भगत सिंह और राजगुरु ने 'इन्कलाब ज़िन्दाबाद' के नारों के साथ फाँसी का फंदा चूमा तो सब माफ़ हो गया। उस पल न किसी की ग़लती देखी गयी, न किसी की कमज़ोरी–बस देखा गया तो तीन नौजवानों का जुनून, जिनके क़दम मौत के दरवाज़े पर भी डगमगाये नहीं। जिस उम्र में सपने बुने जाते हैं, उस उम्र में उन्होंने हँसते-हँसते मौत से इश्क़ कर लिया।

कदम जेल की ओर नहीं, जैसे बारात की ओर बढ़ रहे थे। होंठों पर गीत नहीं, नारे थे–"इन्कलाब ज़िन्दाबाद!" जिस फंदे को लोग डर समझते हैं, उन्होंने उसे तोहफ़ा बना दिया। ये हिम्मत नहीं, दीवानगी थी। मौत की रस्सी गले में डालते हुए शायद दिल ने कहा होगा–"चलो, इस गर्दन की क़ुर्बानी से आने वाली नस्लों का सिर ऊँचा हो।"

वो फंदा उनकी गर्दन के लिए भले ही कसाव था मगर मुल्क के लिए खुला दरवाज़ा। आँखे आख़िरी बार झुकीं तो डर से नहीं, बल्कि इस यक़ीन से की अब ये मिट्टी सोयेगी नहीं।

आज भी लगता है, वो फाँसी नहीं थी- वो एक ऐलान था। ऐलान कि डर को कुचलना है, ऐलान कि ज़ुल्म को गिराना है। उनकी मुस्कान ही सन्देश थी जो कहती थी, "देख लो, हम मौत से भी बड़े हैं।" हमेशा याद रखना, बच्चों कि डर से बड़ी चीज़ है इरादा।"

"एक बात बतायें", पार्थ ने उत्सुकता से पूछा, "गांधीजी ने भगत सिंह को क्यों नहीं बचाया? क्या उन्होंने कुछ कोशिश की थी?"

वे ज़रा नज़रें नीची करके मुस्कुराये। फिर हमसे ही पूछने लगे, "अच्छा ये बताओ, गांधी भगत सिंह को बचा लेते तो उनको फ़ायदा होता कि नुकसान?" हम सोच में। कुछ कह पाते इससे पहले ही वे बोले, "गांधी को तो भगत सिंह को बचाने से फ़ायदा ही होता। इससे तो वे क्रान्तिकारियों का दिल ही जीत लेते और क्रान्तिकारी भी उनकी ओर आ जाते।"

"बात तो ठीक कह रहे हैं।" आदित्य ने कहा।

उसे अनसुना करते हुए वे बोले, "सच तो यह है कि गांधीजी ने पूरी ताक़त, पूरी शिद्दत और पूरी ईमानदारी से भगत सिंह की जान बचाने की कोशिश की। यह भी सनद रहे कि फाँसी का फ़ैसला गांधी के नहीं वायसराय इरविन के हाथ में था। और इरविन उस साम्राज्य का भारत में प्रतिनिधित्व करता था जिसकी नज़र में भगत सिंह एक आतंकवादी था जिसने उनके 21 वर्षीय अंग्रेज़ पुलिस अफ़सर की हत्या कर दी थी।

गांधी-इरविन समझौते की मेज़ पर जब दोनों आमने-सामने बैठे, तो गांधी ने सीधे लफ़्ज़ों में कहा–

"अगर आप चाहते हैं कि मुल्क का माहौल बेहतर हो, तो भगत सिंह की फाँसी रोक दीजिए।"

वायसराय लॉर्ड इरविन भी कुछ पल को ख़ामोश हो गया। उन्होंने माना– "सज़ा बदलना मुश्किल है, लेकिन टालना ज़रूर सोचा जा सकता है।"[289] वायसराय ने अपनी ओर से दलील देते हुए कहा, "वायसराय को सज़ा कम करने का अधिकार केवल दया और रहम की मशहूर वजहों के लिए दिया गया था, और मुझे नहीं लगा कि उसे उन कारणों पर लागू किया जाना चाहिए जो साफ़ तौर पर राजनीतिक थे।"[290]

गांधी ने ठोस लहज़े में दोबारा कहा–

"निःसन्देह वह एक बहादुर व्यक्ति हैं, लेकिन मैं निश्चित रूप से कहूँगा कि वह अपनी सही मानसिक अवस्था में नहीं हैं। फिर भी, यह मृत्युदण्ड की बुराई है कि यह किसी भी व्यक्ति को सुधारने का अवसर नहीं देता। मैं इस विषय को आपके सामने मानवीय दृष्टिकोण से रख रहा हूँ और चाहता हूँ कि सज़ा को स्थगित किया जाये ताकि देश में अनावश्यक अशान्ति न फैले।"[291]

इतना ही नहीं, गांधी ने बाद में एक ख़त भी लिखा जिसमें उन्होंने फिर से गुज़ारिश की,

"आपको यह ख़त भेजना मुझे भी तकलीफ़देह लगता है, लेकिन अमन की ख़ातिर आख़िरी अपील करना ज़रूरी है। आपने साफ़ कहा था कि भगत सिंह और उनके साथियों की मौत की सज़ा बदलने की उम्मीद बहुत कम है, लेकिन यह भी कहा था कि मेरी गुज़ारिश पर आप दोबारा ग़ौर करेंगे। डॉ.

सप्रू ने भी बताया कि आप इस मसले को लेकर परेशान हैं और सही रास्ता सोच रहे हैं। अगर दोबारा विचार की कोई गुंजाइश है, तो मैं आपसे दरख़्वास्त करता हूँ कि मेरी बात सुनें।

आवाम की राय–चाहे सही हो या ग़लत–यही है कि सज़ा बदली जाये। जब कोई बुनियादी सिद्धान्त दांव पर न हो, तो जनता की राय की इज़्ज़त करना फ़र्ज़ बन जाता है।

मौजूदा हालात में अगर सज़ा उम्रक़ैद में बदल दी जाये तो मुल्क में अमन की उम्मीद है। लेकिन अगर फाँसी दी गयी तो अमन ख़तरे में पड़ जायेगा।

इन्कलाबी पार्टी ने मुझसे वादा किया है कि अगर इन नौजवानों की जान बख़्श दी जाये, तो वो अपने हाथ पीछे खींच लेगी। इस लिहाज़ से फाँसी टालना और सज़ा पर दोबारा ग़ौर करना बेहद ज़रूरी है।

सियासी क़त्ल पहले भी माफ़ किये गये हैं। इन ज़िंदगियों को बचाना इसलिए भी क़ीमती है कि इससे न जाने कितनी मासूम ज़िंदगियाँ आगे जाकर बच सकती हैं और शायद इन्कलाबी जुर्म भी ख़त्म हो जाये।

आप मेरी राय को अमन के हक़ में क़द्र करते हैं, तो मेरी गुज़ारिश है कि मेरी पोज़ीशन को और मुश्किल न बनायी जाये। फाँसी ऐसा अमल है जिसे एक बार अन्ज़ाम दे दिया जाये तो वापस नहीं लिया जा सकता। अगर ज़रा-सा भी शक है कि कहीं फ़ैसले में ग़लती हो गयी हो, तो मैं आपसे दरख़्वास्त करता हूँ कि इसे टाल दीजिए और दोबारा ग़ौर कीजिए।

अगर ज़रूरत हो तो मैं ख़ुद हाज़िर हो सकता हूँ। चाहे मैं बोलूँ न, मगर सुन और लिख ज़रूर सकता हूँ।

'नेकी कभी नाकाम नहीं होती।'[292]

मगर अफ़सोस! जब गांधी यह अपील लिख रहे थे, भगत सिंह और उनके साथियों को बेख़बर ही फाँसी दी जा चुकी थी।

इतिहासकार ऐंड्रयू रॉबर्ट्स जिन्होंने लॉर्ड इरविन की जीवनी लिखी इस मसलें पर लिखते हैं,

"इस अवसर पर गांधी, इरविन से मिलने पहुँचे और भगत सिंह की ज़िन्दगी की गुहार लगाई। उन्होंने बताया कि अगर इरविन दया दिखायें तो कराची अधिवेशन पर इसका बहुत सकारात्मक असर पड़ेगा। अगर उन्होंने

ऐसा किया होता तो निश्चय ही वे भारत से जनता की शुभकामनाओं की लहर के साथ विदा लेते।

लेकिन यह फ़ैसला पूरी तरह इरविन के हाथ में था और उन्होंने रातभर बेचैनी में बिताई। अगले दिन सुबह उन्होंने सज़ा बदलने से साफ़ इनकार कर दिया और 23 मार्च को भगत सिंह व उनके साथियों को फाँसी दे दी गयी।"[293]

ख़ुद इरविन ने 27 मार्च 1931 को कहा, "जब गांधीजी ने भगत सिंह की ज़िन्दगी की गुज़ारिश की, तो यह मेरे लिए हैरतअंगेज़ था कि अहिंसा के पैग़म्बर इतनी शिद्दत से एक हिंसक राह पर चलने वाले नौजवान की पैरवी कर रहे हैं।"[294]

लेकिन फिर सवाल उठता है इरविन ने गांधी की बात क्यों नहीं मानी? क्योंकि पंजाब के अंग्रेज़ अफ़सर, पुलिस हुक्काम और प्रशासन ने इरविन पर ज़बरदस्त दबाव बनाया था। इरविन के करीबी रॉबर्ट बर्नेज़ लिखते हैं:

"यह वायसराय के लिए बेहद कठिन स्थिति थी। भगत सिंह का नाम लेते ही भारत फिर से अराजकता में डूब सकता था। उस समय उसके नतीजे का अन्दाज़ा लगाना असम्भव था, क्योंकि यह कराची कांग्रेस से ठीक पहले का समय था। लेकिन वह उन्हें कैसे छोड़ सकता था? अगर वह ऐसा करता तो पंजाब पुलिस के हर बड़े अफ़सर का इस्तीफ़ा सामने आ सकता था।

इस तरह वायसराय को एक ही वक़्त दिल और दिमाग़ दोनों की परीक्षा देनी थी। ज़रा-सी चूक और उसकी सारी मेहनत उसकी आँखों के सामने चकनाचूर हो सकती थी।"[295]

'दी पीपल' अख़बार ने भी यही लिखा,

"कुछ पुलिस अफ़सर तो यहाँ तक धमकी दे रहे थे कि अगर भगत सिंह को छोड़ा गया तो वो इस्तीफ़ा दे देंगे।"[296]

इरविन फँस चुका था–*एक तरफ़ गांधी की अपील, दूसरी तरफ़ अपने ही अफ़सरों का दबाव। और उसने वही किया जो एक हुकूमत का गुलाम हाकिम कर सकता था*–क़ानून से ऊपर इन्सानियत को कुर्बान कर दिया।

लेकिन इस पूरी कहानी का एक और पहलू है।

क्या भगत सिंह ख़ुद किसी तरह का रहम चाहते थे?

नहीं!

उनके पिता ने एक बार प्रिवी काउंसिल में अर्जी डाली कि बेटे को फाँसी की जगह उम्रक़ैद कर दी जाये। मगर भगत सिंह ने इस पर नाराज़गी जताते हुए कहा, *"पिताजी, मैं काफ़ी उलझन में हूँ। मुझे डर है कि कहीं मैं शिष्टाचार के साधारण नियम को न भूल जाऊँ और आपकी इस कार्रवाई की आलोचना करते समय मेरी भाषा कुछ कठोर न हो जाये। साफ़-साफ़ कहूँ तो, मुझे ऐसा लग रहा है मानो मुझे पीठ पर छुरा घोंपा गया हो। यदि यह कार्य कोई और करता, तो मैं इसे विश्वासघात से कम न मानता। परन्तु आपके मामले में मैं कहूँगा कि यह एक दुर्बलता रही है–और वह भी सबसे बुरी प्रकार की दुर्बलता।"*[297]

यहाँ तक कि पंजाब के गवर्नर को उन्होंने चिट्ठी लिखते हुए कहा कि फाँसी की जगह उन्हें गोलियों से भून दिया जाये, *"हम केवल यह स्पष्ट करना चाहते थे कि आपकी अदालत के फ़ैसले के अनुसार हमने युद्ध किया था और इसलिए हम युद्धबन्दी हैं। इस नाते हम माँग करते हैं कि हमारे साथ वैसा ही व्यवहार किया जाये, अर्थात हमें फाँसी पर लटकाने के बजाय गोली मार दी जाये। यह अब आप पर निर्भर है कि आप सिद्ध करें कि आपकी अदालत ने जो कहा, उसका वास्तव में अर्थ भी था।*

हम आपसे निवेदन और आशा करते हैं कि आप कृपापूर्वक सैन्य विभाग को आदेश देंगे कि वह हमारी मृत्यु-दण्ड की कार्यवाही अपने दस्ते से पूरी करे।"[298]

कांग्रेसी नेता भीमसेन सच्चर ने जब भगत सिंह से जेल में मुलाक़ात की और कहा कि अगर सज़ा कम हो जाये तो वो ज़्यादा वक़्त तक मुल्क की सेवा कर पायेंगे, तो भगत सिंह ने साफ़ कहा,

"नहीं। मेरे बलिदान से देश की अधिक सेवा होगी।"[299]

भगत सिंह ने भी मौत को गले लगाना चुना क्योंकि उनका यक़ीन था कि उनकी शहादत हज़ारों नये भगत सिंह पैदा करेगी।

"अच्छा पता है, अपने अन्तिम दिनों में भगत सिंह का विश्वास उस रास्ते पर कम हो गया था जिस पर वे चलकर आये थे और अब गांधी की नीतियों के करीब दिखने लगे थे।"

"क्या मतलब?" दिव्यांश ने पूछा।

समझाने के भाव से वे बोले, "दरअसल, जेल के दिनों में भगत सिंह ने नये सिरे से अध्ययन किया। ऐसे में उनके विचार भी बदले। जैसा उन्होंने ख़ुद अपने निबन्ध, 'मैं नास्तिक क्यों हूँ' में लिखा, *"वह मेरी क्रान्तिकारी जीवन-यात्रा का निर्णायक मोड़ था। "अध्ययन करो"–यह पुकार मेरे मन के गलियारों में गूँज उठी। अपनी विचारधारा के समर्थन में तर्कों से स्वयं को लैस करने के लिए अध्ययन करो। और मैंने अध्ययन आरम्भ किया। मेरी पूर्व की आस्था और धारणाएँ एक उल्लेखनीय परिवर्तन से गुज़रीं। हमारे पूर्वजों में जो हिंसक तरीक़ों का मोह प्रबल था, उसकी जगह गम्भीर विचारों ने ले ली। न अब कोई रहस्यवाद, न कोई अन्धविश्वास। यथार्थवाद हमारी साधना बन गया। बल का प्रयोग तभी उचित है जब वह भयानक आवश्यकता की स्थिति में किया जाये; और अहिंसा एक नीति के रूप में हर जन-आन्दोलन के लिए अनिवार्य है।"*[300]

2 फ़रवरी 1931 को अपने 'युवा राजनैतिक कार्यकर्ताओं के नाम सन्देश' में भगत सिंह ने अपनी सोच स्पष्ट करते हुए लिखा,

"ऊपरी तौर पर मैंने शायद आतंकवादी की तरह काम किया है। लेकिन मैं आतंकवादी नहीं हूँ। मैं एक क्रान्तिकारी हूँ जिसके पास एक लम्बी योजना के स्पष्ट विचार हैं, जैसा कि यहाँ चर्चा की जा रही है। मेरे 'हथियारबन्द साथी' मुझे रामप्रसाद बिस्मिल की तरह यह आरोप लगा सकते हैं कि मृत्युदण्ड की कोठरी में आकर मैं किसी प्रकार की प्रतिक्रिया का शिकार हो गया हूँ, परन्तु यह सच नहीं है। मेरे विचार, मेरे विश्वास, मेरा उत्साह और मेरी आत्मा वही हैं, जो बाहर हुआ करते थे–शायद, नहीं, निश्चित रूप से–और भी मज़बूत।

इसलिए मैं अपने पाठकों को चेतावनी देता हूँ कि वे मेरी बातों को पढ़ते समय सावधान रहें। उन्हें पंक्तियों के बीच किसी और अर्थ को खोजने की कोशिश नहीं करनी चाहिए। मैं अपनी पूरी शक्ति के साथ यह घोषणा करता हूँ कि मैं आतंकवादी नहीं हूँ और न कभी रहा हूँ, सिवाय शायद अपनी क्रान्तिकारी जीवन-यात्रा की आरम्भिक अवस्था के। और अब मैं इस विश्वास पर पहुँच चुका हूँ कि हम उन तरीक़ों से कुछ भी हासिल नहीं कर सकते। इसे हिन्दूस्तान सोशलिस्ट रिपब्लिकन एसोसिएशन के इतिहास से आसानी से समझा जा सकता है।

हमारी सारी गतिविधियाँ एक लक्ष्य की ओर निर्देशित थीं–अर्थात् स्वयं को महान आन्दोलन से उसकी सैन्य शाखा के रूप में जोड़ना। यदि किसी ने मुझे ग़लत समझा है, तो उसे अपने विचार बदल लेने चाहिए। मेरा यह मतलब नहीं है कि बम और पिस्तौल निरर्थक हैं–बल्कि इसके उलट। मेरा कहने का आशय यह है कि केवल बम फेंकना न केवल निरर्थक है, बल्कि कभी-कभी हानिकारक भी। पार्टी का सैन्य विभाग हमेशा जितना हो सके युद्ध-सामग्री तैयार रखे, ताकि किसी भी आपात स्थिति में उसका प्रयोग हो सके। परन्तु उसे पार्टी के राजनीतिक कार्यों का सहारा बनना चाहिए, स्वतन्त्र रूप से काम नहीं करना चाहिए और न ही कर सकता है।"[301]

यह पूरा वृतान्त अत्यन्त दिलचस्प रहा। हम उनसे चन्द्रशेखर आज़ाद के बारे में भी सुनना चाहते थे। मैंने इसलिए पूछ डाला, "आज़ाद इन दिनों क्या कर रहे थे? उनकी मृत्यु कैसे हुई? किसने गद्दारी की?"

मेरे प्रश्न के दौरान वे पानी पी रहे थे। पानी पीने के बाद गिलास मेज़ पर रखकर खिड़की की ओर देखे और बोले, "बारिश होने वाली है। अब घर जाओ। कल आना।"

हमने उनको धन्यवाद कहा और चल दिये।

आज़ाद पार्क की सड़क पर चलते हुए हमने पाया कि दिव्यांश पीछे रह गया था। पीछे मुड़कर हमने देखा तो तनिक मायूस लगा। हम रुक कर उसका इन्तज़ार करने लगे।"अरे जल्दी आओ भाई।" वह उसी रफ़्तार से चलता रहा। अब हमने कुछ क़दम उसकी ओर बढ़ाये। "क्या हो गया भाई?"पार्थ ने पूछा। वह ऐसे नाराज़ कभी होता नहीं था। हम में से वह ही था जिसे जितना भी बुरा बोल दो ज़रा भी फ़र्क नहीं पड़ता था। पर कहते हैं न, बाहर से सबसे मज़बूत दिखने वाले ही अन्दर से सबसे कोमल होते हैं।

वह कुछ बोला नहीं। "अरे! बताओ तो क्या हुआ?"

"बात मत करो तुम लोग!" वह चिल्लाया।

"हो क्या गया महाराज?"

"अपना तो तुम लोग शोध कर लिख लिए पर मेरे हिस्सा मुझसे छीन लिया! अब सब चचा बता देंगे तो मेरे हिस्से क्या आयेगा?"

मैंने कहा, "तो यह समस्या है। चचा ने तो तुम्हारा काम आसान ही बना दिया न भाई। चिंता क्यों करते हो। तुमको दूसरा काम दे देंगे। इधर लाओ कान आगे करो...।"

दिव्यांश के कान में मैंने कुछ कहा। सुनते ही उसके चेहरे पर मुस्कुराहट लौटी। अपने रूप में आते हुए बोला, "दस मिनट हैं अपने पास।"

"किसलिए?"

"घर पहुँचने के लिए।"

"वर्ना?" पार्थ ने पूछा।

"वर्ना भीग जायेगा। फिर सुड़ुक-सुड़ुक करते रहेगा। चल जल्दी।"

पार्थ पता नहीं क्यों जाने-अनजाने दिव्यांश का निशाना बन जाता था।

अध्याय 7

पुनरावृत्ति

"बच्चों, मालूम है तुम्हें, क्रान्तिकारियों की जब बैठकें लगती थी तो मज़ाक-मज़ाक में बात छिड़ जाती थी कि कौन कैसे पकड़े जायेगा। राजगुरु के बारे में कहा जाता कि वे तो सोते हुए ही पकड़े जायेंगे और इनकी आँख पुलिस लॉकअप में ही खुलेगी जहाँ ये पूछेंगे कि क्या मैं पकड़ा गया हूँ या स्वप्न देख रहा हूँ? मोहन यानी बटुकेश्वर दत्त के बारे में मज़ाक हुआ कि ये तो चाँदनी रात में चाँद देखते हुए पकड़े जायेंगे। पुलिस पकड़ लेगी तो उनसे बोलेंगे, "कोई बात नहीं...मगर चाँद है कितना सुन्दर।"

भगत सिंह और विजय कुमार सिन्हा का तो सब जानते थे कि ये तो सिनेमा हॉल में ही पकड़े जायेंगे और पकड़े जाने पर यही कहेंगे कि अब देखो पकड़ तो लिया ही है तो फ़िल्म तो पूरी देख लेने दो। विजय कुमार सिन्हा तो बाद में सिनेमा हॉल में ही पकड़े गये।

पण्डित जी यानी चन्द्रशेखर आज़ाद की बात जब आयी तो कहा गया, "वे किसी बुन्देलखण्ड की किसी पहाड़ी में शिकार खेलते हुए किसी मित्र बने सरकारपरस्त के विश्वासघात से घायल होकर बेहोशी की अवस्था में पकड़े जायेंगे। इन्हें जंगल से सीधे झाँसी के पुलिस अस्पताल में भेज दिया जायेगा और वहीं इन्हें होश आने पर पता चलेगा कि ये गिरफ़्तार हो गये...सज़ा दफ़ा 121 में

फाँसी।" भगत सिंह हँसते हुए बोले, "पण्डित जी, आपके लिए दो रस्सों की ज़रूरत पड़ेगी, एक आपके गले के लिए और दूसरा आपके इस भारी-भरकम पेट के लिए।" आज़ाद भी तुरन्त बोले, "देख फाँसी जाने का मुझे

शौक़ नहीं है। वह तुझे मुबारक़ हो, रस्सा-फस्सा तुम्हारे गले के लिए है। जब तक यह बमतुल-बुख़ारा (आज़ाद की माउज़र पिस्तौल का नाम जो उन्होंने ख़ुद रखा था) मेरे पास है किसने माँ का दूध पिया है जो मुझे जीवित पकड़ ले जाये।"[302]

आज़ाद की ज़िन्दगी इन्हीं ख़ुद से किये वादों को पूरा करने की कशमकश है। उस ज़िन्दगी में सफ़र की तन्हाई है, साथियों की जुदाई है, सवालों की सरगोशियाँ हैं, यादों की धूल है, धोखों के ज़ख्म हैं और सब को बाँधे एक मुराद है। एक घर है जहाँ वो जा नहीं सकता और कुछ मकान हैं जहाँ वो टिक नहीं सकता। एक रास्ता है पर दूर तलक़ जाने वाले साथी नहीं है। उस ज़िन्दगी में साथियों का जाते चले जाना है और आज़ाद का ठहरकर देखते रहना है। उसमें बिखरना है, टूटने की आवाज़ है, उसे सहने की तपिश है। पर इन सबसे ऊपर रूमानियत है आज़ादी की, आज़ाद रहने की।

काकोरी के बाद जो हुआ था वही फिर हुआ। जिन साथियों ने उनको ताक़त दी वे अब सलाखों और फाँसी के फंदों को देख रहे थे और चन्द्रशेखर अपने आज़ाद रहने के वादे को पूरा करने में लगे थे। झाँसी को आज़ाद ने हमेशा महफ़ूज़ पाया। इसलिए दल का केन्द्र आगरा हो जाने के बाद भी वे झाँसी आते रहते। पर झाँसी भी उन्हें छोड़नी पड़ी क्योंकि मुख़बिर हो गये फणीन्द्र नाथ घोष को पंजाब पुलिस झाँसी ले आयी थी। अब पकड़े जाने का ख़तरा झाँसी में भी बढ़ चुका था। आज़ाद को पता लगा तो वे साइकिल से भगवानदास और सदाशिव के पास पहुँचे और बोले, "ले भगवान, तेरा वह दादा आ गया है। साले ने पखाने के रोशनदान और छेद तक गिनवा दिये हैं।"[303] यही वह वक़्त था जब आज़ाद को हमेशा के लिए झाँसी छोड़ देनी पड़ी। यहाँ से वे दतिया होते हुए ग्वालियर पहुँचे। इससे पहले ही वे भगवानदास को 1928 में ग्वालियर में दल बढ़ाने के लिए भेज चुके थे। ग्वालियर के जनकगंज में वे जा रुके। ग्वालियर के ही नाका चन्द्रबदानी में एक मकान और किराये पर लिया। ग्वालियर में बम बनाने का काम रुका नहीं। आज़ाद भी थोड़ा बम बनाना सीख गये थे।

पर ग्वालियर से बाहर आज़ाद जाना चाहते थे। अब चूँकि पुलिस और पूरा गुप्तचर विभाग उत्तर भारत में क्रान्तिकारियों के ख़ात्मे के लिए सबकुछ

करने में लगा हुआ था तो आज़ाद ने सोचा कि दक्षिण की ओर पहुँचा जाये। 30 सितम्बर 1929 तक राजगुरु नहीं पकड़े गये थे और महाराष्ट्र में फ़रारी का जीवन बिता रहे थे। राजगुरु पूना के पास के रहने वाले थे। आज़ाद ने राजगुरु में मिलने वैशम्पायन को भेजा। अकोला में वैशम्पायन की मुलाकात राजगुरु से हुई। योजना बताते हुए वैशम्पायन ने कहा कि पहले सदाशिव और भगवानदास आयेंगे और फिर आज़ाद और वैशम्पायन और इसके लिए वे ज़रूरी इन्तज़ाम करें।[304]

वैशम्पायन वापिस आये और आज़ाद को जानकारी दी। योजना के तहत सदाशिव और भगवानदास अकोला कानपुर के लिए निकले और कुछ धन की व्यवस्था करने आज़ाद और वैशम्पायन। धन लेकर वे भी अकोला ही आने वाले थे। सदाशिव और भगवानदास अकोला के लिए ट्रेन बदलने के लिए भुसावल उतरे। बदक़िस्मती से वे वहीं गिरफ़्तार कर लिए गये। राजगुरु भी लम्बे समय तक आज़ाद न रह सके और एक मुख़बिर के कारण वे भी पूना के एक गेराज से गिरफ़्तार कर लिए गये। दक्षिण की योजना पर पानी फिर गया। सदाशिव और भगवानदास की गिरफ़्तारी का जब आज़ाद को पता चला तो आँखों में आँसू लिए वैशम्पायन से आज़ाद बोले, "बच्चन, अब रह गये हम दो। ये दो तो गये।"[305]

दक्षिण की योजना पर पानी फिर गया। जब ऐसा हुआ तो तय हुआ कि आज़ाद कानपुर में ही रहकर काम करें। सरदार मान सिंह के यहाँ वे ठहरे और वीरभद्र तिवारी, सद्गुरुदयाल अवस्थी, मन्नीलाल पाण्डेय, विश्वनाथ पाण्डेय, कैलाश द्विवेदी जैसे शेष साथियों को लेकर काम करने लगे। कानपुर में ही उनकी मुलाकात रामचन्द्र जेलयात्री, राजेन्द्र निगम, नारायणदास, रामचन्द्र मुसद्दी, श्रीदेवी मुसद्दी, रामभरोसे जी आदि से भी हुई। आज़ाद ने कानपुर के कांग्रेस नेताओं से भी सम्पर्क साधा। काकोरी के वरिष्ठ क्रान्तिकारियों में से एक रहे सेठ दामोदर स्वरूप भी अब फिर से साथ आ चुके थे। उन्हीं की अध्यक्षता में कानपुर में एक नयी केन्द्रीय समिति की बैठक हुई जिसमें आज़ाद, वीरभद्र, सद्गुरुदयाल,कैलाशपति शामिल थे। भगत सिंह और दत्त को जेल से छुड़ाने की योजना बनी। कैलाशपति को दिल्ली की ज़िम्मेदारी दी गयी। दिल्ली में कैलाशपति के साथ प्रोफ़ेसर नन्दकिशोर निगम, मास्टर

छैलबिहारी, विमल प्रसाद जैन, मास्टर हरकेश, भवानी सिंह, भवानी सहाय आदि लोग काम करते थे। अजमेर में भी मदन गोपाल, रुद्रदत्त मिश्र आदि का एक केन्द्र था जो दिल्ली के ही अधीन आता था।[306]

इसी बीच दुर्गा भाभी के पति भगवतीचरण वोहरा यशपाल के साथ पंजाब एवं दिल्ली में काम कर रहे थे। लाहौर षड्यन्त्र में इन दोनों को भी फ़रार घोषित किया गया था। भगवतीचरण वोहरा के सम्बन्ध में कहा जाता था कि वे क्रान्तिकारी आन्दोलन के मस्तिष्क हैं। वे अब दिल्ली को केन्द्र बनाते हुए वायसराय की गाड़ी पर बम फोड़ने की योजना बना रहे थे। इसी मार्फ़त वे आज़ाद से भी मिलना चाहते थे। गणेश शंकर विद्यार्थी के माध्यम से सन्देश पहुँचाया। पर आज़ाद उनसे नहीं मिले।

"क्यों?" हमने एक साथ पूछा।

"क्योंकि आज़ाद को यह सूचना मिली थी कि भगवतीचरण सी.आयी. डी. के आदमी हैं और इसलिए उनसे न मिला जाये। भगवतीचरण को जब यह पता चला तो बहुत नाराज़ हुए। पर उम्मीद नहीं हारे। उनका यक़ीन था कि जैसे ही वायसराय की गाड़ी पर बम फूटेगा आज़ाद का उन पर भरोसा फिर से आ जायेगा। पर इससे पहले ही आज़ाद ने वैशम्पायन को भगत सिंह और दत्त को छुड़ाने के लिए जेल का निरीक्षण करने के लिए लाहौर भेजा। आज़ाद ने यह साफ़ कहा कि कुछ भी हो दुर्गा भाभी से मत मिलना। पर वैशम्पायन उनके पास गये और जितने भी दिन लाहौर में रहे उन्हीं के घर ठहरे। वापसी में वैशम्पायन कैलाशपति से भी मिले जिन्होंने भगवतीचरण के बारे में सारा सन्देह दूर कर दिया। सारी बातें कानपुर आकर वैशम्पायन ने आज़ाद को बताई। आज़ाद को अब यह मालूम पड़ गया कि भगवती से कोई भय की बात नहीं है। आज़ाद ने वैशम्पायन को फिर दिल्ली भेजा और भगवतीचरण को कानपुर लाने का काम दिया। दिल्ली के कुदसिया गार्डन में वैशम्पायन भगवतीचरण और यशपाल से मिले। उसी रात की ट्रेन से कानपुर पहुँचे। चन्द्रशेखर आज़ाद और भगत सिंह के मिलन के बाद सबसे अहम आज़ाद और भगवतीचरण के ही मिलन को माना गया है। आज़ाद को उम्मीद थी कि भगवतीचरण के आने के बाद फिर से उसी शिद्दत से काम होने लगेगा। वैशम्पायन लिखते हैं, "भैया आये और दोनों एक दूसरे से ऐसे मिले मानो दो भाई लम्बे बिछोह

के बाद अचानक मिले हों। भैया ने भगवतीचरण से बड़े स्पष्ट शब्दों में कहा, "देखो भाई, तुमसे मिलने से मैंने इनकार किया यह सच है, परन्तु इसमें बुरा मानने की कोई बात नहीं है। सभी बातों का पता तो मैं अपने आप नहीं लगा सकता था। मुझे जैसा बताया गया, उस पर मुझे विशवास करना पड़ा।"[307]

इस मिलन के बाद केन्द्रीय समिति की एक और बैठक हुई। अब केन्द्रीय समिति में भगवतीचरण और यशपाल को भी शामिल कर लिया गया। भगवतीचरण और यशपाल वायसराय की गाड़ी पर बम फेंकने की तैयारी में थे। 23 दिसम्बर 1929 को वायसराय ट्रेन से दिल्ली लौटने वाले थे। इसी ट्रेन पर बम से हमले की योजना थी। इस योजना की पूरी जानकारी आज़ाद को दी गयी। आज़ाद दिल्ली पहुँचे। 22 तारीख़ को कुदसिया गार्डन में सब मिले। आज़ाद बोले, "मैंने दल की ओर से 23 तारीख़ की घटना के लिए अनुमति दे दी थी, लेकिन कई ऐसी समस्याएँ आ पड़ी हैं कि इस बात पर दोबारा विचार कर लेना आवश्यक है।" दरअसल गणेश शंकर विद्यार्थी से आज़ाद ने चर्चा की थी जिन्होंने बताया कि पिछले कांग्रेस अधिवेशन में यह चेतावनी दी गयी थी कि अगर एक साल में हमारी बात न मानी गयी तो हम राष्ट्रव्यापी आन्दोलन शुरू कर देंगे। 25 तारीख़ से कांग्रेस का महत्त्वपूर्ण लाहौर अधिवेशन शुरू होने वाला है। इसीलिए दिल्ली में लाहौर जाने से पहले 23 तारीख़ को गांधीजी वायसराय से मिलेंगे। इन सबके मद्देनज़र बम की योजना अभी रद्द करना ही ठीक है। आज़ाद यह भी बोले कि हमें किसी की कठपुतली नहीं बनना चाहिए पर बिना सोचे क़दम उठाना भी सही नहीं है। दिल्ली में दल के प्रतिनिधि कैलाशपति भी रद्द कर देना चाहते थे। चार घण्टे तक बहस चली। अन्त में यही तय हुआ कि इस योजना को रद्द कर दिया जाये।[308]

यशपाल फिर भी नहीं माने। भगवतीचरण से बोले, "नहीं, अब स्थगित नहीं होगा।"

"यह कैसे हो सकता है?" भगवती ने विरोध करते हुए कहा।

"उन लोगों की बातों से न मेरा समाधान हुआ है न तुम्हारा, इसलिए इस निर्णय का विरोध करना नैतिक कर्तव्य है, चाहे जो मूल्य देना पड़े।"

"यह बात ठीक नहीं है।" भगवती बोले।

यशपाल किसी की सुनने को तैयार न थे। "मैं तो इसी रात विस्फोट करूँगा। यदि मैं ज़िन्दा लौट आया तो घटना के प्रभाव से जनता की दृष्टि में दल का बढ़ा हुआ आदर हम लोगों की सफ़ाई होगी। इस पर भी यदि दल मुझे अपराधी ठहरायेगा तो जो दण्ड होगा, मैं झेल लूँगा। यदि दल चाहे तो आज्ञाभंग के अपराध में मुझे गोली मार दे।"[309]

भगवती भी यशपाल की दलीलों से उनकी ओर आ गये। बोले, "हम दोनों एक साथ हैं। जो होगा देखा जायेगा। विस्फोट स्थगित नहीं करेंगे।"[310] दल की ओर से आधिकारिक मंज़ूरी नहीं थी इसलिए घोषणापत्र पर 'कमांडर-इन-चीफ' के हस्ताक्षर और दल की मोहर का इस्तेमाल नहीं किया जा सकता था। इसलिए मोहर लगे घोषणापत्र और मोहर लौटानी पड़ी। सुबह 6 बजे वायसराय की ट्रेन आनी थी। स्विच दबाने से धमाका होना था। बम रेलवे लाइन पर दबे थे। कोहरा घना था। कुछ पता नहीं चल पा रहा था। ट्रेन आयी और अन्दाज़े में यशपाल ने स्विच दबा दिया। ज़ोर का धमाका हुआ। पर अन्दाज़ा सटीक न बैठा। धमाका वायसराय के डिब्बे में नहीं चौथे डिब्बे के नीचे हुआ। पटरी उड़ गयी पर ट्रेन उसी तेज़ गति से निकल गयी। यशपाल निराश हो गये।

वापस लौटे तो भगवतीचरण ने आँखों-आँखों में पूछा। "कुछ भी नहीं", यशपाल की ओर से आवाज़ निकली। भगवतीचरण ने कहा, "कोई बात नहीं। फिर कोशिश करेंगे।"[311]

दो जनवरी को यशपाल दिल्ली पहुँचे। न्यू हिन्दू हॉस्टल में नन्दकिशोर निगम के यहाँ पहुँचे जहाँ कैलाशपति और आज़ाद भी पहुँचे। आज़ाद को पता चल चुका था। यशपाल को वे यमुना किनारे अकेले में ले गये और बोले, "निर्णय के विरुद्ध तुम लोगों ने विस्फोट क्यों किया?"

सफ़ाई में यशपाल बोले, "जहाँ तक निर्णय के विरुद्ध काम करने का प्रश्न है, मैं अपराधी हूँ। इस विषय में दल जो कुछ फ़ैसला करेगा, मुझे शिरोधार्य होगा। भगवती भाई ने मेरे इस कार्य का विरोध किया था, परन्तु मैंने उनकी भी बात नहीं मानी, क्योंकि मेरे विचार में इस घटना का महत्त्व-विस्फोट कांग्रेस अधिवेशन से पहले करने में ही था।"

आज़ाद गुस्से में बोले, "तुम्हारे विचार का क्या मतलब? तुम्हारा विचार क्या दल के निर्णय से भी बड़ा हो गया? अगर तुम्हें ऐसे ही करना है तो दल में तुम्हारा क्या काम? जाओ जो करना है करो! यह तुम्हारी बेजा हरकत थी कि जब इस प्रश्न पर विचार हो रहा था तुम बहाना बनाकर उठ गये। जैसे हम सब लोग मूर्ख हों और व्यर्थ बकवास कर रहे हों।"

यशपाल माफ़ी माँगते हुए बोले, "यदि आप क्षमा कर सकते हैं तो क्षमा कर दीजिए वर्ना आप या दल जैसा उचित समझें। यशपाल ने फिर जेब से पिस्तौल निकालकर आज़ाद के सामने रख दिया, "मैं दल के सामने आत्मसमर्पण करता हूँ।"

यशपाल लिखते हैं, "भैया ने क्रोध में ओंठ काटकर आँखों में छलक आये आँसू रुमाल में पोंछ लिए। मेरी पिस्तौल मुझे लौटते हुए बोले, "रखो-रखो इसे।" आज़ाद का यह स्वभाव ही था कि अपने आदमियों पर आया क्रोध दबाने से उनकी आँखों में आँसू आ जाते थे।[312]

जनवरी 1930 का तीसरा हफ़्ता था। कानपुर में दल की एक बड़ी अहम बैठक रखी गयी। जगह थी रामनारायण बाज़ार का एक पुराना मकान, जिसकी ऊपरी मंज़िल पर साथी जुटे। वहाँ सेठ दामोदर स्वरूप भी पहुँचे। मक़सद साफ़ था—नयी केन्द्रीय कमेटी बनानी थी और दल को मज़बूत करने के लिए और विस्तार देने के लिए इलाक़ों और कामों की तक़सीम करनी थी। इस बैठक में आज़ाद ने एक बड़ा क़दम उठाते हुए हिन्दूस्तान सोशलिस्ट रिपब्लिकन एसोसिएशन का प्रधान सेठ दामोदर स्वरूप को बनाने का प्रस्ताव रखा। जिस क्रान्तिकारी दल में आज़ाद आये थे वह तब हिन्दूस्तान रिपब्लिकन एसोसिएशन हुआ करता था और उसके वरिष्ठ सदस्यों में गिनती होती थी सेठ दामोदर स्वरूप की। ऐसे में अपने साथ वे एक लम्बे दौर का अनुभव लाते थे। चन्द्रशेखर इससे पूर्व दल के प्रधान एवं कमांडर-इन-चीफ़ दोनों थे। आज़ाद ने प्रधान पद सेठ दामोदर स्वरूप को देते हुए साफ़ कहा कि 'सिद्धान्तों के स्पष्टीकरण और लोगों के विचार परिवर्तन का काम वे स्वयं ठीक-ठीक नहीं निभा सकते।'[313]

एक और बड़ा फ़ैसला लिया गया कि दल की हिफ़ाज़त के लिए प्रचार और सशस्त्र संगठन को अलग करते हुए बाँट दिया गया। दोनों के बीच

तालमेल बैठने के लिए भगवतीचरण को संयोजक बनाया गया। कमांडर-इन-चीफ़ और प्रधान दोनों के मन्त्री भी बनाये गये, ताकि सम्पर्क साधा जा सके। यूपी की ज़िम्मेदारी वीरभद्र तिवारी को, दिल्ली की कैलाशपति को और पंजाब की यशपाल को सौंपी गयी। एक प्रेस की बुनियाद रखने का भी फ़ैसला लिया गया। सबसे पहला काम जो अब किया जायेगा वह होगा लाहौर षड्यन्त्र के क्रान्तिकारियों को जेल से छुड़ाने का।[314]

पर इस ओर कुछ मार्के का हासिल न हो पा रहा था। कड़ी सुरक्षा के बीच उनको छुड़ाना कतई आसान नहीं था। ऊपर से यशपाल कुछ न बनता देख कुछ और करना चाहते थे। जेल के बाहर शेरदिल पुलिस की एक टुकड़ी तैनात की गयी थी। यशपाल चाहते थे कि पहले इन पर हमला कर इनके हथियार छीन लिए जायें और फिर साथियों को जेल से छुड़ाया जाये। इसी सिलसिले में वे कुछ ऐसा कह गये जो उन्हें नहीं कहना चाहिए था, "तुम मोह में फँसे हो। भगत सिंह चल चूका कारतूस है। यह लड़ाई का समय है, मोह का नहीं। चल चुके कारतूस की गोली ढूँढ़ने के लिए अपने दूसरे कारतूसों को नष्ट करने से क्या लाभ? किसी एक आदमी के लिए दल की शक्ति न्योछावर करना मूर्खता है। बीसियों भगत सिंह दल में निकल आयेंगे।"

भगवतीचरण यह सुनते ही उदास हो गये। उन्होंने कहा, "तुमसे ऐसी बात की आशा नहीं थी। मैं अब कुछ नहीं कहूँगा। आज़ाद को फ़ैसला करने दो।"

यशपाल रुकने न वाले थे, "आज़ाद क्या करेगा? जो तुम समझा दोगे, वह कह देगा। पूरी स्थिति भगत सिंह को ही लिखकर भेजी जाये। वह जो कहेगा मैं मान लूँगा।"

भगत सिंह को पत्र भेजा गया और झगड़ा समझाया गया। भगत सिंह ने जवाब देते हुए कहा, "उस कलाकार (यशपाल) से कहो नित्य नयी कल्पना न गढ़ा करे। जो पहले सोचा है, वह होना चाहिए। उसे समझाओ कि परिस्थिति और नीति निश्चित करने में 'मोटा' (भगवतीचरण) ज़्यादा योग्य है। एक्शन में 'मोटे' को बचाकर 'पण्डित' (आज़ाद) को आगे रखो। कलाकार से कहो वह मैनिफेस्टो लिखे।"[315]

भगत सिंह को छुड़ाये जाने के लिए कुछ किया जाता कि इससे पहले दल को ऐसा झटका लगा जिसने दल की कमर तोड़ दी। दिल्ली, कानपुर आदि

स्थानों पर बम बनाने का काम चल रहा था। अच्छा-खासा बम का मसाला तैयार हो चुका था। अब इन्हें बम के खोलों में भरकर विस्फोट के लिए तैयार करना था। मई का महीना था। साल था 1930 और तारीख़ 28। बम परीक्षण के लिए भगवतीचरण वोहरा के साथ विश्वनाथ वैशम्पायन और सुखदेव राज रावी नदी से सटे जंगलों में गये। ये वे सुखदेव नहीं थे जो भगत सिंह के साथ जेल में बन्द थे। वो सुखदेव थापर थे और ये सुखदेव राज।

परीक्षण के लिए जब भगवतीचरण ने बम निकाला तो पाया कि 'इसका एक ट्रिगर तो ढीला है।' ऐसे में कुछ भी करना ख़तरे से खाली नहीं था। वैशम्पायन और सुखदेव ने कहा कि यह बम परीक्षण के मुनासिब नहीं है। लौट चलने की सलाह उन्होंने दी पर भगवती नहीं माने। उन्होंने कहा, "एक जून को एक्शन करना है और 28 मई आज हो गयी है। यदि आज बम टेस्ट नहीं करेंगे...यह काम किसी भी कीमत पर टाला नहीं जा सकता। होशियारी के साथ मैं बम को चलाये देता हूँ। तुम लोग एक तरफ़ हट जाओ।"

वे नहीं चाहते थे कि भगवतीचरण यह करें। उन्हें मनाने लगे कि अगर करना भी है तो उन्हें करने दें। भगवतीचरण को यह भी मंज़ूर नहीं था। बोले, "बेफ़िक्र रहो। मुझे कुछ नहीं होता और यदि हो भी जाये तो चिंता कि कोई बात नहीं। हाँ, तुम्हें कुछ नहीं होना चाहिए क्योंकि यदि तुममें से किसी को कुछ हो गया तो मैं कहीं मुँह दिखाने लायक न बचूँगा। मुझे तो लोग पहले ही से सीआईडी का आदमी कहते हैं।"

भगवती की बात माननी ही पड़ी। वे परीक्षण के लिए आगे बढ़ गये और वैशम्पायन और सुखदेव दो अलग-अलग पेड़ों के पीछे खड़े हो गये। जैसे ही बम का पिन उन्होंने फेंकने के लिए निकाला कि बम वहीं उनके हाथ में फट गया। चारों ओर धुआँ हो गया। वैशम्पायन और सुखदेव धमाका देखते ही भगवती के पास पहुँचे और देखा कि वे बुरी तरह से घायल हो गये हैं। एक हाथ कलाई से उड़ गया है, उँगलियाँ कट गयी हैं, आँतें बाहर निकल आयी हैं। ख़ून लगातार बहता जा रहा है। बम का एक टुकड़ा सुखदेव के भी पैर में घुस कर पैर की हड्डी तोड़ चुका था।

प्रयास किया गया कि भगवती भाई को कुछ चिकित्सीय सहायता दी जाये पर इससे पहले कुछ हो पता कि भगवतीचरण वोहरा इस फ़ानी दुनिया से जा

चुके थे। भगवतीचरण एक गहरी ख़लिश छोड़ गये थे जिसने सब को तोड़ दिया। शचीन अपने पिता को खो चुका था। आज़ाद का दाहिना हाथ टूट चुका था। दुर्गा भाभी का सहारा एक पल में ओझल हो चुका था। दुर्गा भाभी को आज़ाद और वैशम्पायन ने लिटाते हुए रुआँसे स्वरों में कहा, "अब आज से तुम हमारी माँ-बहन हो। तुमने पार्टी के लिए अपना सर्वस्व न्योछावर कर दिया है। तुम्हारे प्रति अपने कर्तव्य को ज़िन्दगी भर हम नहीं भूलेंगे।"[316]

भगवतीचरण को सबसे बड़ी श्रद्धांजलि एक्शन को कामयाब बनाते हुए भगत सिंह और उनके साथियों को छुड़ाकर ही दी जा सकती थी। इसलिए एक जून का एक्शन नहीं टाला गया। योजना बनी कि "भगत सिंह और दत्त जेल के बाहर निकलेंगे, वैशम्पायन बाँसुरी बजायेगा और बाँसुरी का संकेत पाकर भगत सिंह माथा खुजलायेगा तथा दत्त और वे रिहा कराने वालों की ओर बढ़ेंगे। इसी बीच क्रान्तिकारी लोग पुलिस की लॉरी पर बमों से हमला कर देंगे और भगत सिंह तथा दत्त को रिवॉल्वर दे दिये जायेंगे। वे मोटर में आ बैठेंगे। अगर कोई पीछा करेगा तो भैया (आज़ाद) माउज़र से मोर्चा लेंगे।"[317]

दुर्गा भाभी भी एक्शन में भाग लेना चाहती थी। आज़ाद से वे बोलीं, "मुझे भी साथ चलने की अनुमति दें।"

"आपकी क्या ज़रूरत है भाभी?" आज़ाद ने कहा।

"उनकी (भगवती की) जगह मुझे मिलनी चाहिए। सबसे पहले वह मेरा अधिकार है।"

"ऐसे क़दम सोच-समझकर उठाने चाहिए। आपका साथ चलना उचित नहीं है। हमारे सामने लड़के (शचीन) का प्रश्न है।" आज़ाद ने समझाते हुए कहा।

"लड़का अब आप लोगों के हवाले है।" भाभी ने शचीन के बारे में कहा। भाभी के कहने पर भी आज़ाद न माने।

एक जून को लाहौर सेंट्रल जेल से भगत सिंह और दत्त को पुलिस बोर्स्टल जेल ले गयी। वैशम्पायन को नज़र रखने का काम दिया गया था। वैशम्पायन ने ख़बर पहुँचाई। पता चलते ही आज़ाद कार में अपनी सेना के साथ बोर्स्टल जेल के लिए निकले। जाने से पहले सुशीला दीदी ने अँगूठा काटकर अपने ख़ून से टीका लगाया।[318]

आज़ाद और उनके साथी गाड़ी से जेल पहुँच चुके थे। भगत सिंह और दत्त का इन्तज़ार था। कुछ देर में भगत सिंह और दत्त जेल के फाटक से बाहर निकलते हैं। वैशम्पायन बाँसुरी बजाने लगे और आज़ाद की मोटर भी धीमे-धीमे आगे बढ़ने लगी। पर भगत सिंह की ओर से कोई जवाब न आया। साथियों की तरफ़ न आते हुए भगत सिंह और दत्त पुलिस की गाड़ी में ही जा बैठे।[319] फिर से नाक़ामयाबी ही हाथ लगी। आज़ाद को लगा कि वैशम्पायन का सिग्नल भगत सिंह तक पहुँचा नहीं पर भगत सिंह ने जानबूझकर जवाब न दिया था। वजह पूछने पर दत्त ने वर्षों बाद सुखदेव राज को बताया, "जवाब देने से क्या फ़ायदा था। जैसे ही भगवती भाई की शहादत का समाचार हमें मिला, भगत सिंह ने उसी दम कह दिया था कि अकेले भैया हमें जेल से रिहा नहीं करा सकते और अब रिहाई में भी वह मज़ा नहीं है–भैया, माई और भगवती भाई इकट्ठे होते तो अंग्रेज़ों से लोहा लेने में कुछ मज़ा भी आता।"[320]

आज़ाद लेकिन इतनी आसानी से हार न मानने वाले थे। फिर से कोशिश वे करना चाहते थे। आज़ाद ने वापस आकर कहा, "एक बार फिर हमें कोशिश करनी पड़ेगी। भगत सिंह और दत्त को जेल से छुड़ाना अत्यन्त आवश्यक है। भगवती भाई और भगत सिंह के बिना मेरी स्थिति एक पर-कटे पंछी जैसी हो कर रह गयी है।"[321] आज़ाद अगले रविवार फिर एक कोशिश करना चाहते थे। पर उससे पहले ही सुबह चार बजे अलमारी में रखे दो बम अचानक फट गये। इस धमाके से सब आतंकित। मकान मालिक का भी डर, पड़ोसियों का डर, पुलिस का भी। किसी को पता न चल जाये इसलिए तुरन्त घर खाली किया गया और आज़ाद अन्य साथियों के साथ लाहौर छोड़कर दिल्ली आ गये। घर तो खाली कर दिया गया था पर एक फटी चिट्ठी और दो यूनिवर्सिटी लाइब्रेरी से लाई गयी किताबें यशपाल से छूट गयी थी। इसने क्रान्तिकारियों की मुश्किलें और बढ़ा दी।[322]

दिल्ली में आज़ाद प्रोफ़ेसर निगम के यहाँ ही ठहरे। एक बम फ़ैक्ट्री दिल्ली में आज़ाद कायम करना चाहते थे। पर धन की भारी तंगी थी। दुर्गा भाभी को जैसे ही पता चला उन्होंने जेवरों की पोटली आज़ाद के सामने रखते हुए बोलीं, "आप चिन्ता क्यों करते हैं। ये सब किस दिन काम आयेगा।" आज़ाद

मुस्कुराते हुए बोले, "चिन्ता न करो? आवश्यकता पड़ने पर इन्हें भी ले लूँगा। अभी इन्हें दल की धरोहर समझकर रखो।"[323]

दिल्ली में रहते हुए आज़ाद और उनकी सेना ने गाडोदिया स्टोर में 6 जून 1930 को एक एक्शन किया। इस एक्शन में उन्हें 13 हज़ार रुपये मिले। 6 हज़ार रुपये कानपुर में बम फ़ैक्ट्री डालने के लिए और डेढ़ हज़ार प्रचार के लिए वीरभद्र को दे दिये। चार हज़ार कैलाशपति को दिल्ली के लिए दिये गये और दो हज़ार अफ़रीदी बादशाह गुल को देने के लिए रखे गये।[324]

"यह अफ़रीदी बादशाह गुल कहाँ से आ गये?" पार्थ ने पूछा।

"दरअसल उत्तर-पश्चिम सीमान्त प्रान्त से जो हथियार आते थे वे इन्हीं अफ्रीदियों से लिए जाते थे।"

"अच्छा। फिर आगे क्या हुआ?" पार्थ ने पूछा।

"बतावत तो अहि, रुका हो। बुढ़वा की जान लेबा का।" हँसते हुए वे बोले और पानी का गिलास उठा लिए।

"हाँ, तो दिल्ली में बम की फ़ैक्ट्री चलने लगी। धीरे-धीरे काफ़ी पिक्रिक एसिड, गनकॉटन, नाइट्रोग्लिसरीन तैयार हो चुका था। यशपाल तो कहते हैं कि इतना मसाला तैयार हो चुका था कि 500-600 बम तैयार हो जाते।[325] इसी बीच कानपुर के कुली बाज़ार के एक मकान में भी बम फ़ैक्ट्री शुरू की जा चुकी थी। आज़ाद वहाँ भी नज़र बनाये रखते। इसी बीच कानपुर में अगस्त के पहले हफ़्ते में केन्द्रीय समिति की बैठक बुलाई गयी। इस बार मामला ज़रा गम्भीर था। यशपाल के व्यवहार से दल तंग आ चुका था। यशपाल लापरवाही से काम कर रहे थे। बमों में पिन लगाने का काम उन्हीं का था जिनके ढीले रहने की वजह से तीन विस्फोट हुए जिनमें से एक ने भगवतीचरण की जान ले ली। फ़िज़ूलख़र्च भी उनकी ओर से बहुत होता था। ऐसे में दल का यशपाल पर यक़ीन करना मुश्किल होता जा रहा था। पर इन सब से भी बड़ा एक सबब था। भगवतीचरण को एक बात मालूम थी जो उन्होंने आज़ाद से छुपाये रखी पर 28 मई की सुबह बम परीक्षण करने से पहले सबकुछ आज़ाद को बता चुके थे। आज़ाद नाराज़ हुए और भगत सिंह को छुड़ाने के एक्शन के बाद कुछ करने को कहा।

यशपाल का प्रकाशवती नामक कन्या से सम्बन्ध था। तफ़सील से यशपाल पर लगे आरोप पंजाब के ही दुर्गादास खन्ना यशपाल को ही बताते हैं, "तुम्हारे विरुद्ध आरोप है कि तुमने प्रकाश को केवल अपनी विलासिता के लिए भगाकर दल पर कलंक लगाया है। तुम भगवतीचरण से ईर्ष्या करते थे। तुमने जानबूझकर ऐसा बम बनाया जो फेंकते समय ही फट जाये। इससे राज का पाँव ज़ख़्मी हुआ और भगवती की जान गयी। भगवती की जान बचाई जा सकती थी पर तुमने समय पर सहायता न पहुँचाई। तुम भगत सिंह को जेल से छुड़ाने के विरुद्ध थे, क्योंकि अब अपनी जान बचाकर प्रकाश के साथ भाग जाना चाहते हो। बहावलपुर रोड के बंगले में विस्फोट तुम्हारी ही शरारत से हुआ, ताकि वह एक्शन ही न हो सके। तुम जब तक उस कमरे में रहे, बम नहीं फटे परन्तु तुम्हारे बाहर निकलते ही फट गये। तुम्हारे व्यवहार के कारण सभी को यह सन्देह है कि आराम से रह सकने के लोभ में किसी भी समय जाकर पुलिस में भेद देकर सबको पकड़वाकर ख़ुद बच जाओगे।"[326]

इन्हीं सब के मद्देनज़र यशपाल के ख़िलाफ़ कार्रवाई की जानी थी जिसके लिए बैठक में कैलाशपति, वीरभद्र, सद्गुरुदयाल, पंजाब से धन्वंतरि और बनारस से विद्याभूषण शामिल थे। केन्द्रीय समिति ने यशपाल को सज़ा-ए-मौत सुना दी। कैलाशपति को यशपाल को यह कहने के लिए दिल्ली भेजा गया कि केन्द्रीय कमेटी की बैठक है, जल्दी कानपुर पहुँचो। यशपाल के आते ही वैशम्पायन यशपाल से मिले और उसे आज़ाद और वैशम्पायन किसी वीरान इलाके में ले जाकर गोली मार दें।

कैलाशपति दिल्ली पहुँचे। यशपाल को बताया। यशपाल कानपुर भी आये। पर कानपुर में यशपाल को किसी ने सारा राज़ बता दिया। आज़ाद को जब पता लगा कि यशपाल आये नहीं तो वे जान गये कि किसी ने गद्दारी की है। उधर यशपाल दिल्ली लौट गये और दिल्ली से प्रकाशवती को लेकर लाहौर चले गये। कैलाशपति ने यशपाल को ज़िन्दा और दिल्ली छोड़ते देखा तो आज़ाद को तार भेजा, "दीदी बीमार हैं शीघ्र आइये।' आज़ाद समझ गये कुछ गड़बड़ है। तुरन्त दिल्ली पहुँचे। यशपाल को मारने का फ़ैसला सिर्फ़ केन्द्रीय समिति के सदस्यों को मालूम था। ऐसे में केन्द्रीय समिति के किसी सदस्य का गद्दारी करना और तनाव पैदा करता था। आज़ाद ने तय किया

कि यशपाल को ही ख़ुद बुलाया जाये और पूछा जाये। यशपाल भी सब साफ़ कर देना चाहते थे।[327]

कुछ लोगों के साथ यशपाल आज़ाद से मिलने पहुँचे। यशपाल बताते हैं,

हम लोगों को देखते ही आज़ाद के चेहरे और आँखों की लाली और धन्वंतरि के गम्भीरता से लटक गये चेहरे से ही उन लोगों के क्रोध का अनुमान हो गया। उसकी अपेक्षा कर मैंने आज़ाद को सम्बोधन किया, "मैं अपने ख़िलाफ़ आरोपों को जानना चाहता हूँ। उसकी जाँच हो।"

भैया (आज़ाद) की आँखें बिल्कुल अंगारा हो गयीं। होंठ क्रोध से फड़क उठे, "तुम अपने साथ आदमियों को लाकर मुझे डराना चाहते हो? किसके हुक्म से तुम इन्हें यहाँ लाये? ...तुम मुझे धमकी देते हो कि छः आदमी लेकर मुझे शूट कर दोगे। बुला लाओ अपने साथियों को। देख लूँगा किसने माँ का दूध पिया है।" उनका हाथ मूँछ पर चला गया।

मैंने क्रोध दबाकर परन्तु कड़े स्वर में उत्तर दिया–"मुझे नहीं मालूम तुम्हारे सामने क्या-क्या झूठ बोले गये हैं। मैं तो न्याय और जाँच की माँग करने आया हूँ। दल के लोग जिस बात को अन्याय समझते हैं उसका विरोध क्यों न करें? मुझे न्याय की माँग का भी अधिकार नहीं है? तुम यदि मुझसे अकेले में बात करना चाहते हो, मैं उसके लिए तैयार हूँ।"

भैया ने धन्वन्तरी, सुशीलाजी और खयालीराम गुप्त को हटा दिया। अकेले में मुझसे पहला प्रश्न यही पूछा–"यह भेद तुम्हें किसने बताया?"

"भेद मुझे दिल्ली में ही मिल गया था। मैं कानपुर केवल इसलिए गया था कि तुमसे बात कर सकूँ।"

यशपाल ने फिर अपनी बात बताई और बोले,

"लोग कैसे मान लें कि यह दल का निर्णय है?"

"मैं कहता हूँ दल का निर्णय है!"--भैया को और क्रोध आ गया।

"निर्णय करते समय मुझे आरोप बताया जाना चाहिए था?-मैंने ज़ोर दिया।

"आरोप बताने की क्या बात है?"--भैया ने मुझे डाँटा-"तुम्हारा कमला से क्या सम्बन्ध है?"

पति-पत्नी का सम्बन्ध है।--मैंने भी उतने ही ज़ोर से कहा।

"वह इनकार करती है। उसने मेरी इन्सल्ट की। वह मुट्ठी भर की कम्बख़्त लड़की कहती है, 'आप को मतलब! तुम लोग पार्टी में गन्द फैलाते हो।'

"गन्द का मतलब क्या है ?"–मुझे बहुत क्रोध आ गया। उत्तर दिया--"इस तरह का अपमान मैं नहीं सह सकता। ढंग से बात करो तो मैं जवाब दूँगा। तुमने कमला (प्रकाशवती) से भी इसी ढंग से बात की इसलिए उसने भी बेढंगा जवाब दिया।"

"तुमने किसकी इजाज़त से शादी की ? शादी करने से पहले मेंबर्स को पार्टी से इजाज़त लेनी चाहिए"–भैया ने धमकाया–"तुम प्रान्त के ऑर्गनाइज़र हो, तुम्हें पार्टी के रूल नहीं मालूम?"

"मैंने इस बारे में भगवती भाई से बात कर ली थी। उन्होंने तुमसे बात नहीं की तो यह उनकी भूल थी। मैंने कोई बात छिपाकर नहीं की। इस बारे में तुम भाभी से पूछो! यह उन्हीं का सुझाव था। भगवती भाई से इस सम्बन्ध में उनकी मृत्यु से दो दिन पहले बात हुईं थी। उस समय भी सुखदेव राज ने मेरी ऐसी इंसल्ट की थी और मैं तुम्हारे सामने बात करना चाहता था, परन्तु भगवती ने रोक दिया कि जेल पर आक्रमण का काम हो लेने दो। उनकी मृत्यु हो गयी और हम लोग बहावलपुर बम काण्ड के बाद बिछड़ गये। दिल्ली लौटने पर उन बातों को मैंने महत्त्व न दिया। मैं समझता था कि हमारा व्यवहार दल के सामने है। किसी को ऐतराज नहीं। यदि साथियों को मेरे चरित्र पर ऐतराज था तो मुझसे बात की जाती या तो चेतावनी दी जाती। आप लोग बात मन में छिपाये रहे। मेरे साथ जिस ढंग से व्यवहार किया गया उसे मैं न्याय नहीं समझता। जो कुछ सुखदेव राज और धन्वंतरि ने कह दिया, वही सच मान लिया गया। मेरा विचार दल को धोखा देने का या तुम्हारे प्रति विश्वासघात का होता तो बदला लेने और अपने प्राण बचाने के लिए पुलिस के पास चला जाता। तुम लोग मेरी या प्रकाशवती की बोटी-बोटी काट डालो तब भी मैं पुलिस के पास नहीं जाऊँगा, लेकिन एक दिन तुम्हारी अन्तरात्मा तुम्हे धिक्कारेगी। यह लो, मैंने अपना रिवॉल्वर निकालकर भैया के सामने रख दिया, "अपराध बताये और प्रमाणित किये बिना साथियों को कत्ल कर देने से ही यदि क्रान्ति हो सकती है तो कर लो!" मेरे आँसू न रुके।

आज़ाद की आँखों से भी झरना सा झरने लगा। आज़ाद आँखें पोंछे बिना बोले, "जो होना था हो गया। तुम्हें यह बताना पड़ेगा कि भेद किसने दिया, नहीं तो पार्टी नहीं चल सकती।"

"इसके लिए मैं मजबूर हूँ। हो सकता है भेद देने वाला स्वयं ही यह बात बता दे। उन्हें यह विश्वास है कि उन्होंने पार्टी हित में ऐसा किया है। मेरी उन लोगों से व्यक्तिगत मित्रता तो नहीं परन्तु मैंने जो वचन दिया है, उसे न तोड़ूँगा।"[328]

आज़ाद टूट चुके थे। वे हताशा के स्वर में बोले :

"यह पार्टी नहीं चल सकेगी। मैं पार्टी-वार्टी कुछ नहीं रखूँगा। मुझे किसी पर विश्वास नहीं है। मुझे सबने धोखा दिया है। तुम सब लोग बड़े-बड़े विद्वान बीए एमए हो। मुझे उल्लू बनाते हो। साथ बैठकर कुछ फ़ैसला किया जाता है और फ़ैसला करने वाले ही धोखा देते हैं। अब जो हो गया, लेकिन यह बात पक्की है कि भेद काउंसिल (केन्द्रीय समिति) से ही फूटा है। मैं ऐसी काउंसिल के साथ काम नहीं करूँगा। मैं अकेला भला। मेरे लिए एक माउज़र काफ़ी है। जब कोई रास्ता न होगा, बाज़ार में पुलिस से लड़ता हुआ मारा जाऊँगा। बस क्रान्ति हो चुकी। तुम लोग आपस में हथियार बाँट लो और अपनी-अपनी पार्टियाँ बना लो।"[329]

माफ़ी माँगी गयी। आज़ाद को मनाया गया। आज़ाद ऊपर से कठोर लगते थे पर अन्दर से कोमल ही थे। मानते हुए बोले, 'खैर, जो हुआ उसे भूल जाना ही ठीक है। मुझे अफ़सोस है कि हम पार्टी का बहुत ही मूल्यवान और भरोसे का आदमी खो बैठते। अब हमें साथ मिलकर ही काम करना है। एक-दूसरे ने जो कहा, उसे जाने दो।"[330]

पर मामला यहीं सुलझने वाला नहीं था। अभी तो वह होना था जिसकी किसी को उम्मीद न थी। अव्वल तो भेदी न मालूम चल पाया था। दूसरा कि पंजाब के दूसरे साथियों ने यशपाल के साथ काम करने से मना कर दिया यह कहते हुए कि तुम्हारे रहते पंजाब में दल में एकता सम्भव नहीं। मामला केन्द्रीय समिति के सामने 4 सितम्बर 1930 को दिल्ली की बम फ़ैक्ट्री में पेश हुआ। आज़ाद अब और न सहते हुए बोले, **"कहाँ है केन्द्रीय समिति? जब**

तक यह न पता चले कि केन्द्रीय समिति में विश्वासघात करने वाले लोग कौन हैं, केन्द्रीय समिति को मैं मानने के लिए तैयार नहीं हूँ। जिस पर मुझे विश्वास नहीं वह जो चाहे सो करे।"[331]

4 सितम्बर की दोपहर आज़ाद ने केन्द्रीय समिति को भंग कर दिया। सभी प्रान्तों के लिए हथियार बराबर उन्होंने बाँट दिये। जब एच.आर.ए. बन रहा था तब दल के मक़बूल सदस्य रहे आज़ाद और फिर एच.एस.आर.ए. को ख़ुद खड़ा करने वाले आज़ाद को अपने ही हाथों दल तोड़ देना पड़ा।

समिति भंग करने के बाद आज़ाद की मुलाकात लाल किले के पास जैन मन्दिर के पीछे के परेड ग्राउंड में काशीराम से हुई थी। काशीराम हिन्दू कॉलेज में पढ़ते थे और दिल्ली में दल से भी जुड़े थे। आज़ाद से हुई मुलाकात के बारे में वे लिखते हैं, "भाई (आज़ाद) आये और रो पड़े। उनके आँसू रोके नहीं रुकते थे। हम भी रोये। बच्चन की आँखें भी नम थीं। आँसुओं को रोककर आज़ाद ने कहा, "पार्टी भंग हो गयी।" कुछ ठहरकर फिर बोले, "जगदीश (काशीराम), अब तुम जहाँ चाहे जा सकते हो, जो जी चाहे कर सकते हो।" मैं हक्का-बक्का, भाई के मुँह से ऐसी बात सुनने की बिल्कुल आशा न थी। फिर बोले, "लोग हठधर्मी, समझौता करने में असफल रहे। पार्टी कल भंग करनी पड़ी। मैं अब फिर से पार्टी का संगठन करूँगा, "वे कहते गये, "जगदीश तुम ठीक कहते थे। जमाना बदल रहा है–मैं तो अब किसी और काम का हूँ नहीं, मरना और मारना ही जानता हूँ। चलो कानपुर चलो, वहाँ एक प्रेस क्लब का प्रबन्ध करेंगे– तुम प्रेस चलना और मज़दूरों के साथ काम करना। चलो, कल कानपुर में ही चलकर बातचीत होगी।"[332]

आज़ाद को देखने वाले अक्सर चकित रह जाते। उनका गठा हुआ शरीर, कठोर चेहरा और जलती हुई आँखें-सब यह आभास कराते थे कि वे कोई उम्रदराज़, तपे-तपाये योद्धा हैं। पर यही इकलौता सच नहीं था। वे भी महज़ 23-24 साल के नौजवान ही थे। वह तो काकोरी के बाद का घटनाक्रम था जिसने उन्हें वक़्त से बहुत आगे पहुँचा दिया था। कितना कुछ सिखा दिया। वहाँ उन्हें लगा कि अपने आँसुओं को भीतर दबा लेना ही बहादुरी है, साथियों की शहादत को श्रद्धांजलि देने का सबसे सही तरीका यही है कि आँखें सूखी

रहें और हाथ में बन्दूक मज़बूती से थमी रहे। उस समय वह ख़ुद को काबू में रख सके थे।

लेकिन इस बार...हालात कुछ और थे। इस बार वे कई बार टूटे। बार-बार बिखरे। अकेलेपन ने जब भीतर से जकड़ा, तो उनके सीने में दर्द का तूफ़ान उमड़ आया। साथियों की कमी हर क्षण चुभती रही। उनका न होना एक ऐसी ख़ामोशी पैदा करता था, जिसमें हर आवाज़ अतीत की याद बनकर लौट आती थी। रात की ख़ामोशी में उन्हें हर साथी की हँसी, हर बातचीत, हर चेहरा याद आता होगा। बिस्मिल की आवाज़ कानों में गूँजती होगी– "आज़ाद, पीछे मत हटना।" अशफ़ाक़ की मुस्कान हवा में तैरती-सी लगती होगी। हाथों में किताबें लिए भगत सिंह दिखायी पड़ते होंगे।

फिर एकदम से सन्नाटा। वह सन्नाटा जो चीरकर रख देता था, क्योंकि उस सन्नाटे के पीछे सच्चाई थी–अब वे सब नहीं रहे।

कई बार उन्होंने अपनी हथेली दाँतों से दबा ली होगी, ताकि कोई सिसकी बाहर न निकल आये। पर आँसू अपनी राह ढूँढ़ लेते थे। बन्द आँखों से टपकते आँसू हथेलियों पर गिरते, और वे कहते होंगे, *"नहीं! मैं आज़ाद हूँ, मुझे टूटना नहीं है।" लेकिन टूटना तो बार-बार होता।*

कभी वह सोचते होंगे –"काश मैं भी उनके साथ चला गया होता।" और फिर तुरन्त अपने ही ख़याल से लड़ते होंगे–*"नहीं, मेरी ज़िम्मेदारी है, मेरा वचन है। लड़ाई अधूरी नहीं छोड़ सकता। यह तो मेरी बमतुल-बुख़ारा का अपमान होगा।* " यही लड़ाई सबसे भयानक थी–बाहरी दुश्मनों से नहीं, बल्कि अपने ही दिल की चीख से।

आज़ाद का नाम सबके लिए बहादुरी का प्रतीक था। आगे चलकर हमारे लिए आज़ादी का प्रतीक बना। मगर ये वे दिन थे जब वह सबसे ज़्यादा क़ैदी ख़ुद थे–अपने आँसुओं के, अपने अकेलेपन के, अपनी टूटी हुई आत्मा के।

पर अगर टूटन उनकी थी तो दृढ़ता भी उनकी ही थी। उनकी आँखों में आँसू थे, मगर उनमें जलती लौ भी थी। और शायद यही लौ थी जिसने उन्हें सचमुच "आज़ाद" बनाया। एक ऐसा क्रान्तिकारी, जो भीतर से बार-बार बिखरकर भी बाहर दुनिया के सामने अडिग खड़ा रहा।

हम भाव-विभोर होकर सुन रहे थे। वे भी भावुक हो चुके थे। वे कहते रहे,

"आज़ाद इससे पहले तनिक उबर पाते कि जैसा हमने जाना था 7 अक्टूबर को अदालत ने भगत सिंह, सुखदेव और राजगुरु को फाँसी की सज़ा सुना दी थी। अक्टूबर के अन्त में कैलाशपति भी गिरफ़्तार हो गया। वह भी सरकारी गवाह बन गया और दल के बारे में सारी जानकारी दे दी। अब जिन वजहों से आज़ाद पुलिस से बचते आ रहे थे वे भी मुख़बिरों से पुलिस को पता लग गयीं। फिर धर-पकड़ का दौर शुरू हुआ। दिल्ली में कपूरचन्द, मास्टर हरद्वारी लाल, गिरवर बालकृष्ण, ख़्यालीराम गुप्ता, भागीरथ और मास्टर हरकेश गिरफ़्तार हुए। धन्वंतरि भी एक नवम्बर को गिरफ़्तार कर लिए गये। 15 नवम्बर को विमल प्रसाद जैन और सच्चिदानन्द हीरानन्द वात्स्यायन गिरफ़्तार कर लिए गये।"

"सच्चिदानन्द हीरानन्द वात्स्यायन 'अज्ञेय?'" दिव्यांश के मुख से निकला।

"हाँ, वही। वे भी क्रान्तिकारी आन्दोलन से जुड़े थे। उनकी कविताएँ शायद स्कूल में तुम लोगों ने पढ़ी हों।"

आदित्य को सहसा याद आया, "हाँ, 'नदी के द्वीप' हमने पढ़ी थी।"

कविता के याद अंश सुनना उसने शुरू कर दिया,

"हम नदी के द्वीप हैं।
हम नहीं कहते कि हम को छोड़कर स्रोतस्विनी बह जाये।
वह हमें आकार देती है...।"

तीसरी पंक्ति सुनते ही चचा बोले, "नदी के द्वीप नामक उनका उपन्यास भी है। पढ़ना वो भी। अज्ञेय की 'शेखर-एक जीवनी' तो ज़रूर से पढ़ना। तुम लड़कों के बड़े काम आयेगी। अज्ञेय तनिक गहरा लिखते हैं इसलिए एक और छोटा सा उपन्यास है उनका 'अपने-अपने अजनबी।' उससे उन्हें पढ़ना शुरू कर सकते हो।"

साहित्य का ज़िक्र आते ही आदित्य कुछ और उपन्यास पूछ बैठा।

"मध्यमवर्गीय परिवारों की रुला देने वाली दास्ताँ जाननी है तो 'सारा आकाश' ज़रूर पढ़ जाओ। राजेन्द्र यादव ने इसे लिखा है। आज के माहौल के लिए दो बड़ी मार्के की किताब बता रहा हूँ। उन्हें तुरन्त पढ़ जाना। राही मासूम रज़ा की 'टोपी शुक्ला' और 'असन्तोष के दिन।' बाक़ी विनोद कुमार शुक्ल

का नाम इधर-बीच तुम लोगों ने सुना होगा। उनकी 'दीवार में एक खिड़की रहती थी' पढ़ सकते हो।"

"यह वही उपन्यास है न जिसमें एक हाथी रहता है।" आदित्य बोला।

"हाँ, वही है।" मुस्कुराते हुए चचा ने जवाब दिया।

आगे बोले, "उपन्यासकारों में जिनका नाम बड़ा मक़बूल हुआ करता था पर आज ज़रा खो सा गया है वह है अमृतलाल नागर का नाम। उनके दो उपन्यास ज़रूर से पढ़ने चाहिए। 'मानस का हंस' और 'खंजन नयन।' एक तुलसीदास पर है और एक सूरदास पर। हरिशंकर परसाई का भी एक बड़ा छोटा सा उपन्यास है, 'ज्वाला और जल।' उसे भी पढ़ना। जैनेन्द्र कुमार ने भी 'परख' नाम का बड़ा मार्मिक उपन्यास लिखा है। बाकि ये 'गुनाहों के देवता' के चक्कर में मत फँसना। धर्मवीर भारती अपने इलाहाबाद के ज़रूर थे पर उनको पढ़ना ही है तो उनका 'अन्धा युग' और 'सूरज का सातवाँ घोड़ा' ही पढ़ना।"

साहित्य पर चर्चा ख़त्म हुई तो याद आया कि एक अत्यन्त आवश्यक प्रश्न तो पूछना रह ही गया। थोड़ा पीछे जाते हुए मैंने पूछा, "केन्द्रीय समिति में गद्दारी करने वाला कौन था?"

लम्बी साँस लेते हुए धीरे-धीरे वे बोले, "वीरभद्र तिवारी।"

"सिंहावलोकन में यशपाल ने यह बता दिया है कि कानपुर में वह राज़ उन्हें किसने बताया। वह वीरभद्र तिवारी ही था जिसने यशपाल को अपने घर में बताया कि कमेटी की बैठक तो एक दिन पहले ही हो चुकी है और तुम्हें वे मारने वाले हैं। ग़ौरतलब है कि बैठक में वीरभद्र ने यशपाल को दी जाने वाली सज़ा का विरोध न किया था।[333] वीरभद्र हमेशा से सन्देह के घेरे में रहता पर अपनी चालाकी से हर बार बच जाता। काकोरी मुक़दमे में उसके खिलाफ़ तमाम सबूत होने के बाद भी उसे निचली अदालत से ही छोड़ दिया गया। जिन कामों के लिए बाकियों को सज़ाएँ झेलनी पड़ी उनमें भाग लेने पर भी वीरभद्र को रिहा कर दिया गया। पर वह बातें बनाने में इतना माहिर था कि किसी का विश्वास न टूटने देता। आज़ाद के साथ भी उसने यही किया। पर धीरे-धीरे उसकी कलई खुलने लगी थी। 31 अगस्त को दिल्ली में वैशम्पायन ने आज़ाद को बता दिया था कि वीरभद्र 'डबल-गेम' खेल रहा है।[334] आज़ाद

भी भांप रहे थे। उन्होंने पाया कि जब भी आज़ाद किसी एक्शन की योजना बनाते तो वीरभद्र या तो वीरभद्र उसकी मुख़ालिफ़त कर रोकने की कोशिश करता या फिर बहाने बना कर स्थगित करवाते रहता। गणेश शंकर विद्यार्थी से भी आज़ाद को मालूम पड़ा कि 'तिवारी कांग्रेस कमेटी की गुप्त बैठकों की सूचनाएं सीआईडी को दे रहा था।'[335] यशपाल को राज़ बताने वाला भी वीरभद्र ही मालूम पड़ा। हालाँकि इस पर जब आज़ाद ने सफ़ाई माँगी तब वीरभद्र ख़ुद आया और यह बात मानते हुए माफ़ी माँगी और भरोसा दिलाया कि ऐसा दोबारा नहीं होगा।[336] मामला यहीं नहीं रुका। कैलाशपति के मुख़बिर हो जाने पर जब कई साथी पकड़े गये पर वीरभद्र बचा रहा और न उसने फ़रार होने की कोशिश की तब शक का काँटा फिर वीरभद्र की ओर घूमा।

ऊपर से यह भी मालूम चला कि "वीरभद्र ख़ुफ़िया पुलिस (सीआईडी) के इंस्पेक्टर पण्डित शम्भूनाथ का केवल पड़ोसी ही नहीं था, बल्कि ऐसी धारणा थी कि दोनों परिवारों में काफ़ी सौहार्द और सम्बन्ध भी था। आज़ाद के मन में सन्देह बैठ गया कि वह विश्वासघाती है।"[337] शम्भूनाथ से वीरभद्र के सम्बन्धों पर काशीराम ने लिखा है, "वीरभद्र वहीं तिलक हॉल के उत्तर-पश्चिम के कोने में ऊपर की मंज़िल में रहते थे। उनके बगल में ही दूसरे हिस्से में ख़ुफ़िया के विख्यात डी.एस.पी. शम्भूनाथ सपरिवार रहते थे। वीरभद्र के कमरे का एक दरवाज़ा शम्भूनाथ के मकान में खुलता था। दोनों परिवारों में काफ़ी घनिष्ठता थी।"[338]

वीरभद्र की दोहरी-चाल आज़ाद ने नन्दकिशोर निगम को बताई और निगम के पूछे जाने पर कि तिवारी को ख़त्म क्यों नहीं कर देते तो आज़ाद ने बताया, "यूपी के दल के सदस्यों और आश्रय तथा रुपये देने वालों के नाम व ठिकाने केवल तिवारी को मालूम हैं, जिन्हें वह बताता नहीं। मैं धीरे-धीरे नाम व ठिकाने मालूम कर रहा हूँ। जैसे ही मुझे पर्याप्त जानकारी हो जायेगी, तिवारी को एक पल भी जीवित न रहने दूँगा।"[339]

वीरभद्र की वफ़ादारी परखने के लिए आज़ाद ने कलक्टरगंज दलिहाई में स्थित एक कच्छी तेल की आढ़त की दुकान पर एक्शन कि योजना बनायी। वे देखना चाहते थे कि वीरभद्र आता है कि नहीं। वीरभद्र नहीं आया। उस वक़्त चल रहे नमक सत्याग्रह में धोखा देते हुए जेल चला गया। वीरभद्र

काकोरी काण्ड के बाद से ही सीआईडी की नज़र पर था। प्रताप गोपेन्द्र ने चन्द्रशेखर आज़ाद पर अपनी किताब में राष्ट्रीय अभिलेखागार में पाई गयी होम पॉलिटिकल सेक्शन की एक रिपोर्ट उद्धृत की है जिसमें संयुक्त प्रान्त में अप्रैल 1926 के पहले हिस्से की राजनैतिक गतिविधियों का लेखा-जोखा है। यह रिपोर्ट बताती है कि कानपुर में 'म्युनिसिपल बोर्ड बेरोज़गार अतिवादियों और असहयोगियों के लिए रोज़गार का विकास कर रही है' और इसी सिलसिले में हुई भर्तियों में वीरभद्र तिवारी का भी नाम शामिल है। रिपोर्ट कहती है, "वीरभद्र जो काकोरी डकैती केस में साक्ष्यों के अभाव में छूटा था, को बतौर हैक्नी कैरिज इंस्पेक्टर 110 रुपये प्रति माह के वेतन पर रखा गया।"[340] सीआईडी को पर ये नहीं मालूम था कि वीरभद्र ही कानपुर की कुली बाज़ार वाली बम फ़ैक्ट्री सँभालता है। सीआईडी को कैलाशपति के बयान के बाद यह मालूम पड़ा। पता चलते ही सीआईडी फैज़ाबाद जेल में बन्द वीरभद्र के पास पहुँची और डरा-धमका कर अपनी ओर लेने का काम शुरू किया। यह दौर ऐसा था कि सीआईडी ऐसे लोगों की तलाश में थी जो आज़ाद को पहचानते हों। 4 नवम्बर 1930 को सीआईडी के डीआयीजी हॉलिन्स के सहायक ने इंस्पेक्टर शम्भूनाथ को पत्र लिखा जिसमें कहा, "जैसा कि यह विश्वास करने के ठोस आधार हैं कि आज़ाद अब बार-बार कानपुर आ-जा रहा है, अतएव मनीलाल पर बेहद सतर्क निगरानी की व्यवस्था की जानी चाहिए। पहला क़दम यह रहे कि विश्वसनीय व्यक्तिगत निगरानी रखने वाले को लगाया जाये। इस काम के लिए जो भी सर्वोत्तम आदमी हो उन्हें काम पर लगाया जाये। उन्हें हर तरह से प्रोत्साहित किया जाये। उदारतापूर्वक पैसा दिया जाये तथा पाँच हज़ार रुपये की विशाल इनाम राशि का लालच दिया जाये।"[341] आज़ाद एच.एस.आर.ए. के सबसे बड़े नेताओं में से एक थे पर पुलिस के पास न तो उनकी कोई तस्वीर थी न कोई हुलिया इसलिए पुलिस किसी वफ़ादार की तलाश में थी। वीरभद्र ऐसे में बड़े मार्के का आदमी मालूम पड़ा। शम्भूनाथ और वीरभद्र के सम्बन्ध तो तुम लोग जान ही चुके हो।

आगे बढ़ते हुए फ़ैज़ाबाद जेल में बन्द वीरभद्र से सीआईडी की स्पेशल ब्राँच के एस.पी. जॉन नॉट बॉवर मिलने पहुँचे। वीरभद्र के साथ फ़ैज़ाबाद जेल में बन्द कानपुर कांग्रेस के बड़े नेता रामचन्द्र मुसद्दी इस प्रसंग पर लिखते हैं,

" ...मैं और वीरभद्र सन 1930 में फ़ैज़ाबाद जेल में थे। अंग्रेज़ नॉट बॉवर जो सीआईडी का बड़ा अफ़सर था...अनायास फ़ैज़ाबाद जेल आया और उसने वीरभद्र को जेल के फाटक पर बुलाया। एक मिनट की उस मुलाकात ने न जाने क्या जादू किया कि वीरभद्र ने तभी से व्यथित होकर नाटकीय मुद्राएँ बनाने और एक्टिंग करना शुरू किया–'अब मेरा क्या होगा, मैं कहाँ जाऊँगा, कुछ नहीं बता सकता।' इसके दूसरे-तीसरे दिन एकाएक वहाँ से वीरभद्र को हटाकर मलाका जेल, इलाहाबाद भेज दिया गया और बाद में वहाँ से भी छोड़ दिया गया। मैं पूछता हूँ क्यों? किस ख़ुशी में? फ़ैज़ाबाद जेल में ही वीरभद्र ने मेरे मार्फ़त एक चिट्ठी मेरे घर भिजवाई। जिसमें उन्होंने सीआईडी अधिकारी शम्भूनाथ को जेल में बुलाया। पर क्यों? क्या वीरभद्र ने आज़ाद को पकड़वाने का आश्वासन पुलिस को नहीं दिया? इसके बाद तो वीरभद्र कितना बड़ा आदमी बन गया।"[342]

फ़ैज़ाबाद और मलाका जेल में क्या घट रहा था इसकी सूचना आज़ाद तक पहुँच रही थी। वीरभद्र अक्टूबर 1930 में जेल गये। फ़रवरी 1931 में 4 महीने की सज़ा काटकर छूटने वाले थे पर उससे पहले ही 23 जनवरी 1931 को छोड़ दिये गये। वीरभद्र छूटकर कानपुर आये तो अब आज़ाद ने तय किया कि वीरभद्र को मार ही दिया जाये। वीरभद्र को मारना इसलिए भी ज़रूरी था क्योंकि आज़ाद के मुताबिक़ मुख़बिरों को सज़ा नहीं दी जा रही इसलिए मुख़बिरों की संख्या में रोक नहीं लग रही।[343] मायादेवी नामक लड़की जिसके वीरभद्र से त'अल्लुक़ात थे, से आज़ाद ने वीरभद्र को तय स्थान पर लाने को कहा जहाँ उसे गोली मार दी जायेगी। सरसैया घाट पर मायादेवी तो आयी पर वीरभद्र न आया। वह बच निकला।[344]

वीरभद्र का बच निकलना आज़ाद के लिए नकारात्मक संकेत था। सीआईडी को यह भी मालूम पड़ गया था कि कानपुर क्रान्तिकारियों का सक्रिय गढ़ है। ऐसे में आज़ाद उस शहर में लम्बे समय तक नहीं रुक सकते थे जहाँ वीरभद्र जैसे लोग भी हों। साथ-ही-साथ सविनय अवज्ञा आन्दोलन में गिरफ़्तार हुए महात्मा गांधी एवं उनके 26 साथियों को 26 जनवरी 1931 को छोड़ दिया गया। मोतीलाल नेहरू बहुत बीमार थे। इसलिए गांधीजी तुरन्त इलाहाबाद पहुँचे। इलाहाबाद में मोतीलाल नेहरू के आवास स्वराज भवन

में कांग्रेस कार्यसमिति की बैठक भी होनी थी। गांधीजी की कांग्रेस की माँगें मनवाने के लिए वायसराय से बैठक भी होने वाली थी। चन्द्रशेखर आज़ाद को आख़िरी बार भगत सिंह, सुखदेव और राजगुरु को छुड़ाने के लिए कोशिश करने का यह मौका उचित मालूम पड़ा। इसलिए जनवरी के अन्त में कानपुर से इलाहाबाद आ गये। इलाहाबाद में वे बड़े नेताओं से मिल तो सकते थे पर इलाहाबाद की अपनी समस्याएँ भी थीं। सीआईडी मुख़्यालय भी इलाहाबाद में ही था। पर चन्द्रशेखर आज़ाद ने वही रुख़ अख़्तियार किया जिसकी पुलिस को बिल्कुल भी उम्मीद नहीं थी और इलाहाबाद के कटरा में रहने लगे।

आज़ाद को इलाहाबाद में आये बहुत वक़्त नहीं हुआ था कि बीमार चल रहे पण्डित मोतीलाल नेहरू का लखनऊ में 6 फ़रवरी को इन्तकाल हो गया। लखनऊ से उसी दिन पार्थिव शरीर इलाहाबाद लाया गया। विशाल जुलूस निकला। आनन्द भवन से लेकर संगम का रास्ता भीड़ से भरा रहा। इलाहाबाद में आज़ाद के साथी रहे सुरेन्द्र शर्मा ने लिखा है, "सागर की भाँति उमड़े हुए नरमुंडों के विराट समूह में चन्द्रशेखर आज़ाद भी उदास मन चल रहे थे। वह दिन भर बिना खाना खाये-पीये ख़ामोश रहे। श्मशान-यात्रा से लौटकर वह सीधे मेरे घर आये। थोड़ी देर पहले मैं भी श्मशान-यात्रा से वापस आ कर बैठा था। मिलते ही खिन्न मन आज़ाद के मुँह से निकला– "आज देश का महान विधिवेत्ता उठ गया। उनके रिक्त स्थान की कमी अब सहज में पूरी न हो सकेगी।"[345]

मोतीलाल नेहरू से आज़ाद के सम्बन्ध मधुर थे। दोनों की मुलाकात इससे पहले हो भी चुकी थी। कानपुर के डॉ. जवाहरलाल रोहतगी ने बताया है कि किस प्रकार मोतीलाल जब भी कानपुर आते उन्हीं के यहाँ ठहरते और ऐसे ही एक दिन मोतीलाल रोहतगी से बोले, "मैंने सुना है कि चन्द्रशेखर आज़ाद कानपुर में ही हैं। क्या उससे आप मुलाकात करा सकोगे?" रोहतगी ने आज़ाद तक सूचना पहुँचवाई। दिन के साढ़े ग्यारह बजे मोतीलाल नेहरू एवं चन्द्रशेखर आज़ाद की मुलाकात हुई और अकेले में बातचीत भी।[346]

एक और मुलाक़ात का ज़िक्र विश्वनाथ वैशम्पायन करते हैं, "आज़ाद ने कहा, 'बाहर चलना है।' लगभग तीन बजे का समय होगा। हम दोनों ही चल पड़े। जब आनन्द भवन के पास पहुँचे तो उन्होंने बताया कि वे मोतीलाल जी

से मिलने जा रहे हैं। पहले से समय निश्चित हो चुका है। इस विषय में मध्यस्थ थे राजर्षि पुरुषोत्तम दास टंडन। उस दिन आज़ाद लगभग एक घण्टे तक मोतीलाल जी के पास रहे। मैंने यह देखा कि आज़ाद इस भेंट के बाद बहुत प्रसन्न थे। घर पहुँचने पर उन्होंने बताया कि मोतीलाल जी ने क्रान्तिकारियों को आर्थिक सहायता का वचन दिया है और हमें अपने कार्य की गति तीव्र करनी होगी।"[347]

कुछ दिनों बाद आज़ाद की मुलाकात पण्डित जवाहरलाल नेहरू से भी हुई। पण्डित नेहरू ने अपनी आत्मकथा में इस मुलाकात का ज़िक्र करते हुए लिखा है,

"मुझे उस समय की एक विचित्र घटना याद आती है, जिसने मुझे भारत के क्रान्तिकारी समूह के मनोभावों की झलक दी। यह घटना मेरे जेल से छूटने के कुछ ही समय बाद की है, या तो पिता की मृत्यु से थोड़ा पहले या कुछ दिन बाद। एक अजनबी हमसे घर पर मिलने आया, और मुझे बताया गया कि वह चन्द्रशेखर आज़ाद हैं। मैंने उन्हें पहले कभी नहीं देखा था, लेकिन उनके बारे में दस वर्ष पहले सुना था, जब उन्होंने स्कूल से असहयोग किया था और 1921 के असहयोग आन्दोलन में जेल गये थे। उस समय वे लगभग पन्द्रह वर्ष के बालक थे और जेल अनुशासन के किसी उल्लंघन पर उन्हें कोड़े लगाये गये थे। बाद में वे क्रान्तिकारियों की ओर खींच गये और उत्तर भारत में उनके प्रमुख नेताओं में से एक बन गये। यह सब मैंने सुना तो था, पर इन अफ़वाहों में मेरी कोई विशेष दिलचस्पी नहीं थी।

वे मुझसे मिलने इसलिए आये थे क्योंकि हमारी रिहाई के कारण यह सामान्य अपेक्षा बन गयी थी कि सरकार और कांग्रेस के बीच कुछ बातचीत होने वाली है। वे जानना चाहते थे कि यदि कोई समझौता होता है तो क्या उनकी टोली को चैन मिलेगा? क्या उन्हें अब भी अपराधी समझा जायेगा, जगह-जगह से खदेड़ा जायेगा, उनके सिर पर इनाम रखा जायेगा, और हर समय फाँसी का भय सामने खड़ा रहेगा? या फिर यह सम्भावना है कि उन्हें शान्तिपूर्ण जीवन जीने का अवसर मिल सके?

उन्होंने कहा कि जहाँ तक उनका और उनके कई साथियों का सवाल है, वे अब इस बात के प्रति आश्वस्त हैं कि केवल आतंकवादी तरीक़े व्यर्थ

हैं और कोई लाभ नहीं पहुँचाते। वे यह मानने को तैयार नहीं थे कि भारत को पूर्णतः अहिंसक साधनों से ही स्वतन्त्रता मिल जायेगी। उनका विचार था कि भविष्य में कभी-न-कभी हिंसक संघर्ष हो सकता है, पर वह आतंकवाद नहीं होगा। उन्होंने स्पष्ट कहा कि भारत की स्वतन्त्रता के प्रश्न में आतंकवाद का कोई स्थान नहीं है। लेकिन, उन्होंने जोड़ा, जब उन्हें बसने का, शान्तिपूर्ण ढंग से जीने का अवसर ही नहीं दिया जाता, हर समय उनका पीछा किया जाता है, तब वे और क्या करें? हाल के कई आतंकवादी कार्यकलाप, उनके अनुसार, महज़ आत्मरक्षा में किये गये थे।

मुझे यह जानकर प्रसन्नता हुई और बाद में इसकी पुष्टि भी हुई कि आतंकवाद में आस्था धीरे-धीरे समाप्त हो रही है। एक सामूहिक विचार के रूप में तो यह लगभग समाप्त हो चुका था, और अब जो भी व्यक्तिगत या इक्का-दुक्का घटनाएँ होतीं, वे किसी विशेष कारण, प्रतिशोध की भावना या किसी व्यक्तिगत विक्षिप्तता से प्रेरित होतीं, न कि किसी साझा विचार से। इसका अर्थ यह नहीं था कि पुराने क्रान्तिकारी या उनके नये साथी अहिंसा के अनुयायी या ब्रिटिश शासन के प्रशंसक बन गये थे। पर वे पहले की तरह आतंकवाद की भाषा में नहीं सोचते थे। मुझे लगता है कि उनमें से कई निश्चित ही फ़ासीवादी मानसिकता के थे।

मैंने चन्द्रशेखर आज़ाद को अपने राजनीतिक दर्शन को समझाने की कोशिश की, और चाहता था कि वे मेरी दृष्टि को स्वीकार करें। लेकिन उनके मूल प्रश्न का मेरे पास कोई उत्तर नहीं था—वे अब क्या करें? उनके जैसे लोगों को कोई राहत या शान्ति मिलने की सम्भावना नहीं थी। मैं बस इतना ही कह सका कि वे अपने प्रभाव का उपयोग करें, ताकि भविष्य में आतंकवादी घटनाएँ न हों, क्योंकि वे बड़े उद्देश्य को भी हानि पहुँचाती हैं और उनके अपने समूह को भी।"[348]

नेहरू ने आर्थिक सहायता भी की। किसी हिंसक गतिविधि के लिए तो वे सहायता करने को राज़ी नहीं हुए पर क्रान्तिकारियों को रूस भेजने के लिए सहायता करने के लिए उन्होंने हामी भर दी। पण्डित नेहरू ने कुछ ही दिनों में पन्द्रह सौ रुपये शिवमूरत सिंह द्वारा भिजवाये जिसमें पाँच सौ रुपये यशपाल ने आज़ाद को दिये और हज़ार रुपये अपने पास रखे।[349] दरअसल यशपाल

का साथ देने वाला कोई मिला नहीं इसलिए वे फिर से आज़ाद की ही शरण में आये और आज़ाद मान भी गये। यशपाल भी इस बीच इलाहाबाद में ही रह रहे थे। धन आते ही योजना बनी कि पहले सुरेन्द्र पाण्डेय और यशपाल रूस जायें और परिस्थिति अनुसार फिर अन्य साथी।[350] क्रान्तिकारी सम्पूर्ण सिंह टंडन ने भी अपनी आज़ाद से अन्तिम चर्चा में उन्हें सलाह दी थी कि वे भारत छोड़कर विदेश चलें जायें। आज़ाद ने ग़ुस्से में मना करते हुए कहा, "मैं इस धरती के बिना क्या हूँ, मैं कहाँ जाऊँ। मेरा अन्त तो यहीं है।"[351]

गांधीजी से भी आज़ाद मिले पर कुछ बात न हो पाई। सुरेन्द्र शर्मा ने बताया है, "आनन्द भवन में गांधीजी ठहरे हुए थे। वे कुछ लोगों के साथ वहाँ से प्राय: शाम-सवेरे टहलने निकलते थे। एक दिन संध्या को जब सूरज अस्ताचलगामी हो रहा था, मैं और आज़ाद दोनों ही यूनिवर्सिटी के पूर्व द्वार के सामने छोटे-से तिकोनिया पार्क में बैठे बातें कर रहे थे। पार्क के पास ही सामने आज का मोतीलाल नेहरू रोड है। आनन्द भवन से बाहर आकर गांधीजी उस रोड पर जा रहे थे। उनके साथ थोड़े से आदमी थे। वह धीरे-धीरे बातें करते जा रहे थे। आज़ाद का उस ओर मुँह था और मेरी पीठ। आज़ाद के मुँह से निकला,–'भैया, भैया, गांधीजी।' मैंने तुरन्त ही मुड़कर देखा। वह धीरे-धीरे बातें करते जा रहे थे। तुरन्त ही हम दोनों भी उधर सामने मुँह करके खड़े हो गये। हाथ जोड़कर हमने गांधीजी को प्रणाम किया। उन्होंने हमको देखा और संकेत से हमारा अभिवादन स्वीकार किया। एक दल विशेष से सम्बन्ध होते हुए भी चन्द्रशेखर आज़ाद का दृष्टिकोण बहुत विशाल और उदार था। सार्वजनिक नेताओं और कार्यकर्ताओं के प्रखर आलोचक होते हुए भी कितनों के ही प्रति उनके हृदय में अगाध श्रद्धा थी।"[352]

यह सुनते-सुनते दिव्यांश मुस्कुराने लगा। चचा के पूरा करते ही बोला, "यह नियति का विलक्षण खेल देखिये कि जिस आवाज़ ने चन्द्रशेखर आज़ाद को स्वतन्त्रता के रण में उतरने की पहली प्रेरणा दी थी, वही आवाज़ अन्तत: उनके सामने सजीव खड़ी थी। राह भले बदल गयी हो परन्तु उस क्षण उन्हें आरम्भ अवश्य याद आया होगा और उनका प्रणाम निस्सन्देह भीतर उमड़ी गहन कृतज्ञता की अभिव्यक्ति रहा होगा।"

"बिल्कुल, यह तो एक चक्र पूरे होने जैसा था।" हममें से सबसे बूढ़ी आवाज़ ने कहा। आगे वे बोले, "इसी बीच सीआईडी की नज़र इलाहाबाद की ओर जा चुकी थी। सीआईडी के उस वक़्त के डीआयीजी रहे एस.टी. हॉलिन्स ने अपनी किताब में लिखा है, 'उसी समय आतंकी दल की दो सुविख्यात महिला सदस्यों का इलाहाबाद तक पीछा किया गया। नॉट बॉवर और मैंने इन घटनाओं पर चर्चा की और हम इस निष्कर्ष पर पहुँचे कि इलाहाबाद में आतंकियों के जमघट का संकेत यह है कि वे कोई अन्य बड़े दर्शनीय काण्ड की योजना बना रहे हैं। हम दोनों ने औरतों को न पकड़ने का फ़ैसला किया, क्योंकि हमें आशा थी कि उनमें से एक सुन्दर दिखने वाली विधवा, जिसका पति कुछ महीने पहले बम परीक्षण के समय उड़ गया था, के कारण प्रेम विषयक होड़ के कारण दल के पुरुष सदस्यों के बीच कलह हो सकती है। इस बीच हमने चन्द्रशेखर आज़ाद पर कठोरतम निगरानी बनाकर रखी।'[353]

चन्द्रशेखर को अब हर हालत में पुलिस पकड़ना चाहती थी। पर इससे पहले यह आवश्यक था कि चन्द्रशेखर को अकेले किया जाये। चन्द्रशेखर के दो साथी सदाशिव और भगवानदास पहले ही गिरफ़्तार किये जा चुके थे। अब बस वैशम्पायन बचे थे जिन पर आज़ाद को अटूट भरोसा था। वैशम्पायन आज़ाद की परछाई की तरह थे। उनके रहते आज़ाद को पकड़ना बिल्कुल सरल न होता। इसलिए आज़ाद को पकड़ने से पहले वैशम्पायन को पकड़ने का जाल बिछाया गया। आज़ाद जानते थे कि अब इलाहाबाद क्या पूरे संयुक्त प्रान्त में रहना उनके लिए मुनासिब नहीं है। इस बार मध्य भारत वे जाना चाहते थे। इसके लिए आवश्यक धन के लिए कानपुर में पड़ी दल की एक मोटर कार बेचने का फ़ैसला आज़ाद ने लिया और बेचने की ज़िम्मेदारी शिवचरण को दी जिसे वीरभद्र ने कानपुर की बम फ़ैक्ट्री में रखा था।[354] शिवचरण भी शम्भूनाथ और सीआईडी का आदमी था। शम्भूनाथ ने 1939 में लिखे एक पत्र में शिवचरण का ज़िक्र करते हुए लिखा, "1929-30 में चन्द्रशेखर आज़ाद ने जिस बम फ़ैक्ट्री की स्थापना की थी उसमें काम किया। मैं जब तक कानपुर में था वह हमारा राजभक्त बना रहा...।"[355] यही भूल आज़ाद से हुई कि वे शिवचरण को पहचान न पाये। 10 जनवरी की रात वैशम्पायन इलाहाबाद से कानपुर शिवचरण से बेची हुई कार की रकम लेने पहुँचे। 11 तारीख़ को

शिवचरण के घर वैशम्पायन पहुँचे। वीरभद्र भी तब वहीं था। वैशम्पायन वीरभद्र के निकल जाने के बाद ही घर में घुसे। शिवचरण ने बोला कि कार लेने वाला शाम 4 बजे आयेगा तब तक आप इन्तज़ार करें। 4 बजे तक वह न आया। वैशम्पायन उठने को हुए। आगे की दास्ताँ वे बताते हैं, *"मैं जाने के लिए उठा। शिवचरण और उसकी माँ मुझे नीचे पहुँचाने तक आये। जीने से नीचे परछती में एक व्यक्ति भांग घोट रहा था। शिवचरण ने उससे यह भी कहा, 'क्यों गुरु भांग छन रही है?' यह कह वह आगे बढ़ा। जब हम लोग तिराहे पर पहुँचे जो दुकानों से घिरा था तो यहीं खड़े होकर शिवचरण ने कल आने को कहा और जैसे ही मैंने साइकिल पर चढ़ने के लिए पैर मारा, तुरन्त ही आस-पास की दुकानों से लोग मुझ पर टूट पड़े और उन्होंने मुझे एकाएक दबोच लिया। तब मुझे पता चला कि भांग घोटने वाला व्यक्ति और दुकानों में बैठे लोग सफ़ेद कपड़ों में पुलिस वाले थे। मैंने शिवचरण की ओर देखा तो उसका चेहरा सफ़ेद पड़ गया था। यदि वह इस षड्यन्त्र में न होता तो घर से जाकर रिवॉल्वर ला मेरी मदद करता। दूसरे मेरे साथ पुलिस उसे भी गिरफ़्तार करती। पर यह सबकुछ नहीं हुआ। वह आराम से अपनी माँ के साथ घर लौट गया।"*[356] *ऐसे ही वीरभद्र-शिवचरण की मिलीभगत से पुलिस ने आज़ाद को अकेला कर दिया।*

अगले ही दिन चन्द्रशेखर को वैशम्पायन की गिरफ़्तारी की ख़बर मिली। इलाहाबाद के कटरा में दो मकान किराये पर लिए गये थे। एक में आज़ाद और वैशम्पायन रहते थे और दूसरे में सुखदेव राज, दुर्गा भाभी और सुशीला दीदी। तुरन्त ही वे सुखदेव राज के कटरा वाले घर पहुँचे और उन्हें मकान बदलने को कहा क्योंकि अब ख़तरा बढ़ चुका था। कटरा में ही सीआईडी को एक और इंस्पेक्टर ठाकुर विश्वेश्वर सिंह भी रहता था। सुखदेव राज ने कटरा का वह मकान छोड़ दिया और मुट्ठीगंज के एक मकान में रहने लगा। दुर्गा भाभी और सुशीला दीदी वापस लौट चुकी थी। आज़ाद ने भी मकान बदला पर कटरा में रहे। आज़ाद इलाहाबाद में अपने मकान से किसी से भी न मिलते थे। जिस किसी से भी मिलना होता था अल्फ्रेड पार्क में ही मिलते थे। यह ख़बर भी फ़ैल चुकी थी कि आज़ाद अल्फ्रेड पार्क में ही मिला करते हैं जिसका अर्थ है कि आसपास ही कहीं रहते होंगे।[357]

26 फ़रवरी को रामचन्द्र मुसद्दी की बारात के सिलसिले में वीरभद्र कानपुर से इलाहाबाद आया। शिवचरण इस बीच कहाँ था यह स्पष्ट नहीं है। प्रताप गोपेन्द्र का मत है , "शिवचरण को भी दिखावे के लिए पुलिस ने पकड़ लिया था फिर किसी को पता नहीं कि वह कहाँ गया। उसे कटरा से अल्फ्रेड पार्क तक रेकी पर लगाया गया। वह ठा. विश्वेश्वर सिंह को रिपोर्ट कर रहा था। शायद पूर्व में एक दो बार उसने आज़ाद के बारे में बताया पर वे बताये गये स्थान पर मिले नहीं। अत: विश्वेश्वर सिंह उस पर नाराज़ था।"[358]

फ़रवरी के अन्तिम दिनों में इलाहाबाद में आज़ाद के इतर यशपाल, वीरभद्र, सुरेन्द्र पाण्डेय, भवानी सिंह रावत, सद्गुरु दयाल अवस्थी और सुखदेव राज थे। भवानी सिंह रावत गढ़वाल के रहने वाले थे और जब 1929 में हिन्दू कॉलेज में पढ़ते थे तब दल से जुड़े थे। 27 फ़रवरी की सुबह भवानी सिंह से आज़ाद ने कहा, "जल्दी ही किसी साथी से मिलना है, इसलिए चाय-नाश्ता नहीं करूँगा।"[359] यशपाल और सुरेन्द्र पाण्डेय स्वेटर खरीदने के लिए कटरा से चौक जाने वाले थे। आज़ाद उनसे बोले, "मुझे अल्फ्रेड पार्क में किसी से मिलना है। साथ ही चलते हैं। तुम लोग आगे निकल जाना।"[360] वहाँ से तीनों साइकिल से अल्फ्रेड पार्क पहुँचे। सुखदेव आगे कहते हैं, "27 फ़रवरी को प्रात: जलपान करने के बाद जब मैं साइकिल से चला तो भैया रास्ते में निश्चित कार्यक्रम के अनुसार मुझसे मिले। उस दिन उनके साथ दो आदमी और थे। जब मैं भैया की ओर बढ़ा तो उनके आदेश पर वे दोनों आदमी उनके पास से चले गये। बाद में भैया ने मुझे बताया कि वे यशपाल और सुरेन्द्र पाण्डेय थे। मिलने पर छूटते ही भैया बोले, "तुम बर्मा गये हो?"

मैंने कहा–"हाँ।"

"बर्मा के रास्ते हमारे कुछ साथी हिन्दूस्तान से जा सकेंगे?" उन्होंने पूछा।

मैंने कहा कि जब मैं बर्मा गया था तो मैंने इस बात का थोड़ा अध्ययन किया था। उस समय बर्मा और हिन्दूस्तान अविभाजित थे। बर्मा जाने के लिए पासपोर्ट की आवश्यकता नहीं थी। मलाया और थाईलैंड के जंगलों से लोग आते-जाते थे। यह इतना ही दुर्गम मार्ग था जितना कि उ.प्र. सीमा प्रान्त का इलाका।

जिस समय भैया से यह चर्चा हो रही थी उसी समय थॉर्नहिल रोड पर म्योर कॉलेज के सामने एक व्यक्ति जाता हुआ दिखायी दिया। बातचीत का क्रम रोककर भैया ने कहा–"वह वीरभद्र जा रहा है। शायद उसने हमें देखा नहीं।"

मैंने गर्दन घुमाकर देखा तब वह आदमी आगे बढ़ चुका था। बातचीत करते-करते हम दोनों ने पार्क का पूरा चक्कर कर डाला।"[361]

सुबह का वक़्त था। करीब साढ़े आठ बज रहे थे। अल्फ्रेड पार्क में डिप्टी एस.पी. ठाकुर विश्वेश्वर सिंह की नज़र अचानक तीन शख़्सों पर जा ठहरी। रूह में एक सनसनी-सी दौड़ गयी। उन्हें पूरा यक़ीन था कि उनमें से एक शख़्स और कोई नहीं, बल्कि चन्द्रशेखर आज़ाद है। ठाकुर ने सीआईडी इंस्पेक्टर डालचन्द को इशारे से बुलाया और दोनों ने दबे क़दमों उनका पीछा शुरू किया।

मगर उन तीनों ने भी शायद हवा की सरगोशी महसूस कर ली। नज़रों की सुई चुभने का अहसास पा लिया। अफ़सरों ने फ़ौरन अपनी चाल बदलते हुए दो अलग दिशाओं से नज़र रखने का फ़ैसला किया। ठाकुर के साथ एक कांस्टेबल था, सादे लिबास में। जब उसकी नज़र बार-बार उसी चेहरे पर ठहर गयी और शक यक़ीन में बदल गया कि यह सचमुच आज़ाद ही है, तो उसने कांस्टेबल को रवाना किया–"जाओ, नॉट बॉवर तक ख़बर पहुँचाओ कि आज़ाद इस पार्क में मौजूद है।"

ख़बर मिलते ही नॉट बॉवर बेचैन साँसों के साथ अपनी कार में कूदे और उसी कांस्टेबल को साथ लेकर पार्क के लिए रवाना हुए। वहाँ पहुँचकर उस कांस्टेबल ने धीमे इशारे से घास पर बैठे दो आदमियों को दिखाया और फुसफुसाया - "हुज़ूर, यही वो लोग हैं..."

नॉट बॉवर अपने साथ के सादे कपड़ों में तीनों कॉन्स्टेबलों के साथ पैदल चलकर उन दोनों के पास पहुँचे। जब दूरी बहुत कम रह गयी तो नॉट बॉवर ने ठोस आवाज़ में पूछा, "तुम लोग कौन हो और यहाँ क्या कर रहे हो?"

आज़ाद और सुखदेव ख़तरे का अहसास कर चुके थे। दोनों का हाथ अपनी अपनी पिस्तौल पर गया। नॉट बॉवर भी तैयार था। आज़ाद और सुखदेव गोली चलाते इससे पहले उसी की बन्दूक से गोली निकली जो सीधा आज़ाद

की जाँघ की हड्डी को तोड़ते हुए पैर में जा घुसी। अगली गोली ने दायीं ओर से आयी जो उनके फेफड़े में जा घुसी। आज़ाद बुरी तरह घायल हो गये। सुखदेव राज ने कई गोलियाँ दागीं, लेकिन तक़दीर ने उनका साथ न दिया। इस बीच बॉवर मैगज़ीन भरने को झुका ही था कि आज़ाद ने घायल जिस्म की सारी ताक़त समेटकर निशाना साधा। एक ही फायर ने उसकी कलाई तोड़ दी - बॉवर की चीख़ आसमान चीर गयी और बन्दूक हाथ से छूटकर गिर पड़ी।[362]

दोनों तुरन्त पेड़ों की आड़ में जा पहुँचे। सिपाही नाली में जा छिपे। अब गोलियों की बरसात थी और ख़ून की बूँदों से ज़मीन रंगी हुई थी। मगर आज़ाद लगातार दहाड़ते हुए फायर कर रहे थे। इतने पर भी आज़ाद भूले नहीं थे कि वे हिन्दूस्तान सोशलिस्ट रिपब्लिकन आर्मी के सेनापति हैं और अपने साथियों की रक्षा करना उनका फ़र्ज़ है। इसलिए सुखदेव राज से वे बोले, "सिराज (सुखदेव राज को आज़ाद इसी नाम से बुलाते थे) तुम निकल जाओ।"[363] ठाकुर विश्वेश्वर सिंह घूमकर आज़ाद को घेरना चाह रहा था पर आज़ाद ने देखते ही विश्वेश्वर को गोली मारी जो सीधा उसके निचले जबड़े में जा लगी। दस मिनट तक गोलियों की आवाज़ गूँजती रही। हर तरफ़ से गोलियाँ, हर तरफ़ से पुलिस। घेरा कसता जा रहा था। लेकिन आज़ाद अकेले जूझ रहे थे। उनकी ओर से गोलियाँ थम नहीं रही थी। धूल और धुँए के बादल में उनकी परछाई अब भी सीधी खड़ी थी। गोलियाँ उन्हें छू रही थीं, मगर वे पीछे नहीं हटे। हर धमाके के साथ लगता जैसे वे चिल्ला रहे हों–

"आओ, देख लो! एक आज़ाद से भिड़ने कितने चाहिए!"

और फिर...

अचानक एक सन्नाटा।

एक पल को ऐसा लगा जैसे सब थम गया।

आज़ाद पीठ के बल ज़मीन पर गिर पड़े।

ख़ून उनके सीने से रिसकर कपड़ों में समा रहा था।

फायरिंग थम गयी।

पुलिस वालों की साँसें अटक गयीं।

किसी को यक़ीन नहीं हो रहा था कि आज़ाद सचमुच गिर गये हैं।

एसएसपी ने हाथ उठाया।

एक कांस्टेबल को इशारा किया गया।

वह काँपते हुए आगे बढ़ा, मिट्टी पर भारी जूतों की आवाज़ गूँजती रही।

उसकी नज़र आज़ाद के शव तक पहुँची।

फिर इशारा हुआ।

कांस्टेबल ने बन्दूक सीधी की।

गोलियों की आवाज़ फिर गूँजी–अबकी बार मृत शरीर पर।

मिट्टी उछली, धूल का बादल उठा, ख़ून की धार और गहरी उतर गयी।

और फिर-सन्नाटा।

ज़मीन पर पड़ा शरीर अब निर्जीव था।

लेकिन उसके चारों ओर हवा, मिट्टी, धुएँ और ख़ून की गन्ध में एक नाम, एक प्रतिध्वनि अब भी मौजूद थी।

वह प्रतिध्वनि जो मिटाई नहीं जा सकती थी। वही प्रतिध्वनि जो हमें इतनी दूर ले आयी।

आज़ाद नहीं रहे।

पर उनका प्रण, उनका वचन, उनका नाम - सब अटूट रहा।

आज़ाद जिये थे। आज़ाद ही शहीद हुए।

सहसा मेरे मुख से वही बात निकली, "अपना ही प्रण पूरा करने कितनी दूर आ जाता है न व्यक्ति!"

आदित्य भी नम आँखों से बोला, "वाक्य आज महाकाव्य में परिवर्तित हो गया।"

आज़ाद की शहादत की ख़बर सुनते ही उनके आख़िरी दर्शन के लिए भीड़ जुट गयी। घटना के चश्मदीद प्रोफ़ेसर राजनाथ पाण्डेय बताते हैं, "उस समय के हमारी यूनियन के प्रेसिडेंट श्री काशीराम तिवारी तथा स्वर्गीय श्री आर.एन. गुर्टू विद्यार्थियों के एक गिरोह के साथ आकर हमारे प्रोफ़ेसर से हमें

कक्षा से मुक्त करने के लिए कहने लगे। उस युग के तरुणों के हृदय स्वर्गीय आर.एन. गुर्टू के निम्न शब्द अब तक कानों में गूँज रहे हैं-

"Our comrade Azad is dead and lying in state in Alfred Park. We want to pay our homage. It would be kind of you to disperse the class."[364]

(हमारे साथी आज़ाद अब नहीं रहे और अल्फ्रेड पार्क में विराजमान हैं। हम उन्हें अपनी श्रद्धांजलि अर्पित करना चाहते हैं। आप कृपा करके कक्षा को भंग कर दें।)

आगे उन्होंने बताया, "क्षण भर में आज़ाद का शव और जामुन का वह पेड़, जिसके नीचे में वह महानिद्रा में पड़े हुए थे, विद्यार्थियों के घेरे के अन्दर था। उनका दाहिना हाथ कोट की आस्तीन के बाहर था किन्तु बायाँ कमीज़ और उसके ऊपर कोट की आस्तीनों के अन्दर था। दिखता था उनका सीना कमीज़ से गज भर ऊपर उठा हुआ हो। पिस्तौल के दर्जनों कारतूस, कुछ रुपये और नोट दाहिने हाथ के पास ढेर भर सब पड़े थे। मैं उस समय उस जामुन के पेड़ पर चढ़ चुका था, जबकि गोरी फ़ौजी पुलिस को कुछ आशंका हुई और वे झटपट आज़ाद के शरीर को उठाने लगे थे। मैंने 'इन्कलाब ज़िन्दाबाद' का नारा लगा दिया। क्षणभर में सारा अल्फ्रेड पार्क इन्कलाबी नारों से गूँजने लगा। पलक मारते ही एक बस में रखकर वे गोरे चोरों की तरह आज़ाद का शव लेकर भाग खड़े हुए।"[365]

"जिस पेड़ की ओट लेकर आज़ाद ने आख़िरी साँस ली थी, उसी पर जनता ने जगह-जगह लिख डाला–आज़ाद।" उस पावन धरती की मिट्टी, यहाँ तक कि वे पत्ते भी, जिन पर आज़ाद का ख़ून टपका था, नौजवान अपने थैलों में भरकर कॉलेजों तक ले गये। ख़बर बिजली की तरह फैल गयी। पूरा इलाक़ा पुलिस के पहरे में जकड़ लिया गया। ग़म और ग़ुस्से में शहर ठहर गया। हड़ताल की घोषणा हुई, सड़कों पर विशाल जुलूस उमड़ा। जनता ने आज़ाद पर अपने प्रेम और आस्था की बारिश कर दी। जिस पेड़ के साये में वे शहीद हुए, वहाँ दिन-रात भीड़ उमड़ती रही। लोग फूल, मालाएँ चढ़ाते, दीपक जलाते, मानो वह स्थान किसी तीर्थ से कम न हो।[366] यही श्रद्धा और जोश अंग्रेज़ों को खटक गया। बौखलाये हुकूमत के कारिन्दों ने रात के अँधेरे

में उस पवित्र पेड़ को जड़ से काट गिराया। बाद में उसी स्थान पर बाबा राघवदास ने वृक्षारोपण किया।[367]

"क्या चन्द्रशेखर ने अन्तिम गोली स्वयं को नहीं मारी?" आदित्य ने प्रश्न किया।

"मेरे मुताबिक़ नहीं। दरअसल 'द लीडर' अख़बार में दो मार्च को ख़बर छपी कि जिस स्थान पर आज़ाद गिरे वहाँ "पिस्तौल के अलावा दो खाली मैगज़ीन और 16 ज़िन्दा कारतूस मिले। उसी जगह से 32 दगे कारतूस भी मिले। शरीर से 448 रुपये, 9 आना, 4 पैसा मिला जिसमें करेंसी नोट और कुछ सिक्के थे।"

ऐसे में यह कहना कि आज़ाद के पास एक गोली ही शेष थी और आज़ाद ने वह ख़ुद को ही मार ली मुनासिब न होगा। सीआईडी के नोट में भी आता है, "उसे एक गोली सिर में पीछे से लगी जो शायद ठाकुर विश्वेश्वर सिंह के साथ के सादे कपड़ों वाले कांस्टेबल ने चलाई थी जिसे रास्ता बदलकर जाने के लिए निर्देशित किया गया था और वह आज़ाद के पीछे से पहुँच गया था।"[368]

'द लीडर' अख़बार में ही आज़ाद के पोस्टमॉर्टम की जानकारी भी छपी। उसमें लिखा गया, "पोस्टमॉर्टम के दौरान शरीर से चार गोली तथा गोली का एक टुकड़ा निकाला गया। दायें पैर के निचले हिस्से में गोली के दो घाव थे, गोलियों से टीबिया बोन फ्रैक्चर हो गयी थी। एक गोली दायीं जांघ से निकली गयी। सांघातिक चोटें दों थी–एक सिर में दायीं तरफ़ और दूसरी छाती में। मृतक के सिर के दायीं ओर लगी गोली पेराइटल बोन को छेदते हुए, मस्तिष्क को चीरते हुए, सिर के नीचे मस्तिष्क के बायें भाग में रुकी थी। मेडिकल ओपिनियन उस मत को ख़ारिज करता है जिसमें घटना को देखने वाले कुछ लोग यह मान रहे हैं कि सिर में बना सांघातिक घाव ख़ुद मृतक ने किया था। मेडिकल की राय में यदि मृतक ने स्वयं को गोली मारी होती तो चमड़ी के जलने और जलकर सिकुड़ने के निशान बने होते, जो गोली के प्रवेश करने की जगह पर होते। लेकिन इस मामले में ऐसा निशान नहीं दिखा।"

कई ऐसी भी ख़बरें छपीं जिन्होंने कुछ स्थानीय लोगों के तथाकथित दावों के अनुसार यह कहा कि आज़ाद ने स्वयं ही ख़ुद को गोली मार ली। पर गोलियों के रहते आज़ाद ऐसा करेंगे यह लगता नहीं। पर जनश्रुति में तो उसी

दिन से यही स्थापित हो गया। ऐसे में यह जनता पर होना चाहिए कि उसे किस पर यक़ीन करना है।

पोस्टमॉर्टम के बाद पुलिस लाइन से एक ब्राह्मण रंगरूट बुलवाया गया जिसने शव को उठवाकर लॉरी में रखा। अब्दुल समद तब पुलिस इंस्पेक्टर हुआ करते थे। उनकी निगरानी में नदी तक लॉरी जानी थी। लॉरी जब चल पड़ी तब तक वहीं कुछ अन्य कांग्रेसियों के साथ पुरुषोत्तमदास टंडन आ पहुँचे। उन्होंने कहा कि आज़ाद के रिश्तेदार आ गये हैं और शव दिखाया जाये। लॉरी तब तक चल चुकी थी। टंडन जी को मजिस्ट्रेट से मिलने को कहा गया। लॉरी जॉर्ज टाउन से होते हुए स्टैनले रोड गयी और फिर वहाँ से रसूलाबाद घाट पहुँची। पहुँचने वाले आज़ाद के रिश्तेदार पण्डित शिवविनायक मिश्र थे। वे भी आज़ाद की तरह उन्नाओ के थे। आज़ाद उनके भतीजे लगते थे। वे बताते हैं, "झूँसी स्टेशन पहुँचते ही मैंने एक तार सिटी मजिस्ट्रेट को दिया कि आज़ाद मेरा सम्बन्धी है, लाश डिस्ट्रॉय न की जाये। इलाहाबाद पहुँचकर मैं आनन्द भवन पहुँचा। कमला नेहरू से मालूम हुआ कि लाश पोस्टमॉर्टम के लिए भेजी हुई है। मैं सीधा डिस्ट्रिक्ट मजिस्ट्रेट के बंगले पर गया। उन्होंने बताया कि आप सुपरिंटेंडेंट पुलिस से मिलिये, शायद शव जला दिया हो। मुझे पता नहीं कि शव कहाँ है? मैं सुपरिंटेंडेंट पुलिस से मिला। उन्होंने मुझसे बहुत वाद-विवाद किया। उसके बाद उन्होंने मुझे भुलावा देकर एक खत दारागंज के दरोगा के नाम दे दिया कि त्रिवेणी पर शव गया है, पुलिस की देख-रेख में इनको अन्त्येष्टि क्रिया संस्कार करने दिया जाये। बंगले से बाहर निकला तो थोड़ी दूर पर पूज्य मालवीय जी के पौत्र पद्मकान्त मालवीय जी दिखायी दिये। उन्हें पता चला था कि मैं आया हूँ। उनकी मोटर में बैठकर हम दारागंज पुलिस थानेदार के पास गये। वे हमारे साथ मोटर में त्रिवेणी गये। वहाँ कुछ नहीं था। हम फिर कलेक्टर साहब के बंगले की ओर जा रहे थे कि मार्ग में एक लड़के ने मोटर रुकवाकर बताया कि शव रसूलाबाद गया है। रसूलाबाद पहुँचे तो चिता में आग लग चुकी थी। पुलिस काफ़ी थी। इंचार्ज अफ़सर को चिट्ठी दिखायी। उन्होंने मुझे धार्मिक कार्य करने की आज्ञा दी। हमने फिर लकड़ी आदि मँगवाकर विधिवत दाह संस्कार किया। चिता जलते-जलते

पुरुषोत्तमदास टंडन जी तथा कमला नेहरू भी वहाँ आ गयी। करीब दो-तीन सौ आदमी भी जमा हो गये। चिता बुझाकर मैंने अस्थि संचय किया। कुछ राख एक पोटली में एकत्रित की तथा थोड़ी अस्थियाँ मैं अपने साथ लेता आया। उन अस्थियों में से एक अस्थि आचार्य नरेंद्र देव भी ले गये थे।"[369]

साँझ घिरते ही विद्यार्थी संघ ने ऐलान कर दिया, *"आज पूरा शहर बन्द रहेगा। पाँच बजे अभ्युदय प्रेस से अस्थि-जुलूस निकलेगा और पुरुषोत्तमदास पार्क तक जायेगा, जहाँ आम सभा होगी।"*

देखते ही देखते शहर ठहर गया। दुकानें बन्द हो गयीं, लोग कामकाज छोड़कर सड़कों पर उतर आये। पुलिस और घुड़सवार हर रास्ते पर तैनात थे। दस-दस क़दम पर पहरे बैठा दिये गये थे। इसी बीच ख़बर पहुँची कि मिलिट्री बुला ली गयी है और यदि जुलूस निकला तो गोलियाँ चलेंगी।

यह सुनकर पद्मकान्त मालवीय बेचैन हो उठे। वे भागकर पुरुषोत्तमदास टंडन के पास पहुँचे और सारी बात बताई। टंडन जी ने गहरी साँस लेकर कहा,"तुम सामूहिक हुजूम लेकर चलो मैं आता हूँ। जो कुछ होगा उसकी ज़िम्मेदारी मेरी होगी। राजनैतिक मतभेद मैं समझता हूँ पर मृत्यु के साथ सारे मतभेद समाप्त हो जाते हैं।"

जुलूस निकला। सबसे आगे फूलों से सजा रथ, जिसमें आज़ाद की अस्थियाँ रखी थीं। उसके पीछे नंगे सिर और नंगे पाँव लोग, आज़ाद के लिए चलते जा रहे थे।

पुरुषोत्तमदास पार्क में सभा हुई। अध्यक्षता मोहनलाल गौतम ने की। मंच पर जब क्रान्तिकारी शचीन्द्रनाथ सान्याल की पत्नी पहुँचीं तो पूरा मैदान शान्त हो गया। उन्होंने धीमे लेकिन दृढ़ स्वर में कहा, "ख़ुदीराम बोस की भस्म को लोगों ने ताबीज़ में रखकर अपने बच्चों को पहनाया था, ताकि उनके बच्चे भी ख़ुदीराम बोस की तरह बहादुर देशभक्त बने। मैं भी उसी भावना से भाई आज़ाद की राख की चुटकी लेने आयी हूँ।"

सभा को आगे पुरुषोत्तमदास टंडन, श्रीमती कमला नेहरू और पण्डित शिवविनायक ने भी सम्बोधित किया।[370]

आज़ाद को अन्तिम विदाई देने में इलाहाबाद और इलाहाबाद की जनता ने निराश नहीं किया।

"आज़ाद के साथ विश्वासघात भी उस दिन वीरभद्र ने ही किया?" आदित्य ने पूछा।

"हाँ। सबसे अधिक सन्देह वीरभद्र और शिवचरण पर ही होता है। ठीक एक दिन पहले वीरभद्र का इलाहाबाद पहुँचना और अगले दिन सुबह वीरभद्र का आज़ाद को पार्क में देखना। यह सब यूँ ही नहीं हो सकता। यह तो हमने देखा ही कि कैसे वीरभद्र और शिवचरण पुलिस से मिल चुके थे। वीरभद्र ऐसे मुकाम पर खड़ा था कि आज़ाद के पास जाता तो आज़ाद की गोली से मरता और अगर पुलिस की मदद न करता तो उनकी गोली का शिकार होता। ऐसे में आज़ाद को मिटा देना ही उसे फ़ायदेमन्द मालूम पड़ा। आज़ाद के जाने से सबसे अधिक लाभ भी उसे ही होना था। विश्वेश्वर सिंह नवम्बर के अन्त तक आज़ाद को नहीं पहचानता था। नन्दकिशोर निगम ने बताया है कि कानपुर रेलवे स्टेशन पर विश्वेश्वर सिंह आज़ाद और उनके पास से गुज़रा। उसे देखते ही आज़ाद बोले, "यह साला बशेसर सिंह, जो मेरे पीछे पड़ा हुआ है। मैं जब चाहूँ इसे मार सकता हूँ। लेकिन मैं इसे गोली से नहीं मारूँगा। किसी दिन छूरे से मारूँगा।"[371] ऐसे में यह नहीं हो सकता कि अचानक विश्वेश्वर ने आज़ाद को देखा और तुरन्त पहचान लिया। सम्भव है कि विश्वेश्वर को सूचना मिली हो कि आज़ाद अल्फ्रेड पार्क में लोगों से मिलते हैं। इसी की तस्दीक के लिए शायद वीरभद्र को इलाहाबाद बुलाया गया हो। वीरभद्र ने जब आज़ाद की तस्दीक विश्वेश्वर को की तब वह आगे बढ़ा। यह भी माना जाता है कि 27 फ़रवरी को सबेरे एक अन्य आदमी विश्वेश्वर के पास आज़ाद की ख़बर लेकर पहुँचा। और यह अज्ञात आदमी कोई और नहीं शिवचरण था क्योंकि विश्वेश्वर की माँ से जब वैशम्पायन मिले तो सुबह सूचना देने आये व्यक्ति का हुलिया पूछने पर माँ ने जो हुलिया बताया वह शिवचरण के हुलिये से मिलता था। प्रताप गोपेन्द्र का भी यही मानना है। उन्होंने लिखा है कि प्राप्त प्रमाणों के अनुसार ऐसा लगता है कि, "शिवचरण कई दिनों से आज़ाद पर निगरानी रखे था। पूर्व में उसकी सूचना पर आज़ाद मिले नहीं। अत: अन्तिम सूचना पर विश्वास न करते हुए ठाकुर विश्वेश्वर सिंह ने शिवचरण को कटरे के अपने मकान में बन्द कर दिया और 8:30 बजे अल्फ्रेड पार्क गया। 27 फ़रवरी तक इलाहाबाद में मौसम बेहद गरम-सा हो जाता है। ऐसे में किसी डिप्टी एस.पी.

रैंक के अधिकारी का बाबू के साथ 8:30 पर टहलना या हवाखोरी करने के लिए जाना बेतुका-सा लगता है। यह पुष्ट सूचना थी, जिस पर वह लोग गये थे। सिर्फ़ एक सूत्र को मान लेना असम्भव था। वीरभद्र का एन वक़्त पर दिखना स्पष्ट करता है कि शिवचरण की सूचना को तस्दीक किया तभी ठाकुर विश्वेश्वर सिंह पार्क में गया।"[372]

"कुछ तो नेहरू पर भी आरोप लगते हैं। उसमें कितनी सच्चाई है?" पार्थ ने पूछा।

वे तुरन्त बोले, "ज़रा सी भी नहीं। 27 फ़रवरी को नेहरू इलाहाबाद में थे ही नहीं। पिताजी के अन्तिम संस्कार के बाद वे दिल्ली जा चुके थे। पण्डित नेहरू के वांग्मय की पहली सीरीज़ के चौथे खण्ड में 'प्रेस से साक्षात्कार' शीर्षक के नीचे लिखा हुआ मिलता है,

"जवाहरलाल नेहरू से, दिल्ली रवाना होने से पहले, समझौते की सम्भावनाओं के बारे में प्रश्न किया गया। उन्होंने मुस्कुराकर कहा कि जहाँ तक उनका सम्बन्ध है स्थिति स्पष्ट है। उन्होंने जोड़ा :

"वास्तव में, हमारा कार्यक्रम पहले ही यरवदा जेल में तय किया जा चुका है। अब देखना यह है कि विपक्षी दल क्या रुख अपनाता है।"[373]
इस साक्षात्कार की तारीख़ 18 फ़रवरी 1931 दर्ज है जो 22 फ़रवरी को 'द ट्रिब्यून' अख़बार में छपा।

इसका अर्थ है कि नेहरू दिल्ली निकलने वाले थे और उसी दिन या अगले दिन दिल्ली के लिए निकले। 23 फ़रवरी को दिल्ली से ही उन्होंने एक चिट्ठी किरण संकर रॉय और बिधान चन्द्र रॉय भेजी।[374] अगली चिट्ठी 28 फ़रवरी को उन्होंने अपनी बहन विजयलक्ष्मी पण्डित को दिल्ली से ही भेजी।[375] 'सिलेक्टेड वर्क्स ऑफ़ जवाहरलाल नेहरू' देखने पर मालूम पड़ता है कि नेहरू मार्च के दूसरे हफ़्ते के आसपास ही इलाहाबाद लौटे।[376] इससे यह साफ़ हो जाता है कि नेहरू जब इलाहाबाद में थे ही नहीं तो 27 फ़रवरी को न तो आज़ाद से मुलाक़ात का प्रश्न उठता है और न ही आज़ाद से जुड़ी कोई सूचना पुलिस को देने का। आज़ाद के किसी भी साथी ने 27 फ़रवरी या उस पूरे हफ़्ते नेहरू से मुलाकात का ज़िक्र नहीं किया है। जो मुलाकात हुई भी थी वह फ़रवरी के दूसरे या तीसरे हफ़्ते में हुई थी। नेहरू तो बल्कि आज़ाद एवं उनकी साथियों की आर्थिक मदद ही कर रहे थे। नेहरू की पत्नी कमला नेहरू भी आज़ाद के सम्मान में उनके अन्तिम संस्कार और सभा में भी शामिल हुई

थी। नेहरू भी आज़ाद का सम्मान करते थे। 15 मार्च को बम्बई में आज़ाद को याद करते हुए एक कमाल के भाषण में वे बोले,

"हमने दुनिया की सबसे ताक़तवर सल्तनत से मुक़ाबला किया। हम निहत्थे थे मगर हमारे सरदार ने हमें ऐसा हथियार दिया जो बेशक ग़ैर-हिंसक था, लेकिन उसने दुश्मनों को घुटनों पर ला दिया। मैं यह कहने में शर्म नहीं करता कि अगर मौक़ा होता तो मैं हज़ारों बार दूसरे हथियार भी इस्तेमाल कर लेता। मुझे शर्म हथियार उठाने पर नहीं है, बल्कि कोई हथियार न उठाने पर है। मुझे शर्म अपने मुल्क की ग़ुलामी पर है। लेकिन किसी भी हथियार का इस्तेमाल करने से पहले हमें सोचना पड़ता है कि क़ौम कर भी सकती है या नहीं। इन सब बातों को देखते हुए हमने अहिंसा का रास्ता अपनाया और सारी दुनिया ने माना कि इस तरीक़े से हमने बड़ी कामयाबियाँ हासिल कीं। इस तजुर्बे ने हमें इस अनोखे हथियार की तासीर पर और भी यक़ीन दिलाया।

हमने भले ही इस तरीक़े को अपनाने का फ़ैसला किया हो लेकिन और भी लोग हैं जिन्होंने दूसरा रास्ता चुना है। वो हमारे बहादुर कॉमरेड हैं। उनमें से ज़्यादातर जेलों में हैं। मुझे रंज और शर्म महसूस होती है ये देखकर कि वो जेलों में सड़ रहे हैं, जबकि मैं आज़ाद हूँ। हम अपने सब साथियों को छुड़ा न सके। ये मत समझना कि उनके लिए हमारे दिल में हमदर्दी नहीं थी। ये तो सिर्फ़ हमारी कमज़ोरी की वजह से हुआ। उन्हें छुड़ाने की ताक़त हमारे पास न थी। मगर जिस दिन हम ताक़त जमा कर लेंगे, उस दिन हम अपना फ़र्ज़ उनसे अदा करने में हरगिज़ नाकाम न रहेंगे।

मेरे एक बहादुर भाई को हाल ही में गोली मार दी गयी। उसका नाम चन्द्रशेखर आज़ाद था। दस साल पहले वो बनारस के एक स्कूल में पढ़ने वाला 15 बरस का लड़का था। उसने पढ़ाई छोड़ दी, असहयोग आन्दोलन में क़दम रखा और जेल चला गया। वहाँ उसने "महात्मा गांधी की जय" का नारा लगाया तो उसे कोड़ों से मारा गया, लेकिन वो डटा रहा। हर कोड़े पर वो वही नारा दोहराता रहा, यहाँ तक कि बेहोश हो गया। भला उस लड़के की यह शान-ओ-शुजात कौन नहीं सराहेगा! उसने हमसे अलग रास्ता चुना था, मगर नतीजे से डरा नहीं। आख़िरकार उसने इसकी सबसे बड़ी क़ीमत अदा की। और ये मत समझना कि जो लोग इन साथियों से इत्तिफ़ाक़ नहीं रखते, वो उनसे किसी तरह ऊँचे हैं।" [377]

नेहरू जब आज़ाद भारत में प्रधानमन्त्री बने और उन्हें आज़ाद की माता जगरानी देवी की स्थिति के बारे में पता चला तो तत्काल उन्होंने मदद पहुँचाई। 1 अप्रैल, 1949 को 'इंडियन एक्सप्रेस' अख़बार में 'मदर ऑफ़ अ हीरो' (एक वीर की माता) शीर्षक से ख़बर छपी,

"पण्डित नेहरू ने स्व. चन्द्रशेखर आज़ाद की 74 वर्षीय माता को 250 रुपये भेजे हैं। झाँसी के इस क्रान्तिकारी नेता का 1931 में इलाहाबाद में पुलिस मुठभेड़ में निधन हुआ था।

प्रधानमन्त्री ने यह चेक हिन्दी लेखक श्री बनारसीदास चतुर्वेदी को भेजा, ताकि वे इसे उनकी माता तक पहुँचा दें। साथ ही, उन्होंने लिखा कि वे इस वृद्धा को और राहत पहुँचाने के लिए आगे क़दम उठा रहे हैं।"[378]

अध्याय 8

प्रणाम

शर्ट-पैंट पहन चुका था। शीशे में देखकर टाई सेट की। फिर बाल सँवारे। हल्का नाश्ता किया और निकल पड़ा विद्यालय के लिए। स्कूल खुले कई दिन हो चुके थे पर आज कुछ विशेष था। गर्मी की छुट्टियाँ अक्सर सैर-सपाटों, नये नगरों और रंग-बिरंगे अनुभवों को समेटने में बीत जाती हैं। लेकिन इस बार हमने एक और ही राह पकड़ी। हमारी राह न किसी पर्वत की ओर थी, न किसी समन्दर की ओर। वह समय के धुन्धले दरवाज़ों में खुलती थी। हम उस ओर चले जो नक्शों में नहीं इतिहास के पन्नों में पायी जाती थी। यह वह सफ़र था जहाँ हर पड़ाव पर पुरखों की परछाइयाँ थीं–उनकी हँसी, उनका श्रम, उनके संघर्ष और उनके सपने। हम उनके बनाये हुए रास्तों से गुज़रते हुए अपने होने के रहस्य भी तलाश रहे थे। हम उन गलियों से गुज़रे जहाँ हमारे शोणित की जड़ें फैली थीं। हम उन घरों में झाँके जहाँ हमारी अस्मिता थी।

अब जब यह यात्रा पूरी होने को है तो मन में एक गहरा सन्तोष है। इस पूरी यात्रा ने मन को थकाया भी और तपाया भी। 26 जुलाई की सुबह इसी सन्तोष के साथ अपने-अपने घरों से विद्यालय के लिए निकले। सब समय से आज़ाद पार्क के बाहर पहुँचे। कृतज्ञता का भाव और कृतज्ञता ज्ञापन कहीं अधिक आवश्यक होता है। इसी भाव के साथ हमने आज़ाद पार्क में प्रवेश किया। सब वैसा ही था। सामने पत्थरों से जड़ी चौड़ी पगडंडी फैली है, जिसके किनारे घास के विस्तृत कालीन पसरे हैं। हरियाली सँवरी-सँवरी सी है, पर कहीं-कहीं समय की धूल और थकान उसके कोनों पर जमकर उसकी उम्र का एहसास कराती है। हवा के हल्के झोंके में पत्तों का सरसराना, दूर से

कौओं की काँव-काँव, कबूतरों की गुटरगूँ और मैना की तीखी पुकार भी वैसी ही मालूम पड़ती है। पर इस बार ऊँचे चबूतरे पर स्थापित उस काँसे की प्रतिमा से गहरी आत्मीयता का अहसास हुआ। उनके दहकते हुए चेहरे, वीरांगन वक्ष, कसी हुई मूछों पर नज़र गयी तो हँसते हुए इशारों में कह बैठे कि पिछली बार अनजान थे पर इस बार पूरी तैयारी के साथ आये हैं।

चरणों में फूल पहले से रखे थे। कुछ गुलाब के फूल, कुछ गेंदे के। हम अपनी ओर से जो लाये थे, चुपचाप वहाँ रख दिये। किसी ने ज़ोर से कुछ नहीं कहा, सबने बस सिर झुका लिया। उस क्षण शब्द वैसे भी कम पड़ जाते। भाषा सदैव सहायक नहीं होती। हममें से एक ने धीरे से प्रतिमा के पास अपने लिख कर रख दिया। वह साधारण-सा काम था, पर लगा जैसे किसी बड़े ऋण को चुकाने की छोटी-सी कोशिश हो। कोई तालियाँ नहीं, कोई घोषणा नहीं, कोई तस्वीर नहीं बस एक गहरी साँस और भीतर से उठती हुई तृप्ति।

पास से गुज़रते लोग दिखते थे। कुछ निकल जाते थे तो कुछ रुकते थे। एक बुज़ुर्ग अपने पोते का हाथ पकड़े आये। उन्होंने धीरे से प्रतिमा की ओर इशारा किया और बच्चे की दृष्टि उस ओर मोड़ दी। बच्चे ने ऊपर देखा और चुपचाप देखता रहा। नहीं मालूम उसने क्या ग्रहण किया पर शायद यही विरासत का पहला स्पर्श था।

दिव्यांश ने धीमे से कहा,"याद है, जब हमने पहली बार यह सोचा था, तब असम्भव सा लगता था।"

आदित्य ने धीरे उत्तर दिया,"हाँ, पर शायद इसी जगह खड़े होने के लिए हम अपने अज्ञान से लड़े।"

बाहर की ओर लौटते हुए रास्ते पर क़दम थोड़े तेज़ हो गये। पार्थ ने मज़ाक में कहा,"देखना, आज मंच पर बोलते वक़्त कहीं घबराना मत।" मैं भी हँसते हुए बोल पड़ा,"अगर घबराये तो सोच लेना...आज़ाद सामने खड़े हैं। बहुत मारेंगे।" सब हँस पड़े। द्वार तक आते-आते शहर का शोर फिर सुनाई देने लगा। बाहर रिक्शों की घंटियाँ थीं, सड़क पर चलते लोग और चाय की दुकानों से उठती भाप। पर हमारे लिए वह सब बस पृष्ठभूमि जैसा था। भीतर का उत्साह इन आवाज़ों से कहीं ज़्यादा गहरा था।

विद्यालय में हमने प्रवेश किया। बाहर ही बच्चे झुण्ड बनाकर खड़े थे, कोई झण्डे पकड़कर, कोई रंगीन काग़ज़ सँभालते हुए। बरामदे से भीतर जाते हुए दीवारों पर टँगे पोस्टर दिखायी दिये–कुछ पर आज़ाद की छवियाँ, कुछ पर उनके कथन, जो रंगीन अक्षरों में बच्चों ने लिखे थे। आज पहले क्लास में जाने की आवश्यकता न थी। सीधे हॉल में घुसे।

हॉल में प्रवेश करते ही सबसे पहले नज़र पड़ी मंच पर। सामने चन्द्रशेखर आज़ाद को लिए एक बड़ी तस्वीर थी। उसके चारों ओर गेंदा और गुलाब की मालाएँ लटकी थीं। मंच पर लाल और सफ़ेद कपड़े की चादर बिछी थी, और किनारों पर केले के पौधे सजाकर रखे गये थे। बीच में एक मेज़ थी, जिस पर दीपक रखा था, और उसके बगल में फूलों से सजी एक थाली।

कुर्सियाँ कतारों में सजी थीं। पहली कुछ पंक्तियाँ शिक्षकों और अतिथियों के लिए थीं–सफ़ेद गद्देदार, ऊपर कढ़ाईदार कवर से ढकी हुईं। बाक़ी की कुर्सियाँ बच्चों के लिए थीं, जिनमें रंग-बिरंगे रिबन बाँधे गये थे। हॉल की खिड़कियों से आती धूप हल्की-हल्की चमक बिखेर रही थी, जिससे परदे का नीला रंग और गाढ़ा दिख रहा था। पंखे ऊपर धीमी गूँज के साथ घूम रहे थे, और उनके नीचे हवा में गेंदा की गन्ध घुली हुई थी। बच्चे धीरे-धीरे अपनी सीटों पर बैठने लगे। कोई अपनी ड्रेस सँभाल रहा था, कोई पड़ोस में बैठे दोस्त को धीरे से कुछ बता रहा था। हर चेहरे पर उत्सुकता थी- थोड़ी घबराहट, थोड़ी ख़ुशी। मंच के पीछे से ढोलक की हल्की आवाज़ सुनाई दी। शायद सांस्कृतिक कार्यक्रम का अभ्यास हो रहा था।

धीरे-धीरे सब अपनी-अपनी जगह बैठ गये। मंच के किनारे से एक अध्यापिका आयीं, हाथ में अगरबत्ती और माचिस थी। दीपक के सामने सब खड़े हुए। हल्की-सी सरसराहट हॉल में गूँजी-कुर्सियों के खिसकने की, बच्चों के उठने-बैठने की। दीप प्रज्वलन हुआ। इसके बाद सांस्कृतिक कार्यक्रम शुरू हुआ। सबसे पहले छोटे बच्चों का सामूहिक गीत। उनकी पतली आवाज़ें माइक में हल्की काँप रही थीं, पर उसमें एक सच्ची मासूमियत थी। गाने के बीच कुछ बच्चे सुर से फिसल भी गये, तो सामने की कतार में बैठे शिक्षक मुस्कुराकर ताली बजाने लगे, और पूरा हॉल तालियों से गूँज उठा।

जब यह सब समाप्त हुआ तो मंच पर हमारे प्रधानाचार्य आये। सफ़ेद कुरते और नीली जैकेट में उनका व्यक्तित्व गरिमामय लग रहा था। माइक पर खड़े होकर उन्होंने एक क्षण सबको देखा, आज़ाद को प्रणाम किया और उनके जीवन के अर्थ और महत्ता पर प्रकाश डालते हुए जाते-जाते हमें बधाई भी दी।

इसके बाद हमारी क्लास टीचर जो हमें इतिहास भी पढ़ाती थी, आयीं। सबसे ख़ुश वे ही दिख रही थी। उन्होंने बिना किसी लिखित नोट के बोलना शुरू किया–

"इतिहास केवल तारीख़ों और नामों का बोझ नहीं है। यह हमारी जिज्ञासा का मार्ग है। और अगर जिज्ञासा हो तो हम कहीं भी पहुँच सकते हैं-पुस्तकालय की शान्ति से लेकर क्रान्तिकारियों के रक्त-रंजित मैदान तक। यही जिज्ञासा हमें चन्द्रशेखर आज़ाद के उस अन्तिम क्षण तक ले जाती है-जहाँ उनका यक़ीन अन्त तक बना रहा कि वे पकड़े नहीं जायेंगे।"

उनकी आवाज़ भावातिरेक थीं। भाषण समाप्त करते ही तालियों से हॉल गूँज उठा। शान्ति पुनः लौटी तो मंच संचालक ने अगली घोषणा की। हमारी ओर से दिव्यांश बोलने वाला था। दिव्यांश धीरे-धीरे उठा। उसकी चाल में हल्की घबराहट थी, पर आँखों में आत्मविश्वास। हॉल में एकदम शान्ति छा गयी। उसने माइक के पास खड़े होकर क्षणभर साँस ली। फिर आरम्भ किया :

आदरणीय प्रधानाचार्य महोदय, शिक्षकगण, मेरे साथियों एवं सभा में उपस्थित सभी को मेरा प्रणाम।

"दिल फ़िदा करते हैं, कुर्बान जिगर करते हैं,
पास जो कुछ है, वो माता की नज़र करते हैं,
ख़ाना वीरान कहाँ, देखिये घर करते हैं,
अब रहा अहले-वतन, हम तो सफ़र करते हैं।"

यह गीत क्रान्तिकारी अक्सर गाया करते थे। ऐसे ही एक क्रान्तिकारी थे चन्द्रशेखर आज़ाद। आज उन्हीं आज़ाद का दिन है। वैसे शहीदों का कोई एक दिन नहीं होता। दिन तो हमारे लिए होता है कि हम ज़रा उन्हें याद कर लें। आज चन्द्रशेखर आज़ाद को याद करने के विशेष प्रयोजन से हम यहाँ

एकत्रित हुए हैं। अंग्रेज़ों को निर्भीक स्वरों में ललकारने वाले आज़ाद, क्रान्ति के अग्रदूत आज़ाद, आँखों में आग लिए पूरे युग को उजाले से भरने का दृढ़ निश्चय रखने वाले आज़ाद, मूँछों वाले आज़ाद, पिस्तौल वाले आज़ाद पर भीतर का मानुष जीवित रखने वाले आज़ाद और इसी कारण से हर मज़दूर की हथेली की दरारों को पढ़ सकने, हर किसान के पैरों की सूखी मिट्टी को समझ सकने, हर भूखे बच्चे की प्यास को अपना मान सकने वाले आज़ाद।

क्योंकि उनके लिए आज़ादी कोई राजनीतिक नारा भर नहीं थी। वह एक आत्मिक यात्रा थी। चाहे कोई मुल्क हो या व्यक्ति आज़ादी सबसे पहले मन में जन्म लेती है। वहीं वह चेतना का बीज बनती है और फिर संघर्ष की मिट्टी में पनपकर समाज और राष्ट्र में स्थापित होती है। यही यात्रा चन्द्रशेखर ने तय की। यही यात्रा उन्हें 'आज़ाद' बना गयी।

इस यात्रा में माँ की गोद से दूरी थी, परिवार की छाँव से वंचित रहना था। इस यात्रा में साथियों की शहादत थी, थाली में रोटियों की कमी थी लेकिन संकल्प इतना विराट था कि यह सब उनके पैरों को डिगा नहीं सका। क्योंकि जिस आत्मा ने स्वयं को 'आज़ाद' कहना सीख लिया हो, उसे किसी बेड़ी की खनक, किसी तिहरे ताले की झँकार रोक नहीं सकती। स्वयं को 'आज़ाद' कहना आसान है। जीना मुश्किल। आज़ाद के जीवन में वह सबकुछ था जिससे इन्सान टूट सकता है। माँ की गोद से दूरी, घर-परिवार से विरक्ति, रातों की भूख, पुलिस का पीछा, साथियों की शहादत।

वे युवा थे। बीस-बाईस साल की उम्र, जब साधारण लड़के अपने जीवन के सपने बुनते हैं–पढ़ाई, नौकरी, परिवार, सुरक्षित भविष्य। पर आज़ाद ने इन सबसे मुँह मोड़ लिया। क्या यह आसान रहा होगा? नहीं।

रात के सन्नाटों में, जब जंगलों में, या किसी गुप्त ठिकाने पर बैठकर वे अपनी रोटियों के छोटे-से टुकड़े गिनते थे, तो भीतर एक खालीपन उठता होगा। जब कोई साथी शहीद होता, तो उस हँसी के पीछे, जो वे सबके सामने दिखाते थे, कितनी बार आँसू छिपे होंगे। वह हँसी उनका हथियार थी, पर उनकी आत्मा में कितनी थकान छिपी थी, यह हम शायद कभी न जान पायें।

आज़ाद का जीवन असुरक्षाओं से भरा था। उन्हें नहीं पता था कि कल वे

जीवित रहेंगे या नहीं। उन्हें यह भी नहीं पता था कि जिन विचारों के लिए वे लड़ रहे हैं, वे विचार भविष्य में जड़ पकड़ेंगे या नहीं।

कभी-कभी उन्हें लगता होगा कि क्या सब व्यर्थ तो नहीं जा रहा? क्या उनके बलिदान के बाद भी यह मुल्क सचमुच आज़ाद होगा? यही उनके जीवन की त्रासदी है। वे भविष्य नहीं देख सकते थे। उन्हें बस अपनी आस्था पर जीना था। और उस आस्था को निभाने का अर्थ था हर दिन मौत को गले लगाना।

वे युवा थे। ख़ून में तपिश थी, आँखों में इरादे थे। जब चारों ओर डर फैलाया गया, वे हँसे। जब पुलिस ने घेरा, वे फिर हँसे। वह हँसी साधारण नहीं थी। वह मौत की चुनौती थी, वह ग़ुलामी की खिल्ली थी। वह हँसी उनका सबसे विकराल प्रतिकार थी।

ज़ुल्म हमेशा भारी होता है, मगर उसका डर उससे भी भारी होता है। सत्ता जितनी तानाशाह होती है, उससे कहीं अधिक असुरक्षित होती है। और जब कोई निहत्था, कोई भूखा, कोई साधारण इन्सान हँस देता है तो उस हँसी में गूँजता है सत्ता का अन्त।

गोरख पाण्डेय ने सच कहा था–

"वे डरते हैं
किस चीज़ से डरते हैं वे
तमाम धन-दौलत
गोला-बारूद पुलिस-फ़ौज के बावजूद?
वे डरते हैं
कि एक दिन
निहत्थे और ग़रीब लोग
उनसे डरना बन्द कर देंगे।"

आज़ाद वही दिन थे। वे उस डर के अन्त की ध्वनि थे।

आज़ाद का जीवन केवल इतिहास की घटना नहीं है। वह हमें यह समझाता है कि स्वतन्त्रता केवल राजनैतिक आज़ादी नहीं है। वह है आत्मा की निर्भीकता। अगर मनुष्य भीतर से बन्धा हो, अगर वह डर से झुका हो, तो चाहे झण्डे कितने ही लहरा लें, असली आज़ादी नहीं आती।

इसलिए आज़ाद की विरासत केवल उनके कारनामों में नहीं है। वह हमारे भीतर साहस की स्थायी खोज में है।

आज़ाद की सबसे बड़ी पहचान यह थी कि वे कभी समझौते पर नहीं उतरे। वह जानते थे - समझौता करना मानवीय है, पर भविष्य निर्माण होता है आत्मबल से, बलिदान से और इस गहरी आस्था से कि भविष्य वर्तमान से श्रेष्ठ हो सकता है।

उनके साथी भगत सिंह ने कहा था, *"क्रान्ति की तलवार विचारों की सान पर तेज़ होती है।"* आज़ाद उसी तलवार की धार थे। उनका जीवन उस विचार का मूर्त रूप था कि डर सबसे बड़ा कारागार है और निर्भीकता सबसे बड़ी मुक्ति।

लेकिन हमें आज़ाद को देवता न बनाना चाहिए। वे मनुष्य थे। वे हँसते भी थे, झुँझलाते भी थे, कभी-कभी शायद डरते भी थे। यही उनकी महानता है कि उन्होंने अपने मानवीय स्वप्नों का गला घोंटकर एक बड़े स्वप्न को जीया।

उनका संघर्ष केवल अंग्रेज़ों से नहीं था। उनका असली संघर्ष ख़ुद से था–अपनी भूख से, अपने अकेलेपन से, अपनी इच्छाओं से। और इस संघर्ष में शायद वे हर दिन शहीद होते थे, थोड़ा-थोड़ा।

इलाहाबाद के अल्फ्रेड पार्क में, जब चारों ओर पुलिस ने उन्हें घेर लिया, तब भी उन्होंने वही किया जो पूरी ज़िन्दगी करते आये थे- प्रतिकार। वे लड़ते-लड़ते शहीद हुए। क्योंकि उनके लिए पकड़ा जाना, ज़िन्दा रहकर हार मान लेना, सबसे बड़ी हार थी।

लेकिन क्या वह सचमुच अन्त था? नहीं। वह तो आरम्भ था। उस गोली की गूँज आज भी हमें याद दिलाती है कि असली आज़ादी बाहर से नहीं आती। वह भीतर से जन्म लेती है।

आज़ाद का जीवन आँसू भी है, आग भी है। वह इन्सानियत की त्रासदी भी है, और उसकी सबसे ऊँची सम्भावना भी।

आज जब हम उन्हें याद करते हैं, तो यह केवल श्रद्धांजलि नहीं है। यह एक आत्मसंवाद है। यह हमसे पूछता है–क्या हम भीतर से आज़ाद हैं? क्या हम अपने डर से मुक्त हो पाये हैं?

आज़ाद का जीवन कोई बन्द किताब नहीं है। वह एक आईना है। उसमें झाँककर हम ख़ुद को देख सकते हैं–अपने डर, अपनी आकांक्षाओं और अपनी सम्भावनाओं को। और तब समझते हैं कि हर इन्सान के भीतर एक "आज़ाद" छिपा है, जिसे केवल निर्भीकता जगा सकती है। यह समझने के बाद ही हम 'चन्द्रशेखर' से 'आज़ाद' की यात्रा की ओर अग्रसर हो सकते हैं।

इन्हीं शब्दों के साथ मैं आज़ाद एवं उनके मूल्यों में आस्था रखने वाले आप महानुभावों के समक्ष यह पुस्तक अर्पित करता हूँ।

जय हिन्द। इन्कलाब ज़िन्दाबाद।

सन्दर्भ

1. देखें, पृष्ठ 43-44, सुधीर विद्यार्थी द्वारा सम्पादित 'क्रान्तिकारी शहीद चन्द्रशेखर आज़ाद की जीवन-कथा' में भगवानदास माहौर का लेख, राजकमल प्रकाशन, नयी दिल्ली, 2023
2. देखें, पृष्ठ 117-8, मन्मथनाथ गुप्त, 'दे लीवड डैंजरसली', पीपल्स पब्लिशिंग हॉउस, नयी दिल्ली, 1956
3. देखें, पृष्ठ 107, मन्मथनाथ गुप्त, 'हिस्ट्री ऑफ़ इंडियन रेवोलुशनरी मूवमेंट', सोमैया पब्लिकेशन्स प्राइवेट लिमिटेड, बम्बई, 1972
4. देखें, पृष्ठ 283, सुधीर विद्यार्थी द्वारा सम्पादित 'क्रान्तिकारी शहीद चन्द्रशेखर आज़ाद की जीवन-कथा' में विश्वनाथ वैशम्पायन का लेख, राजकमल प्रकाशन, नयी दिल्ली, 2023
5. प्रताप गोपेन्द्र द्वारा लिखित 'चन्द्रशेखर आज़ाद : मिथक और यथार्थ' में उनके पूर्वजों पर विस्तार से चर्चा की गयी है, लोकभारती प्रकाशन, प्रयागराज, 2024
6. देखें, पृष्ठ 18, 'अमर शहीद श्री आज़ाद के संस्मरण', 'नर्मदा' पत्रिका का आज़ाद अंक, मनोहरलाल त्रिवेदी
7. देखें, पृष्ठ 58, प्रताप गोपेन्द्र, 'चन्द्रशेखर आज़ाद : मिथक और यथार्थ',लोकभारती प्रकाशन, प्रयागराज, 2024
8. देखें, पृष्ठ 37, विश्वनाथ वैशम्पायन, 'अमर शहीद चन्द्रशेखर आज़ाद', राजकमल प्रकाशन, नयी दिल्ली, 2024
9. देखें, वहीं

10. देखें, पृष्ठ 285, सुधीर विद्यार्थी द्वारा सम्पादित 'क्रान्तिकारी शहीद चन्द्रशेखर आज़ाद की जीवन-कथा' में विश्वनाथ वैशम्पायन का लेख, राजकमल प्रकाशन, नयी दिल्ली, 2023
11. देखें, पृष्ठ 144, सुधीर विद्यार्थी द्वारा सम्पादित 'क्रान्तिकारी शहीद चन्द्रशेखर आज़ाद की जीवन-कथा' में सदाशिवराव मलकापुरकर का लेख, राजकमल प्रकाशन, नयी दिल्ली, 2023
12. देखें, पृष्ठ 142-3, सुधीर विद्यार्थी द्वारा सम्पादित 'क्रान्तिकारी शहीद चन्द्रशेखर आज़ाद की जीवन-कथा' में सदाशिवराव मलकापुरकर का लेख, राजकमल प्रकाशन, नयी दिल्ली, 2023
13. देखें, पृष्ठ 142-3, सुधीर विद्यार्थी द्वारा सम्पादित 'क्रान्तिकारी शहीद चन्द्रशेखर आज़ाद की जीवन-कथा' में भगवानदास माहौर का लेख, राजकमल प्रकाशन, नयी दिल्ली, 2023
14. देखें, पृष्ठ 20, 'अमर शहीद श्री आज़ाद के संस्मरण', 'नर्मदा' पत्रिका का आज़ाद अंक, मनोहरलाल त्रिवेदी
15. देखें, पृष्ठ 36, प्रताप गोपेन्द्र, 'चन्द्रशेखर आज़ाद : मिथक और यथार्थ',लोकभारती प्रकाशन, प्रयागराज, 2024
16. देखें, पृष्ठ 142, सुधीर विद्यार्थी द्वारा सम्पादित 'क्रान्तिकारी शहीद चन्द्रशेखर आज़ाद की जीवन-कथा' में सदाशिवराव मलकापुरकर का लेख, राजकमल प्रकाशन, नयी दिल्ली, 2023
17. देखें, पृष्ठ 142-8, सुधीर विद्यार्थी द्वारा सम्पादित 'क्रान्तिकारी शहीद चन्द्रशेखर आज़ाद की जीवन-कथा' में सदाशिवराव मलकापुरकर का लेख, राजकमल प्रकाशन, नयी दिल्ली, 2023
18. देखें, पृष्ठ 244-51, बनारसीदास चतुर्वेदी, संस्मरण, भारतीय ज्ञानपीठ, 1952
19. देखें, पृष्ठ 255, सुधीर विद्यार्थी द्वारा सम्पादित 'क्रान्तिकारी शहीद चन्द्रशेखर आज़ाद की जीवन-कथा' में मनोहरलाल त्रिवेदी का लेख, राजकमल प्रकाशन, नयी दिल्ली, 2023
20. देखें, पृष्ठ 40, विश्वनाथ वैशम्पायन, 'अमर शहीद चन्द्रशेखर आज़ाद', राजकमल प्रकाशन, नयी दिल्ली, 2024

21. देखें, पृष्ठ 255, सुधीर विद्यार्थी द्वारा सम्पादित 'क्रान्तिकारी शहीद चन्द्रशेखर आज़ाद की जीवन-कथा'में मनोहरलाल त्रिवेदी का लेख, राजकमल प्रकाशन, नयी दिल्ली, 2023
22. देखें, पृष्ठ 185, राजमोहन गांधी, 'मोहनदास', पेंगुइन, गुरुग्राम, 2007
23. देखें, कलेक्टेड वर्क्स ऑफ़ महात्मा गांधी खण्ड 14, पृष्ठ 335
24. देखें, कलेक्टेड वर्क्स ऑफ़ महात्मा गांधी खण्ड 15, पृष्ठ 148-55
25. देखें, कलेक्टेड वर्क्स ऑफ़ महात्मा गांधी खण्ड 15, पृष्ठ 345-6
26. देखें, पृष्ठ 52, रामचन्द्र गुहा, 'गांधी द इयर्स थेट चेंज्ड द वर्ल्ड', पेंगुइन, गुरुग्राम, 2018
27. देखें, कलेक्टेड वर्क्स ऑफ़ महात्मा गांधी खण्ड 15, पृष्ठ 86-88
28. देखें, पृष्ठ 415, मोहनदास करमचन्द गांधी, 'सत्य के साथ मेरे प्रयोग, नवजीवन
29. देखें, पृष्ठ 82-83, रामचन्द्र गुहा, 'गांधी द इयर्स थेट चेंज्ड द वर्ल्ड', पेंगुइन, गुरुग्राम, 2018
30. देखें, कलेक्टेड वर्क्स ऑफ़ महात्मा गांधी खण्ड 17, पृष्ठ 58-60
31. देखें, पृष्ठ 90, रामचन्द्र गुहा, 'गांधी द इयर्स थेट चेंज्ड द वर्ल्ड', पेंगुइन, गुरुग्राम, 2018
32. देखें, पृष्ठ 143, रामचन्द्र गुहा, 'गांधी द इयर्स थेट चेंज्ड द वर्ल्ड', पेंगुइन, गुरुग्राम, 2018
33. देखें, पृष्ठ 83, प्रताप गोपेन्द्र, 'चन्द्रशेखर आज़ाद : मिथक और यथार्थ',लोकभारती प्रकाशन, प्रयागराज, 2024
34. देखें, पृष्ठ 81, प्रताप गोपेन्द्र, 'चन्द्रशेखर आज़ाद : मिथक और यथार्थ',लोकभारती प्रकाशन, प्रयागराज, 2024
35. देखें, पृष्ठ 85, खण्ड 3, महादेव देसाई की डायरी
36. देखें, 'आज' अख़बार, 25 दिसम्बर 1921, बनारस
37. देखें, पृष्ठ 56, डॉ. सम्पूर्णानन्द, 'कुछ स्मृतियाँ और स्फुट विचार', ज्ञानमंडल लिमिटेड, वाराणसी

38. देखें, पीके मालवीय पेपर्स, राष्ट्रीय अभिलेखागार, भारत - https://www.indianculture.gov.in/archives/biography-chandra-shekhar-azad-pt-shiv-vinayak-mishra-0
39. देखें, पृष्ठ 59, डॉ. सम्पूर्णानन्द, 'कुछ स्मृतियाँ और स्फुट विचार', ज्ञानमंडल लिमिटेड, वाराणसी
40. देखें, पृष्ठ 103-11, प्रताप गोपेन्द्र, 'चन्द्रशेखर आज़ाद : मिथक और यथार्थ',लोकभारती प्रकाशन, प्रयागराज, 2024
41. देखें, 'आज' अख़बार, 28 दिसम्बर 1921, बनारस
42. देखें, वहीं
43. देखें, पृष्ठ 111, प्रताप गोपेन्द्र, 'चन्द्रशेखर आज़ाद : मिथक और यथार्थ', लोकभारती प्रकाशन, प्रयागराज, 2024
44. देखें, 'आज' अख़बार, 24 फ़रवरी 1921, बनारस
45. देखें, पृष्ठ 113-9, प्रताप गोपेन्द्र, 'चन्द्रशेखर आज़ाद : मिथक और यथार्थ', लोकभारती प्रकाशन, प्रयागराज, 2024
46. देखें, अनिल नौरिया, "नॉन-कॉपरेशन मूवमेंट।" इंडिया इंटरनेशनल सेंटर क्वार्टरली, खण्ड 48, अंक 2, 2021, पृष्ठ 1–20। JSTOR, https://www.jstor.org/stable/27131151। अभिगमन तिथि : 25 जून 2025।
47. देखें, पृष्ठ 85, जवाहरलाल नेहरू, 'एन ऑटोबायोग्राफी।' नयी दिल्ली: जवाहरलाल नेहरू मेमोरियल फंड, 1980
48. देखें, वहीं
49. देखें, पृष्ठ 193-5, बिपिन चन्द्र, 'इंडिया'स स्ट्रगल फॉर इंडिपेंडेंस', पेंगुइन, गुरुग्राम, 1989
50. देखें, पृष्ठ 272, राजमोहन गांधी, 'मोहनदास', पेंगुइन, 2007
51. देखें, पृष्ठ 117-8, प्रताप गोपेन्द्र, 'चन्द्रशेखर आज़ाद : मिथक और यथार्थ',लोकभारती प्रकाशन, प्रयागराज, 2024
52. देखें, पृष्ठ 219-20, सुधीर विद्यार्थी द्वारा सम्पादित 'क्रान्तिकारी शहीद चन्द्रशेखर आज़ाद की जीवन-कथा'में मन्मथनाथ गुप्त का लेख, राजकमल प्रकाशन, नयी दिल्ली, 2023

53. देखें, पृष्ठ 18-19, सुधीर विद्यार्थी द्वारा सम्पादित 'क्रान्तिकारी शहीद चन्द्रशेखर आज़ाद की जीवन-कथा' में भगवानदास माहौर का लेख, राजकमल प्रकाशन, नयी दिल्ली, 2023
54. देखें, पृष्ठ 220, सुधीर विद्यार्थी द्वारा सम्पादित 'क्रान्तिकारी शहीद चन्द्रशेखर आज़ाद की जीवन-कथा' में मन्मथनाथ गुप्त का लेख, राजकमल प्रकाशन, नयी दिल्ली, 2023
55. दोनों दलों के बनने और विस्तार की गाथा को समझने के लिए देखें शचीन्द्रनाथ सान्याल कृत 'बन्दी जीवन', जोगेश चन्द्र चटर्जी कृत 'इन सर्च ऑफ फ्रीडम', मन्मथनाथ गुप्त कृत 'दे लीवड डैंजरसली' एवं 'हिस्ट्री ऑफ़ इंडियन रेवोलुशनरी मूवमेंट'
56. देखें, पृष्ठ 220, सुधीर विद्यार्थी द्वारा सम्पादित 'क्रान्तिकारी शहीद चन्द्रशेखर आज़ाद की जीवन-कथा' में मन्मथनाथ गुप्त का लेख, राजकमल प्रकाशन, नयी दिल्ली, 2023
57. देखें, पृष्ठ 221, सुधीर विद्यार्थी द्वारा सम्पादित 'क्रान्तिकारी शहीद चन्द्रशेखर आज़ाद की जीवन-कथा' में मन्मथनाथ गुप्त का लेख, राजकमल प्रकाशन, नयी दिल्ली, 2023
58. देखें, पृष्ठ 221, सुधीर विद्यार्थी द्वारा सम्पादित 'क्रान्तिकारी शहीद चन्द्रशेखर आज़ाद की जीवन-कथा' में मन्मथनाथ गुप्त का लेख, राजकमल प्रकाशन, नयी दिल्ली, 2023
59. देखें, पृष्ठ 85, शचीन्द्रनाथ सान्याल, 'बन्दी जीवन', आत्माराम एंड संस, दिल्ली
60. देखें, पृष्ठ 193-4, जोगेश चन्द्र चटर्जी, 'इन सर्च ऑफ फ्रीडम', परेश चन्द्र चटर्जी, कलकत्ता, 1958
61. देखें, पृष्ठ 65, विश्वनाथ वैशम्पायन, 'अमर शहीद चन्द्रशेखर आज़ाद', राजकमल प्रकाशन, नयी दिल्ली, 2024
62. देखें, पृष्ठ 41, अपर्णा वैदिक, 'वेटिंग फॉर स्वराज', कैंब्रिज यूनिवर्सिटी प्रेस, कैंब्रिज, 2021 और देखें, पृष्ठ 285, शचीन्द्रनाथ सान्याल, 'बन्दी जीवन', आत्माराम एंड संस, दिल्ली

63. देखें, पृष्ठ 231-34, जोगेश चन्द्र चटर्जी, 'इन सर्च ऑफ फ्रीडम', परेश चन्द्र चटर्जी, कलकत्ता, 1958
64. देखें, पृष्ठ 219-20, जोगेश चन्द्र चटर्जी, 'इन सर्च ऑफ फ्रीडम', परेश चन्द्र चटर्जी, कलकत्ता, 1958 एवं देखें, पृष्ठ 270-1, शचीन्द्रनाथ सान्याल, 'बन्दी जीवन', आत्माराम एन्ड संस्, दिल्ली
65. देखें, पृष्ठ 92, मन्मथनाथ गुप्त, 'दे लीवड डैंजरसली',पीपल्स पब्लिशिंग हाउस, नयी दिल्ली, 1956
66. देखें, पृष्ठ 97-8, मन्मथनाथ गुप्त, 'दे लीवड डैंजरसली',पीपल्स पब्लिशिंग हाउस, नयी दिल्ली, 1956
67. देखें, पृष्ठ 63-4, विश्वनाथ वैशम्पायन, 'अमर शहीद चन्द्रशेखर आज़ाद', राजकमल प्रकाशन, नयी दिल्ली, 2024
68. देखें, पृष्ठ 111-2, मन्मथनाथ गुप्त, 'दे लीवड डैंजरसली',पीपल्स पब्लिशिंग हाउस, नयी दिल्ली, 1956
69. देखें, पृष्ठ 65, विश्वनाथ वैशम्पायन, 'अमर शहीद चन्द्रशेखर आज़ाद', राजकमल प्रकाशन, नयी दिल्ली, 2024
70. देखें, पृष्ठ 227-8, जोगेश चन्द्र चटर्जी, 'इन सर्च ऑफ फ्रीडम', परेश चन्द्र चटर्जी, कलकत्ता, 1958 एवं देखें, पृष्ठ 270-1, शचीन्द्रनाथ सान्याल, 'बन्दी जीवन', आत्माराम एन्ड संस्, दिल्ली
71. देखें, पृष्ठ 152-4, प्रताप गोपेन्द्र, 'चन्द्रशेखर आज़ाद : मिथक और यथार्थ',लोकभारती प्रकाशन, प्रयागराज, 2024
72. देखें, पृष्ठ 231-255, जोगेश चन्द्र चटर्जी, 'इन सर्च ऑफ फ्रीडम', परेश चन्द्र चटर्जी, कलकत्ता, 1958
73. देखें, पृष्ठ 52, अपर्णा वैदिक, 'वेटिंग फॉर स्वराज',कैंब्रिज यूनिवर्सिटी प्रेस, कैंब्रिज, 2021
74. देखें, काकोरी जजमेंट, पृष्ठ 23-24, इलाहाबाद हाई कोर्ट की वेबसाइट पर उपलब्ध
75. देखें, पृष्ठ 155-58, प्रताप गोपेन्द्र, 'चन्द्रशेखर आज़ाद : मिथक और यथार्थ',लोकभारती प्रकाशन, प्रयागराज, 2024

76. देखें, काकोरी जजमेंट, पृष्ठ 28-30, इलाहाबाद हाई कोर्ट की वेबसाइट पर उपलब्ध एवं देखें, पृष्ठ 67, एच.डब्लू. हेल, 'ब्रिटिश रेकॉर्ड्स ऑफ़ रिवोल्यूशनरी मूवमेंट इन इंडिया' खण्ड तीन, रिवोल्यूशनरी एक्टिविटीज़ इन इंडिया - 1917-1936, यूनिस्टार बुक्स, मोहाली, 2017

77. देखें, पृष्ठ 187-90, मन्मथनाथ गुप्त, 'क्रान्तिकारी की आत्मकथा', अनन्य प्रकाशन, दिल्ली, 2021

78. देखें, पृष्ठ 53, अपर्णा वैदिक, 'वेटिंग फॉर स्वराज', कैंब्रिज यूनिवर्सिटी प्रेस, कैंब्रिज, 2021

79. देखें, वहीं

80. देखें, वहीं, पृष्ठ 54

81. देखें, पृष्ठ 123, मनमोहन गुप्त 'भारत के शहीद', अरविन्द प्रकाशन, आगरा, 1994

82. देखें, पृष्ठ 140, मन्मथनाथ गुप्त, 'दे लीवड डैंजरसली', पीपल्स पब्लिशिंग हाउस, नयी दिल्ली, 1956

83. देखें, पृष्ठ 117-8, मन्मथनाथ गुप्त, 'दे लीवड डैंजरसली', पीपल्स पब्लिशिंग हॉउस, नयी दिल्ली, 1956

84. देखें, पृष्ठ 89, रामप्रसाद 'बिस्मिल', 'आत्मकथा', लोकभारती प्रकाशन, प्रयागराज, 2025

85. देखें, पृष्ठ 90, रामप्रसाद 'बिस्मिल', 'आत्मकथा', लोकभारती प्रकाशन, प्रयागराज, 2025

86. देखें, पृष्ठ 68, विश्वनाथ वैशम्पायन, 'अमर शहीद चन्द्रशेखर आज़ाद', राजकमल प्रकाशन, नयी दिल्ली, 2024

87. देखें, पृष्ठ 141, मन्मथनाथ गुप्त, 'दे लीवड डैंजरसली', पीपल्स पब्लिशिंग हॉउस, नयी दिल्ली, 1956

88. देखें, पृष्ठ 142, मन्मथनाथ गुप्त, 'दे लीवड डैंजरसली', पीपल्स पब्लिशिंग हॉउस, नयी दिल्ली, 1956

89. काकोरी से सम्बन्धित जानकारी के लिए देखें-मन्मथनाथ गुप्त, 'दे लीवड डैंजरसली', पीपल्स पब्लिशिंग हाउस, नयी दिल्ली, 1956;

रामप्रसाद 'बिस्मिल', 'आत्मकथा', लोकभारती प्रकाशन, प्रयागराज, 2025 ; काकोरी जजमेंट, इलाहाबाद हाई कोर्ट की वेबसाइट पर उपलब्ध; विश्वनाथ वैशम्पायन, 'अमर शहीद चन्द्रशेखर आज़ाद', राजकमल प्रकाशन, नयी दिल्ली, 2024; सचीन्द्रनाथ बख़्शी, 'क्रान्ति के पथ पर', लोकहित प्रकाशन, लखनऊ, 2013

90. देखें, पृष्ठ 208, मन्मथनाथ गुप्त, 'क्रान्तिकारी की आत्मकथा', अनन्य प्रकाशन, दिल्ली, 2023

91. देखें, पृष्ठ 92-3, रामप्रसाद 'बिस्मिल', 'आत्मकथा', लोकभारती प्रकाशन, प्रयागराज, 2025

92. देखें, पृष्ठ 67, एच.डब्लू. हेल, 'ब्रिटिश रेकॉर्ड्स ऑफ़ रिवोल्यूशनरी मूवमेंट इन इंडिया' खण्ड तीन, रिवोल्यूशनरी एक्टिविटीज़ इन इंडिया - 1917-1936, यूनिस्टार बुक्स, मोहाली, 2017

93. देखें, काकोरी जजमेंट, पृष्ठ 42, इलाहाबाद हाई कोर्ट की वेबसाइट पर उपलब्ध

94. देखें, पृष्ठ 109-10, रामप्रसाद 'बिस्मिल', 'आत्मकथा', लोकभारती प्रकाशन, प्रयागराज, 2025

95. देखें, पृष्ठ 213-14, मन्मथनाथ गुप्त, 'क्रान्तिकारी की आत्मकथा', अनन्य प्रकाशन, दिल्ली, 2023

96. देखें पृष्ठ 73-74, विश्वनाथ वैशम्पायन, 'अमर शहीद चन्द्रशेखर आज़ाद', राजकमल प्रकाशन, नयी दिल्ली, 2024

97. देखें, पृष्ठ 24, 'नर्मदा' पत्रिका का आज़ाद अंक, पण्डित शिविनायक मिश्र का संस्मरण

98. देखें, पृष्ठ 95-96, रामकृष्ण खत्री, 'शहीदों की छाया में', अनन्य प्रकाशन, दिल्ली, 2022

99. देखें, पृष्ठ 95, रामप्रसाद 'बिस्मिल', 'आत्मकथा', लोकभारती प्रकाशन, प्रयागराज, 2025

100. देखें, पृष्ठ 97, रामप्रसाद 'बिस्मिल', 'आत्मकथा', लोकभारती प्रकाशन, प्रयागराज, 2025

101. देखें, पृष्ठ 93, रामप्रसाद 'बिस्मिल', 'आत्मकथा', लोकभारती प्रकाशन, प्रयागराज, 2025

102. देखें, पृष्ठ 99, रामप्रसाद 'बिस्मिल', 'आत्मकथा', लोकभारती प्रकाशन, प्रयागराज, 2025

103. देखें, पृष्ठ 105, रामप्रसाद 'बिस्मिल', 'आत्मकथा', लोकभारती प्रकाशन, प्रयागराज, 2025

104. देखें, काकोरी जजमेंट, पृष्ठ 5-6, इलाहाबाद हाई कोर्ट की वेबसाइट पर उपलब्ध

105. देखें, पृष्ठ 10, मन्मथनाथ गुप्त का साक्षात्कार, 204बी, ओरल हिस्ट्री ट्रांसक्रिप्ट, सेंटर ऑफ़ साउथ एशियन स्टडीज़, यूनिवर्सिटी ऑफ़ कैंब्रिज

106. देखें, पृष्ठ 178, मन्मथनाथ गुप्त, 'दे लीवड डैंजरसली',पीपल्स पब्लिशिंग हॉउस, नयी दिल्ली, 1956

107. देखें, पृष्ठ 227, मन्मथनाथ गुप्त, 'क्रान्तिकारी की आत्मकथा', अनन्य प्रकाशन, दिल्ली, 2023

108 - जेल में क्रान्तिकारियों की दिनचर्या जानने के लिए देखें, पृष्ठ 10-11, मन्मथनाथ गुप्त का साक्षात्कार, 204बी, ओरल हिस्ट्री ट्रांसक्रिप्ट, सेंटर ऑफ़ साउथ एशियन स्टडीज़, यूनिवर्सिटी ऑफ़ कैंब्रिज; पृष्ठ 233-242, मन्मथनाथ गुप्त, 'क्रान्तिकारी की आत्मकथा', अनन्य प्रकाशन, दिल्ली, 2023; पृष्ठ 134-35, रामप्रसाद 'बिस्मिल', 'आत्मकथा', लोकभारती प्रकाशन, प्रयागराज, 2025; पृष्ठ 42-43, सम्पादक बनारसीदास चतुर्वेदी, 'अमर शहीद अशफ़ाक़ उल्ला खाँ', राजकमल प्रकाशन, नयी दिल्ली, 2024; पृष्ठ 54, अपर्णा वैदिक, 'वेटिंग फॉर स्वराज',कैंब्रिज यूनिवर्सिटी प्रेस, कैंब्रिज, 2021

109. देखें, पृष्ठ 102-3, रामप्रसाद 'बिस्मिल', 'आत्मकथा', लोकभारती प्रकाशन, प्रयागराज, 2025

110. देखें, पृष्ठ 251-53, मन्मथनाथ गुप्त, 'क्रान्तिकारी की आत्मकथा', अनन्य प्रकाशन, दिल्ली, 2023

111. देखें, पृष्ठ 253, मन्मथनाथ गुप्त, 'क्रान्तिकारी की आत्मकथा', अनन्य प्रकाशन, दिल्ली, 2023

112. देखें, प्रत्यक्षदर्शी रामकृष्ण खत्री का प्रसार भारती को दिया साक्षात्कार, शीर्षक 'काकोरी के क्रान्तिकारी-रामकृष्ण खत्री', 16 अगस्त 2021 को यूट्यूब पर 'प्रसार भारती आर्काइव्ज चैनल' द्वारा डाला गया एवं 4 जुलाई 2025 को अन्तिम बार लेखक द्वारा देखा गया : https://youtu.be/MtT3VQ2KSas?feature=shared

113. देखें, वहीं

114. देखें, पृष्ठ 261-66, मन्मथनाथ गुप्त, 'क्रान्तिकारी की आत्मकथा', अनन्य प्रकाशन, दिल्ली, 2023

115. देखें, काकोरी जजमेंट, पृष्ठ 117-18, इलाहाबाद हाई कोर्ट की वेबसाइट पर उपलब्ध

116. देखें, प्रत्यक्षदर्शी रामकृष्ण खत्री का प्रसार भारती को दिया साक्षात्कार, शीर्षक 'काकोरी के क्रान्तिकारी - रामकृष्ण खत्री', 16 अगस्त 2021 को यूट्यूब पर 'प्रसार भारती आर्काइव्ज चैनल' द्वारा डाला गया एवं 4 जुलाई 2025 को अन्तिम बार लेखक द्वारा देखा गया : https://youtu.be/MtT3VQ2KSas?feature=shared ; पृष्ठ 112-5, रामकृष्ण खत्री, 'शहीदों की छाया में, 'अनन्य प्रकाशन, दिल्ली, 2024

117. देखें, वहीं

118. देखें, काकोरी जजमेंट, पृष्ठ 115-18, इलाहाबाद हाई कोर्ट की वेबसाइट पर उपलब्ध

119. देखें, पृष्ठ 266, मन्मथनाथ गुप्त, 'क्रान्तिकारी की आत्मकथा', अनन्य प्रकाशन, दिल्ली, 2023

120. देखें, पृष्ठ 118-21, रामप्रसाद 'बिस्मिल', 'आत्मकथा', लोकभारती प्रकाशन, प्रयागराज, 2025

121. देखें, पृष्ठ 114, रामप्रसाद 'बिस्मिल', 'आत्मकथा', लोकभारती प्रकाशन, प्रयागराज, 2025

122. देखें, पृष्ठ 122, रामप्रसाद 'बिस्मिल', 'आत्मकथा', लोकभारती प्रकाशन, प्रयागराज, 2025

123. देखें, पृष्ठ 125-26, रामप्रसाद 'बिस्मिल', 'आत्मकथा', लोकभारती प्रकाशन, प्रयागराज, 2025
124. देखें, पृष्ठ 136-37, रामप्रसाद 'बिस्मिल', 'आत्मकथा', लोकभारती प्रकाशन, प्रयागराज, 2025
125. देखें, पृष्ठ 137-44, रामप्रसाद 'बिस्मिल', 'आत्मकथा', लोकभारती प्रकाशन, प्रयागराज, 2025
126. देखें, पृष्ठ 154-57, रामप्रसाद 'बिस्मिल', 'आत्मकथा', लोकभारती प्रकाशन, प्रयागराज, 2025
127. देखें, पृष्ठ 157-58, रामप्रसाद 'बिस्मिल', 'आत्मकथा', लोकभारती प्रकाशन, प्रयागराज, 2025
128. देखें, पृष्ठ 77, विश्वनाथ वैशम्पायन, 'अमर शहीद चन्द्रशेखर आज़ाद', राजकमल प्रकाशन, नयी दिल्ली, 2024 एवं 'चाँद' पत्रिका का फाँसी अंक
129. देखें, वहीं
130. देखें, पृष्ठ 25, सम्पादक बनारसीदास चतुर्वेदी, 'अमर शहीद अशफ़ाक़ उल्ला खां', राजकमल प्रकाशन, नयी दिल्ली, 2024
131. देखें, पृष्ठ 116, अशफ़ाक़ उल्ला खाँ का 'बिरादराने वतन के नाम कब्र के किनारे से पैगाम',सम्पादक बनारसीदास चतुर्वेदी, 'अमर शहीद अशफ़ाक़ उल्ला खाँ', राजकमल प्रकाशन, नयी दिल्ली, 2024
132. देखें, पृष्ठ 137, सम्पादक बनारसीदास चतुर्वेदी, 'अमर शहीद अशफ़ाक़ उल्ला खाँ', राजकमल प्रकाशन, नयी दिल्ली, 2024
133. देखें, पृष्ठ 129, सम्पादक बनारसीदास चतुर्वेदी, 'अमर शहीद अशफ़ाक़ उल्ला खाँ', राजकमल प्रकाशन, नयी दिल्ली, 2024
134. देखें, पृष्ठ 26, सम्पादक बनारसीदास चतुर्वेदी, 'अमर शहीद अशफ़ाक़ उल्ला खाँ', राजकमल प्रकाशन, नयी दिल्ली, 2024
135. देखें, पृष्ठ 27, सम्पादक बनारसीदास चतुर्वेदी, 'अमर शहीद अशफ़ाक़ उल्ला खाँ', राजकमल प्रकाशन, नयी दिल्ली, 2024

136. देखें, पृष्ठ 28, सम्पादक बनारसीदास चतुर्वेदी, 'अमर शहीद अशफ़ाक़ उल्ला खाँ', राजकमल प्रकाशन, नयी दिल्ली, 2024
137. देखें, पृष्ठ 137, सम्पादक बनारसीदास चतुर्वेदी, 'अमर शहीद अशफ़ाक़ उल्ला खाँ', राजकमल प्रकाशन, नयी दिल्ली, 2024
138. देखें, पृष्ठ 261-62, सुधीर विद्यार्थी द्वारा सम्पादित 'क्रान्तिकारी शहीद चन्द्रशेखर आज़ाद की जीवन-कथा', राजकमल प्रकाशन, नयी दिल्ली, 2023
139. देखें, पृष्ठ 78-79, विश्वनाथ वैशम्पायन, 'अमर शहीद चन्द्रशेखर आज़ाद', राजकमल प्रकाशन, नयी दिल्ली, 2024
140. देखें, पृष्ठ 76, विश्वनाथ वैशम्पायन, 'अमर शहीद चन्द्रशेखर आज़ाद', राजकमल प्रकाशन, नयी दिल्ली, 2024
141. देखें, पृष्ठ 16, सुधीर विद्यार्थी द्वारा सम्पादित 'क्रान्तिकारी शहीद चन्द्रशेखर आज़ाद की जीवन-कथा', राजकमल प्रकाशन, नयी दिल्ली, 2023
142. देखें, पृष्ठ 102, विश्वनाथ वैशम्पायन, 'अमर शहीद चन्द्रशेखर आज़ाद', राजकमल प्रकाशन, नयी दिल्ली, 2024
143. देखें, पृष्ठ 162-63, सुधीर विद्यार्थी द्वारा सम्पादित 'क्रान्तिकारी शहीद चन्द्रशेखर आज़ाद की जीवन-कथा', राजकमल प्रकाशन, नयी दिल्ली, 2023
144. देखें, पृष्ठ 17, सुधीर विद्यार्थी द्वारा सम्पादित 'क्रान्तिकारी शहीद चन्द्रशेखर आज़ाद की जीवन-कथा', राजकमल प्रकाशन, नयी दिल्ली, 2023
145. देखें, पृष्ठ 115, बाबू कृष्णमूर्ति, 'आज़ाद - द इन्विंसिबल', गरुड़ प्रकाशन, गुरुग्राम, 2021
146. देखें, पृष्ठ 186, प्रताप गोपेन्द्र, 'चन्द्रशेखर आज़ाद : मिथक और यथार्थ',लोकभारती प्रकाशन, प्रयागराज, 2024
147. देखें, पृष्ठ 17-8, सुधीर विद्यार्थी द्वारा सम्पादित 'क्रान्तिकारी शहीद चन्द्रशेखर आज़ाद की जीवन-कथा', राजकमल प्रकाशन, नयी दिल्ली, 2023

148. देखें, पृष्ठ 107, विश्वनाथ वैशम्पायन, 'अमर शहीद चन्द्रशेखर आज़ाद', राजकमल प्रकाशन, नयी दिल्ली, 2024
149. देखें, पृष्ठ 109, विश्वनाथ वैशम्पायन, 'अमर शहीद चन्द्रशेखर आज़ाद', राजकमल प्रकाशन, नयी दिल्ली, 2024
150. देखें, पृष्ठ 114, विश्वनाथ वैशम्पायन, 'अमर शहीद चन्द्रशेखर आज़ाद', राजकमल प्रकाशन, नयी दिल्ली, 2024
151. देखें, पृष्ठ 109, विश्वनाथ वैशम्पायन, 'अमर शहीद चन्द्रशेखर आज़ाद', राजकमल प्रकाशन, नयी दिल्ली, 2024
152. देखें, पृष्ठ 19, सुधीर विद्यार्थी द्वारा सम्पादित 'क्रान्तिकारी शहीद चन्द्रशेखर आज़ाद की जीवन-कथा', राजकमल प्रकाशन, नयी दिल्ली, 2023
153. देखें, पृष्ठ 21, सुधीर विद्यार्थी द्वारा सम्पादित 'क्रान्तिकारी शहीद चन्द्रशेखर आज़ाद की जीवन-कथा', राजकमल प्रकाशन, नयी दिल्ली, 2023
154. देखें, पृष्ठ 118, विश्वनाथ वैशम्पायन, 'अमर शहीद चन्द्रशेखर आज़ाद', राजकमल प्रकाशन, नयी दिल्ली, 2024
155. देखें, पृष्ठ 119, विश्वनाथ वैशम्पायन, 'अमर शहीद चन्द्रशेखर आज़ाद', राजकमल प्रकाशन, नयी दिल्ली, 2024
156. देखें, वहीं
157. देखें, पृष्ठ 23, सुधीर विद्यार्थी द्वारा सम्पादित 'क्रान्तिकारी शहीद चन्द्रशेखर आज़ाद की जीवन-कथा', राजकमल प्रकाशन, नयी दिल्ली, 2023
158. देखें, पृष्ठ 125, विश्वनाथ वैशम्पायन, 'अमर शहीद चन्द्रशेखर आज़ाद', राजकमल प्रकाशन, नयी दिल्ली, 2024
159. देखें, वहीं
160. देखें, पृष्ठ 13, विश्वनाथ वैशम्पायन, 'अमर शहीद चन्द्रशेखर आज़ाद', राजकमल प्रकाशन, नयी दिल्ली, 2024
161. देखें, पृष्ठ 55-56, शिव वर्मा, 'संस्मृतियाँ', राहुल फाउंडेशन, लखनऊ, 2025

162. देखें, पृष्ठ 135,विश्वनाथ वैशम्पायन, 'अमर शहीद चन्द्रशेखर आज़ाद', राजकमल प्रकाशन, नयी दिल्ली, 2024 एवं

163. देखें, अपेंडिक्स 2, शिव वर्मा का लेख, 'अ मार्टीर'स नोटबुक', भूपेंद्र हूजा द्वारा सम्पादित, इंडियन बुक क्रॉनिकल, जयपुर, 1994

164. देखें, पृष्ठ 98-99, यशपाल, 'सिंहावलोकन', लोकभारती प्रकाशन, प्रयागराज, 2023

165. देखें, पृष्ठ 135, 'सुधीर विद्यार्थी द्वारा सम्पादित, 'शहीद भगत सिंह : क्रान्ति का साक्ष्य' में जयदेव कपूर का लेख, राजकमल प्रकाशन, नयी दिल्ली, 2017

166. देखें, पृष्ठ 98-99, यशपाल, 'सिंहावलोकन', लोकभारती प्रकाशन, प्रयागराज, 2023

167. देखें, पृष्ठ 5, कुलदीप नैयर, 'विथाउट फियर ', हार्पर कॉलिंस, नयी दिल्ली, 2008

168. देखें, एच.एस.आर.ए. का घोषणापत्र

169. देखें, पृष्ठ 203, 'पोलिटिकल राइटिंग्स ऑफ़ भगत सिंह' चमन लाल एवं माइकेल येट्स द्वारा सम्पादित, मंथली रिव्यु प्रेस, न्यू यॉर्क, 2024

170. देखें, यंग इंडिया, 12-02-1925, पृष्ठ 200, 'सेलेक्शन्स फ्रॉम गांधी', निर्मल कुमार बोस द्वारा सम्पादित, नवजीवन ट्रस्ट, अहमदाबाद, 1960

171. देखें, हरिजन, 27-05-1939,पृष्ठ 182, 'सेलेक्शन्स फ्रॉम गांधी', निर्मल कुमार बोस द्वारा सम्पादित, नवजीवन ट्रस्ट, अहमदाबाद, 1960

172. देखें, हरिजन, 03-03-1947,पृष्ठ 182, 'सेलेक्शन्स फ्रॉम गांधी', निर्मल कुमार बोस द्वारा सम्पादित, नवजीवन ट्रस्ट, अहमदाबाद, 1960

173. देखें, हरिजन, 12-07-1942,पृष्ठ 184-5, 'सेलेक्शन्स फ्रॉम गांधी', निर्मल कुमार बोस द्वारा सम्पादित, नवजीवन ट्रस्ट, अहमदाबाद, 1960

174. देखें, एच.एस.आर.ए. का घोषणापत्र

175. देखें, पृष्ठ 203-4, 'पोलिटिकल राइटिंग्स ऑफ़ भगत सिंह' चमन लाल एवं माइकेल येट्स द्वारा सम्पादित, मंथली रिव्यु प्रेस, न्यूयॉर्क, 2024
176. देखें, भगत सिंह, युवा राजनीतिक कार्यकर्ताओं के नाम (लिखित 2 फ़रवरी 1931)। माइक बी द्वारा मार्क्सवाद इंटरनेट आर्काइव के लिए लिप्यंतरित (ShahidBhagatSingh.org और शहीद भगत सिंह अनुसंधान समिति की अनुमति से)। उपलब्ध : https://www.marxists.org/archive/bhagat-singh/1931/02/02.htm
177. देखें, पृष्ठ 20-21, शिव वर्मा, 'संस्मृतियाँ', राहुल फाउंडेशन, लखनऊ, 2025
178. देखें, पृष्ठ 28-29, जयदेव कपूर, ओरल हिस्ट्री ट्रांसक्रिप्ट, नेहरू मेमोरियल म्यूजियम एंड लाइब्रेरी
179. देखें, पृष्ठ 137, विश्वनाथ वैशम्पायन, 'अमर शहीद चन्द्रशेखर आज़ाद', राजकमल प्रकाशन, नयी दिल्ली, 2024
180. देखें, पृष्ठ 137, विश्वनाथ वैशम्पायन, 'अमर शहीद चन्द्रशेखर आज़ाद', राजकमल प्रकाशन, नयी दिल्ली, 2024
181. देखें, पृष्ठ 137, विश्वनाथ वैशम्पायन, 'अमर शहीद चन्द्रशेखर आज़ाद', राजकमल प्रकाशन, नयी दिल्ली, 2024
182. देखें, पृष्ठ 136, विश्वनाथ वैशम्पायन, 'अमर शहीद चन्द्रशेखर आज़ाद', राजकमल प्रकाशन, नयी दिल्ली, 2024
183. देखें, पृष्ठ 79, अपर्णा वैदिक, 'वेटिंग फॉर स्वराज', कैंब्रिज यूनिवर्सिटी प्रेस, कैंब्रिज, 2021
184. देखें, पृष्ठ 118, अपर्णा वैदिक, 'वेटिंग फॉर स्वराज', कैंब्रिज यूनिवर्सिटी प्रेस, कैंब्रिज, 2021
185. देखें, पृष्ठ अध्याय 3, 'बिटवीन क्रान्ति एंड इन्किलाब', अपर्णा वैदिक, 'वेटिंग फॉर स्वराज', कैंब्रिज यूनिवर्सिटी प्रेस, कैंब्रिज, 2021
186. देखें, पृष्ठ 80, अपर्णा वैदिक, 'वेटिंग फॉर स्वराज', कैंब्रिज यूनिवर्सिटी प्रेस, कैंब्रिज, 2021

187. देखें, पृष्ठ 135-6, विश्वनाथ वैशम्पायन, 'अमर शहीद चन्द्रशेखर आज़ाद', राजकमल प्रकाशन, नयी दिल्ली, 2024
188. देखें, पृष्ठ 135-6, विश्वनाथ वैशम्पायन, 'अमर शहीद चन्द्रशेखर आज़ाद', राजकमल प्रकाशन, नयी दिल्ली, 2024
189. देखें, पृष्ठ 66, क्रिस मॉफ़ैट, 'इंडियाज़ रेवोल्यूशनरी इनहेरिटेंस: पॉलिटिक्स एंड द प्रॉमिस ऑफ भगत सिंह',कैम्ब्रिज यूनिवर्सिटी प्रेस, 2019
190. देखें, पृष्ठ 139 एवं 152-3, विश्वनाथ वैशम्पायन, 'अमर शहीद चन्द्रशेखर आज़ाद', राजकमल प्रकाशन, नयी दिल्ली, 2024
191. देखें, पृष्ठ 148, विश्वनाथ वैशम्पायन, 'अमर शहीद चन्द्रशेखर आज़ाद', राजकमल प्रकाशन, नयी दिल्ली, 2024
192. देखें, पृष्ठ 149, विश्वनाथ वैशम्पायन, 'अमर शहीद चन्द्रशेखर आज़ाद', राजकमल प्रकाशन, नयी दिल्ली, 2024
193. देखें, पृष्ठ 149, विश्वनाथ वैशम्पायन, 'अमर शहीद चन्द्रशेखर आज़ाद', राजकमल प्रकाशन, नयी दिल्ली, 2024
194. देखें, पृष्ठ 232, यशपाल, 'सिंहावलोकन',लोकभारती प्रकाशन, प्रयागराज, 2023
195. देखें, पृष्ठ 150, विश्वनाथ वैशम्पायन, 'अमर शहीद चन्द्रशेखर आज़ाद', राजकमल प्रकाशन, नयी दिल्ली, 2024
196. देखें, पृष्ठ 23, शिव वर्मा, 'संस्मृतियाँ', राहुल फाउंडेशन, लखनऊ, 2025
197. देखें, पृष्ठ 150, विश्वनाथ वैशम्पायन, 'अमर शहीद चन्द्रशेखर आज़ाद', राजकमल प्रकाशन, नयी दिल्ली, 2024
198. देखें, पृष्ठ 73, शिव वर्मा, 'संस्मृतियाँ', राहुल फाउंडेशन, लखनऊ, 2025
199. देखें, पृष्ठ 93-94, शिव वर्मा, 'संस्मृतियाँ', राहुल फाउंडेशन, लखनऊ, 2025
200. देखें, पृष्ठ 156, विश्वनाथ वैशम्पायन, 'अमर शहीद चन्द्रशेखर आज़ाद', राजकमल प्रकाशन, नयी दिल्ली, 2024

201. देखें, पृष्ठ 156, विश्वनाथ वैशम्पायन, 'अमर शहीद चन्द्रशेखर आज़ाद', राजकमल प्रकाशन, नयी दिल्ली, 2024

202. देखें, पृष्ठ 107, अपर्णा वैदिक, 'वेटिंग फॉर स्वराज',कैंब्रिज यूनिवर्सिटी प्रेस, कैंब्रिज, 2021

203. देखें, पृष्ठ 158, विश्वनाथ वैशम्पायन, 'अमर शहीद चन्द्रशेखर आज़ाद', राजकमल प्रकाशन, नयी दिल्ली, 2024

204. देखें, पृष्ठ 158, विश्वनाथ वैशम्पायन, 'अमर शहीद चन्द्रशेखर आज़ाद', राजकमल प्रकाशन, नयी दिल्ली, 2024

205. देखें, पृष्ठ 86, अपर्णा वैदिक, 'वेटिंग फॉर स्वराज',कैंब्रिज यूनिवर्सिटी प्रेस, कैंब्रिज, 2021

206. देखें, पृष्ठ 86, अपर्णा वैदिक, 'वेटिंग फॉर स्वराज',कैंब्रिज यूनिवर्सिटी प्रेस, कैंब्रिज, 2021

207. देखें, पृष्ठ 86, भगवानदास माहौर, सदाशिव मलकापुरकर, शिव वर्मा, 'यश की धरोहर : क्रान्तिकारियों के संस्मरण', राहुल फाउंडेशन, लखनऊ, 2024

208. देखें, पृष्ठ 92, अपर्णा वैदिक, 'वेटिंग फॉर स्वराज',कैंब्रिज यूनिवर्सिटी प्रेस, कैंब्रिज, 2021

209. देखें, पृष्ठ 92, अपर्णा वैदिक, 'वेटिंग फॉर स्वराज',कैंब्रिज यूनिवर्सिटी प्रेस, कैंब्रिज, 2021

210. देखें, पृष्ठ 158-9, विश्वनाथ वैशम्पायन, 'अमर शहीद चन्द्रशेखर आज़ाद', राजकमल प्रकाशन, नयी दिल्ली, 2024

211. देखें, पृष्ठ 87, अपर्णा वैदिक, 'वेटिंग फॉर स्वराज',कैंब्रिज यूनिवर्सिटी प्रेस, कैंब्रिज, 2021

212. देखें, पृष्ठ 80, अपर्णा वैदिक, 'वेटिंग फॉर स्वराज',कैंब्रिज यूनिवर्सिटी प्रेस, कैंब्रिज, 2021

213. देखें, पृष्ठ 89-90, अपर्णा वैदिक, 'वेटिंग फॉर स्वराज',कैंब्रिज यूनिवर्सिटी प्रेस, कैंब्रिज, 2021

214. देखें, कलेक्टेड वर्क्स ऑफ़ महात्मा गांधी खण्ड 35, पृष्ठ 454-5

215. देखें, पृष्ठ 55-6, क्रिस मॉफ़ैट, 'इंडियाज़ रेवोल्यूशनरी इनहेरिटेंस: पॉलिटिक्स एंड द प्रॉमिस ऑफ भगत सिंह',कैम्ब्रिज यूनिवर्सिटी प्रेस, 2019

216. भगत सिंह (1928). "नौजवान भारत सभा, लाहौर का घोषणापत्र", अजमेर: आर्य॰ वंश प्रेस (लाहौर), 6 अप्रैल 1928। उपलब्ध: https://www.marxists.org/hindi/bhagat-singh/1928/naujawan-bharat-sabha.htm

217. देखें, मित्तल, एस. के., और इरफ़ान हबीब। "टुवड्‌र्स इंडिपेन्डेन्स ऐंड सोशलिस्ट रिपब्लिक: नौजवान भारत सभा: भाग एक।" सोशल साइंटिस्ट, खण्ड 8, अंक 2, 1979, पृष्ठ 18–29। जे-स्टोर, https://doi.org/10.2307/3516698। अभिगमन तिथि 18 अगस्त 2025

218. देखें, पृष्ठ 23, शिव वर्मा, 'संस्मृतियाँ', राहुल फाउंडेशन, लखनऊ, 2025

219. देखें, पृष्ठ 102-4, यशपाल, 'सिंहावलोकन',लोकभारती प्रकाशन, प्रयागराज, 2023

220. देखें, पृष्ठ 164, विश्वनाथ वैशम्पायन, ''अमर शहीद चन्द्रशेखर आज़ाद', राजकमल प्रकाशन, नयी दिल्ली, 2024

221. देखें, पृष्ठ 27, कुलदीप नैयर, 'विथाउट फियर', हार्पर कॉलिंस, नयी दिल्ली, 2008

222. देखें, पृष्ठ 14, भगवानदास माहौर, सदाशिवराव मलकापुरकर, शिव वर्मा, 'यश की धरोहर', राहुल फाउंडेशन, लखनऊ, 2024

223. सॉन्डर्स हत्या की योजना एवं उसके क्रियान्वयन से सम्बन्धित विस्तारित जानकारी के लिए देखें, "जजमेंट इन द लाहौर कॉन्स्पिरेसी केस 1930, लाहौर कॉन्स्पिरेसी केस फाइल नम्बर 768. नेशनल आर्काइव्स ऑफ इंडिया." https://indianculture.gov.in/archives/judgement-lahore-conspiracy-case-1930 पर उपलब्ध; अध्याय 1, अपर्णा वैदिक, 'रेवोलुशनरीज़ ऑन ट्रायल',एलेफ बुक कम्पनी, नयी दिल्ली, 2024; कुलदीप नैयर, 'विथाउट फियर', हार्पर कॉलिंस, नयी दिल्ली, 2008

224. देखें, पृष्ठ 11, अपर्णा वैदिक, 'रेवोलुशनरीज़ ऑन ट्रायल',एलेफ बुक कम्पनी, नयी दिल्ली, 2024
225. देखें, पृष्ठ 166-7, विश्वनाथ वैशम्पायन, 'अमर शहीद चन्द्रशेखर आज़ाद', राजकमल प्रकाशन, नयी दिल्ली, 2024
226. पोस्टर का हिन्दी अनुवाद प्रयोग किया गया है। देखें, पृष्ठ 318, सुधीर विद्यार्थी द्वारा सम्पादित 'क्रान्तिकारी शहीद चन्द्रशेखर आज़ाद की जीवन-कथा'में परिशिष्ट दो, राजकमल प्रकाशन, नयी दिल्ली, 2023
227. देखें, पृष्ठ 47, सुधीर विद्यार्थी द्वारा सम्पादित 'शहीद भगत सिंह : क्रान्ति का साक्ष्य' में भगवानदास माहौर का लेख, राजकमल प्रकाशन, नयी दिल्ली, 2017
228. देखें, पृष्ठ 30, कुलदीप नैयर, 'विथाउट फियर', हार्पर कॉलिंस, नयी दिल्ली, 2008
229. देखें, पृष्ठ 7, अपर्णा वैदिक, 'रेवोलुशनरीज़ ऑन ट्रायल',एलेफ बुक कम्पनी, नयी दिल्ली, 2024
230. देखें, पृष्ठ 25, ए.जी. नूरानी, 'द ट्रायल ऑफ़ भगत सिंह : पॉलिटिक्स ऑफ़ जस्टिस', ऑक्सफ़ोर्ड यूनिवर्सिटी प्रेस, नयी दिल्ली,1996
231. देखें, पृष्ठ 7, अपर्णा वैदिक, 'रेवोलुशनरीज़ ऑन ट्रायल',एलेफ बुक कम्पनी, नयी दिल्ली, 2024
232. देखें, पृष्ठ 7, अपर्णा वैदिक, 'रेवोलुशनरीज़ ऑन ट्रायल',एलेफ बुक कम्पनी, नयी दिल्ली, 2024
233. देखें, पृष्ठ 32, कुलदीप नैयर, 'विथाउट फियर', हार्पर कॉलिंस, नयी दिल्ली, 2008
234. देखें, पृष्ठ 33-4, कुलदीप नैयर, 'विथाउट फियर', हार्पर कॉलिंस, नयी दिल्ली, 2008
235. देखें, पृष्ठ 77-8, सुधीर विद्यार्थी द्वारा सम्पादित, 'शहीद भगत सिंह : क्रान्ति का साक्ष्य' में दुर्गा भाभी का लेख, राजकमल प्रकाशन, नयी दिल्ली, 2017
236. देखें, पृष्ठ 34, कुलदीप नैयर, 'विथाउट फियर', हार्पर कॉलिंस, नयी दिल्ली, 2008

237. देखें, पृष्ठ 78, सुधीर विद्यार्थी द्वारा सम्पादित, 'शहीद भगत सिंह : क्रान्ति का साक्ष्य' में दुर्गा भाभी का लेख, राजकमल प्रकाशन, नयी दिल्ली, 2017

238. देखें, पृष्ठ 75-6, सुधीर विद्यार्थी द्वारा सम्पादित, 'शहीद भगत सिंह : क्रान्ति का साक्ष्य' में दुर्गा भाभी का लेख, राजकमल प्रकाशन, नयी दिल्ली, 2017

239. देखें, पृष्ठ 35, कुलदीप नैयर, 'विथाउट फियर', हार्पर कॉलिंस, नयी दिल्ली, 2008

240. देखें, पृष्ठ 166, विश्वनाथ वैशम्पायन, 'अमर शहीद चन्द्रशेखर आज़ाद', राजकमल प्रकाशन, नयी दिल्ली, 2024

241. देखें,पृष्ठ 73, "जजमेंट इन द लाहौर कॉन्स्पिरेसी केस 1930, लाहौर कॉन्स्पिरेसी केस फाइल नम्बर 768. नेशनल आर्काइव्स ऑफ इंडिया." https://indianculture.gov.in/archives/judgement-lahore-conspiracy-case-1930 पर उपलब्ध

242. देखें, पृष्ठ 49, कुलदीप नैयर, 'विथाउट फियर', हार्पर कॉलिंस, नयी दिल्ली, 2008

243. देखें, पृष्ठ 39, शिव वर्मा, 'संस्मृतियाँ', राहुल फाउंडेशन, लखनऊ, 2025

244. देखें, पृष्ठ 34-42, अपर्णा वैदिक, 'रेवोलुशनरीज़ ऑन ट्रायल',एलेफ बुक कम्पनी, नयी दिल्ली, 2024

245. देखें, पृष्ठ 41, शिव वर्मा, 'संस्मृतियाँ', राहुल फाउंडेशन, लखनऊ, 2025

246. देखें, पृष्ठ 15-6, भगवानदास माहौर, सदाशिवराव मलकापुरकर, शिव वर्मा, 'यश की धरोहर', राहुल फाउंडेशन, लखनऊ, 2024

247. देखें, पृष्ठ 126, यशपाल, 'सिंहावलोकन',लोकभारती प्रकाशन, प्रयागराज, 2023; देखें, पृष्ठ 114-5, शिव वर्मा, 'संस्मृतियाँ', राहुल फाउंडेशन, लखनऊ, 2025; देखें, पृष्ठ 64-6, कुलदीप नैयर, 'विथाउट फियर', हार्पर कॉलिंस, नयी दिल्ली, 2008; देखें, पृष्ठ 67-

8, सुरेश, 'क्रान्तिकारी भगत सिंह',हिन्दी साहित्य सदन, नयी दिल्ली, 2011

248. देखें, पृष्ठ 73, शिव वर्मा, 'संस्मृतियाँ', राहुल फाउंडेशन, लखनऊ, 2025

249. देखें, पृष्ठ 76, शिव वर्मा, 'संस्मृतियाँ', राहुल फाउंडेशन, लखनऊ, 2025

250. देखें, पृष्ठ 126, यशपाल, 'सिंहावलोकन',लोकभारती प्रकाशन, प्रयागराज, 2023

251. देखें, पृष्ठ 52, कामा मक्लीन, 'अ रेवोलूशनरी हिस्ट्री ऑफ़ इंटरवार इंडिया',पेंगुइन बुक्स,गुरुग्राम, 2015

252. देखें, पृष्ठ 127, यशपाल, 'सिंहावलोकन',लोकभारती प्रकाशन, प्रयागराज, 2023

253 - लेजिस्लेटिव असेम्बली डिबेट्स, खण्ड III, 1929, पृ. 2985

254. देखें, 'ट्रेन ऑफ़ क्राउन वर्सेज भगत सिंह एन्ड बटुकेश्वर दत्त' [डिजिटाइज़्ड दस्तावेज़]। दिल्ली न्यायालय अभिलेख। अपलोड तिथि: 08 जनवरी 2018। पहचान संख्या : PP_000000006701। राष्ट्रीय अभिलेखागार, भारत। (1929)। https://indianculture.gov.in/archives/train-crown-vs-bhagat-singh-and-bhatukeshwar-dutta-1929-donated-sshri-phoolchand-jain-0 पर उबलब्ध; देखें, पृष्ठ 127-8, यशपाल, 'सिंहावलोकन',लोकभारती प्रकाशन, प्रयागराज, 2023; देखें, पृष्ठ 12-5, अपर्णा वैदिक, 'रेवोलुशनरीज़ ऑन ट्रायल',एलेफ बुक कम्पनी, नयी दिल्ली, 2024; देखें, पृष्ठ 27-31, ए.जी. नूरानी, 'द ट्रायल ऑफ़ भगत सिंह : पॉलिटिक्स ऑफ़ जस्टिस',ऑक्सफ़ोर्ड यूनिवर्सिटी प्रेस,नयी दिल्ली,1996; देखें, पृष्ठ 69-75, कुलदीप नैयर, 'विथाउट फियर', हार्पर कॉलिंस, नयी दिल्ली, 2008

255. देखें, पृष्ठ 82, 'सुधीर विद्यार्थी द्वारा सम्पादित, 'शहीद भगत सिंह : क्रान्ति का साक्ष्य' में दुर्गा भाभी का लेख, राजकमल प्रकाशन, नयी दिल्ली, 2017

256. देखें, पृष्ठ 130, यशपाल, 'सिंहावलोकन',लोकभारती प्रकाशन, प्रयागराज, 2023

257. देखें, पृष्ठ 77, भगवानदास माहौर, सदाशिवराव मलकापुरकर, शिव वर्मा, 'यश की धरोहर', राहुल फाउंडेशन, लखनऊ, 2024

258. भगत सिंह एवं बी.के. दत्त द्वारा सत्र न्यायालय में प्रस्तुत संयुक्त बयान, दिनांक 6 जून, 1929, साइट: मार्क्सिस्ट्स इंटरनेट आर्काइव (Marxists Internet Archive), शीर्षक: "बम काण्ड पर सेशन कोर्ट में बयान" https://www.marxists.org/hindi/bhagat-singh/1929/court-mein-bayan.htm पर उबलब्ध

259. देखें, 'ट्रेन ऑफ़ क्राउन वर्सेज भगत सिंह एन्ड बटुकेश्वर दत्त' [डिजिटाइज़्ड दस्तावेज़]। दिल्ली न्यायालय अभिलेख। अपलोड तिथि: 08 जनवरी 2018। पहचान संख्या : PP_000000006701। राष्ट्रीय अभिलेखागार, भारत। (1929)। https://indianculture.gov.in/archives/train-crown-vs-bhagat-singh-and-bhatukeshwar-dutta-1929-donated-sshri-phool-chand-jain-0 पर उबलब्ध

260. देखें, भगत सिंह एंड अनदर बनाम एम्परर, ए.आयी.आर. 1930 लाहौर 266

261. देखें, पृष्ठ 25, ए.जी. नूरानी, 'द ट्रायल ऑफ़ भगत सिंह : पॉलिटिक्स ऑफ़ जस्टिस',ऑक्सफ़ोर्ड यूनिवर्सिटी प्रेस,नयी दिल्ली,1996

262. देखें,पृष्ठ 94, "जजमेंट इन द लाहौर कॉन्स्पिरेसी केस 1930, लाहौर कॉन्स्पिरेसी केस फाइल नम्बर 768. नेशनल आर्काइव्स ऑफ इंडिया" https://indianculture.gov.in/archives/judgement-lahore-conspiracy-case-1930 पर उपलब्ध

263. देखें,पृष्ठ 21-2, अपर्णा वैदिक, 'रेवोलुशनरीज़ ऑन ट्रायल',एलेफ बुक कम्पनी, नयी दिल्ली, 2024

264. देखें, वहीं

265. देखें,पृष्ठ 93-4, "जजमेंट इन द लाहौर कॉन्स्पिरेसी केस 1930, लाहौर कॉन्स्पिरेसी केस फाइल नम्बर 768. नेशनल आर्काइव्स ऑफ

इंडिया." https://indianculture.gov.in/archives/judgement-lahore-conspiracy-case-1930 पर उपलब्ध

266. देखें, पृष्ठ 67, एच.डब्लू. हेल, 'ब्रिटिश रेकॉर्ड्र्स ऑफ़ रिवोल्यूशनरी मूवमेंट इन इंडिया' खण्ड तीन, रिवोल्यूशनरी एक्टिविटीज़ इन इंडिया - 1917-1936, यूनिस्टार बुक्स, मोहाली, 2017 एवं देखें,पृष्ठ 16, "जजमेंट इन द लाहौर कॉन्स्पिरेसी केस 1930, लाहौर कॉन्स्पिरेसी केस फाइल नम्बर 768. नेशनल आर्काइव्स ऑफ इंडिया." https://indianculture.gov.in/archives/judgement-lahore-conspiracy-case-1930 पर उपलब्ध

267. देखें, पृष्ठ 45, ए.जी. नूरानी, 'द ट्रायल ऑफ़ भगत सिंह : पॉलिटिक्स ऑफ़ जस्टिस',ऑक्सफ़ोर्ड यूनिवर्सिटी प्रेस,नयी दिल्ली,1996

268. देखें, पृष्ठ 1-2,हिन्दुस्तान टाइम्स, 4 मई 1929; पृष्ठ 1,हिन्दुस्तान टाइम्स, 5 मई 1929

269. देखें,पृष्ठ 96, "जजमेंट इन द लाहौर कॉन्स्पिरेसी केस 1930, लाहौर कॉन्स्पिरेसी केस फाइल नम्बर 768. नेशनल आर्काइव्स ऑफ इंडिया." https://indianculture.gov.in/archives/judgement-lahore-conspiracy-case-1930 पर उपलब्ध

270. देखें,पृष्ठ 95-101, "जजमेंट इन द लाहौर कॉन्स्पिरेसी केस 1930, लाहौर कॉन्स्पिरेसी केस फाइल नम्बर 768. नेशनल आर्काइव्स ऑफ इंडिया." https://indianculture.gov.in/archives/judgement-lahore-conspiracy-case-1930 पर उपलब्ध

271. देखें,पृष्ठ 28, अपर्णा वैदिक, 'रेवोलुशनरीज़ ऑन ट्रायल',एलेफ बुक कम्पनी, नयी दिल्ली, 2024

272. देखें,पृष्ठ 97-101, "जजमेंट इन द लाहौर कॉन्स्पिरेसी केस 1930, लाहौर कॉन्स्पिरेसी केस फाइल नम्बर 768. नेशनल आर्काइव्स ऑफ इंडिया." https://indianculture.gov.in/archives/judgement-lahore-conspiracy-case-1930 पर उपलब्ध

273. देखें, पृष्ठ 7, अजोय कुमार घोष, 'भगत सिंह एंड हिज़ कामरेड्स' पीपल्स पब्लिशिंग हॉउस,बॉम्बे,1945

274. देखें, पृष्ठ 48, शिव वर्मा, 'संस्मृतियाँ', राहुल फाउंडेशन, लखनऊ, 2025

275. देखें, 'दि ट्रिब्यून',संध्या संस्करण, 10 अगस्त 1929,नेहरू स्मारक संग्रहालय एवं पुस्तकालय, नयी दिल्ली

276. देखें, पृष्ठ 74, भगवानदास माहौर, सदाशिवराव मलकापुरकर, शिव वर्मा, 'यश की धरोहर', राहुल फाउंडेशन, लखनऊ, 2024

277. देखें, हिन्दूस्तान टाइम्स, 3 जून 1929

278. देखें,पृष्ठ 150, अपर्णा वैदिक, 'रेवोलुशनरीज़ ऑन ट्रायल',एलेफ बुक कम्पनी, नयी दिल्ली, 2024; देखें, पृष्ठ 49-50, जयदेव थापर, ओरल हिस्ट्री ट्रांसक्रिप्ट 787, नेहरू मेमोरियल म्यूजियम एन्ड लाइब्रेरी

279. देखें,पृष्ठ 13, 'दि ट्रिब्यून', 11 जुलाई 1929

280. देखें, पृष्ठ 103, शिव वर्मा, ओरल हिस्ट्री ट्रांसक्रिप्ट 502, नेहरू मेमोरियल म्यूजियम एन्ड लाइब्रेरी

281. देखें,पृष्ठ 153, अपर्णा वैदिक, 'रेवोलुशनरीज़ ऑन ट्रायल',एलेफ बुक कम्पनी, नयी दिल्ली, 2024

282. देखें, पृष्ठ 213, जयदेव कपूर, ओरल हिस्ट्री ट्रांसक्रिप्ट 43, नेहरू मेमोरियल म्यूजियम एन्ड लाइब्रेरी

283 - पृष्ठ 57-8, लाला फ़िरोज चन्द का साक्षात्कार, 205एफ, ओरल हिस्ट्री ट्रांसक्रिप्ट, सेंटर ऑफ़ साउथ एशियन स्टडीज़, यूनिवर्सिटी ऑफ़ कैंब्रिज

284. देखें,पृष्ठ 140-41, अपर्णा वैदिक, 'रेवोलुशनरीज़ ऑन ट्रायल',एलेफ बुक कम्पनी, नयी दिल्ली, 2024; देखें, पृष्ठ 7, 'दि ट्रिब्यून', 30 नवम्बर 1929

285. देखें,पृष्ठ 140-41, अपर्णा वैदिक, 'रेवोलुशनरीज़ ऑन ट्रायल',एलेफ बुक कम्पनी, नयी दिल्ली, 2024; देखें, पृष्ठ 9, 'दि ट्रिब्यून', 6 दिसम्बर 1929

286. देखें,पृष्ठ 143-, अपर्णा वैदिक, 'रेवोलुशनरीज़ ऑन ट्रायल',एलेफ बुक कम्पनी, नयी दिल्ली, 2024; देखें, वोहरा का थापर को पत्र,

मथुरा दस थापर कलेक्शन, प्राइवेट पेपर्स सेक्शन, फाइल नम्बर 30, नेशनल आर्काइव्ज ऑफ़ इंडिया, नयी दिल्ली

287. देखें, वहीं

288. देखें, पृष्ठ 118, शिव वर्मा, 'संस्मृतियाँ', राहुल फाउंडेशन, लखनऊ, 2025

289. देखें, पृष्ठ 200, खण्ड 45, कलेक्टेड वर्क्स ऑफ़ महात्मा गांधी, खण्ड 45

290. देखें, पृष्ठ 196-7, खण्ड 45, वायसराय की रिपोर्ट, 18 फ़रवरी, 1931, कलेक्टेड वर्क्स ऑफ़ महात्मा गांधी

291. देखें, पृष्ठ 200, खण्ड 45, कलेक्टेड वर्क्स ऑफ़ महात्मा गांधी

292. देखें, पृष्ठ 333-4, खण्ड 45, कलेक्टेड वर्क्स ऑफ़ महात्मा गांधी

293. देखें, पृष्ठ 41, ऐंड्रयू रॉबर्ट्स, 'दी होली फॉक्स : दी लाइफ ऑफ़ लॉर्ड हैलिफैक्स', फ़ीनिक्स जायंट पेपरबैक्स, लंदन, 1991

294. देखें, 'दि ट्रिब्यून', 28 मार्च 1931

295. देखें, पृष्ठ 222, रॉबर्ट बर्नेज़, 'नेकेड फ़कीर', विक्टर गॉलैंज़, लंदन, 1931

296. देखें, 'दी पीपल', 22 मार्च, 1931

297. भगत सिंह। पिताजी को पत्र। 4 अक्तूबर 1930। Marxists Internet Archive। https://www.marxists.org/archive/bhagat-singh/1930/10/04.htm। अभिगमन तिथि: 1 सितम्बर 2025।

298 - भगत सिंह, राजगुरु, सुखदेव । नो हैंगिंग, प्लीज़ शूट अस। 20 मार्च 1931। पीपल्स डेमोक्रेसी, अंक 12, 25 मार्च 2007। https://archives.peoplesdemocracy.in/2007/0325/03252007_bhagat%20singh.html। अभिगमन तिथि: 1 सितम्बर 2025।

299. देखें, पृष्ठ 34, जी.एस. भार्गव, 'भीम सेन सच्चर : एन इंटिमेट बायोग्राफी', हर-आनन्द पब्लिकेशंस, नयी दिल्ली, 1997

300. भगत सिंह। Why I Am an Atheist। 5–6 अक्तूबर 1930, जेल में लिखा। Marxists Internet Archive, https://www.marxists.org/archive/bhagatsingh/1930/10/05.htm। अभिगमन तिथि: 1 सितम्बर 2025।

301. देखें, पृष्ठ 156, 'पोलिटिकल राइटिंग्स ऑफ़ भगत सिंह' चमन लाल एवं माइकेल येट्स द्वारा सम्पादित, मंथली रिव्यु प्रेस, न्यू यॉर्क, 2024; भगत सिंह। To Young Political Workers। 2 फ़रवरी 1931। Marxists Internet Archive; ट्रांसक्रिप्शन : Shahidbhagatsingh.org, अनुमति : Shahid Bhagat Singh Research Committee https://www.marxists.org/archive/bhagat-singh/1931/02/02.htm। अभिगमन तिथि: 1 सितम्बर 2025।
302. देखें, पृष्ठ 79, भगवानदास माहौर, सदाशिवराव मलकापुरकर, शिव वर्मा, 'यश की धरोहर', राहुल फाउंडेशन, लखनऊ, 2024
303. देखें, पृष्ठ 182, विश्वनाथ वैशम्पायन, 'अमर शहीद चन्द्रशेखर आज़ाद', राजकमल प्रकाशन, नयी दिल्ली, 2024
304. देखें, पृष्ठ 186, वहीं
305. देखें, पृष्ठ 187, वहीं
306. देखें, पृष्ठ 187-195, वहीं
307. देखें, पृष्ठ 203, वहीं
308. देखें, पृष्ठ 237-8, यशपाल, 'सिंहावलोकन',लोकभारती प्रकाशन, प्रयागराज, 2023
309. देखें, पृष्ठ, 239, वहीं
310. देखें, वहीं
311. देखें, पृष्ठ 239-45, वहीं
312. देखें, पृष्ठ 249, वहीं
313. देखें, पृष्ठ 259, वहीं
314. देखें, पृष्ठ 259-264, वहीं
315. देखें, पृष्ठ 273, वहीं
316. देखें, पृष्ठ 118-22, सुधीर विद्यार्थी द्वारा सम्पादित 'क्रान्तिकारी शहीद चन्द्रशेखर आज़ाद की जीवन-कथा' में सुखदेव राज का लेख, राजकमल प्रकाशन, नयी दिल्ली, 2023
317. देखें, पृष्ठ 125-7, वहीं

318. देखें, पृष्ठ 225, विश्वनाथ वैशम्पायन, 'अमर शहीद चन्द्रशेखर आज़ाद', राजकमल प्रकाशन, नयी दिल्ली, 2024
319. देखें, पृष्ठ 126, सुधीर विद्यार्थी द्वारा सम्पादित 'क्रान्तिकारी शहीद चन्द्रशेखर आज़ाद की जीवन-कथा'में सुखदेव राज का लेख, राजकमल प्रकाशन, नयी दिल्ली, 2023
320. देखें, वहीं
321. देखें, वहीं
322. देखें, पृष्ठ 126-7, वहीं
323. देखें, पृष्ठ 228, विश्वनाथ वैशम्पायन, 'अमर शहीद चन्द्रशेखर आज़ाद', राजकमल प्रकाशन, नयी दिल्ली, 2024
324. देखें, पृष्ठ 229, विश्वनाथ वैशम्पायन, 'अमर शहीद चन्द्रशेखर आज़ाद', राजकमल प्रकाशन, नयी दिल्ली, 2024
325. देखें, पृष्ठ 309, यशपाल, 'सिंहावलोकन',लोकभारती प्रकाशन, प्रयागराज, 2023
326. देखें, पृष्ठ 324-5, यशपाल, 'सिंहावलोकन',लोकभारती प्रकाशन, प्रयागराज, 2023
327. देखें, पृष्ठ 231-2, विश्वनाथ वैशम्पायन, 'अमर शहीद चन्द्रशेखर आज़ाद', राजकमल प्रकाशन, नयी दिल्ली, 2024; पृष्ठ 309-10, यशपाल, 'सिंहावलोकन',लोकभारती प्रकाशन, प्रयागराज, 2023
328. देखें, पृष्ठ 330-2, यशपाल, 'सिंहावलोकन',लोकभारती प्रकाशन, प्रयागराज, 2023
329. देखें, पृष्ठ 332, यशपाल, 'सिंहावलोकन',लोकभारती प्रकाशन, प्रयागराज, 2023
330. देखें, पृष्ठ 333, यशपाल, 'सिंहावलोकन',लोकभारती प्रकाशन, प्रयागराज, 2023
331. देखें, पृष्ठ 334-7, वहीं
332. देखें, पृष्ठ 94-5, काशीराम, 'क्रान्ति के वे दिन',क्रान्तिकारी प्रकाशन, मिर्ज़ापुर, 1976

333. देखें, पृष्ठ 231, विश्वनाथ वैशम्पायन, 'अमर शहीद चन्द्रशेखर आज़ाद', राजकमल प्रकाशन, नयी दिल्ली, 2024

334. देखें, पृष्ठ 307, प्रताप गोपेन्द्र, 'चन्द्रशेखर आज़ाद : मिथक और यथार्थ',लोकभारती प्रकाशन, प्रयागराज, 2024

335. देखें, वहीं

336. देखें, पृष्ठ 365, यशपाल, 'सिंहावलोकन',लोकभारती प्रकाशन, प्रयागराज, 2023

337. देखें, पृष्ठ 375, यशपाल, 'सिंहावलोकन',लोकभारती प्रकाशन, प्रयागराज, 2023

338. देखें, पृष्ठ 101-2, काशीराम, 'क्रान्ति के वे दिन',क्रान्तिकारी प्रकाशन, मिर्ज़ापुर, 1976

339. देखें, 3 दिसम्बर,1967, नन्दकिशोर निगम, 'दिनमान', हिन्दी साहित्य सम्मेलन, प्रयागराज

340. देखें, पृष्ठ 324, प्रताप गोपेन्द्र, 'चन्द्रशेखर आज़ाद : मिथक और यथार्थ',लोकभारती प्रकाशन, प्रयागराज, 2024; पृष्ठ 4, रिपोर्ट ऑन द पॉलिटिकल सिचुएशन इन द यूनाइटेड प्रोविन्सेज फॉर द फ़र्स्ट हाफ ऑफ़ अप्रैल 1926, नेशनल आर्काइव्ज़ ऑफ़ इंडिया, नयी दिल्ली

341. देखें, असिस्टेंट टू डीआयीजी बिग्गाने का शम्भुनाथ को पत्र, 4 नवम्बर, 1930, अभिसूचना पत्रावली ; देखें, पृष्ठ 369, प्रताप गोपेन्द्र, 'चन्द्रशेखर आज़ाद : मिथक और यथार्थ',लोकभारती प्रकाशन, प्रयागराज, 2024

342. देखें, पृष्ठ 306-9, परिशिष्ट 7, विश्वनाथ वैशम्पायन, 'अमर शहीद चन्द्रशेखर आज़ाद' में रामचन्द्र मुसद्दी का लेख, 'आज़ाद की शहादत के लिए ज़िम्मेदार कौन : कुछ और तथ्य, ' 'राजकमल प्रकाशन, नयी दिल्ली, 2024

343. देखें, पृष्ठ 374, यशपाल, 'सिंहावलोकन',लोकभारती प्रकाशन, प्रयागराज, 2023

344. देखें, पृष्ठ 375-6, यशपाल, 'सिंहावलोकन',लोकभारती प्रकाशन, प्रयागराज, 2023

345. देखें, पृष्ठ 93, सुधीर विद्यार्थी द्वारा सम्पादित 'क्रान्तिकारी शहीद चन्द्रशेखर आज़ाद की जीवन-कथा' में सुरेन्द्र शर्मा का लेख, राजकमल प्रकाशन, नयी दिल्ली, 2023

346. देखें, पृष्ठ 67-8, 'नर्मदा' पत्रिका के आज़ाद अंक में जवाहरलाल रोहतगी का लेख

347. देखें, पृष्ठ 172, विश्वनाथ वैशम्पायन, 'अमर शहीद चन्द्रशेखर आज़ाद', राजकमल प्रकाशन, नयी दिल्ली, 2024

348. देखें, आत्मकथा

349. देखें, पृष्ठ 251, विश्वनाथ वैशम्पायन, 'अमर शहीद चन्द्रशेखर आज़ाद', राजकमल प्रकाशन, नयी दिल्ली, 2024

350. देखें, पृष्ठ 396, यशपाल, 'सिंहावलोकन',लोकभारती प्रकाशन, प्रयागराज, 2023

351. देखें, पृष्ठ 69, सम्पूर्ण सिंह टंडन, ओरल हिस्ट्री ट्रांसक्रिप्ट 43, नेहरू मेमोरियल म्यूजियम एन्ड लाइब्रेरी

352. देखें, पृष्ठ 92, सुधीर विद्यार्थी द्वारा सम्पादित 'क्रान्तिकारी शहीद चन्द्रशेखर आज़ाद की जीवन-कथा' में सुरेन्द्र शर्मा का लेख, राजकमल प्रकाशन, नयी दिल्ली, 2023

353. देखें, पृष्ठ 194, एस.टी. हॉलिन्स, 'नो टेन कमांडमेंट्स', अनुज्ञा बुक्स, दिल्ली, 2022

354. देखें, पृष्ठ 210, विश्वनाथ वैशम्पायन, 'अमर शहीद चन्द्रशेखर आज़ाद', राजकमल प्रकाशन, नयी दिल्ली, 2024

355. देखें, डिप्टी एस.पी. शम्भुनाथ का पत्र, 12 अगस्त 1939, 'व्यक्तिगत पत्रावली, शिवचरण पुत्र परसादी लाल, पत्रावली क्रमांक एस-85, सेंट्रल रिकॉर्ड, लखनऊ

356. देखें, पृष्ठ 212-3, विश्वनाथ वैशम्पायन, 'अमर शहीद चन्द्रशेखर आज़ाद', राजकमल प्रकाशन, नयी दिल्ली, 2024

357. देखें, पृष्ठ , वहीं
358. देखें, पृष्ठ 340, प्रताप गोपेन्द्र, 'चन्द्रशेखर आज़ाद : मिथक और यथार्थ',लोकभारती प्रकाशन, प्रयागराज, 2024
359. देखें, पृष्ठ 182, सुधीर विद्यार्थी द्वारा सम्पादित 'क्रान्तिकारी शहीद चन्द्रशेखर आज़ाद की जीवन-कथा'में भवानी सिंह रावत का लेख, राजकमल प्रकाशन, नयी दिल्ली, 2023
360. देखें, पृष्ठ 396, यशपाल, 'सिंहावलोकन',लोकभारती प्रकाशन, प्रयागराज, 2023
361. देखें, पृष्ठ 135, सुधीर विद्यार्थी द्वारा सम्पादित 'क्रान्तिकारी शहीद चन्द्रशेखर आज़ाद की जीवन-कथा'में सुखदेव राज का लेख, राजकमल प्रकाशन, नयी दिल्ली, 2023
362. देखें, सीआईडी मुख़्यालय को आज़ाद को गोली मारने के सम्बन्ध में भेजा गया नोट, 'व्यक्तिगत पत्रावली, चन्द्रशेखर आज़ाद, पत्रावली संख्या पी.पी.एफ./15, सेंट्रल रिकॉर्ड, लखनऊ
363. देखें, पृष्ठ 135, सुधीर विद्यार्थी द्वारा सम्पादित 'क्रान्तिकारी शहीद चन्द्रशेखर आज़ाद की जीवन-कथा'में सुखदेव राज का लेख, राजकमल प्रकाशन, नयी दिल्ली, 2023
364. देखें, 'नर्मदा' पत्रिका के शहीद अंक में प्रोफेसर राजनाथ पाण्डेय का लेख, 'शहीद शिरोमणि आज़ाद के दर्शन : तीन बार'
365. देखें, वहीं
366. देखें, पृष्ठ 227-30, मलवेन्दर जीत सिंह एवं राजवंती मान, 'चन्द्रशेखर आज़ाद : विवेकशील क्रान्तिकारी', राजकमल प्रकाशन, नयी दिल्ली, 2019
367. देखें, वहीं, पृष्ठ 231-2
368. देखें, सीआईडी मुख़्यालय को आज़ाद को गोली मारने के सम्बन्ध में भेजा गया नोट, 'व्यक्तिगत पत्रावली, चन्द्रशेखर आज़ाद, पत्रावली संख्या पी.पी.एफ./15, सेंट्रल रिकॉर्ड, लखनऊ
369. देखें, पृष्ठ 230-3, मलवेन्दर जीत सिंह एवं राजवंती मान, 'चन्द्रशेखर आज़ाद : विवेकशील क्रान्तिकारी', राजकमल प्रकाशन, नयी दिल्ली, 2019

370. देखें, पृष्ठ 228-30, वहीं

371. देखें, पृष्ठ 322, प्रताप गोपेन्द्र, 'चन्द्रशेखर आज़ाद : मिथक और यथार्थ',लोकभारती प्रकाशन, प्रयागराज, 2024

372. देखें, पृष्ठ 372, वहीं

373. देखें, पृष्ठ 476, जवाहरलाल नेहरू, 'सिलेक्टेड वर्क्स ऑफ़ जवाहरलाल नेहरू, 'फर्स्ट सीरीज़, खण्ड चार, जवाहरलाल नेहरू मेमोरियल फ़ंड, नयी दिल्ली, 1984–2017

374. देखें, पृष्ठ 476-7, जवाहरलाल नेहरू, 'सिलेक्टेड वर्क्स ऑफ़ जवाहरलाल नेहरू, 'फर्स्ट सीरीज़, खण्ड चार, जवाहरलाल नेहरू मेमोरियल फ़ंड, नयी दिल्ली, 1984–2017

375. देखें, पृष्ठ 478, जवाहरलाल नेहरू, 'सिलेक्टेड वर्क्स ऑफ़ जवाहरलाल नेहरू, 'फर्स्ट सीरीज़, खण्ड चार, जवाहरलाल नेहरू मेमोरियल फ़ंड, नयी दिल्ली, 1984–2017

376. देखें, पृष्ठ 485-6, जवाहरलाल नेहरू, 'सिलेक्टेड वर्क्स ऑफ़ जवाहरलाल नेहरू, 'फर्स्ट सीरीज़, खण्ड चार, जवाहरलाल नेहरू मेमोरियल फ़ंड, नयी दिल्ली, 1984–2017

377. देखें, पृष्ठ 49, जवाहरलाल नेहरू, 'सिलेक्टेड वर्क्स ऑफ़ जवाहरलाल नेहरू, 'फर्स्ट सीरीज़, खण्ड चार, जवाहरलाल नेहरू मेमोरियल फ़ंड, नयी दिल्ली, 1984–2017

378. देखें, 'इंडियन एक्सप्रेस' 1 अप्रैल, 1949; https://news.google.com/

सन्दर्भ ग्रन्थ सूची

आत्मकथाएँ एवं संस्मरण

- बिस्मिल, रामप्रसाद *आत्मकथा*। प्रयागराज : लोकभारती प्रकाशन, 2025
- चटर्जी, जोगेश चन्द्र *इन सर्च ऑफ़ फ्रीडम*। कलकत्ता : परेश चन्द्र चटर्जी, 1958
- गुप्त, मन्मथनाथ *थे लिव्ड डेंजरस्ली*। नयी दिल्ली : पीपल्स पब्लिशिंग हाउस, 1956
- गुप्त, मन्मथनाथ *क्रान्तिकारी की आत्मकथा*। नयी दिल्ली : अनन्य प्रकाशन, 2021; 2023
- काशीराम *क्रान्ति के वे दिन*। मिर्ज़ापुर : क्रान्तिकारी प्रकाशन, 1976
- सान्याल, शचीन्द्रनाथ *बन्दी जीवन* दिल्ली : आत्माराम एण्ड सन्स।
- वर्मा, शिव *संस्मृतियाँ* लखनऊ : राहुल फ़ाउंडेशन, 2025
- यशपाल, *सिंहावलोकन* प्रयागराज : लोकभारती प्रकाशन, 2023
- चतुर्वेदी, बनारसीदास (सं.) *अमर शहीद अशफ़ाक़ उल्ला ख़ाँ*। नयी दिल्ली : राजकमल प्रकाशन, 2024
- माहौर, भगवानदास; मलकापुरकर, सदाशिवराव; वर्मा, शिव *यश की धरोहर : क्रान्तिकारियों के संस्मरण*। लखनऊ : राहुल फ़ाउंडेशन, 2024
- बनारसीदास चतुर्वेदी *संस्मरण*। भारतीय ज्ञानपीठ, 1952
- डॉ. सम्पूर्णानन्द *कुछ स्मृतियाँ और स्फुट विचार*। ज्ञानमण्डल लिमिटेड, वाराणसी।

- सचीन्द्रनाथ बख़्शी *क्रान्ति के पथ पर*। लखनऊ : लोकहित प्रकाशन, 2013
- रामकृष्ण खत्री *शहीदों की छाया में*। दिल्ली : अनन्य प्रकाशन, 2024
- एस.टी. हॉलिन्स. *नो टेन कमांडमेंट्स*। दिल्ली : अनुज्ञा बुक्स, 2022

चन्द्रशेखर आज़ाद एवं समकालीन क्रान्तिकारी आन्दोलन पर ग्रन्थ

- गोपेन्द्र, प्रताप *चन्द्रशेखर आज़ाद : मिथक और यथार्थ*। प्रयागराज : लोकभारती प्रकाशन, 2024
- कृष्णमूर्ति, बाबू *आज़ाद : द इनविन्सिबल*। गुरुग्राम : गरुड़ प्रकाशन, 2021
- वैशम्पायन, विश्वनाथ *अमर शहीद चन्द्रशेखर आज़ाद*। नयी दिल्ली : राजकमल प्रकाशन, 2024
- विद्यार्थी, सुधीर (सं.) *क्रान्तिकारी शहीद चन्द्रशेखर आज़ाद की जीवन-कथा*। नयी दिल्ली : राजकमल प्रकाशन, 2023
- मैक्लीन, कामा *ए रिवोल्यूशनरी हिस्ट्री ऑफ़ इंटरवार इंडिया*। गुरुग्राम : पेंगुइन, 2015
- मॉफ़ैट, क्रिस *इंडिया 'स रिवोल्यूशनरी इनहेरिटेंस*। कैम्ब्रिज : कैम्ब्रिज यूनिवर्सिटी प्रेस, 2019
- नूरानी, ए. जी. द *ट्रायल ऑफ़ भगत सिंह : पॉलिटिक्स ऑफ़ जस्टिस*। नयी दिल्ली : ऑक्सफ़ोर्ड यूनिवर्सिटी प्रेस, 1996
- नैयर, कुलदीप *विदआउट फियर*। नयी दिल्ली : हार्पर कॉलिन्स, 2008
- वैदिक, अपर्णा *वेटिंग फॉर स्वराज*। कैम्ब्रिज : कैम्ब्रिज यूनिवर्सिटी प्रेस, 2021
- वैदिक, अपर्णा *रिवोल्यूशनरीज ऑन ट्रायल*। नयी दिल्ली : एलेफ बुक कम्पनी, 2024
- मलवेन्दर, जीत सिंह एवं राजवन्ती, मान *चन्द्रशेखर आज़ाद : विवेकशील क्रान्तिकारी*। नयी दिल्ली : राजकमल प्रकाशन, 2019

भगत सिंह, एच.एस.आर.ए. एवं वैचारिक लेखन

- घोष, अजोय कुमार *भगत सिंह एंड हिज़ कमरेड्स*। बॉम्बे : पीपल्स पब्लिशिंग हाउस, 1945
- सिंह, भगत *वाय आइ एम एन एथिस्ट; टू यंग पॉलिटिकल वर्कर्स; पत्र एवं लेख*। मार्क्सिस्ट इंटरनेट आर्काइव।
- भगत सिंह, *राजगुरु, सुखदेव नो हैंगिंग, प्लीज़ शूट अस, 20 मार्च 1931। पीपल्स डेमोक्रेसी,* अंक 12, 25 मार्च 2007
- हिन्दुस्तान सोशलिस्ट रिपब्लिकन एसोसिएशन *घोषणापत्र*।
- नौजवान भारत सभा। *लाहौर का घोषणापत्र (1928)*।
- *'अ मार्टीर'स नोटबुक'*, सम्पादक : भूपेन्द्र हूजा। जयपुर : इंडियन बुक क्रॉनिकल, 1994
- *'पोलिटिकल राइटिंग्स ऑफ़ भगत सिंह'*, सम्पादक : चमन लाल एवं माइकेल येट्स। न्यूयॉर्क : मन्थली रिव्यु प्रेस, 2024

गांधी, राष्ट्रीय आन्दोलन एवं वैचारिक सन्दर्भ

- गांधी, मोहनदास करमचन्द *सत्य के साथ मेरे प्रयोग*। अहमदाबाद : नवजीवन ट्रस्ट।
- गांधी, मोहनदास करमचन्द *कलेक्टेड वर्क्स ऑफ़ महात्मा गांधी*, खण्ड 14, 15, 17, 35, 45
- बोस, निर्मल कुमार (सं.) *सेलेक्शन्स फ्रॉम गांधी*। अहमदाबाद : नवजीवन ट्रस्ट, 1960
- गांधी, राजमोहन *मोहनदास*। गुरुग्राम : पेंगुइन, 2007
- गुहा, रामचन्द्र *गांधी : द इयर्स दैट चेंज्ड द वर्ल्ड*। गुरुग्राम : पेंगुइन, 2018
- चन्द्र, बिपिन *इंडिया'स स्ट्रगल फॉर इंडिपेंडेंस*। गुरुग्राम : पेंगुइन, 1989
- रॉबर्ट बर्नेज़ *नेकेड फ़कीर*। लन्दन : विक्टर गॉलैंज़, 1931
- जी.एस. भार्गव *भीम सेन सच्चर : एन इंटिमेट बायोग्राफी*। नयी दिल्ली : हर-आनन्द पब्लिकेशंस, 1997

- *सेलेक्टेड वर्क्स ऑफ़ जवाहरलाल नेहरू*, फर्स्ट सीरीज़, खण्ड 4। जवाहरलाल नेहरू मेमोरियल फ़ण्ड, नयी दिल्ली, 1984–2017

न्यायिक निर्णय, अभिलेख एवं सरकारी दस्तावेज़

- *भगत सिंह एंड अनदर वि. एम्पायर*, एआईआर 1930 लाहौर।
- काकोरी केस जजमेंट, इलाहाबाद उच्च न्यायालय।
- सीआईडी रिकॉर्ड्स, काकोरी कांस्पीरेसी केस, लिस्ट क्रमांक 78, तीन खण्ड, उत्तर प्रदेश राज्य अभिलेखागार, लखनऊ।
- *जजमेंट इन द लाहौर कॉन्सपिरेसी केस, 1930*, केस फ़ाइल नं. 768, नेशनल आर्काइव्स ऑफ़ इंडिया।
- *ट्रायल ऑफ़ क्राउन वि भगत सिंह एंड बटुकेश्वर दत्त (1929)*, दिल्ली न्यायालय अभिलेख।
- *लेजिस्लेटिव असेम्बली डिबेट्स*, खण्ड III (1929)।
- वाइसराय की रिपोर्ट, 18 फ़रवरी 1931, कलेक्टेड वर्क्स ऑफ़ महात्मा गांधी, खण्ड 45
- पीके मालवीय पेपर्स, राष्ट्रीय अभिलेखागार, भारत।
- *एच.डब्ल्यू. हेल. ब्रिटिश रिकॉर्ड्स ऑफ़ रिवोल्यूशनरी मूवमेंट इन इंडिया*, खण्ड 3, यूनिस्टार बुक्स, मोहाली, 2017
- *रिपोर्ट ऑन द पॉलिटिकल सिचुएशन इन द यूनाइटेड प्रोविन्सेस फॉर द फर्स्ट हाफ ऑफ़ अप्रैल 1926*, नेशनल आर्काइव्स ऑफ़ इंडिया, नयी दिल्ली।
- व्यक्तिगत पत्रावली, शिवचरण पुत्र परसादी लाल, पत्रावली क्रमांक एस-85, सेंट्रल रिकॉर्ड, लखनऊ।
- व्यक्तिगत पत्रावली, चन्द्रशेखर आज़ाद, पत्रावली संख्या पी.पी. एफ./15, सेंट्रल रिकॉर्ड, लखनऊ।

पत्र-पत्रिकाएँ, मौखिक इतिहास एवं डिजिटल अभिलेख

- आज (बनारस), 1921-22
- अमर शहीद श्री आज़ाद के संस्मरण, *नर्मदा* पत्रिका का आज़ाद अंक, सम्पादक : मनोहरलाल त्रिवेदी।
- हिन्दुस्तान टाइम्स।
- दि ट्रिब्यून।
- यंग इंडिया।
- हरिजन।
- द पीपल।
- इंडियन एक्सप्रेस।
- नेहरू मेमोरियल म्यूज़ियम एंड लाइब्रेरी : मौखिक इतिहास प्रतिलेख।
- सेंटर ऑफ़ साउथ एशियन स्टडीज़, कैम्ब्रिज यूनिवर्सिटी : मौखिक इतिहास प्रतिलेख।
- प्रसार भारती आर्काइव्स : रामकृष्ण खत्री का साक्षात्कार (2021)

❑❑